高中语文雅道课程读本

传记人生120篇

高中语文雅道课程读本编委会　编著

西南交通大学出版社
·成 都·

图书在版编目（CIP）数据

传记人生 120 篇 / 高中语文雅道课程读本编委会编著
. —成都：西南交通大学出版社，2021.2（2023.7 重印）
ISBN 978-7-5643-7844-8

Ⅰ. ①传… Ⅱ. ①高… Ⅲ. ①文言文 – 高中 – 教学参考资料 Ⅳ. ①G634.303

中国版本图书馆 CIP 数据核字（2020）第 271909 号

Zhuanji Rensheng 120 Pian
传记人生 120 篇
高中语文雅道课程读本编委会　编著

责任编辑	吴　迪
助理编辑	梁霄雲
封面设计	原谋书装
出版发行	西南交通大学出版社 （四川省成都市金牛区二环路北一段 111 号 西南交通大学创新大厦 21 楼）
发行部电话	028-87600564　028-87600533
邮政编码	610031
网　　址	http://www.xnjdcbs.com
印　　刷	四川森林印务有限责任公司
成品尺寸	185 mm × 260 mm
印　　张	20.75
字　　数	525 千
版　　次	2021 年 2 月第 1 版
印　　次	2023 年 7 月第 3 次
书　　号	ISBN 978-7-5643-7844-8
定　　价	49.80 元

高中语文雅道课程读本

编　委　会

本书编委会

总序

雅道课堂开学了。

雅道课堂是雅道文化践行的一个实验基地，而雅道文化是我们课题组学习、研讨和体悟中华文化后得出的一个文化结论，或者说得准确些，它是我们小心翼翼又精心设定的意图传播中华文化的一个框架、一个范畴。

雅道文化本存在于中国历史中，在历史的进程中不断发展丰富并日益完善，我们既没有发现什么，也没有创造什么，我们只是指出了这个客观存在的事实而已。

雅道文化并不是跟人类社会并肩而行同时出现的。从本质上讲，它是人类从野蛮走向蒙昧，从蒙昧走向文明并伴随着文明而出现的一种文化现象。

毋庸讳言，雅道文化是从野蛮和蒙昧中生长出来的，但它一产生，就站在了野蛮和蒙昧的对立面，泾渭分明，不容混淆。

在有文字记载之先，应该就有了雅与俗、高与下、精与粗的分野，但“雅”的第一次亮相,却是在人的精神产品——诗歌之中。孔子厘定的中国第一部诗歌总集《诗经》，其中就有“雅”之一类，分为大雅和小雅，称为“朝廷之音”。前人释“雅”为正，认为雅歌是正道之歌，关乎政治兴衰。

后来，雅的范畴不断扩充，在物质文化层面和精神文化层面不断延展和深入，逐渐浸染于社会生活的方方面面。

评价诗歌风格，可以说它典雅。

某人气度恢宏，胸襟阔大，可以说他有雅量。

对于吟风弄月的清高文人，可以誉之为雅士。

文士情趣高尚，可以称其有雅意。

服饰、房屋、器物等美观而不落俗套，可以形容其雅致。

餐馆、酒店里精致而舒适的小房间，人们习称雅座。

…………

由于“雅”的内涵和外延无限拓展，一母所生的“雅”与“正”，已经不再是对等关系，而且“正”已不能包含“雅”了，因为“雅”的体量太庞大了。所以，我们只能用雅道文化的概念才符合历史的客观存在，而不能用正道文化的概念。因为二者已不可替代，尽管“正”的本意仍在。

我们提出雅道文化的名目，主旨是继承与发扬中华历经沧桑而沉淀下来的优秀文化，从纷繁复杂的文化积存中厘清雅道文化的线索，整理出切实的可供学习、吸取的文化知识系列。

我们的培养目标是通过雅道文化的学习和实践，培养出追求高雅、学识博雅、仪态儒雅、吐属清雅、举止优雅、行为和雅、自处淡雅、待人量雅的温润如玉的谦谦君子和窈窕淑女。

今日提倡雅道文化，传播雅道文化，正当其时，正得其宜，而且时不我待。

基于弘扬中华传统文化，倡导雅道文化，我们开设了“雅道课堂”，包含诗歌序列、古文序列、行为规范序列、礼仪风貌序列、茶道序列等，从而形成一个完整的雅道文化系统。

我们是教育者，有悲天悯人的情怀，有培养雅士淑女的意愿，有脚踏实地的作风。我们愿以“我以我血荐轩辕”的献身精神和“不到黄河心不死”的决心，来从事雅道文化的传播工作，安排好雅道课堂的学习内容，设置有效的传输途径，为弘扬中华雅道文化，为提高民族的文化素养，做一些踏踏实实的工作，尽一分绵薄的力量。

重庆市雅道课程创新基地

庚子年孟秋

序

作为普通高中新课程新教材实施国家级示范校，重庆巴蜀中学有责任成为“课程创新”与“课程育人”的排头兵，而学校主持的重庆市高中“雅道”语文课程创新基地，便是基于“语文便于育人，利于育雅道之人”的学科特点，契合学校“善雅志”育人理念，依靠学校硬软件实力和高中语文教研室强大的师资队伍，而确立的高中语文课程创新发展方向。“雅”者，正也。雅是中华民族数千年来的文化基因和精神结晶，也是一个人精神品格和人生态度的发展方向。“道”，即道理、途径和方法。躬身力行，寻道觅法，格物致知，诚意正心，不仅是教育的基本途径，也是教育的旨归所在。我们把“雅”“道”二者结合，意在挖掘语文教育资源中“雅”的元素，从“博雅”“智雅”“儒雅”“行雅”四个维度，整合高中语文课程资源，构建“雅道”创新课程体系，进而努力把学生培养成“高尚的人、纯粹的人和脱离了低级趣味的人”。

“雅道”课程，包括“博雅”“智雅”“儒雅”“行雅”四个维度，它们分别以语文学习的广度、深度、精神气质的内化、精神气质的外显为出发点，开发高中语文创新课程资源，制定课程评价机制。《新课程标准》指出，“阅读古今中外的人物传记”，“能把握基本事实，理解具有典型意义的事件细节，理解作者对传主及有关事实所做的评价，能分辨事实与观点之间的关系，并形成有一定深度的思考和判断”。人类群星闪耀古今，青年学生选择偶像，不再采取“匍匐膜拜”的姿态，而是用“群星”的精神引导大家的“日常生活”。本书就是基于培养学生精神气质的一门课程。

本书以近 15 年的高考文言选段为基础，结合历朝历代人物的丰富人生经历，对学生走进文言、把握史实、理解文化、形成认知产生影响。本书按照阅读提示、正文、思考、译文、知识拓展的板块编写。其中，阅读提示中涵盖语言建构与运用、文化传承与理解，将“文”和“言”相结合，做到言在文中，文以言志；思考和拓展板块，做到纵深的理解和横向的延展，从而让传记学习在闭环中形成有机整体。因此，从阅读提示到知识拓展，基本涵容了从语词到篇章，从篇章到文化，从文化到人格等能力培养范畴。

数年来，该课程在高 2018 届至高 2022 届均纳入校本必修内容，除了作为晨读资料、写作素材、必修课程，还作为月考、期中、期末的考试范围，师生反馈效果良好。因此，在调整与修订后，承蒙西南交大出版社的肯定与厚爱，帮助我们把这样的“经验”拓展开来。于是，《传记人生 120 篇》终于和大家见面了。

时光沉淀，岁月依然。感恩您的包容，也希望本书能带给您需要的答案。作为书籍，《传记人生 120 篇》只算年轻的婴儿，他需要您的呵护、培养；作为课程，新课标下的文言学习不过是懵懂的小伙，他需要我们共同努力，精心锻铸。但这一切，都因为有您，显得不再相同。

编　者

2021 年 1 月

目录

1　晏子春秋·景公游寒途

阅读提示

➢ 语言建构与运用

1. 加点字为文段中重、难点字词。
2. 下加______为需要断句的文句。
3. 下加______为需要翻译的文句。

➢ 文化传承与理解

1.《晏子春秋》：记载春秋时期齐国政治家晏婴言行的一部历史典籍，由刘向整理，用史料和民间传说汇编而成，共有内、外 8 篇，215 章。书中记载了很多晏婴劝告君主勤政，不要贪图享乐，以及爱护百姓、任用贤能和虚心纳谏的事例，成为后人学习的榜样。

2. 公族：西周始置。为朝廷大臣，掌君王贵族内部事务。《番生簋》谓王令兼司公族、卿事寮、太史寮，《毛公鼎》谓王令兼司公族与“三有司”，足见公族地位之高。此处指诸侯的同族。《文选·曹冏·六代论》：“公族者，国之枝叶，枝叶落则根本无所庇荫。”

3. 籍敛：征收税赋。《盐铁论·取下》：“用民之力，不过岁三日。籍敛，不过十一。”

正　文

景公出游于寒途，睹死胔[1]，默然不问，晏子谏曰：“昔吾先君桓公出游，睹饥者与之食，睹疾者与之财，使令不劳力，籍敛不费民。先君将游，百姓皆说，曰：‘君当幸游吾乡乎？’今君游于寒途，据四十里之氓，殚财不足以奉敛，尽力不能周役，民氓饥寒冻馁，死胔相望，而君不问，失君道矣。财屈力竭，下无以亲上；骄泰奢侈，上无以亲下。上下交离，君臣无亲，此三代之所以衰也。今君行之，婴惧公族之危，以为异姓之福也。”公曰：“然！为上而忘下，厚籍敛而忘民，吾罪大矣！”于是敛死胔，发粟于民，据四十里之氓，不服政期年。公三月不出游。

景公使圉人养所爱马暴死公怒令人操刀解养马者是时晏子侍前左右执刀而进 晏子止而问于公曰：“尧、舜支解人，从何躯始？”公矍然曰：“从寡人始。”遂不支解。公曰：“以属狱。”晏子曰：“此不知其罪而死，臣为君数之，使知其罪，然后致之狱。”公曰：“可。”晏子数之曰：“尔罪有三：公使汝养马而杀之，当死罪一也；又杀公之所最善马，当死罪二也；使公以一马之故而杀人，百姓闻之必怨吾君，诸侯闻之必轻吾国，汝杀公马，使怨积于百姓，兵弱于邻国，汝当死罪三也。今以属狱。”公喟然叹曰：“夫子释之！夫子释之！勿伤吾仁也。”

景公走狗死，公令外共之棺，内给之祭。晏子闻之，谏。公曰：“亦细物也，特以与左右为笑耳。”晏子曰：“君过矣，夫厚籍敛不以反民，弃货财而笑左右，傲细民之忧，而崇左右之笑，则国亦无望已。且夫孤老冻馁，而死狗有祭；鳏寡不恤，而死狗有棺。行辟若此，百姓闻之，必怨吾君；诸侯闻之，必轻吾国。怨聚于百姓，而权轻于诸侯，而乃以为细物，君其图之。”公曰：“善。”趣庖治狗，以会朝属。

（节选自《晏子春秋》）

【注】① 胔（zì）：腐尸。

思　考

下列对原文的理解和分析，不正确的一项是（　　）。

A. 在齐景公漠视百姓疾苦，只顾自己取乐之时，晏子指出“上下交离，君臣无亲”是国家衰败的原因

B. 齐景公所爱之马暴死，欲杀养马之人。晏子假意斥责养马人，阻止了这种行为

C. 齐景公能听从晏子的劝谏，也还算是一个知错能改的君主

D. 文章通过三个典型事例，表现了晏子的贤能有德、刚正不屈、机智幽默

答案：D

解析：从文章的三个典型事例未能看出晏子的“刚正不屈”。

参考译文

一年冬天，景公到郊外巡游，在路上看到有没掩埋的饿殍，却漠不关心，不闻不问。晏子劝谏说：“从前我们的先君桓公出游时，看到饥饿的人就给他们食物，看到贫病的人就给他们钱财（帮助他们治疗），并下令不要他们服劳役，也不要向他们征税。因此每当桓公将要出游时，老百姓都高兴地说：‘有幸能让君王到我们乡里来巡游吗？’如今君主您冬日郊游，住在都城周围四十里内的百姓，倾家荡产也不够交纳赋敛，筋疲力尽也不够您役使，百姓饥寒交迫，饿殍载道，而君王却不闻不问，这就失去做国君德行了。财穷力尽，百姓凭什么拥 戴国君；骄奢淫逸，国君谈不上爱护人民。上下离心，君臣不亲，这是夏、商、周三代衰亡的原因啊！如今您重蹈三代的覆辙，我担心君王的公族就要危亡，君位将被异姓代替了。”景公说：“是啊！国君只顾自己享乐而忘了百姓的疾苦，只知横征暴敛而不顾人民的死活，我的罪过太大了。”于是下令埋葬饿殍，拿出公粮来救济贫民，并令周围四十里内的百姓，一年之内不服劳役。景公三个月没出去游览。

景公让马夫饲养他所心爱的一匹马，那马突然暴病死了。景公大怒，令人拿刀去肢解养

马的人。这时晏子正陪侍在景公身旁。左右拿刀上前，晏子阻止了他们，然后问景公道：“尧舜肢解人，从谁开始的？”景公很惊恐地脱口而出：“从我开始。”就没肢解养马人。但又说：“把他投入监狱治罪。”晏子说：“这人不知他犯了什么罪而死，我请为君王教训他一番，叫他知道自己的罪过，然后再送进监狱治罪。”景公说：“可以。”晏子就历数其罪道：“你有三大罪状：君王命你养马，你却让马死了，这是第一条死罪；你养死的又是君王最心爱的马，这是第二条死罪；你让君王因为一匹马的缘故而杀人，百姓听说这件事必然怨恨我们的君王，诸侯听到这件事必然要轻视我们的国家，你杀了君王的马，使老百姓对君王积下了怨恨，我们的军队也要被邻国打败，这是第三条死罪。现在把你投入监狱治罪。”景公听后长叹一声说：“请老夫子您释放了他吧！请快释放了他吧！不要因此损伤了我仁爱的德行。”

景公的猎狗死了，他命令外朝给它治办棺材，宫内给它准备祭品。晏子听说这事，前来劝阻。景公说：“也不过区区小事，只是借此和近侍们取乐罢了。”晏子说：“您错了！向百姓横征暴敛的财物不把它用到百姓身上，而浪费钱财以博得左右一笑；轻视小民的疾苦，而看重近侍的玩乐，这样，国家也就没有什么希望了。何况孤苦的老人受冻挨饿，而一条死狗却享受祭祀；鳏寡无靠的人得不到救济，而一条死狗还占用棺材，行为荒唐到这样。百姓如果知道这事，一定会怨恨自己的国君；诸侯如果知道这件事，一定会轻视我们的国家。老百姓积满怨恨，诸侯轻视我们的政权，您竟然认为这是区区小事！您还是再好好考虑考虑吧！”景公说：“您说得对。”赶紧催厨师杀狗烹肉，拿来和群臣会餐。

（2008 年重庆卷）

知识拓展（安）

战国之际，诸侯欲觅安（安全）闲之地以得旦夕安（安稳）寝，与邻国处但求相安（安宁），以为无患。时险远之地有寇盗侵扰，民不聊生，于是遣将安（安置）军治寇，终败矣。逝者如斯，彼时之雄而今安（哪里）在哉？

2　晏子春秋·晏子之晋

阅读提示

- 语言建构与运用

1. 加点字为文段中重、难点字词。
2. 下加_____为需要断句的文句。
3. 下加_____为需要翻译的文句。

➢ 文化传承与理解

1. 反裘负刍：魏文侯出游，看到路人背柴草，他们为了保护皮袄的毛而反穿皮袄，魏文侯从中认识到“下不安者，上不可居”的治国之道。它向我们阐述的道理是：任何事物都有它的规律，应遵循自然规律，不能舍本逐末，否则最终只能造成相反的结果。

2. 中牟：赵国首都。历经桓子、献侯、烈侯、武公、敬侯等国君，赵国于公元前 423 年由都城山西晋阳迁至中牟（今河南鹤壁山城区一带），后于公元前 386 年迁至邯郸（在今河北邯郸）。中牟曾为赵国首都达 38 年，这 38 年是赵国由弱到强、由小到大的重要转折时期。

正 文

晏子之晋，至中牟，睹弊冠反裘负刍，息于途侧者，以为君子也。使人问焉，曰：“子何为者也？”对曰：“我越石父者也。”晏子曰：“何为至此？”曰：“吾为人臣仆于中牟，见使将归。”晏子曰：“何为为仆？”对曰：“不免冻饿之切吾身，是以为仆也。”晏子曰：“为仆几何？”对曰：“三年矣。”晏子曰：“可得赎乎？”对曰：“可。”遂解左骖以赠①之，因载而与之俱归。

至舍，不辞而入，越石父怒而请绝，晏子使人应之曰吾未尝得交夫子也子为仆三年吾乃今日睹而赎之吾于子尚未可乎子何绝我之暴也

越石父对之曰：“臣闻之，士者诎乎不知己，而申乎知己，故君子不以功轻人之身，不为彼功诎身之理。吾三年为人臣仆，而莫吾知也。今子赎我，吾以子为知我矣；向者子乘，不我辞也，吾以子为忘；今又不辞而入，是与臣我者同矣。我犹且为臣，请鬻于世。”

晏子出，见之曰：“向者见客之容，而今也见客之意。婴闻之，省行者不引其过，察实者不讥其辞，婴可以辞而无弃乎！婴诚革之。”乃令粪洒②改席，尊醮③而礼之。

越石父曰：“吾闻之，至恭不修途，尊礼不受摈。夫子礼之，仆不敢当也。”晏子遂以为上客。

君子曰：“俗人之有功则德，德则骄，晏子有功，免人于厄，而反诎下之，其去俗亦远矣。此全功之道也。”

（节选自《晏子春秋》）

【注】① 赠：应作“赎”。② 粪洒：扫除清洗。③ 醮：古代嘉礼中的一种礼节。本是婚礼或者冠礼的一种简单仪式，这里借指隆重接待。

思 考

下列对原文内容的分析和概括，不正确的一项是（　　）。

A. 晏子前往晋国，在途中遇到了越石父，替他赎身，可见晏子善于识别人才，爱护人才

B. 越石父认为晏子对自己失礼，仍把他当奴仆，十分生气，说明他态度偏激，心胸狭窄

C. 晏子听了越石父的一番话后，深感愧疚，就以嘉礼相待，这使越石父颇受感动

D. 君子认为，晏子能远离世俗的偏见，礼贤下士，不居功自傲，这样就可以保全功德了

答案：B

解析：B 项无中生有，原文中并无“说明他态度偏激，心胸狭窄”的信息。

参考译文

晏子出使晋国，到中牟，看见一个戴着破旧的帽子，翻穿着皮衣，背着（一捆）柴草在路边休息的人，（晏子）认为（这个人）是君子，（就）叫人去问他说：“您是干什么的呢？”（那个人）回答说：“我是越石父。”晏子问：“为什么到这里来呢？”（越石父）说：“我到中牟来做人家奴仆，（如果）见到（齐国的）使者，（我就）准备回（齐国）去。”晏子问：“为什么来做奴仆呢？”（越石父）回答说：“我不能避免自身的饥寒交迫，因此做了人家的奴仆。”晏子问：“做奴仆有多长时间了？”越石父回答说：“三年了。”晏子问：“可以（用钱把你）赎回去吗？”越石父说：“可以。”（晏子）就解下在左边拉车的马，用来赎出越石父，让（越石父）坐在自己的车上一同回齐国。

车到了（晏子）居室时，晏子不（与越石父）告别（就）进了屋，越石父很生气，要求（同晏子）绝交。晏子派人回答他说：“我不曾同您有什么交往，您做了三年奴仆，我今天才见到，把您赎了出来，我对您还不算可以吗？您为什么突然（就要）同我绝交呢？”

越石父回答说：“我听说，贤士在不了解自己的人面前会蒙受委屈，在了解自己的人面前会心情舒畅，这就是君子（奉行的）不因对别人有功就轻视人家，也不因别人对自己有功就自己贬低自己的道理。我给人家做了三年奴仆，却没有什么人了解我。今天您把我赎了出来，我以为您是了解我的。刚才，您坐车的时候，不向我打招呼（自己先上了车），我以为您是忘记了（礼节）；现在又不（跟我）告别（就独自）进屋去了，这跟把我当奴仆看待的人是一样的。我还将做奴仆，请您把我卖给世人吧。”

晏子（从屋里）走出来，请（越石父）来相见。说：“刚才，我只见到您的外貌，而现在看到了您的内心。我听说，反省言行的人不会再犯类似的错误，体察实情的人不会讥笑人家的言辞，我能够因为言辞（不当）而不被你嫌弃吗？我真心实意地改正错误。”于是，晏子让人洒扫（厅堂），重新安排席位，（向越石父）敬酒，很礼貌地对待越石父。

越石父说：“我听说，迎最恭敬的人不必整修道路，隆重的礼仪不要傧相。您对我以礼相待，我真不敢当啊！”于是，晏子把越石父当作上等客人。

君子说：“庸俗的人只要有点功劳，就希望别人对他感恩戴德，一旦有人感激他，他就会马上变得骄傲自满，觉得自己高高在上了。晏子算是很有功劳的人，他经常把别人从困厄中解救出来，却甘愿居于人下，他的这种境界也高出世俗太多了。这才是保全功劳的做法。”

（2008 年福建卷）

知识拓展（爱）

楚人爱（宠爱）其子，虽爱（吝惜）钱财，于子之求而无不应。子成人，独爱（喜爱）

菊，有陶氏之风，众人爱（爱慕）其高洁，称之。人约其子茶亭相见，其子爱（通“薆”，隐藏）而不见。

3 史记·孙子吴起列传

阅读提示

➢ 语言建构与运用

1. 加点字为文段中重、难点字词。
2. 下加_____为需要断句的文句。
3. 下加_____为需要翻译的文句。

➢ 文化传承与理解

1.《史记》：西汉史学家司马迁撰写的纪传体史书，被列为“二十四史”之首，是中国历史上第一部纪传体通史，记载了上至上古传说中的黄帝时代，下至汉武帝太初四年（前 101）间共 3000 多年的历史。《史记》共 130 篇，包括 12 本纪（记历代帝王政绩）、30 世家（记诸侯国和汉代诸侯、勋贵兴亡）、70 列传（记重要人物的言行事迹，其中最后一篇为自序）、10 表（大事年表）、8 书（记各种典章制度，分礼、乐、音律、历法、天文、封禅、水利、财用八类）。其首创的纪传体编史方法为后来历代“正史”所传承。书中的文字生动，叙事形象，被鲁迅先生誉为“史家之绝唱，无韵之《离骚》”。

2. 三晋：春秋末韩、赵、魏三家分晋，而为战国时期的韩、赵、魏三国，史上又称“三晋”。

3. 令尹：春秋战国时期楚国设置的最高官位，辅佐楚国国君，执掌全国的军政大权。

4. 武王：周文王之子，继承其父遗志，联合众多部族与商激战，灭商，建立周王朝。

正 文

吴起者，卫人也，事鲁君。齐人攻鲁，将而攻齐，大破之。鲁人或曰夫鲁小国而有战胜之名则诸侯图鲁矣且鲁卫兄弟之国也而君用起则是弃卫鲁君疑之谢吴起吴起于是闻魏文侯贤，欲事之。魏文侯以为将，击秦，拔五城。起之为将，与士卒最下者同衣食，与士卒分劳苦。卒有病疽者，起为吮之。卒母闻而哭之，曰：“往年吴公吮其父，其父战不旋踵，遂死于敌。吴公今又吮其子，妾不知其死所矣。”文侯以吴起善用兵，廉平，尽能得士心，乃以为西河守，以拒秦、韩。魏文侯既卒，起事其子武侯。武侯浮西河而下，中流，顾而谓吴起曰："美哉乎山河之固，此魏国之宝也！"起对曰："昔殷纣之国，左孟门，右太行，常山在其北，大河经其南，修政不德，武王杀之。由此观之，在德不在险。"武侯曰："善。"吴起为西河守，甚有声名。魏置相，相田文。吴起不悦，谓田文曰："请与子论功，可乎？"文曰："主少国疑，大臣未附，百姓不信，方是之时，属之于子乎？属之于我乎？"起默然良久，曰："属之子矣。"文曰："此乃吾所以居子之上也。"吴起乃自知弗如田文。田文既死，公叔为相，尚魏公主，而害吴起。吴起惧得罪，遂去，即之楚。楚悼王素闻起贤，至则相楚。于是南平百越；北并陈蔡，却三晋；西伐秦。诸侯患楚之强。故楚之贵戚尽欲害吴起。及悼王死，宗室大臣作乱而攻吴起，吴起走之王尸而伏之。击起之徒因射刺吴起，并中悼王。悼王既葬，太子立，乃使令尹尽诛射吴起而并中王尸者。坐射起而夷宗死者七十余家。

（节选自《史记·孙子吴起列传》）

思　考

下列对原文有关内容的概括与分析，不正确的一项是（　　）。

A. 吴起怜恤士卒，带兵屡建奇功。他本是卫国人，先是率鲁军抗齐得胜，后又率魏军攻陷秦国五城；这些战功都和他善于为将、与士卒同甘共苦密不可分

B. 吴起劝告魏侯，修德重于据险。魏武侯沿西河而下时，指出江河之固是魏国之宝；吴起表示，治国依据山河险固不如推行德政，修德才能免于国家灭亡

C. 吴起声名渐起，遭到公叔嫉妒。他虽然对田文担任魏相表示不悦，但不久就平复了心情；而公叔继田文后为相，他深表不满，担心被害，于是逃往楚国

D. 吴起为楚建功，反而受到祸害。他到楚国后虽然屡建奇功，而原本的楚国贵戚却想加害于他，施暴者乱箭射击吴起；太子继位之后，这才诛杀作乱之人

答案：C

解析：C 项中"他深表不满"有误，原文吴起逃往楚国的原因是"（公叔）害吴起，吴起惧得罪"（忌恨吴起，吴起害怕获罪）。

参考译文

吴起是卫国人，侍奉鲁国国君。齐国人攻打鲁国，吴起率领军队攻打齐国，大败齐军。有鲁国人说："鲁国是小国，而有战胜的名声，那么诸侯们就要打鲁国的主意了。况且鲁国、卫国是兄弟般的国家，而鲁君任用吴起，就是舍弃了卫国。"鲁君怀疑吴起，就疏远了他。吴起这时听说魏文侯贤德，想去侍奉他。魏文侯任命吴起为将，攻打秦国，攻下五座城。吴起做将领，同最下等的士兵穿同样的衣服吃一样的饭，替士兵分担劳苦。有个生毒疮的士兵，吴起替他吸毒汁。士兵的母亲听说后哭了，说："当年吴公曾为他父亲吸毒疮，他父亲战时勇

往直前，最终死在敌人手里。吴公现在又为我儿子吸毒疮，我不知儿子会死在哪里。”文侯因为吴起善于用兵，廉洁公正，能得所有士卒的心，于是任命吴起为西河郡守，来抵御秦国、韩国。魏文侯死后，吴起侍奉其子武侯。武侯沿黄河顺流而下，到了中流，回头对吴起说：“太美了！山河如此险固，这是魏国的国宝啊！”吴起回答说：“昔日殷纣的国都，左边有孟门山，右边有太行山，常山在它的北面，黄河流经它的南面，他不实行德政，武王杀了他。由此看来，（治国）在于推行德政，而不在于地势险要。”武侯说：“好。”吴起做西河郡守，很有声誉。魏国设相国，任命田文为相。吴起不高兴，对田文说：“请让我跟你比比功劳，怎么样？”田文说：“国君年轻，国家不安定，大臣不忠心归顺，百姓不能信服，在这时，是应把政务交给你呢，还是交给我呢？”吴起沉默了很久，说：“应该交给你。”田文说：“这就是我职位在你之上的原因。”吴起才知道自己不如田文。田文死后，公叔任相国，娶了魏国公主，忌恨吴起。吴起害怕获罪，于是离开去了楚国。楚悼王一向听说吴起贤德，一到楚国就让他任相国。于是向南平定百越；向北吞并陈国、蔡国，击退三晋的军队；向西讨伐秦国。诸侯都为楚国强盛而忧虑。先前被吴起削去特权的楚国贵族们都想加害吴起。等到悼王去世后，王室大臣暴乱而攻击吴起，吴起跑到楚悼王停尸的地方，伏在悼王的尸体上。攻击吴起的暴徒趁机用箭射吴起，同时也射中了悼王的尸体。悼王下葬后，太子即位，于是命令尹把射吴起时射中悼王尸体的人全部杀掉。因射杀吴起而被灭族的有七十余家。

（2019 年全国Ⅲ卷）

知识拓展（本）

柳宗元本（本来）图宦达，而谪柳州，劳苦倦极，穷而反本（根本）。近自然，植木本（草木的根），甚得民心。后人录其所述，辑著多本（量词，书册的计量单位），即今日所见本（版本），以本（推究）其当日心境。

4　史记·商君传

阅读提示

➢　语言建构与运用

1. 加点字为文段中重、难点字词。
2. 下加_____为需要断句的文句。
3. 下加_____为需要翻译的文句。

➢　文化传承与理解

1. 黥刑：即古代五刑之一的墨刑，是在罪犯面部、耳后、颈项、手臂上刺刻后涂以墨，在作为重刑的五刑之中较轻。在西汉汉文帝前，五刑指墨、劓、刖、宫、大辟；隋唐之后，五刑则指笞、杖、徒、流、死。

2. 汤武：汤，商汤王，商朝的创建者；武，周武王姬发，周朝建立者。夏朝末年，商汤王起兵打败夏桀王，一举灭夏。由于商汤以武力灭夏，打破国王永定的说法，从此中国历代王朝皆如此更迭。商纣王时，牧野之战，武王伐纣成功，建立了周朝。

3. 刑名：指战国时以管仲、李悝、商鞅、申不害为代表的法家学派，主张循名责实，慎赏明罚，后人称为“刑名之学”，亦省作“刑名”。韩非子亦尚“刑名”。

正　文

商君者，卫之诸庶孽公子也，名鞅，姓公孙氏，其祖本姬姓也。鞅少好刑名之学，事魏相公叔座。公叔座知其贤，未及进。会座病魏惠王亲往问病公叔曰公孙鞅年虽少有奇才愿王举国而听之王即不听用鞅必杀之无令出境。公叔既死，鞅闻秦孝公下令国中求贤者，将修缪公之业，东复侵地，乃遂西入秦，因孝公宠臣景监以求见孝公。公与语，数日不厌。景监曰：“子何以中吾君？吾君之欢甚也。”鞅曰：“吾以强国之术说君，君大说之耳。”孝公既用卫鞅，鞅欲变法，恐天下议己。卫鞅曰：“疑行无名，疑事无功。圣人苟可以强国，不法其故；苟可以利民，不循其礼。”孝公曰：“善。”“治世不一道，便国不法古。故汤武不循古而王，夏殷不易礼而亡。反古者不可非，而循礼者不足多。”孝公曰：“善。”以卫鞅为左庶长，卒定变法之令。令行于民期年，秦民之国都言初令之不便者以千数。于是太子犯法。卫鞅曰：“法之不行，自上犯之。”将法太子。太子，君嗣也，不可施刑，刑其傅公子虔，黥其师公孙贾。明日，秦人皆趋令。行之十年，秦民大说，道不拾遗，山无盗贼，家给人足。民勇于公战，怯于私斗，乡邑大治。于是以鞅为大良造。居五年，秦人富强。孝公使卫鞅将而伐魏。卫鞅伏甲士而袭虏魏公子卬，因攻其军，尽破之以归秦。魏惠王兵数破于齐秦，国内空，日以削，恐，乃使使割河西之地，献于秦以和。而魏随去安邑，徙都大梁，惠王曰：“寡人恨不用公叔座之言也。”卫鞅既破魏还，秦封之於、商十五邑，号为商君。

（节选自《史记·商君传》）

思　考

下列对原文有关内容的概括和分析，不正确的一项是（　　）。

A. 商鞅投奔秦国，受到孝公赏识。他本是卫国公子，恰遇秦孝公招揽贤才，于是通过景监见到孝公，说之以强国之术，孝公与他交谈，数日不觉厌烦

B. 商鞅旁征博引，说服孝公变法。他初步站稳脚跟后，又借历史兴亡来证明改革必要，劝说孝公变法，最终孝公赐予他官职，又下达了变法的命令

C. 商鞅厉行法治，秦国太平富强。他铁面无私，不徇私情，无论何人犯法均施以刑罚，国人受此震慑，全都遵守法令，治安状况改善，民众家给人足

D. 魏国被迫迁都，惠王深表懊悔。魏国战事失利，无奈割让河西之地献给秦国以求和，

并迁都至大梁，惠王感慨说，遗憾的是没有听从公叔座的劝告

答案：C

解析：C 项中“无论何人犯法均施以刑罚”说法错误，文中“太子犯法，刑其傅公子虔，黥其师公孙贾”，并未对其本人施以刑罚。故选 C。

参考译文

商君是卫国公室的庶出公子，名鞅，公孙氏，他的祖先原本姓姬。商鞅年少时喜好刑名之学，事奉魏国相国公叔座。公叔座知道他有才干，还没有来得及向魏王进荐。适遇公叔座病重，魏惠王亲自前往探望病情。公叔座说：“公孙鞅年纪虽轻，却身怀奇才，希望大王把全部国政交付给他。大王如果不起用公孙鞅，就一定要杀掉他，别让他出国境。”公叔座已死，公孙鞅听说秦孝公在国中下令寻求贤才，准备重建秦缪公的霸业，向东要收复被魏国侵占的土地，于是就向西进入秦国，通过秦孝公的宠臣景监来求见孝公。孝公与他交谈，好几天还不满足。景监对卫鞅说：“你用什么说中我国君的心意？我们国君高兴得很啊。”卫鞅说：“我用强国之术向国君陈述，国君大为高兴。”秦孝公立即任用卫鞅，卫鞅准备变法，但秦孝公担心天下非议自己。卫鞅说：“行动迟疑不决就不会成名，做事犹豫不定就不会成功。圣人如果可以强国，就不必效法旧制度；如果可以对百姓有利，就不必遵循古礼制。”秦孝公说：“好。”“治理社会不是只有一种方法，有利国家不必效法古代。所以商汤、周武不循古道而缔造王业，夏桀、商纣不改礼制而亡国。违反古制度的人不一定应该受非议，而因循旧礼的不一定值得赞美。”秦孝公说：“好。”用卫鞅为左庶长，终于决定变法的命令。法令在百姓中实行一年，秦国百姓到国都来说新法不适宜的人数以千计。在这时太子触犯法令。卫鞅说：“法令不能实行，是由于上面的人触犯法令。”准备依法惩处太子。太子，是国君的继承人，不能施加刑罚，便对太子傅公子虔行刑，并对太子师公孙贾处以黥刑。第二天，秦国百姓都服从法令了。实行新法十年，秦国百姓皆大欢喜，路上不捡拾他人丢失之物，山中没有蟊贼强盗，家家富裕，人人满足。人民勇于替公家作战，而怕私人打斗，乡镇太平安定。于是秦孝公任用卫鞅为大良造。经过五年，秦人国富兵强，秦孝公派遣卫鞅领兵攻伐魏国。卫鞅事先埋伏穿戴盔甲的武士而袭击俘虏了魏公子卬，乘势攻击他的军队，全部打垮魏军而返回秦国。魏惠王因军队屡次被齐国、秦国打败，国内十分空虚，国力日益衰落，非常恐慌，于是派遣使者割让河西之地奉送给秦国以求和解。而后魏国就离开安邑，迁都到大梁。魏惠王说：“我悔恨当初不听公叔座的话啊！”卫鞅击败魏军归来，秦孝公封给他於、商之间的十五个邑，从此号称商君。

（2019 年全国 II 卷）

知识拓展（倍）

苏武陷匈奴，不倍（通“背”，背离）节义。乡情倍（原数基础上增加的相等数）增于游子。十年间，每逢佳节，倍（更加）思亲朋。

5　史记·屈原贾生列传

阅读提示

➢　语言建构与运用

1. 加点字为文段中重、难点字词。
2. 下加_____为需要断句的文句。
3. 下加_____为需要翻译的文句。

➢　文化传承与理解

1. 诸子百家：先秦至汉初学术派别的总称，其中又以道、法、儒三家影响最深远。
2. 诏令：古代的文体名称，是以皇帝的名义所发布的各种命令、文告的总称。
3. 礼乐：指礼制和音乐，古代帝王常常用兴礼乐作为手段，以维护社会秩序的稳定。
4. 就国：指受到君主分封并获得领地后，受封者前往领地居住并进行统治管理。

正　文

贾生名谊洛阳人也年十八以能诵诗属书闻于郡中吴廷尉为河南守闻其秀才召置门下甚幸爱孝文皇帝初立，闻河南守吴公治平为天下第一，故与李斯同邑而常学事焉，乃征为廷尉。廷尉乃言贾生年少，颇通诸子百家之书。文帝召以为博士。是时贾生年二十余，最为少。每诏令议下，诸老先生不能言，贾生尽为之对，人人各如其意所欲出。诸生于是乃以为能不及也。孝文帝说之，超迁，一岁中至太中大夫。贾生以为汉兴至孝文二十余年，天下和洽，而固当改正朔，易服色，法制度，定官名，兴礼乐，乃悉草具其事仪法，色尚黄，数用五，为官名，悉更秦之法。孝文帝初即位，谦让未遑也。诸律令所更定，及列侯悉就国，其说皆自贾生发之。于是天子议以为贾生任公卿之位。绛、灌、东阳侯、冯敬之属尽害之，乃短贾生曰："洛阳之人，年少初学，专欲擅权，纷乱诸事。"于是天子后亦疏之，不用其议，乃以贾生为长沙王太傅。贾生既辞往行，及渡湘水，为赋以吊屈原。为长沙王太傅三年。后岁余，贾生征见。孝文帝方受釐，坐宣室。上因感鬼神事，而问鬼神之本。贾生因具道所以然之状。至夜半，文帝前席。既罢，曰："吾久不见贾生，自以为过之，今不及也。"居顷之，拜贾生为梁怀王太傅。梁怀王，文帝之少子，爱，而好书，故令贾生傅之。文帝复封淮南厉王子四人皆为列侯。贾生谏，以为患之兴自此起矣。贾生数上疏，言诸侯或连数郡，非古之制，可稍削之。文帝不听。居数年，怀王骑，堕马而死，无后。贾生自伤为傅无状，哭泣岁余，亦死。

（节选自《史记·屈原贾生列传》）

思　考

下列对原文有关内容的概括和分析，不正确的一项是（　　）。

A. 贾谊初入仕途，展现非凡才能。他受到廷尉推荐而入仕，当时年仅二十余岁，却让诸生自觉不如，不久得到文帝越级提拔，一年之间就当上太中大夫

B. 贾谊热心政事，遭到权要忌恨。他认为汉朝建立二十余年，政通人和，应当全盘改变秦朝法令，因此触及权贵利益，受到诋毁，文帝后来也疏远了他

C. 贾谊答复询问，重新得到重用。文帝询问鬼神之事，对贾谊的回答很满意，于是任命他为自己钟爱的小儿子梁怀王的太傅，又表示自己也比不上贾谊

D. 贾谊劝止封侯，文帝未予采纳。文帝封淮南厉王四个儿子为侯，贾谊认为祸患将自此兴起；数年之后，梁怀王堕马死，贾谊觉得未能尽责，悲泣而死

答案：C

解析：C 项中“重新得到重用”原文没有提及，只是“征见”。另外情节顺序错误，文帝任命贾谊做梁怀王的太傅这一情节在文帝“表示自己也比不上贾谊”之后。

参考译文

贾生名谊，是洛阳人。十八岁时，因为博通诗书会写文章而在郡中闻名。吴廷尉做河南太守时，听说他才能优异，就召请他到自己的门下，非常宠幸喜爱（他）。孝文皇帝刚刚即位时，听说河南太守吴公的政绩是天下第一，以前还和李斯是同乡，并曾经向李斯学习，就调任他做廷尉。廷尉于是（向文帝推荐贾生）说贾生年纪很轻，但对诸子百家的典籍非常精通。孝文帝征召贾生为博士。当时贾生年仅二十多岁，是博士中最年轻的。每当诏令交下来讨论时，各位老先生都不能说什么，贾生却一一对答，每个人都感到他说出了他们想说的话。博士们于是认为（自己的）才能比不上贾生。孝文帝很喜欢他，越级提拔，一年之内贾生就做到了太中大夫。贾生认为从汉朝建立到孝文帝有二十多年了，天下和平融洽，就应该改定历法，改变车马服饰的颜色，制定法令制度，确立官职名称，振兴礼乐，于是详细起草准备上述各项仪式法度的草案，色彩崇尚黄色，官印字数采用五，确定官职名称，全都改变了秦朝的旧制。孝文帝刚刚即位，谦虚礼让，没来得及实行。各项法令修改审定，让列侯都住到自己的封国去，这些主张都是由贾生提出来的。因此天子提议想让贾生任公卿的职位。绛、灌、东阳侯、冯敬等人都忌恨他，于是说贾谊坏话道：“洛阳之人，年轻学浅，一味想独揽大权，使事情变得复杂混乱。”因此天子后来也疏远了他，不采用他的建议，便让贾生做长沙王太傅。贾生辞别京城前往长沙后，等到渡湘江时，写了一篇赋来凭吊屈原。任长沙王太傅三年。一年多以后，贾生被皇帝召见。孝文帝正在接受神的赐福，坐在宣室（正殿）里接见贾生。孝

文帝因为对鬼神的事有所感触，就向贾生询问鬼神的原本。贾生因此详细说明了这里面的道理。一直谈到深夜，孝文帝（听得入神）在座席上不知不觉移近了贾生。接见之后，文帝说："我很久没有见到贾生了，自以为超过了他，现在才知道还是不如他。"过了不久，任命贾生为梁怀王太傅。梁怀王，是孝文帝的小儿子，很受宠爱，又喜欢读书，所以（孝文帝）让贾生做他的老师。孝文帝又封淮南厉王的四个儿子为列侯。贾生进谏，认为国家的祸患从此兴起了。贾生屡次上奏，说诸侯封地有的接连数郡，不合古代制度，可以逐渐削减其封地。文帝没有听从。过了几年，怀王骑马，从马上掉下来摔死了，没有后代。贾生感伤自己做太傅不称职，哭泣（伤怀）一年多，也死了。

（2019 年全国 I 卷）

知识拓展（被）

屈原信而见疑，忠而被（表被动）谤，既黜，形容枯槁，被（披散）发行吟泽畔。虽雨雪被（覆盖）衣，身被（遭受）十余创，犹不改其志。

6　史记·范雎蔡泽列传

阅读提示

➢　语言建构与运用

1. 加点字为文段中重、难点字词。
2. 下加_____为需要断句的文句。
3. 下加____为需要翻译的文句。

➢　文化传承与理解

1. 釜鬲：泛指炊器。鬲，陶制，圆口，三空心足。唐柳宗元《非国语上·三川震》："夫釜鬲而爨者，必涌溢蒸郁以糜百物。"清唐甄《潜书·善施》："必釜鬲之约，三年不忘，不易其日，不易其物。"

2. 三子：指商君、吴起、大夫种，他们都是功成被杀。

正　文

蔡泽者，燕人也，游学干诸侯。之赵，见逐。之韩、魏，遇夺釜鬲于途，蔡泽乃西入秦。

将见昭王，使人宣言以感怒秦相范雎，曰：“燕客蔡泽，天下雄俊弘辩智士也，彼一见秦王，秦王必困君而夺君之位。”范雎闻，使人召之。蔡泽入，则揖范雎，范雎固不快。及见之，又倨。范雎让之曰：“子尝宣言欲代我相秦，宁有之乎？请闻其说！”蔡泽曰：“若夫秦之商君、楚之吴起、越之大夫种，其卒然亦可愿与？”范雎知蔡泽之欲困己以说，复谬曰：“何为不可若此三子者固义之至也忠之节也是故君子以义死难视死如归生而辱不如死而荣士固有杀身以成名惟义之所在虽死无所恨何为不可哉”蔡泽曰：“今商君、吴起、大夫种之为人臣，是也；其君，非也。故世称三子致功而不见德，岂慕不遇世死乎？夫人之立功，岂不期于成全邪？身与名俱全者，上也。名可法而身死者，其次也。名在戮辱而身全者，下也。”于是范雎称善。乃延入坐，为上客。后数日入朝，言于秦昭王。昭王召见蔡泽，与语，大说之，拜为客卿。范雎因谢病请归相印。昭王新说蔡泽，遂拜为秦相，东收周室。蔡泽相秦数月，人或恶之，惧诛，乃谢病归相印，号为纲成君。居秦十余年，事昭王、孝文王、庄襄王，卒事始皇帝。为秦使于燕，三年而燕使太子丹入质于秦。

太史公曰：“韩子称‘长袖善舞，多钱善贾’，信哉是言也！范雎、蔡泽世所谓一切辩士，然游说诸侯至白首无所遇者，非计策之拙，所为说力少也。及二人羁旅入秦，继踵取卿相，垂功于天下者，固强弱之势异也。然士亦有偶合，贤者多如此二子，不得尽意，岂可胜道哉！然二子不困厄，恶能激乎！”

（节选自《史记·范雎蔡泽列传》）

思　考

下列对原文有关内容的概括和分析，不正确的一项是（　　）。

A. 范雎见到蔡泽心里不快，除了蔡泽仅行长揖之礼而不下拜的倨傲之外，最主要的是蔡泽的到来对他构成了威胁

B. 范雎评说商鞅、吴起、大夫种的一席话，并不一定就代表范雎对这三人的真实看法，范雎这样说，更多的是为了堵住蔡泽的嘴，使其理屈词穷

C. 太史公认为，蔡泽之所以能够“垂功于天下”，一个重要原因，是他困于赵而被逐，到韩、魏又失釜鬲之后能够激励自奋

D. 太史公引用韩非“长袖善舞，多钱善贾”的话，是为了说明一个人立身处世、建立功业要有凭借和条件的道理

答案：A

解析：A 项错在蔡泽的到来在当时对范雎并不构成威胁。

参考译文

蔡泽是燕国人，游学四方，向各国诸侯求取官位。到了赵国，蔡泽被驱逐。又前往韩、

魏，在路上，所带行厨炊具又都给别人抢去了，于是蔡泽只好向西进入秦国。蔡泽准备去见秦昭王，就（用计）先派人扬言，用以激怒秦国宰相范雎，说：“燕人蔡泽，是天下见识高超、口才厉害的智慧之人，他一拜见秦王，秦王一定会使你窘迫而（蔡泽）夺取你的相位。”范雎听说后，派人召蔡泽来见。蔡泽进见，却只行长揖之礼而不下拜，（惹得）范雎本来就不高兴。等到接见后，蔡泽的态度又很倨傲放肆，范雎于是责备他说：“你曾经扬言要取代我做秦国宰相，真的有这回事吗？请让我听听你的说法！”蔡泽说：“假使像秦国的商君、楚国的吴起、越国的大夫种那样的结局，值得羡慕吗？”范雎料想蔡泽故意引用这三人之事，是要用这些说辞来堵住自己的嘴。于是就诡辩地回答说：“为什么不可以？像这三个人，本来就是仁义的极致、忠诚的标准。因此，君子为保持节义可以以身殉难，视死如归。活着而受辱没，还不如为节义死去而荣耀。士人本来就有杀身成名的，只要仁义所在，即便死也无所怨恨，为什么不可以？”蔡泽说：“商君、吴起、大夫种作为人臣，做得对；但那些君主，却错了。所以，世人称这三人尽了忠孝之功却不得好报，难道羡慕他们那样不得好报而白死么？人们建功立业，难道不期望功成人在吗？性命和功名都得成全的，这是最上等的；功名可以使后世景仰而性命却失去的，这就次一等了；性命虽得苟全，但声名却蒙受污辱，这就是最下的一等了。”听到这里，范雎称许蔡泽的话。于是请他入座，待为上宾。过后几天，范雎上朝，把蔡泽的情况向秦昭王作了禀报。秦昭王召见蔡泽，同他谈话，大为喜悦，拜他为客卿。范雎于是托言有病请昭王允许他归还相印。秦昭王新宠蔡泽，于是授予蔡泽宰相之职，并在他的辅佐下灭了东周。蔡泽做秦相几个月后，有人说他的坏话，中伤他，蔡泽害怕被杀，于是就托言有病归还相印，秦昭王封他为纲成君。在秦国十多年，奉事昭王、孝文王、庄襄王，最后奉事秦始皇。蔡泽作为秦国使者出使燕国，在燕国三年，燕王就把太子丹送到秦国当了人质。

太史公评论说：韩非子认为“长袖善舞，多钱善贾”，这句话很可信啊！范雎、蔡泽等世上的一切辩士，虽然游说诸侯，但（大都是）到了头白也没有入仕的机会。这并非他们的计策拙劣，而是因为游说的力度不大。等到入秦作客，相继取得卿相之位，功名流传在天下的原因，是（游说力度）强弱形势本来就不一样，凭借不同罢了。辩士也有偶然遇到好机会的；天下有很多像蔡泽二人一样的贤能之人，却没有遇到好机会，所以就不能尽展他们的才能，（这样的事）又哪能一一数得尽呢？然而，范雎、蔡泽二人如果不被厄境所困，又哪能激励自奋呢？

知识拓展（朝）

邹忌朝（早晨）服衣冠，入朝（朝廷）谏齐王。齐王纳其谏。其后，齐国日盛，弱国来朝（朝见），强国请服。邹忌名闻天下，为历朝（朝代）谋臣所景仰。

7　史记·李牧传

阅读提示

➢　语言建构与运用

1. 加点字为文段中重、难点字词。
2. 下加______为需要断句的文句。
3. 下加______为需要翻译的文句。

➢　文化传承与理解

1. 烽火：古代边防军事通讯的重要手段，烽火的燃起是表示国家战事的出现。古代在边境建造的烽火台，通常台上放置干柴，遇有敌情时则燃火以报警——通过山峰之间的烽火迅速传达讯息。古有周幽王为博褒姒一笑，烽火戏诸侯而失信于天下，导致周朝灭亡的典故。

2. 杜门：闭门，杜门是隐藏之门，也是遁甲最重要的部分。杜门适合隐身藏形躲灾避难，其于诸事皆不宜。若要躲起来不让人发现，杜门最适合。也用于寻人寻物。奇门遁甲中八门之一，通于巽卦，古书上常代表闭绝不通，杜绝之意，也有轻微、渐渐之义。

3. 王翦：战国时期秦国名将，关中频阳东乡（今陕西富平东北）人，秦代杰出的军事家，主要战绩有破赵国都城邯郸，消灭燕、赵；以秦国绝大部分兵力消灭楚国。与其子王贲一并成为秦始皇兼灭六国的最大功臣。杰出的军事指挥才能使其与白起、李牧、廉颇并列为战国四大名将。王翦据称是琅琊王氏和太原王氏的始祖。

正　文

李牧者，赵之北边良将也，常居代雁门，备匈奴。以便宜置吏，市租皆输入莫府，为士卒费。日击数牛飨士，习骑射，谨烽火，多间谍，厚遇战士。为约曰："匈奴即入盗，急入收保，有敢捕虏者斩。"匈奴每入，烽火谨，辄入收保，不敢战。如是数岁，亦不亡失。然匈奴以李牧为怯，虽赵边兵亦以为吾将怯。赵王让李牧，李牧如故。赵王怒，召之，使他人代将。

岁余，匈奴每来，出战。出战，数不利，失亡多，边不得田畜。复请李牧。牧杜门不出，固称疾。赵王乃复强起使将兵。牧曰："王必用臣，臣如前，乃敢奉命。"王许之。

李牧至，如故约。匈奴数岁无所得，终以为怯。边士日得赏赐而不用，皆愿一战。于是乃具选车得千三百乘，选骑得万三千匹，百金之士五万人，彀者（彀者，射手）十万人，悉勒习战。大纵畜牧，人民满野。匈奴小入，佯北不胜，以数千人委之。单于闻之，大率众来入。李牧多为奇陈，张左右翼击之，大破匈奴十余万骑。灭襜褴，破东胡，降林胡，单于奔走。其后十余岁，匈奴不敢近赵边城。

赵悼襄王元年，赵使李牧攻燕，拔武遂、方城。后七年，秦破杀赵将扈辄于武遂，斩首十万。赵乃以李牧为大将军，击秦军于宜安，大破秦军，走秦将桓齮。封李牧为武安君。居三年，李牧击破秦军，南距韩、魏。

赵王迁七年，秦使王翦攻赵，赵使李牧、司马尚御之。秦多与赵王宠臣郭开金为反间言李牧司马尚欲反赵王乃使赵葱及齐将颜聚代李牧李牧不受命赵使人微捕得李牧斩之废司马尚。后三月，王翦因急击赵，大破杀赵葱，虏赵王迁及其将颜聚，遂灭赵。

（节选自《史记·李牧传》）

思　考

下列对原文有关内容的概括和分析，不正确的一项是（　　）。

A. 李牧驻守雁门，犒劳士兵，操练射箭、骑马，并不急于出战，致使匈奴及赵国边防兵认为他胆小怕事

B. 李牧不肯迎战匈奴，赵王不满，让别的将领取代他，匈奴来犯，伤亡损失很多。赵王再请李牧出山，李牧觉得这个决定太急促，闭门不出

C. 李牧到任后，按照原来的规章办事。当匈奴始终认为李牧胆怯、守边将士都希望与匈奴一战时，李牧巧妙部署，大败匈奴

D. 赵王迁七年，赵王派李牧、司马尚抵抗秦军。秦国施行反间计，赵王派人逮捕了李牧并杀害了他。秦国乘势攻打赵国并灭之

答案：B

解析：文中李牧是坚持说自己有病，闭门不出。

参考译文

李牧是赵国镇守北部边境的优秀将领，长年驻扎在代地，雁门郡，防御匈奴。他有权根据实际需要任命官吏，城市的税收都送进将军幕府中，作为士兵的费用。他下令每天杀几头牛犒劳士兵，教士兵射箭、骑马。谨慎地把守烽火台，多派侦察人员，优待战士。制订规章说："匈奴如果侵入边境来抢掠，应立即进入营垒坚守，有胆敢擅自捕捉俘虏的处斩刑。"匈奴每次入侵，烽火台就严谨地举烽火报警，战士们随即进入营垒防守，不敢应战。这样过了好几年，也没有什么伤亡和损失。可是匈奴认为李牧是胆小怕事，即使是赵国的边防兵也认为"我们的将军胆小怕事"。赵王责备李牧，李牧依然如同以前一样。赵王发怒，调他回京，派另外的人替代他边将的职务。

一年多后，匈奴每次来侵犯，新将领都领兵出战。每次出战，多是失利，伤亡损失很多，

边境上老百姓不能耕种、放牧。又请李牧出山，李牧闭门不出，坚持说自己有病。赵王就又强迫他出任边将，派他去统率军队。李牧说："大王一定要任用我，要让我像以前那样做，我才敢接受命令。"赵王答应了他。

李牧到达边境，按照原来的法规、号令办事。匈奴好几年一无所得，人们始终认为李牧胆怯。守边的士兵常得到奖赏却不被使用，都希望与匈奴一战。这时李牧就准备了经过挑选的兵车一千三百辆，精选出战马一万三千匹。还有曾经获得百金奖赏的勇士五万人，能拉硬弓的优秀射手十万人，全部组织起来进行军事演习。又大力组织放牧，让人民布满山野。匈奴派出小股兵力入侵，李牧部众假装败逃，丢下几千人给匈奴。匈奴单于听到这个消息，率领大批军队入侵。李牧大量布下灵活奇特的战阵，从左右两边包抄反击匈奴，大败匈奴，斩杀匈奴十几万人马。接着消灭襜褴，打败东胡，迫使林胡投降，单于逃跑。这次战役以后的十几年，匈奴不敢接近赵国边境上城邑。

悼襄王元年，赵国便以李牧为将进攻燕国，攻下武遂、方城。过了七年，秦军攻打赵国，在武遂杀死扈辄将军，杀了十万多人。赵国封李牧为大将军，在宜安与秦军交战，大败秦军，使秦国的将军桓齮大败。赵王封李牧为武安君，三年来，李牧击退秦军，至南边的韩、魏边境位置。

赵王迁七年，秦国派遣王翦攻打赵国，赵王派李牧、司马尚抵抗秦军。秦国用大笔金钱贿赂赵王的宠臣郭开，施行反间计，说李牧、司马尚想要谋反。赵王便派赵葱和齐将颜聚代替李牧。李牧不接受命令，赵王派人秘密逮捕了李牧，把他杀死了。撤销了司马尚的职务。这以后三个月，王翦乘势急速攻打赵国，大败赵葱的军队，杀了赵葱，俘虏了赵王迁和赵军将领颜聚，于是灭了赵国。

知识拓展（病）

桓公有疾，左右病（担心）之，求扁鹊治，鹊亡，病（疾病）入脏腑，遂死。后人以为此事非大臣之过，乃桓公之病（缺点）也。今人常以此相诟病（责备）。

8　史记·陈丞相世家

阅读提示

➢　语言建构与运用

1. 加点字为文段中重、难点字词。
2. 下加_____为需要断句的文句。
3. 下加_____为需要翻译的文句。

➢ 文化传承与理解

1. 崩：古代把天子的死看得很重，常用山塌下来做比喻，由此从周代开始帝王死称“崩”、“驾崩”（帝王之死）、“崩殂”（崩背，崩逝。又指帝王之死）。

2. 谥：古代王侯将相、高级官吏、著名文士等死后被追加的称号叫谥号。如欧阳修谥“文忠”，王安石谥“文”，而称奸臣秦桧为“缪丑”则是一种“恶谥”。

3. 相国：春秋以后官僚机构中的最高官职，西汉初以后不常设，是秉承君主旨意综理全国政务的人。常与宰相通称，简称“相”。如《史记·陈涉世家》：“王侯将相宁有种乎？”《史记·廉颇蔺相如列传》：“且庸人尚羞之，况于将相乎！”《蜀相》：“丞相祠堂何处寻，锦官城外柏森森。”

正 文

（楚）围汉王于荥阳城，汉王患之。陈平曰：“大王诚能出捐数万斤金，行反间，项王为人意忌信谗，必内相诛。汉因举兵而攻之，破楚必矣。”乃出黄金四万斤，与陈平，恣所为，不问其出入。陈平既多以金纵反间于楚军，宣言钟离昧等项王将欲与汉为一，项羽果意不信钟离昧等。陈平乃与汉王从城西门夜出去，遂入关。汉六年，人有上书告楚王韩信反。平曰：“陛下第出，伪游云梦，信闻天子以好出游，其势必无事而郊迎谒。谒，而陛下因禽之，此特一力士之事耳。”上因随以行，豫具武士，见信至，即执缚之。其后常以护军中尉从攻陈稀及黥布。凡六出奇计，奇计或颇秘，世莫能闻也。

卢绾反，上使樊哙以相国将兵攻之。既行，人有短恶哙者。高帝曰：“陈平亟驰传载勃代哙将，平至军中即斩哙头！”二人行计之曰：“樊哙，帝之故人也，功多，且又乃吕后弟吕媭之夫，有亲且贵，帝以忿怒故，欲斩之，则恐后悔。宁囚而致上，上自诛之。”未至军，为坛，以节召樊哙。哙受诏，即反接载槛车，传诣长安。平行闻高帝崩，平恐吕太后及吕媭谗怒，乃驰传先去。逢使者诏平与灌婴屯于荥阳。平受诏，立复驰至宫，哭甚哀，因奏事丧前。吕太后哀之，曰：“君劳，出休矣。”平畏谗之就，因固请得宿卫中。是后吕媭谗乃不得行。吕太后立诸吕为王，陈平伪听之。及吕太后崩，平与太尉勃合谋，卒诛诸吕，立孝文皇帝，陈平本谋也。

孝文帝二年，丞相陈平卒，谥为献侯。

太史公曰（陈丞相）常出奇计救纷纠之难振国家之患及吕后时事多故矣然平竟自脱定宗庙以荣名终称贤相岂不善始善终哉非知谋孰能当此者乎

（节选自《史记·陈丞相世家》）

思 考

下列对原文有关内容的概括和分析，不正确的一项是（ ）。

A. 陈平在楚汉对峙时期，根据项羽为人猜忌的弱点，施用反间计，离间了项王君臣，削弱了楚军的力量，解了荥阳之围

B. 在有人上告韩信谋反时，陈平为刘邦设计伪游云梦之计，使韩信束手就擒

C. 刘邦因一时愤怒，命令陈平到军中立即斩杀樊哙，陈平从汉王朝的利益出发，巧施妙计，终于使樊哙这位汉王朝的开国功臣免遭杀身之祸

D. 高帝去世后，陈平通过种种手段，使吕媭的谗言不起任何作用；吕后去世后，他与绛侯周勃合谋，计诛吕氏宗族，拥立孝文帝，维护了刘氏政权

答案：C

解析：C 项错在此句原文之意不仅是陈平一人，还有周勃，二人商议而定此计，而且此举也不光为汉王朝，也为了保护自己。

参考译文

（楚军）把汉王围困在荥阳城，汉王为这种困境而忧虑。陈平说："大王如果真的能舍得拿出几万斤黄金，施行反间的计谋，项王为人猜忌多疑，听信谗言，他们内部定会互相残杀。汉军可趁机发兵攻打他们，击败楚军是一定的了。"于是拿出黄金四万斤给陈平，听凭他使用，不过问他的支出情况。陈平用了很多黄金在楚军中进行离间活动，在众将中扬言钟离眜等项王的将领打算跟汉王联合起来。项羽果然猜疑起来，不再信任钟离眜等人。陈平于是夜里与汉王从荥阳西门出城逃离，随即进入关中。汉六年，有人上书告发楚王韩信谋反。陈平说："陛下只是假装出游云梦，韩信听到天子怀着善意出游，看那情势定然无事，因而到郊外迎接拜见陛下。拜见时，陛下趁机将他拿下，这只不过是一个力士就能办到的事。"皇上便随即出发，预先准备好武士，见韩信来了，立即将他拿下捆绑起来。此后陈平曾以护军中尉的身份跟从高帝征讨陈稀和黥布。他一共出过六次奇计，奇计有的颇为隐秘，世间无人得知。

卢绾反叛，皇上派樊哙以相国的身份率兵征讨他。启程后，有人说樊哙的坏话。高帝说："陈平速驾驿站车马载着周勃代替樊哙领兵，陈平到了军中立即斩下樊哙的头！"二人边走边商议说："樊哙是高帝的老朋友了，功劳很多，而且又是吕后妹妹吕媭的丈夫，与高帝有亲戚关系并且显贵，高帝因为一时愤怒的缘故想杀他，只怕将来要后悔。我们宁可把他囚禁起来交予皇上，由皇上自己处决他。"他们没有到军营中，便堆土筑坛，用符节召来樊哙。樊哙接受诏令，立即被反绑起来装上囚车，由驿站送往长安。陈平在返回时听说高帝去世，他恐怕吕媭进谗言、吕后听信谗言发怒，便急驾驿站车马先行。路上遇到使者诏令陈平和灌婴驻守荥阳。陈平接受诏命，马上又驱车赶到宫廷，哭得非常哀痛，趁机在高帝灵堂内向吕后禀奏处理樊哙一事的经过。吕太后哀怜陈平，说道："您辛苦了，出去好好休息吧。"陈平害怕谗言加于自身，于是坚决请求留宿宫中，担任警卫。此后吕媭的谗言才不起作用。吕太后立吕氏宗族的人为王，陈平假装顺从这件事。等到吕太后去世，陈平跟太尉周勃合谋，终于诛灭了吕氏宗族，拥立孝文皇帝即位，此事陈平是主要策划者。

孝文帝二年，丞相陈平去世，谥号为献侯。

太史公说：（丞相陈平）常常想出妙计，解救纷繁的危难，消除国家的祸患。到了吕后执政时期，诸事多有变故，但陈平竟能自免于祸，安定汉室，保持荣耀的名望终身，被称为贤相，难道不是善始善终吗！假若没有才智和谋略，怎么能做到这一步呢？

知识拓展（曾）

愚公自曾（指与自己相隔两代的亲属）祖起居于太行、王屋山下。因二山阻隔，出入不便，全家曾（曾经）议移山。于是愚公率妻子移山，几度春秋，山不加少。邻人智叟望山上曾（通“层”）云，笑之。愚公笑曰：“汝曾（竟）不若孩儿？世代移山，终有竟日。”

9 史记·陆贾传

阅读提示

➢ 语言建构与运用

1. 加点字为文段中重、难点字词。
2. 下加______为需要断句的文句。
3. 下加______为需要翻译的文句。

➢ 文化传承与理解

1.《说苑》：又名《新苑》，是古代杂史小说集，西汉刘向编。按类别记述春秋战国至汉代的逸闻轶事，其中以记述诸子言行为主，不少篇章中有关于治国安民、家国兴亡的哲理格言。主要体现了儒家的哲学思想、政治理想以及伦理观念。书中记载的史事，有的可与现存典籍互相印证。

2. 剖符：符，凭信。古代分封诸侯或封赏功臣时，将符一分为二，一留帝王处，一授诸侯或功臣，称为“剖符”。

3. 北面：面北，面向北。指臣服于人。古代君主面南而坐，臣子朝见君主时是面向北的。

4. 中国：一般指中原，又称中土、中州、华夏，是指洛阳至开封一带为中心的黄河中下游地区。狭义上指今天的河南省。当与外族对应时，中原又泛指中国。

中原，本意为“天下至中的原野”，是华夏文明和中华文明的发祥地，是华夏民族的摇篮，被视为天下中心。中原地区随着华夏民族的大融合以及中原文明的扩展而逐渐向外蔓延，扩大了以中原文化为核心的汉族和各民族之间的交流。文化比较先进的华夏民族以别于四夷而称中华。

5. 亲戚：亲戚一词通常用于称呼与自己家庭有婚姻关系的亲属。最初的亲戚是指“内亲外戚”，主要是对母亲、妻子一方亲属的称谓。亲戚一词泛指与自己的家庭关系比较疏远的亲属。

6. 五帝、三王：我国西周王朝以前的历史时期，古代学者通常把它分为三个阶段，即“三皇”时期、“五帝”时期、“三王”时期。按照一般意义上的说法，燧人氏、伏羲氏、神农氏被称为“三皇”，也有人把伏羲氏、女娲氏、神农氏称为“三皇”；黄帝、颛顼、帝喾、唐尧、虞舜被称为“五帝”。而“三王”则指夏禹、商汤、周武王及他们分别开创的夏王朝、商王朝和周王朝（西周）。

正　文

陆贾从高祖定天下，名为有口辩士，居左右，常使诸侯。

及高祖时，中国初定，尉佗平南越，因王之。高祖使陆贾赐尉佗印，为南越王。陆生至，尉佗椎结[①]箕踞见陆生。陆生因说佗曰：“足下中国人，亲戚昆弟坟墓在真定。今足下弃反天性，捐冠带，欲以区区之越与天子抗衡为敌国，祸且及身矣！且夫秦失其政，诸侯豪杰并起，惟汉王先入关，据咸阳。项籍背约，自立为西楚霸王，诸侯皆属，可谓至强。然汉王起巴蜀，鞭笞天下，劫诸侯，遂诛项羽灭之。五年之间，海内平定，此非人力，天之所建也。天子闻君王王南越不助天下诛暴逆将相欲移兵而诛王天子怜百姓新劳苦且休之遣臣授君王印剖符通使。君王宜郊迎，北面称臣。乃欲以新造未集之越，屈强于此。汉诚闻之，掘烧君王先人冢墓，夷种宗族，使一偏将将十万众临越，越则杀王已降汉，如反覆手耳。”于是尉佗乃蹶然起坐，谢陆生曰：“居蛮夷中久，殊失礼仪。”因问陆生曰：“我孰与萧何、曹参、韩信贤？”陆生曰：“王似贤。”复问：“我孰与皇帝贤？”陆曰：“皇帝起丰、沛，讨暴秦，诛强楚，为天下兴利除害，继五帝、三王之业，统理中国，中国之人以亿计，地方万里，居天下之膏腴，人众车舆，万物殷富，政由一家，自天地剖判，未尝有也。今王众不过数十万，皆蛮夷，崎岖[②]山海之间，譬若汉一郡，何可乃比于汉王！”尉佗大笑曰：“吾不起中国，故王此；使我居中国，何遽不若汉！”乃大悦陆生，留与饮数月。曰：“越中无足与语，至生来，令我日闻所不闻。”陆生拜尉佗为南越王，令称臣奉汉约。归报，高祖大悦，拜为太中大夫。

（节选自《说苑·奉使》）

南越王尉佗者，真定人也，姓赵氏。秦时已并天下。至二世时，南海尉任嚣病且死，召龙川令赵佗。即被佗书，行南海尉事。嚣死，佗因稍以法诛秦所置长史，以其党为假守。秦已破灭，佗即击并桂林、象郡，自立为南越武王。高帝已定天下，为中国劳苦，故释佗弗诛。汉十一年，遣陆贾因立佗为南越王。

（节选自《史记·南越列传》）

【注】① 椎结：同“椎髻”，发髻梳成一撮，形状如椎。② 踦䟖：同“崎岖”。

思　考

下列对原文有关内容的概括和分析，不正确的一项是（　　）。

A. 陆贾极具政治才干。他深受高祖信任，跟随高祖平定天下，代表朝廷出使南越，成功游说尉佗归顺汉王朝，得到高祖的肯定，被任命为太中大夫

B. 尉佗原本自傲自大。与陆贾会面时，他举止无礼，态度轻慢，认为自己既有将相之才，亦有帝王之能，且南越君民同心，足以与汉王朝分庭抗礼

C. 尉佗亦能审时度势。他本为龙川令，受命于任嚣，代任南海尉，趁天下大乱统一了南越。后听从陆贾的劝导与建议，接受朝廷封赏，臣服于汉王朝

D. 陆贾游说技巧高超。为说服尉佗，他从国力、军事等方面分析了对方可能面临的情势，进而使其醒悟到只有遵从朝廷的约束才能保住切身利益

答案：B

解析：B 项中“且南越君民同心”无中生有。

参考译文

陆贾随从高祖平定天下，当时人们都称他是很有口才的说客，所以伴随在高祖的身边，常常出使各个诸侯国。

在高祖刚把中原平定的时候，尉佗也平定了南越，便在那里自立为王。高祖派遣陆贾带着赐给尉佗的南越王之印前去册封。陆生到了南越，尉佗梳着当地流行的一撮锥子一样的发髻，像簸箕一样地伸开两腿坐着，接见陆生。陆生就此高尉佗说道：“您本是中原人，亲戚、兄弟祖先的坟墓都在真定。而现在您却一反中原人的习俗，丢弃衣冠巾带，想用只有弹丸之地的小小南越来和天子抗衡，成为敌国，那你的大祸也就要临头了。况且秦朝暴虐无道，诸侯豪杰都纷纷而起，只有汉王首先入关，占据咸阳。项羽背叛盟约，自立为西楚霸王，诸侯们都归顺于他，可以称得上是强大无比。但是汉王从巴蜀出兵之后，征服天下，平定诸侯，杀死项羽，灭掉楚国。五年之间，中原平定。这不是人力所能办到的，而是上天辅佐的结果。现在大汉天子听说您在南越称王，不愿意帮助天下人讨平暴逆，汉朝将相都想带兵来消灭您。但是天子爱惜百姓，想到他们刚刚经历了战争的劳苦乱离，因此才暂且罢兵，派遣我授予你南越王的金印，剖符为信，互通使臣。您理应到郊外远迎，面向北方，拜倒称臣，但是您却想凭借刚刚建立还没有把人民收拢起的小小南越，在此桀骜不驯。倘若让朝廷知道了此事，挖掘烧毁您祖先的坟墓，诛灭您的宗族，再派一名偏将带领十万人马来到越地，那么南越人杀死您投降汉朝，就如同翻一下手背那么容易。”尉佗听罢，立刻站起身来，向陆生道歉说：“我在蛮夷中居住的时间长了，所以太失礼了”。接着，他又问陆生：“我和萧何、曹参、韩信相比，谁更有德有才呢？”陆生说道：“您似乎比他们强一点。”尉佗又问：“那我和皇帝相比呢？”陆生回答：“皇帝从丰沛起兵，讨伐暴虐的秦朝，扫平强大的楚国，为整个天下的人兴利除害，继承了五帝三王的宏伟业绩，统理中原。而中原的人口以亿来计算，土地方圆万里，处于天下最富饶的地域，人多车众，物产丰富，政令出于一家，这种盛况是从开天辟地以来

从未有过的。而现在您的人民不过几十万，而且都是未开化的蛮夷，又居住在这局促狭小的山地海隅之间，只不过如同汉朝的一个郡罢了，您怎么竟同汉朝相比呢？”尉佗大笑说：“我没有从中原起兵，所以在这里称王；假如我身处中原，怎么就比不上汉王！”于是非常喜欢陆生，留下他和自己饮酒作乐好几个月。尉佗说：“南越人当中没有一个和我谈得来，等你来到这里之后，才使我每天都能听到过去所未曾听到的事情。”陆生终于完成拜尉佗为南越王的使命，使他向汉称臣，服从汉的管制约束。陆贾还朝之后，把以上情况向高祖汇报，高祖非常高兴，任命他为太中大夫。

（节选自《说苑·奉使》）

南越王尉佗是真定人，姓赵。秦国兼并了天下。到秦二世时，南海郡尉任嚣得病将死，把龙川令赵佗召来，赐给他文书，让他行使南海郡尉的权力。任嚣死后，赵佗逐渐用法律杀了秦朝安置的官吏，而用他的亲信做代理长官。秦朝被消灭后，赵佗就攻击并兼并了桂林和象郡，立自己为南越武王。汉高祖已经平定了天下，因为中原百姓劳顿困苦，所以汉高祖放过了赵佗，没有杀他。汉高帝十一年（前 196），派遣陆贾去南越，命令赵佗因袭他的南越王的称号。

（节选自《史记·南越列传》）

（2013 年安徽卷）

知识拓展（兵）

陈涉初起之时，行军用兵（兵法）之道虽不及秦之谋士，而能率疲敝之卒，削木为兵（兵器），将兵（军队）灭秦。及称王，其幼时之友触其颜面，左右欲兵（伤害）其友，陈涉不语。

10　史记·叔孙通传

阅读提示

➢ 语言建构与运用

1. 加点字为文段中重、难点字词。
2. 下加______为需要断句的文句。
3. 下加______为需要翻译的文句。

➢ 文化传承与理解

1. 辇：古时用人拉或推的车，秦汉后特指君后所乘的车。
2. 六百石：汉官秩，在比千石之下。《汉书·百官公卿表》颜师古注云：“六百石者（月各）七十斛。”太史令、郡丞等为此级。西汉时的刺史和尚书亦为此级。

正　文

叔孙通者，薛人也。及项梁之薛，叔孙通从之。败于定陶，从怀王。怀王为义帝，徙长沙，叔孙通留事项王。汉二年，汉王从五诸侯入彭城，叔孙通降汉王。汉王败而西，因竟从汉。

汉五年，已并天下，诸侯共尊汉王为皇帝于定陶。高帝悉去秦苛仪法，为简易。群臣饮酒争功，醉或妄呼，拔剑击柱，高帝患之。叔孙通知上益厌之也，说上曰：“夫儒者难与进取，可与守成。臣愿征鲁诸生，与臣弟子共起朝仪。”高帝曰：“得无难乎？”叔孙通曰：“臣愿颇采古礼与秦仪杂就之。”上曰：“可试为之，令易知，度吾所能行为之。”

于是叔孙通使征鲁诸生。鲁有两生不肯行，曰：“公所事者且十主，皆面谀以得亲贵。吾不忍为公所为，吾不行。公往矣，无污我。”叔孙通笑曰：“若真鄙儒也，不知时变。”

遂与所征三十人西，及上左右为学者与其弟子百余人习之月余，叔孙通曰：“上可试观。”上既观，使行礼，曰：“吾能为此。”乃令群臣习肄①。

汉七年，长乐宫成，诸侯群臣皆朝。仪：先平明，谒者②治礼，引以次入殿门，廷中陈车骑步卒卫宫，设兵张旗帜。传言“趋”。殿下郎中夹陛，陛数百人。功臣列侯诸将军军吏以次陈西方，东乡；文官丞相以下陈东方，西乡。于是皇帝辇出房，百官执职传警，引诸侯王以下至吏六百石以次奉贺。自诸侯王以下莫不振恐肃静。至礼毕复置法酒诸侍坐殿上皆伏抑首以尊卑次起上寿觞九行谒者言“罢酒”。御史执法，举不如仪者辄引去。竟朝置酒，无敢喧哗失礼者。于是高帝曰：“吾乃今日知为皇帝之贵也。”乃拜叔孙通为太常，赐金五百斤。叔孙通出，皆以五百斤金赐诸生。诸生乃皆喜曰：“叔孙生诚圣人也，知当世之要务。”

（节选自《史记·叔孙通传》）

【注】①肆：学习、练习。②谒者：官名，掌接待宾客及赞礼。

思　考

下列对原文的理解和分析，不正确的一项是（　　）。

A. 刘邦初即帝位，不喜欢繁文缛节，崇尚简易

B. 跟随刘邦征战的将军们不懂礼仪，表现粗鲁

C. 叔孙通帮助朝廷建立了一套庄重威严的礼仪

D. 鲁地儒生皆固守气节，坚决不与叔孙通合作

答案：D

解析：不是所有的鲁地儒生都坚决不与叔孙通合作，文中说“鲁有两生不肯行”。

参考译文

叔孙通是薛县人。等项梁到了薛县，叔孙通便投靠了他。后来项梁在定陶战死，叔孙通就跟随了楚怀王熊心。怀王被项羽封为义帝，迁往长沙去了，叔孙通便留下奉事项羽。汉高帝二年，汉王刘邦带领五个诸侯王攻进彭城，叔孙通就投降了汉王。汉王战败西去，于是叔孙通也跟去投靠了汉王。

汉高帝五年，天下已经统一，诸侯们在定陶共同尊推汉王为皇帝。当时汉高帝把秦朝的那些严苛的仪礼法规全部取消，只是拟定了一些简单易行的规矩。可是群臣在朝廷饮酒作乐争论功劳，醉后有的狂呼乱叫，甚至拔出剑来砍削庭中立柱，高帝为这事感到头疼。叔孙通知道皇帝愈来愈讨厌这类事，就劝说道："那些儒生很难为您进攻夺取，可是能够帮您保守成果。我希望征召鲁地的一些儒生，跟我的子弟们一起制定朝廷上的仪礼。"高帝说："只怕会像过去那样的烦琐难行吧？"叔孙通说："我愿意略用古代礼节与秦朝的礼仪糅合起来制定新礼节。"皇帝说："可以试着办一下，但要让它容易通晓，考虑我能够做得到的。"

于是叔孙通奉命征召鲁地儒生。鲁地有两个儒生不愿走，说："您侍奉了将近十位君主，都是靠当面阿谀奉承取得亲近、显贵的。我们不违心替您办这种事。我们不走。您还是去吧，不要玷辱了我们！"叔孙通笑着说："你们真是鄙陋的儒生啊，一点也不懂时事的变化。"

叔孙通就与征来的三十人一起向西来到都城，他们和皇帝左右有学问的侍从以及叔孙通的弟子一百多人，演习了一个多月。叔孙通说："皇帝可以试着来视察一下。"皇帝视察后，让他们向自己行礼，然后说："我能做到这些。"于是命令群臣都来学习。

汉高帝七年，长乐宫已经建成，各诸侯王及朝廷群臣都来朝拜皇帝。礼仪是：先在天刚亮时，谒者开始主持礼仪，引导着诸侯群臣、文武百官依次进入殿门，廷中排列着战车、骑兵、步兵和宫廷侍卫军士，摆设着各种兵器，树立着各式旗帜。谒者传呼"小步快走"。于是所有官员各入其位，大殿下面郎中官员站在台阶两侧，台阶上有几百人之多。凡是功臣、列侯、各级将军军官都按次序排列在西边，面向东；凡文职官员从丞相起依次排列在东边，面向西。于是皇帝乘坐龙辇从宫房里出来，百官举起旗帜传呼警备，然后引导着诸侯王以下至六百石以上的各级官员依次毕恭毕敬地向皇帝施礼道贺。诸侯王以下的所有官员没有一个不因这威严仪式而惊惧肃敬的。等到仪式完毕，再摆设酒宴大礼。诸侯百官等坐在大殿上都敛声屏气地低着头，按照尊卑次序站起来向皇帝祝颂敬酒。斟酒九巡，谒者宣布"宴会结束"。最后监察官员执行礼仪法规，找出那些不符合礼仪规定的人把他们带走。从朝见到宴会的全部过程，没有一个敢大声说话和行动失当的人。大典之后，高帝非常得意地说："我今天才知道当皇帝的尊贵啊！"于是授给叔孙通太常的官职，赏赐黄金五百斤。叔孙通出来后，把五百斤黄金都送给各位儒生。儒生们于是都高兴地说："叔孙先生确实是圣人啊，知道当世的要务。"

（2009年北京卷）

知识拓展（鄙）

晋之鄙（边远之地）有二人，初临秦地，曰："鄙（浅陋无知）贱之人，请见谅。"居久，则鄙（轻视）秦人，曰："亦不过尔尔，皆如蛮夷之鄙（浅陋无知）人哉。"

11　史记·郑庄传

阅读提示

➢　语言建构与运用

1. 加点字为文段中重、难点字词。
2. 下加_____为需要断句的文句。
3. 下加_____为需要翻译的文句。

➢　文化传承与理解

1. 洗沐：也叫休沐。秦汉时，已形成了三日一洗头、五日一沐浴的习惯。后来把官府每五天给的一天假，也称为休沐。于是，洗沐、休沐到后来就成了官员休假的代名词。汉代，官吏五日一休，唐宋时延为十日一休。

2. 九卿：古代中央部分行政长官的总称。

正　文

郑当时者，字庄，陈人也。其先郑君尝为项籍将，籍死，已而属汉。高祖令诸故项籍臣名籍，郑君独不奉诏。诏尽拜名籍者为大夫，而逐郑君。

郑庄以任侠自喜，脱张羽于厄，声闻梁楚之间。孝景时，为太子舍人。每五日洗沐，常置驿马长安诸郊，存诸故人，请谢宾客，夜以继日，至其明旦，常恐不遍。庄好黄老之言，其慕长者，如恐不见。年小官薄然其游知交皆其大父行天下有名之士也武帝立庄稍迁为鲁中尉济南太守江都相至九卿为右内史。以武安侯、魏其时议，贬秩为詹事，迁为大农令。

庄为太史，诫门下："客至，无贵贱，无留门者。"执宾主之礼，以其贵下人。庄廉，又不治其产业，仰奉赐以给诸公。然其馈遗人，不过算[①]器食。每朝，候上之间，说未尝不言天下之长者。其推毂[②]士及官属丞史，诚有味其言之也，常引以为贤于己。未尝名吏与官属言若恐伤之闻人之善言进之上唯恐后。山东士诸公以此翕然称郑庄。

郑庄使视决河，自请治行五日。上曰："吾闻'郑庄行，千里不赍粮'，请治行者何也？"然郑庄在朝，常趋和承意，不敢甚引当否。及晚节，汉征匈奴，招四夷，天下费多，财用益匮。庄任人宾客为大农僦人[3]，多逋负[4]。司马安为淮阳太守，发其事，庄以此陷罪，赎为庶人。顷之，守长史。上以为老，以庄为汝南太守。数岁，以官卒。卒后家无余赀财。

（节选自《史记·郑庄列传》）

【注】① 箅：竹。器② 推毂：推荐。③ 僦人：这里指承揽运输的人。④ 逋负：拖欠款项。

思　考

下列对原文有关内容的概括和分析，不正确的一项是（　　）。

A. 郑庄的先祖曾因不奉诏而被逐，郑庄也以行侠仗义为自豪，因解救张羽而闻名，虽然年小官薄，却能结交天下名士

B. 郑庄为人谦和平易，从不摆架子。他交游十分广泛，连皇帝都有所耳闻

C. 郑庄在朝廷上，常常揣测迎合皇帝的意思，不敢明确地决断是非。但一有机会，也总向皇帝荐上士人及下属好的言论

D. 郑庄在任用官吏的问题上，与司马安意见不合，后来司马安乘隙诬陷，使他一度丢了官职

答案：D

解析：D 项无中生有。

参考译文

郑当时，字庄，陈郡人。他的祖先郑君曾经为项籍的属将；项籍兵败而死，不久天下便归属了汉。汉高祖刘邦命令登记项籍旧将的姓名、履历，唯独郑君没有奉行诏令登记。刘邦下诏把名簿上的人全部任命为大夫，而放逐了郑君。

郑庄以仗义行侠为自豪。因为在张羽困难时予以救助，从而闻名于梁、楚地区。汉景帝时担任太子舍人的职务。每五天休假的时候，常在长安的城郊备置马匹，问候那些老朋友，拜访或答谢宾客，夜以继日，通宵达旦，还常恐怕应酬不周。郑庄喜好黄帝、老子的学说，敬慕年长有德之人，（他常汲汲奔走拜望）好像怕来不及见他们的样子。虽然年纪轻轻，官品低微，然而他来往的知心好友，都是他祖父一辈的，在全国很有名气的人。汉武帝即位之后，郑庄逐渐晋升为鲁国中尉、济南太守、江都国相，直到九卿中右内史之职。因为评议武安侯田蚡、魏其侯窦婴的争端是非，被贬职为詹事，后升迁为大农令。

郑庄任太史时，告诫属下说：“客人到来，无论地位高低，（都要立即通报）不要让他滞留在门口等候。”他对客人行宾主的礼节，以自己高贵的身份谦虚地对待别人。郑庄很廉洁，不喜欢购置产业，只靠皇上的赏赐供给门客。然而赠给他人物品，不过一竹篮食物而已。每次朝见皇上，有机会便要称道天下的忠厚长者。他推荐士人及其官属的丞、史，总是那么亲切有味地陈说，常常推重他们的才德，认为比自己都强。他从来不直呼属吏的名讳，与下属

官员谈话，好像生怕伤害到他们。听到他人好的言论，便立即向皇上推荐，唯恐落后耽误。崤山以东的士人们因此一致称赞郑庄。

郑庄被派去巡视黄河决口的情况，自己请求给五天假，准备行装。武帝说："我听说'郑庄出门，即使有千里之遥，也不必带粮食'，请求准备行装是为什么呢？"然而郑庄在朝廷上，常常趋迎附和皇帝的意旨，不敢明确决断是否。在晚年时，汉朝廷征伐匈奴，招降周边的少数部族，国家支出的费用很多，国家财政愈来愈匮乏。郑庄所保举的人和他的宾客等担任大农令手下承揽运输的人，欠了公家许多债务。司马安任淮阳太守，揭发了此事，郑庄因此被治罪，赎罪后免官为平民百姓。不久，暂时担任丞相长史。武帝认为他年纪太大，任命为汝南太守。几年之后死于任上，死后家中没有余下财物。

知识拓展（乘）

陶潜手握《左传》，乘（登）彼垝垣，阅至"公与之乘（乘坐）"，感慨古代帝王虽善因利乘（趁）便，终不免亡身，顿生归隐之念。一路冒风乘（冒着）雪，至家，心乃定，于是决定余生乘（顺应）化以归尽。

12　史记·李将军传

阅读提示

➢　语言建构与运用

1. 加点字为文段中重、难点字词。
2. 下加_____为需要断句的文句。
3. 下加_____为需要翻译的文句。

➢　文化传承与理解

1. 结发：即束发，古代男子到十五岁即可束发，这里的意思是少年或年轻之时。

2. 刀笔之吏：古人用简牍时，如有错讹，即以刀削之，故古时的读书人及政客常常随身带着刀和笔，以便随时修改错误。因刀笔并用，历代的低级文职官员也就被称作"刀笔吏"。宋元后，人们又往往特将讼师幕僚称作"刀笔吏"，顾名思义就是谓其深谙法律之规则，文笔犀利，用笔如刀。"刀笔吏"如刀之笔的操纵，往往使许多案件乾坤陡转，或无中生有，或大事化小、小事化了。

正 文

李将军广者，陇西成纪人也，家世世受射。从军击胡，用善骑射，杀首虏多；从太尉亚夫击吴楚军，取旗，显功名昌邑下，以力战为名。匈奴大入上郡，有数千骑。广之百骑皆大恐，欲驰还走。广曰：“吾去大军数十里，今如此以百骑走，匈奴追射我立尽。今我留，匈奴必以我为大军之诱，必不敢击我。”广令诸骑曰：“前!”前未到匈奴陈二里所，止，解鞍，令士皆纵马卧。是时会暮，胡兵终怪之，不敢击。夜半时，引兵而去。广居右北平，匈奴闻之，号曰“汉之飞将军”，避之数岁，不敢入右北平。

广廉，得赏赐辄分其麾下，饮食与士共之。终广之身，家无余财，终不言家产事。广讷口少言，专以射为戏，竟死。广之将兵，乏绝之处，见水，士卒不尽饮，广不近水；士卒不尽食，广不尝食。宽缓不苛，士以此爱乐为用。后从大将军青击匈奴，既出塞，出东道。军亡导，或失道，后大将军。青欲上书报天子军曲折。广曰：“诸校尉无罪，乃我自失道。”

至莫府，广谓其麾下曰：“广结发与匈奴大小七十余战，今幸从大将军出接单于兵，而大将军又徙广部行回远，而又迷失道，岂非天哉！且广年六十余矣，终不能复对刀笔之吏。”遂引刀自刭。广军士大夫一军皆哭。百姓闻之，无老壮皆为垂涕。

太史公曰：“《传》曰：‘其身正，不令而行；其身不正，虽令不从。’其李将军之谓也？余睹李将军悛悛如鄙人，口不能道辞。及死之日，天下知与不知，皆为尽哀。彼其忠实心诚信于士大夫也？谚曰：‘桃李不言，下自成蹊。’此言虽小，可以谕大也。”

（节选自《史记·李将军传》）

思 考

下列对原文有关内容的概括和分析，不正确的一项是（　　）。

A. 李广为行伍出身，家中世世传授射箭之法，因而骑射精熟，骁勇善战。曾在抗击匈奴时杀敌立功，并在平定吴楚军时，攻营拔寨，建立卓越功勋

B. 李广不仅武艺高强，而且足智多谋。他面对匈奴数千骑兵，沉着镇定，巧用疑兵之计，使敌军不敢贸然追击，而自己的小部队则安然得以保全

C. 李广不善言辞，少言寡语，而又廉洁自律，重义轻财。他屡建战功，威震匈奴，常有增加财富的机会，但却终身没有多余财物，也从不以家产为念

D. 李广作为主将，部队失去向导而迷失道路，他勇于承担过错。面对处罚，他认为自己已经年老，无力再请刀笔之吏为自己辩护，于是引刀自刭

答案：D

解析：D 项中“面对处罚”这一句曲解了文意；“终不能复对刀笔之吏”是李广自己说的话，表明他不愿面对刀笔吏而受辱，而不是无力请刀笔吏为自己辩护。

参考译文

将军李广，陇西郡成纪县人，李广家世代传习射箭之术。李广参军抗击匈奴，因为他善于骑射，斩杀了很多敌人的首级。跟从太尉周亚夫攻打吴楚军，取下了对方的战旗，在昌邑彰显了功名，凭借作战有力闻名。匈奴大举入侵上郡，有几千名匈奴骑兵。李广的百名骑兵都大为惊恐，想回马飞奔逃跑。李广说："我们离开大军几十里，照现在这样的情况，我们这一百名骑兵只要一跑，匈奴就要来追击射杀，我们会立刻被杀光的。现在我们停留不走，匈奴一定以为我们是大军来诱敌的，必定不敢攻击我们。"李广向骑兵下令："前进！"骑兵向前进发，到了离匈奴阵地还有大约二里的地方，停下来，下令让骑兵都下马解下马鞍。这时天刚好黑了，匈奴骑兵始终认为有诈不敢来攻击。到了半夜，匈奴就领兵撤离了。李广率军驻扎在右北平，匈奴听说后称他为"汉朝的飞将军"，躲避了他几年，不敢到右北平来。

李广为官清廉，得到赏赐就分给他的部下，饮食总与士兵在一起。家中没有多余的财物，始终也不谈及家产方面的事。李广语言迟钝，说话不多，与别人在一起就在地上画军阵，然后比射箭，按射中较密集的行列还是较宽疏的行列来定罚谁喝酒。他专门以射箭为消遣，一直到死。李广带兵，遇到缺粮断水的地方，见到水，士兵还没有全部喝到水，李广不去靠近水；士兵还没有全部吃上饭，李广一口饭也不尝。李广对士兵宽厚和缓不苛刻，士兵因此爱戴他，乐于为他所用。后来跟随大将军卫青出击匈奴，出塞以后，从东路出兵。军中没有向导，军队糊里糊涂地迷失道路，会师时落在大将军的后面。卫青打算上书向天子报告军队（行军迷路这件事情）的来龙去脉，李广说："校尉们没有罪，是我自己迷失道路。"

到了大将军幕府，李广对他的部下说："我从少年起与匈奴打过大小七十多仗，如今有幸跟随大将军出征，同单于军队交战，可是大将军又调我的部队去走迂回绕远的路，偏又迷失道路，难道不是天意吗？况且我已六十多岁了，毕竟不能再受那些刀笔吏的侮辱。"于是就拔刀自刎了。李广军中的所有将士都为之痛哭。百姓听到这个消息，不论认识的不认识的，也不论老的少的都为李广落泪。

太史公说：《论语》里说："在上位的人自身行为端正，不下命令事情也能实行；自身行为不正，发下命令也没人听从。"这就是说的李将军吧！我所看到的李将军，老实厚道像个乡下人，开口不善讲话，可在他死的那天，天下人不论认识他的还是不认识他的，都为他尽情哀痛。他那忠实的品格确实得到了将士们的信赖呀！谚语说："桃树李树不会讲话，树下却自然地被人踩出一条小路。"这话虽然说的是小事，但可以用来比喻大道理呀。

（2002 年全国卷）

知识拓展（察）

郡守察（观察）李密孝德之事一年有余，告于帝，左右以为不能察（明察）。帝以为李密品端行正，乃众人之范，于是令其郡守察（推举）孝廉，足见帝之察（明智）。

13 汉书·韩延寿传

阅读提示

➢ 语言建构与运用

1. 加点字为文段中重、难点字词。
2. 下加______为需要断句的文句。
3. 下加_____为需要翻译的文句。

➢ 文化传承与理解

1.《汉书》：又称《前汉书》，中国第一部纪传体断代史，“二十四史”之一。主体部分由东汉史学家班固编撰，是继《史记》之后中国古代又一部重要史书，与《史记》《后汉书》《三国志》并称为“前四史”。主要记述了上起西汉的汉高祖元年（前 206 年），下至新朝王莽地皇四年（23 年）间共 229 年的史事。包括纪 12 篇、表 8 篇、志 10 篇、传 70 篇，共 100 篇。

2. 乡射：古代射箭饮酒的礼仪。乡射有二：一是州长春秋于州序（州的学校）以礼会民习射，一是于三年大比贡士之后，乡大夫、乡老与乡人习射。《周礼·地官·乡大夫》：“退而以乡射之礼五物询众庶。”

3. 都试：汉代的阅兵制度。用以考试讲武，在立秋日总试。汉代各郡中每年举行一次的军事演习，平民中年满二十三岁的男子，要在郡中服役一年，充当材官、骑士，受射御、骑驰、战阵等方面的训练。都试即是对他们作战能力的一种考核和检验。

正 文

延寿字长公，燕人也。霍光擢延寿为谏大夫，徙颍川。颍川多豪强，难治。先是，赵广汉为太守，患其俗多朋党，故构会吏民，令相告讦，颍川由是以为俗，民多怨仇。延寿欲更改之，教以礼让。恐百姓不从，乃历召[①]郡中长老为乡里所信向者数十人，设酒具食，亲与相对，接以礼意，问以谣俗、民所疾苦，为陈和睦亲爱销除怨咎之路。长老皆以为便可施行因与议定嫁娶丧祭仪品略依古礼不得过法百姓遵用其教。数年，徙为东郡太守，黄霸代延寿居颍川，霸因其迹而大治。

延寿为吏，上礼义，好古教化，所至必聘其贤士，以礼待用，广谋议，纳谏争；修治学官[②]，春秋乡射，陈钟鼓管弦，盛升降揖让，及都试讲武，设斧钺旌旗，习射御之事。治城郭，收赋租，先明布告其日，以期会为大事，吏民敬畏趋向之。又置正、五长，相率以孝弟，不得舍奸人。闾里阡陌有非常，吏辄闻知，奸人莫敢入界。其始若烦，后皆便安之。接待下吏，恩施甚厚而约誓明。或欺负之者，延寿痛自刻责："吾岂其负之，何以至此？"吏闻者自伤悔，门下掾自刭，人救不殊[③]，因瘖不能言。延寿闻之，对掾吏[④]涕泣，遣吏医治视，厚复其家。

延寿尝出，临上车，骑吏一人后至，敕功曹议罚白。还至府门，门卒当车，愿有所言。延寿止车问之，卒问："今旦明府早驾，久驻未出，骑吏父来至府门，不敢入。骑吏闻之，趋走出谒，适会明府登车。以敬父而见罚，得无亏大化乎？"延寿举手舆中曰："微子，太守不自知过。"归舍，召见门卒。卒本诸生，闻延寿贤，无因自达，故代卒，延寿遂待用之。在东郡三岁，令行禁止，断狱大减，为天下最。

（节选自《汉书·韩延寿传》）

【注】① 历召：一一召请。② 学官：学校。③ 不殊：没死。④ 掾吏：下级官吏的通称

思　考

下列的理解和分析，不符合文意的一项是（　　）。

A. 韩延寿不喜欢百姓互相告发的民俗，主张和睦、礼让、宽容
B. 韩延寿严以律己，属下犯了错误，常深刻责己，感动了官吏
C. 黄霸借助韩延寿打下的基础，继续倡导亲爱和睦，颍川大治
D. 韩延寿善于审案，严格约束下属，因此令行禁止，诉讼锐减

答案：D
解析：D 项中"严格约束下属"不符合文意。

参考译文

韩延寿，字长公，是燕地人。霍光提拔延寿任谏大夫，（后来）调任颍川（太守）。颍川有许多倚仗权势横行不法的人，难以治理。在这之前，赵广汉任太守，担忧那里的习俗是同一类人大都为私利勾结成团伙，所以就结合串通官吏和百姓，让他们相互告发隐私，颍川从此以后把这样做当作俗尚，百姓之间有许多仇怨。延寿想要改变这种状况，用礼让来教导百姓。担心百姓不听从，就把郡中受到乡里信任拥戴的几十位年长的人一个个召请来，备办酒饭，亲自跟他们一起吃饭，用礼敬之心对待他们，向他们询问民间风俗和百姓感到疾苦的事，给他们陈说和睦亲爱、消除仇怨的办法。这些年长的人都认为不难做到，可以施行，于是就跟他们议定嫁娶丧祭的仪式用品，大略依照古代的礼仪，不许逾越法规，老百姓都遵循他的教谕。几年以后，他调任东郡太守，黄霸代替他在颍川任职，黄霸承袭他的做法使颍川治理得很好。

延寿做官，崇尚礼义，追求古代教化，所到之处一定聘请那里的贤明之士，以礼相待给

以任用，拓宽出谋献议的言路，采纳谏诤的言论；整顿学校，春秋举行乡射活动，陈设钟鼓管弦等乐器，大力推行升降揖让等礼仪，等到军事演习，设置斧钺旌旗等仪仗，习练射箭驾车这样的事项。修治城郭，收缴赋租，事先明示宣告日期，把按规定期限施行政令作为大事，官吏和百姓产生敬畏之心走向正轨。又设置正、五长，拿孝顺父母敬爱兄长给人们做表率，不许留宿坏人。乡里大街小路（一旦）发生变故，官吏就能得知消息，奸人没有敢进入东郡管界的。起初（这一系列做法）好像很麻烦，后来就都觉得便利习惯了。对待手下官吏，施加的恩惠特别厚重，可是规章誓约很严明。有欺骗辜负他的，延寿痛心地苛责自己道："大概是我对不起他了吧，为什么会到这个地步？"听到这话的官吏各自伤心悔恨，门下一个掾吏（因此）自刎，被人救起没有死，由于喑哑不能说话了。延寿得知这一情形，面对掾史哭泣，派医官给以治疗，厚恤他的家人。

延寿曾经外出，临上车时，有一个骑吏迟到了，他命功曹议定处罚报告。回到府门，门卒挡住车驾，希望能够进言。延寿停车询问，门卒说："今天早上您早早驾车，长时间停着没有出发，骑吏的父亲来到府门，不敢进入。骑吏听说这事，快步走出去谒见，正赶上您登车。因为恭敬父亲而受处罚，能不有损深广的道德教化吗？"延寿在车中举手说道："没有你，我自己都不知道做错了事。"回到馆舍，召见门卒。门卒本来是个儒生，听说延寿贤明，没有因由自我引进，所以代替门卒（借机接触太守），延寿于是接纳任用了他。在东郡任职三年，有令则行，有禁即止，判决案件的数量大大减少，成为天下最好的州郡。

（2008 年北京卷）

知识拓展（除）

荆轲以义闻天下，燕太子使人召之，以诚相待，三顾其舍，亲除（除掉）其东屋之除（台阶）尘，引荆轲登车，荆轲感激，与太子归。太子除（授予官职）其官职，令其刺秦王。荆轲曰："除（除非）吾死，不然事定成！"

14　汉书·酷吏列传

阅读提示

➢ 语言建构与运用

1. 加点字为文段中重、难点字词。
2. 下加＿＿＿ 为需要断句的文句。
3. 下加＿＿＿ 为需要翻译的文句。

➢ 文化传承与理解

1. 察举制：察举制是中国古代选拔官吏的一种制度，它的确立时间是汉武帝元光元年（前134年）。察举制不同于以前先秦时期的世官制和从隋唐时建立的科举制，它的主要特征是由地方长官在辖区内随时考察、选取人才并推荐给上级或中央，经过试用考核再任命官职。

2. 御史：中国古代一种官名。先秦时期，天子、诸侯、大夫、邑宰皆置“史”，是负责记录的史官、秘书官。自秦朝开始，御史专门作为监察性质的官职，负责监察朝廷、诸侯官吏，一直延续到清朝。

3. 亭长：秦官名，属于低于县一级的行政建制长官。战国时始在邻接他国处设亭，置亭长，任防御之责。秦、汉时在乡村每十里设一亭。出土于云梦的秦简上有“市南街亭”等语。诸葛亮曰：“汉高祖起身亭长，而终有天下；织席贩屦，又何足为辱乎？”

正 文

尹赏字子心，钜鹿杨氏人也。以郡吏察廉为楼烦长。举茂材、粟邑令。左冯翊薛宣奏赏能治剧，徙为频阳令，坐残贼免。后以御史举为郑令。

永始、元延间，上怠于政，贵戚骄恣，红阳长仲兄弟交通轻侠，臧匿亡命。而北地大豪浩商等报怨，杀义渠长妻子六人，往来长安中。丞相御史遣掾求逐党与，诏书召捕，久之乃得。长安中奸猾浸多闾里少年群辈杀吏受赇报仇相与探丸为弹得赤丸者斫武吏得黑丸者斫文吏白者主治丧。城中薄暮尘起，剽劫行者，死伤横道，枹鼓不绝。赏以三辅高第选守长安令，得一切便宜从事。赏至，修治长安狱，穿地方深各数丈，致令辟[①]为郭，以大石覆其口，名为“虎穴”。乃部户曹掾史，与乡吏、亭长、里正、父老、伍人，杂举长安中轻薄少年恶子，无市籍商贩作务，而鲜衣凶服被铠扞持刀兵者，悉籍记之，得数百人。赏一朝会长安吏，车数百两，分行收捕，皆劾以为通行饮食群盗。赏亲阅，见十置一，其余尽以次内虎穴中，百人为辈，覆以大石。数日壹发视，皆相枕藉死，便舆出，瘗寺门桓东。楬著其姓名，百日后，乃令死者家各自发取其尸。亲属号哭，道路皆嘘唏。长安中歌之曰：“安所求子死？桓东少年场。生时谅不谨，枯骨后何葬？”赏所置皆其魁宿，或故吏善家子失计随轻黠愿自改者，财数十百人，皆贳其罪，诡令立功以自赎。尽力有效者，因亲用之为爪牙，追捕甚精，甘耆奸恶，甚于凡吏。赏视事数月，盗贼止，郡国亡命散走，各归其处，不敢窥长安。

江湖中多盗贼，以赏为江夏太守，捕格江贼及所诛吏民甚多，坐残贼免。南山群盗起，以赏为右辅都尉，迁执金吾，督大奸猾。三辅吏民甚畏之。

数年卒官。疾病且死，戒其诸子曰：“丈夫为吏，正坐残贼免，追思其功效，则复进用矣。一坐软弱不胜任免，终身废弃无有赦时，其羞辱甚于贪污坐臧。慎毋然！”赏四子皆至郡守，长子立为京兆尹，皆尚威严，有治办名。

（节选自《汉书·酷吏列传》）

【注】①令辟：砖块。

思　考

下列对原文有关内容的分析和概括，不正确的一项是（　　）。

A. 尹赏是钜鹿杨氏人，经过考核合格而担任了楼烦长，后来又担任过几个县的县令，曾经因为对罪犯残忍暴虐而被免官

B. 永始、元延年间，长安城中一些犯罪分子为非作歹，严重危害社会治安，尹赏将他们收捕入狱，全部投入“虎穴”处死

C. 南山一带盗贼蜂起，尹赏又被起用为右辅都尉，后来调任执金吾，督察非常奸诈狡猾的人，三辅官吏民众特别害怕他

D. 尹赏在病危时用自己一生做官的经历告诫儿子们，儿子们听从父亲的话，他们为官崇尚威严，赢了善于治理的名声

答案：B

解析：B 项中“全部投入”有误，原文说的是“见十置一，其余尽以次内虎穴中”。

参考译文

尹赏，字子心，是钜鹿郡杨氏县人。依靠郡吏的推举，经过考核合格而担任楼烦长。（后来）被举荐茂材，任粟邑县令。左冯翊薛宣上奏说尹赏能治理艰巨的僻县，（于是他）被调任频阳县令，又因用刑使罪人致残免官。后因御史推荐任郑县令。

永始、元延年间，皇上懈怠朝政，外戚骄横放肆，红阳长仲兄弟串通游侠，收纳亡命之徒。而北地的大豪客浩商等图报私怨，杀害了义渠长及其妻子儿女共六人，并往来于长安城中。丞相、御史派遣属吏追寻贼党，（朝廷也）下诏书命令捕捉，很久才将其捕获。长安城中盗贼奸民渐多，里巷中的游荡少年合伙杀害官吏，接受贿赂替人报仇，他们聚在一起摸取（事先制作好的）弹丸，得到红色弹丸的去杀害武吏，得到黑色弹丸的去杀害文吏，得到白色弹丸的则为遇难的同党治理丧事；一时间城里乌烟四起，盗贼们路劫行人，大街上死尸挡道，鼓声不绝。尹赏以三辅高第身份被选拔任长安令，并得到特权可以随机从事。尹赏到任后，便修建了长安监狱，向地下打出许多深洞，各深数丈，取出的土块则在四周垒起土郭，然后用大石头盖在洞口之上，称这些洞为“虎穴”。完工之后，他就部署户曹属吏，以及乡吏、亭长、里正、父老、伍人等下属，（让他们）分别举报长安城中各处的轻薄少年和不服管教的恶劣子弟，对没本地户口的商贩工匠，而身着危险服装如披铠甲着臂衣，手持刀箭兵刃的，也全部查核记录，共得数百人。尹赏在此后一天召集了长安的官吏，（并备）车马数百辆，令其分头对被查出者进行收容逮捕，认定他们都是危害社会治安的盗贼。尹赏亲自加以审查，每审十人放走一人，其余的则都被依次投入虎穴之中，每穴各一百人左右，最后以大石头盖上洞口。几天以后，人们打开石头检视，见下面的人都已横七竖八地相枕而死，便将尸体取出，掩埋于寺门华表的东面，并各插木桩，写其姓名，一百天以后，才让死者家属各自挖出尸首取回。家属们都号啕大哭，过路的人也都为之叹息。长安城中有歌唱到此事说：“哪里去找儿女尸？华表东面少年场。生前奸盗不修身，死后枯骨何处葬？”尹赏释放的都是和他有深交

的老熟人，或是旧日官吏和善良人家的子弟因一时糊涂而与盗贼有染并愿意自己改正的，才有数十近百人，尹赏都赦免他们的罪，责令他们立功以自我赎罪。其中努力上进有功的，因此被尹赏收用为爪牙，（这些人）善于追捕坏人，了解盗贼的好恶及罪行，比一般官吏在这方面强得多。尹赏到长安治理数月，盗贼便停止了活动，外来盗贼由于害怕纷纷逃回原来的地方，不敢再有窥伺长安之念。

由于江湖盗贼泛滥，所以尹赏又被任命为江夏太守，他捕杀江湖盗贼及滥杀官吏百姓的人数极多，因“残贼”罪免官。南山一带群盗蜂起，所以尹赏出任右辅都尉，后调任执金吾，负责督察大奸盗。三辅官吏民众对他非常畏惧。

几年后（尹赏）死于任上，患疾病快死之时，他告诫几个孩子说：“大丈夫做官，因‘残贼’罪被免官，（事后）回想（“残贼”）这效果，就会重新得到任用。而一旦因软弱失职而被免官，就会终身被废弃而再无起用之时，这种羞辱比犯了贪污窝藏罪还要重得多。望谨慎不要这样!”尹赏的四个儿子都做官做到郡守，长子尹立当了京兆尹，他们都崇尚威严，有善于治理的名声。

（2010年四川卷）

知识拓展（诚）

蔺相如携和氏璧至秦，足见赵国之诚（诚意），而秦王佯召有司案图，指从此以往十五都予赵。相如度秦王诚（确实）无意，乃遣从者怀璧归赵，后秦诚（果真）如此。

15　后汉书·隗嚣传

阅读提示

➢　语言建构与运用

1. 加点字为文段中重、难点字词。
2. 下加______为需要断句的文句。
3. 下加______为需要翻译的文句。

➢　文化传承与理解

1.《后汉书》：记载东汉历史的纪传体断代史，“二十四史”之一。南朝宋史学家范晔编撰。与《史记》《汉书》《三国志》合称“前四史”。《后汉书》中分10纪、80列传和8志（取自司马彪《续汉书》），全书主要记述了上起东汉的汉光武帝建武元年（25年），下至汉献帝建安二十五年（220 年），共 195 年的史事。全书结构严谨，编排有序。

2. 神道设教：神道，本指天教，即神明之理，后指关于鬼神祸福之说。意利用鬼神迷信作为教育手段。出处《易·观》："观天之神道，而四时不忒，圣人以神道设教，而天下服矣。"

3. 执金吾（yù）：西汉末年时率禁兵保卫京城的官员，由中尉更名而来。其所属兵卒也称为北军，地位较高。光武帝在民间时，曾说"为官当为执金吾，娶妻当得阴丽华"，原因就在此。

4. 季父：最小的叔叔。古代兄弟排行称谓，以伯、仲、叔、季来表示兄弟间的排行顺序。

正 文

隗嚣字季孟，天水成纪人也。少仕州郡。王莽国师刘歆引嚣为士。歆死，嚣归乡里。季父崔，素豪侠，能得众。闻更始[①]立而莽兵连败，乃与兄义及上邽人杨广、冀人周宗谋起兵应汉。嚣止之曰："夫兵，凶事也。宗族何辜！"崔不听，遂聚众数千人，攻平襄，杀莽镇戎大尹，崔、广等以为举事宜立主以一众心，咸谓嚣素有名，好经书，遂共推为上将军。嚣辞让不得已，曰："诸父众贤不量小子，必能用嚣言者，乃敢从命。"众皆曰："诺。"

嚣既立，遣使聘请平陵人方望，以为军师。望至，说嚣曰："足下欲承天顺民，辅汉而起，今立者乃在南阳，王莽尚据长安，虽欲以汉为名，其实无所受命，何以见信于众乎？宜急立高庙，称臣奉祠，所谓'神道设教'，求助人神者也。"嚣从其言，遂立庙邑东，祀高祖、太宗、世宗。嚣等皆称臣执事，史奉璧而告。

事毕，移檄告郡国："遵高祖之旧制，修孝文之遗德。有不从命，武军平之。驰命四夷，复其爵号。然后还师振旅，申命百姓，各安其所。"

嚣乃勒兵十万，击杀雍州牧陈庆。将攻安定。安定大尹王向，莽从弟平阿侯谭之子也，威风独能行其邦内，属县皆无叛者。器乃移书于向喻以天命反复诲示终不从于是进兵虏之以徇百姓然后行戮安定悉降。而长安中亦起兵诛王莽。嚣遂分遣诸将徇陇西、武都等七县，皆下之。

更始二年，遣使征嚣及崔、义等。嚣将行，方望以为更始成败未可知，固止之，不听。望以书辞谢而去。嚣等遂至长安，更始以为右将军。

明年夏，赤眉入关，三辅扰乱。流闻光武即位河北，嚣即说更始归政于光武叔父良，更始不听。诸将欲劫更始东归，嚣亦与通谋。事发觉，更始使使者召嚣，嚣称疾不入，因会客王遵、周宗等勒兵自守。更始使执金吾邓晔将兵围嚣嚣闭门拒守至昏时遂溃围与数十骑夜斩平城门关亡归天水。复招聚其众，据故地，自称西州上将军。

（节选自《后汉书·隗嚣列传》）

【注】更始：汉朝更始帝刘玄的年号（公元 23—25 年）。

思 考

下列对原文有关内容的概括和分析，不正确的一项是（　　）。

A. 隗嚣年轻时很有名气，在州郡里做官吏，王莽的国师刘歆请他做自己的幕僚，刘歆死后，隗嚣返回乡里

B. 隗嚣聘请平陵人方望做他的军师，并听从方望的建议建立高祖庙，以臣子礼祭祀先祖，以此顺应民心

C. 隗嚣起事后发出檄文告知郡国，表示要遵循高祖时的旧制度，学习孝文帝的传统德政。如有不听从命令的，就用武力平定

D. 赤眉军入关后，传言光武帝在黄河以北即位，隗嚣谋划让诸将劫持刘玄去投降光武帝，事情败露后，刘玄派兵包围了隗嚣

答案：D

解析：D 项错在“隗嚣谋划让诸将劫持刘玄去投降光武帝”，原文是其他将领想要劫持刘玄向东投降光武帝，隗嚣也参与了他们这个谋划。

参考译文

隗嚣，字季孟，天水成纪县人。他年轻时在州郡做官吏。王莽的国师刘歆请他做自己的幕僚。刘歆死后，隗嚣返回乡里。他的叔父隗崔，平素性情豪爽，能博得众人的拥护。听说刘玄已立为天子，而王莽的军队连连失败，于是便与哥哥隗义以及上邽人杨广、冀人周宗谋划起兵响应刘玄。隗嚣制止说：“战争，是凶险的事。我们的宗族有什么罪过（为什么要遭遇此劫）呢！”隗崔不听劝阻，于是聚众数千人，攻打平襄，杀死了王莽的镇戎大尹，隗崔和杨广等人认为起兵之事应该拥立君主来统一众人的思想，他们都说隗嚣一向有声望，又喜好经书，于是大家共同推举隗嚣为上将军。隗嚣辞让不过，说：“承蒙诸位父老众贤看得起我，必须听从我的号令，我才敢答应你们。”众人都说：“是”。

隗嚣已经立为君主，派遣使者前去聘请平陵人方望，让他做军师。方望来了以后，劝说隗嚣：“您想上承天命下顺民心，辅助汉室而起兵，今日立为皇帝的人在南阳，王莽还占据长安，虽然想用复兴汉室的名义行事，可实际上并没有接受汉室的命令，凭什么能被大家信服呢？应当赶快建立高祖庙，以臣子礼祭祀，这就是所谓‘神道设教’，以求助于先祖的神灵。”隗嚣听从了方望的建议，于是在县邑东面建庙，祭祀高祖、太宗、世宗。隗嚣等人都自称臣子主管祭事，祝史手捧着玉璧祷告神灵。

盟誓完毕，发出檄文告知郡国：“遵循高祖时的旧制度，学习孝文的传统德政。如有不听从命令的，就用武力平定它。派遣使者飞奔到四境的藩属，恢复他们原有的爵号。班师回朝，检阅军队，反复告知百姓，各安其所，安居乐业。”

隗嚣于是率领十万大军，攻打雍州并杀死了雍州牧陈庆。准备攻打安定。安定的大尹王向，是王莽堂弟平阿侯王谭的儿子，他的声势气派能风行于他管辖的区域，属下的县都没有

反叛的。隗嚣便发书信给王向，告知他天命的归属，反复教诲指示，王向最终还是不听从。于是隗嚣进兵将他俘虏，在百姓中示众，然后把他杀掉，安定全部投降。这时长安城中也有人起兵杀了王莽。隗嚣于是分别派遣各位将军攻打陇西、武都等七县，都攻下了这些地区。

更始二年，刘玄派遣使者征召隗嚣以及隗崔、隗义等人。隗嚣打算前往，方望认为刘玄的成败还不可预料，坚决阻止他去，隗嚣不听。方望便写了书信告辞而去。隗嚣等人便到了长安，刘玄让他担任右将军。

第二年夏天，赤眉的军队入关，三辅混乱。传言光武帝在黄河以北即位，隗嚣就劝说刘玄把政权移交给光武帝的叔父刘良，刘玄不从。其他将领想要劫持刘玄向东投降光武帝，隗嚣也参与了他们这个谋划。事情败露后，刘玄派使者召见隗嚣，隗嚣假称有病不去，乘机会同门客王遵、周宗等人，统率兵马自我坚守。刘玄派执金吾邓晔带领军队包围了隗嚣，隗嚣关门抵抗。到黄昏时，隗嚣便突破包围，带领数十骑兵连夜斩杀平城门守将，逃命回到天水，重新招募聚集兵众，占据原来的地盘，自称是西州上将军。

知识拓展（殆）

归有光家遭火，势急殆（危险），物件燃烧殆（接近）尽，唯余项脊轩。归有光以为殆（大概）有神助，后重修之。

16　后汉书·吴汉传

阅读提示

➢　语言建构与运用

1. 加点字为文段中重、难点字词。
2. 下加______为需要断句的文句。
3. 下加______为需要翻译的文句。

➢　文化传承与理解

1. 守长：郡守县令等地方长官的统称。《晋书·王浑传》："可令中书指宣明诏，问方土异同，贤才秀异，风俗好尚，农桑本务，刑狱得无宽滥，守长得无侵虐。"

2. 移檄：古代官方文书移和檄的并称。多用于征召、晓谕和声讨。南朝梁刘勰《文心雕龙·檄移》："相如之《难蜀老》文晓而喻博，有移檄之骨焉。"也指发布文告晓示。

正 文

吴汉字子颜，南阳宛人也。汉为人质厚少文，及得召见，遂见亲信。建武二年，封汉为广平侯。明年春，围苏茂于广乐，周建招聚十余万人救广乐。汉将轻骑迎与之战，不利，堕马伤膝，还营。诸将谓汉曰："大敌在前而公伤卧，众心惧矣。"汉乃勃然裹创而起，椎牛飨士，令军中曰："今日封侯之秋。诸君勉之！"于是军士激怒，人倍其气。旦日，齐鼓而进，建军大溃。

时鬲县五姓共逐守长，据城而反。诸将争欲攻之，汉不听，曰："使鬲反者，皆守长罪也。敢轻冒进兵者斩！"乃移檄告郡，使收守长，而使人谢城中。五姓大喜，即相率归降。明年，贼率五万余人夜攻汉营，军中惊乱，汉坚卧不动，有顷乃定。即夜发精兵出营突击，大破其众。

十二年春，汉乃进军攻广都，拔之。遣轻骑烧成都市桥。帝戒汉曰："但坚据广都待其来攻勿与争锋若不敢来公转营迫之须其力疲乃可击也。"汉乘利进逼成都，阻江北为营，使刘尚将万余人屯于江南。帝闻大惊，让汉曰："比敕公千条万端，何意临事悖乱！与尚别营，事有缓急，不复相及。"诏书未到。谢丰、袁吉将众十许万攻汉，使别将将万余人劫刘尚，令不得相救。汉与大战一日，兵败，走入壁。汉乃召诸将厉之曰："欲潜师就尚于江南，并兵御之。成败之机，在此一举。"于是多树幡旗，使烟火不绝，夜衔枚引兵与刘尚合军，丰等不觉。明日，汉悉兵迎战，遂大破之。

汉从征伐，诸将见战陈不利，或多惶惧，失其常度；汉意气自若，方整厉器械，激扬士吏。汉尝出征，妻子在后买田业。汉还，让之曰："军师在外，吏士不足，何多买田宅乎！"及薨，赐谥曰忠侯。

（节选自《后汉书·吴汉传》）

思 考

下列对原文有关内容的分析和概括，不正确的一项是（　　）。

A. 吴汉从马上摔落伤了膝盖，撤回营帐。将领们提出，大敌当前，主帅因伤而卧，会使军中产生恐惧心理，吴汉立刻接受了他们的意见

B. 吴汉面对五万多敌人趁夜进攻、军中惊恐混乱的情况，处变不惊，镇定自若，坚卧不动。他的这一做法，一会儿便稳定了队伍

C. 吴汉没有听从皇帝告诫，以致落败。他吸取教训，在与刘尚的队伍会合后，竖起许多旗帜，不熄烟火，蒙骗敌人，终于转败为胜

D. 吴汉具有朴实淳厚的品质，对家人的要求也很严格。他外出打仗时，妻儿曾经在家购买田产，吴汉回来后，责备了他们

答案：C

解析：原文是“于是多树幡旗，使烟火不绝，夜衔枚引兵与刘尚合军，丰等不觉”。意为吴汉在营内遍插旌旗，使烟火不绝，以迷惑蜀军。夜里率军潜出城围衔枚疾走，过江与刘尚会合，谢丰等人竟然没有发觉。而非选项中“在与刘尚的队伍会合后”。

参考译文

吴汉，字子颜，是南阳宛县人。吴汉为人朴实、厚道，说话少有文采，到（后来）获得皇帝召见，便受到皇帝亲近和信任。建武二年，皇帝封吴汉为广平侯。第二年春天，（吴汉率军）在广乐包围了苏茂，周建招致聚集了十多万人到广乐救援。吴汉率领轻便的骑兵和他交战，（吴汉）失利，从马上掉下来摔伤了膝盖，回到军营中。诸位将领对吴汉说：“大敌当前，您又受伤卧床，众将士心里感到恐惧。”吴汉于是精神振作，包裹好伤口起来，杀牛犒赏将士，下令军中说：“现在正是封侯的时候，诸位好好努力吧！”于是军士们激发斗志，士气倍增。第二天，一同击鼓前进，周建的军队大败。

当时鬲县五个大的家族一同驱逐地方官员，占据城池造反。诸位将领争着要攻打它，吴汉不准许，说：“使鬲县百姓造反，都是地方长官的罪过。有胆敢轻率冒失进兵的人，杀！”于是吴汉传递檄文告诉州郡，派他们逮捕（鬲县的）地方长官，并派人到城中谢罪。五姓百姓非常高兴，立刻相继出来归降（吴汉）。第二年，贼人率领五万人夜里攻打吴汉的营地，军中惊慌混乱，吴汉坚持躺着不动，一会儿（军中）就安定下来。（吴汉）立即连夜派精兵出营突然攻敌，大败敌军。

十二年春天，（吴汉）进军攻打广都，攻取了广都，派遣轻便的骑兵火烧成都市桥。皇帝告诫吴汉说：“只坚决地占守广都，等待他们来攻打，不要与他们争夺胜负。如果（他们）不敢前来，你轻移阵营逼近他们，必须等到他们筋疲力尽，才可以攻打。”吴汉乘着便利条件进军逼近成都，依靠险要的江北构筑营地，派刘尚率领一万多人驻扎在江南。皇帝听说后非常吃惊，责备吴汉说：“近来告诫你千条万项，为什么临事却又背离、错乱！（你）与刘尚分营驻扎，有紧迫事情发生时，不能再互相救援。”诏书还没有到达。谢丰、袁吉率领士兵十几万人攻打吴汉，派别的将领率领一万余人威逼刘尚，使他们不能互相援救。吴汉与（敌军）大战一天，大败，逃跑回到营垒。吴汉于是召集众将激励他们说：“想要将队伍秘密转移到江的南岸向刘尚靠拢，合并兵力抗击敌人。成功失败，就在此一举。”于是竖起许多幡旗，让烟火不断绝，带领军队连夜衔枚（古代军队秘密行动时，让兵士口中横着衔枚，防止说话，以免敌人发觉）前进，与刘尚的军队汇合，谢丰等人都没有察觉。第二天，吴汉率领士兵迎战，于是大败敌军。

吴汉从军出征讨伐，众将看到战事不利，有些人很是惊惶恐惧，失掉了常态；吴汉神态泰然自若，整理兵器，振奋士气。吴汉曾经出征在外，他的妻子、儿女在后方购置田地产业。吴汉回来，责备她们说：“军队在外，士兵供给不充足，为什么还要买那么多田地住宅呢？”等到吴汉去世，赐谥号为“忠侯”。

（2008 年江苏卷）

知识拓展（当）

李斯为秦相，当（掌握）政。当（在）是时，敌虎视秦，李斯令将当（把守）关隘，敌临，守将败退，按律当（判决）死。李斯念其功，以功当（相抵）之，于其当（将）死之际活之。后令其当（任）出使之职，守将涕落曰："吾定效力，不负君望!"

17　后汉书·阴兴传

阅读提示

➢　语言建构与运用

1. 加点字为文段中重、难点字词。
2. 下加_____为需要断句的文句。
3. 下加_____为需要翻译的文句。

➢　文化传承与理解

1. 黄门侍郎：又称黄门郎，秦代初置，即给事于宫门之内的郎官，是皇帝近侍机要之臣，可传达诏令，负责协助皇帝处理日常事务和参议朝廷事务，汉代以后沿用此官职，担任此职位者多为皇亲贵族。

2. 外戚：亦称"外家""戚畹"，指帝王的母族、妻族。历史上，帝王年幼时，外戚往往干政擅权，甚至有改朝篡位者，如西汉末的王莽与建立隋朝的杨坚等。

3. 顾命：出自《尚书·顾命》篇："成王将崩，命召公、毕公率诸侯相康王，作《顾命》。"取临终遗命之意，后称帝王临终前的遗诏为顾命。

正　文

阴兴字君陵，光武皇后同母弟也。建武二年，为黄门侍郎，典将武骑，从征伐，平定郡国。兴每从出入，常操持小盖，障翳风雨，躬履涂泥，率先期门。光武所幸之处，辄先入清宫，甚见亲信。与同郡张宗、上谷鲜于裒不相好，知其有用，犹称所长而达之；友人张汜、杜禽与兴厚善，以为华而少实，但私之以财，终不为言。是以世称其忠乎。

九年，迁侍中，赐爵关内侯。帝后召兴，欲封之，置印绶于前，兴固让曰："臣未有先登陷阵之功，而一家数人并蒙爵土，诚为盈溢。臣蒙陛下、贵人[①]恩泽至厚，富贵已极，不可复加，至诚不愿。”帝嘉兴之让，不夺其志。贵人问其故，兴曰：“贵人不读书记邪？‘亢龙有悔。’夫外戚家苦不知谦退，嫁女欲配侯王，取妇眄睨公主，愚心实不安也。富贵有极，人当知足，夸奢益为观听所讥。”贵人感其言，深自降挹，卒不为宗亲求位。十九年，拜卫尉，亦辅导皇太子。二十年夏，帝风眩疾甚，后以兴领侍中，受顾命于云台广室。会疾瘳，召见兴，欲以代吴汉为大司马。兴叩头流涕，固让曰：“臣不敢惜身，诚亏损圣德，不可苟冒。”至诚发中，感动左右，帝遂听之。

二十三年，卒，时年三十九。兴素与从兄嵩不相能，然敬其威重。兴疾病，帝亲临，问以政事及群臣能不。兴顿首曰：“臣愚，不足以知之。然伏见议郎席广、谒者阴嵩，并经行明深，逾于公卿。”兴没后，帝思其言，遂擢广为光禄勋，嵩为中郎将，嵩监羽林十余年，以谨敕见幸。明帝即位，拜长乐卫尉，迁执金吾。

永平元年诏曰：“故侍中卫尉关内侯兴典领禁兵从平天下当以军功显受封爵又诸舅比例应蒙恩泽兴皆固让安乎里巷。辅导朕躬，有周昌之直；在家仁孝，有曾、闵之行。不幸早卒，朕甚伤之。贤者子孙，宜加优异。封兴子庆为鲖阳侯，庆弟博为濦强侯。”庆卒，子琴嗣。琴卒，子万全嗣。万全卒，子桂嗣。

（节选自《后汉书·阴兴传》）

【注】① 贵人：即光武皇后，明帝生母。

思　考

下列对原文有关内容的理解和分析，不正确的一项是（　　）。

A. 阴兴跟随光武帝平定天下，随从护驾恪尽职守，举荐人才不以个人好恶，得到了光武帝的认可和世人的称赞

B. 阴兴认为自己蒙受皇上、贵人的恩宠已经非常多了，身为皇亲国戚应该知足、谦让，因此谢绝了皇帝的封赏

C. 光武帝答应了阴兴的请求，在阴兴去世后，提拔席广为光禄勋，阴嵩为中郎将。阴嵩监管羽林军十多年

D. 明帝认为阴兴军功显著，为人正直，仁义孝顺，于是封他的两个儿子为侯。阴兴后代相继为侯数世

答案：C

解析：阴兴并未请求，只是建议。

参考译文

阴兴，字君陵，光武帝阴皇后的同母兄弟。建武二年，为黄门侍郎，他率领武骑，随光武征伐，平定许多地方。阴兴每次随从出入，常亲手持伞盖，遮蔽风雨，脚踩泥涂，率先进

入。凡光武亲临之处，他必先进入清理宫室，很受信赖。他和同郡的张宗、上谷的鲜于裒并不相好，但知其有用，同样称其所长而推荐其任官；友人张汜、杜禽跟他很要好，但他认为二人华而少实，只给他们钱财，始终不给推荐。因此世人都赞扬他的公忠平允。

建武九年，改任侍中，赐给关内侯的爵位。光武帝后来召见阴兴，准备封赏他，把印绶都摆出来了，阴兴坚决不接受，说："我并没有冲锋陷阵之功，而一家数人都蒙恩受爵封地，实在是过于满溢了。我蒙皇上及贵人的深恩，富贵已经到头了，不能再加了，我诚恳地请求您不要加封。"光武帝称许他的推让，没有强迫他。阴贵人问他什么原因，他说："您没有读过书吗？'亢龙有悔。'越是在高位越易遭灾难，这外戚之家苦于自己不知进退，嫁女就要配侯王，娶妇就盼着得公主，我心下实在不安。富贵总有个头，人应当知足，夸奢更为舆论所反对。"阴贵人对这番话深有感触，自觉地克制自己，始终不替家族亲友求官求爵。十九年，任卫尉，并辅导皇太子。次年夏季，光武风眩病很重，后就以阴兴为侍中，他在云台的广室里接受光武临终嘱托。很巧的是光武病好了，召见阴兴，想让他代替吴汉任大司马。阴兴叩头流涕，坚决辞让说："我不敢爱惜生命，只是实在害怕损伤了圣德，不敢随便冒领高位。"至诚发自肺腑，感动皇帝左右，皇帝就听从了他。

建武二十三年去世，时年三十九岁。阴兴和堂兄阴嵩平时不友好，不过敬重阴嵩的严肃有威。他病重了，皇帝亲自看望，问他政治得失及群臣胜任与否，他叩头回答说："臣下愚笨，不足以知道这一切。不过我看议郎席广、谒者阴嵩二人都有高深的学识修养，超过了公卿。"阴兴死后，光武回想他的话，就提拔席广为光禄勋，阴嵩为中郎将，阴嵩监领羽林军十多年，以谨慎勤敏受器重。明帝即位，任他为长乐卫尉，后改任执金吾。

明帝永平元年诏书说："已故侍中、卫尉、关内侯阴兴，管领禁军，随先帝平定天下，应以军功光荣地受到封爵奖赏，同时各位妻兄弟也应按成例蒙受恩泽，都被阴兴坚持推让了，安居于里巷之中。他曾辅导于我，体现了周昌般的正直，在家仁孝，也具备曾、闵等人的品行。不幸早年去世，朕十分伤悼。贤人子孙，应给予优异的待遇。封阴兴之子阴庆为鲷阳侯，阴庆之弟阴博为灑强侯。"阴庆死，子阴琴继承爵位。阴琴死，子阴万全继承爵位。万全死，子阴桂继承爵位。

（2012 年山东卷）

知识拓展（辞）

屈原德高，作《楚辞》（古代的一种文体），其辞（文辞）优美。子兰欲以叛国为辞（借口）除之，屈原曰："死且不辞（推辞），何惧之有？"后为楚王所逐，辞（辞别）亲戚，见放于楚之汨罗。

18　后汉书·宋均传

阅读提示

➢　语言建构与运用

1. 加点字为文段中重、难点字词。
2. 下加______为需要断句的文句。
3. 下加______为需要翻译的文句。

➢　文化传承与理解

1. 博士：古代学官名。六国时有博士，秦因之。汉武帝时置“五经”博士，职责是教授、课试，或奉使、议政。如，孔安国作博士时，司马迁曾向他学习《古文尚书》。

2. 耆老：六十曰耆，七十曰老，原指六七十岁的老人。后把德行高尚、受人尊敬的老人称为“耆老”。

正　文

宋均字叔庠，南阳安众人也。以父任为郎，时年十五，好经书，每休沐日，辄受业博士，通《诗》《礼》，善论难。至二十余，调补辰阳长。其俗少学者而信巫鬼，均为立学校，禁绝淫祀，人皆安之。迁上蔡令，时禁人丧葬不得侈长，均曰：“夫送终逾制，失之轻者。今有不义之民，尚未循化，而遽罚过礼，非政之先。”竟不肯施行。迁九江太守，郡多虎暴，数为民患，常募设槛阱而犹多伤害。均曰：“夫虎豹在山，鼋鼍在水，各有所托。且江淮之有猛兽，犹北土之有鸡豚也。今为民害，咎在残吏，而劳勤张捕，非忧恤之本也。其务退奸贪，思进忠善，可一去槛阱，除削课制。”其后传言虎相与东游渡江。中元元年，多蝗，其飞至九江界者，辄东西散去，由是名称远近。浚遒县有唐、后二山，民共祠之，众巫遂取百姓男女以为公妪，岁岁改易，既而不敢嫁娶，前后守令莫敢禁。均乃下书曰：“自今以后，为山娶者皆娶巫家，勿扰良民。”于是遂绝。

永平元年，迁东海相，在郡五年，坐法免官。而东海吏民思均恩化，为之作歌，诣阙乞还者数千人。显宗以其能，七年，征拜尚书令。每有驳议，多合上旨。均尝删剪疑事，帝以为有奸，大怒。诸尚书惶恐，皆叩头谢罪。均顾厉色曰：“盖忠臣执义，无有二心。若畏威失正，均虽死，不易志。”帝善其不挠，迁均司隶校尉。数月，出为河内太守，政化大行。均尝寝病，百姓耆老为祷请，旦夕问起居，其为民爱若此。以疾上书乞免，帝使中黄门慰问，因留养疾。司徒缺，帝以均才任宰相，均流涕而辞。均性宽和不喜文法常以为苛察之人身或廉法而巧黠刻削毒加百姓灾害流亡所由而作及在尚书恒欲叩头争之以时方严切故遂不敢陈帝后闻其言而追悲之。建初元年，卒于家。

（节选自《后汉书·宋均传》）

思　考

下列对原文有关内容的分析和概括，不正确的一项是（　　）。

A. 宋均早年任郎官时好读经书，常用休息日从师学习，精通《诗》《礼》二经，长于论辩。任上蔡令时执政平稳，不做偏激之事，体现了宽厚的风格

B. 宋均任九江太守时，认为虎豹鼋鼍所以为害，在于未能善待它们，应屏除贪欲，撤除槛阱；对于共祠唐、后二山的习俗，主张不应当因此肆扰百姓

C. 宋均在尚书令任上正直敢言，任地方官又有治绩，因而深受皇帝赏识。他因病请求辞职时，皇帝给他优厚待遇，不仅派人问候，同时仍想委以重任

D. 宋均认为烦苛的人，可能廉洁守法，而那些狡诈刻毒的人，却会带来灾祸；早年任尚书令时即想以此向上陈告，只是限于当时形势，因而未敢上奏

答案：D

解析：D 项错在宋均说的“狡诈刻毒”就是针对“烦苛的人”而言，并非为两种人。

参考译文

宋均，字叔庠，南阳安众人。他凭借父荫被任命为郎官，当时只有十五岁，喜好儒家经典，每当到了休假的日子，他就跟从博士学习经传。他通晓《诗经》《礼》，擅长论辩、质疑。到了二十多岁的时候，被调任辰阳做长官。那里的风俗是很少有求学的人却相信巫术和鬼神，宋均为百姓建立了学校，禁止、杜绝一切过分、不合理的祭祀，百姓们都很安定。后来宋均升任上蔡令，当时朝廷禁止百姓丧葬时奢侈浪费，宋均说：“丧葬逾越礼制，过失是很轻的。现在有的百姓不懂得礼仪，还没有教化好，就立刻因为超过礼制而惩罚他们，这并不是施政的首要做法。”他最终不肯实施这个政策。升任九江太守，那里有很多凶暴的老虎，屡次成为百姓的祸患，官府常常征集、设立捕兽的栅栏、陷阱，却仍然有很多人被伤害。宋均说：“虎豹在山上，龟和鳄鱼在水里，它们各自有生活的处所。况且江淮之地有猛兽，就如同北方有鸡、猪一样。现在成为百姓的祸患，罪过在于残忍的官吏，多次张网捕捉，不是顾怜（百姓）的根本做法。一定要斥退奸邪、贪婪的人，考虑提拔忠诚、善良的人。可以全部去掉栅栏、陷阱，免除赋税。”这以后有传言说老虎都一起向东边渡过长江了。中元元年，有很多蝗虫（闹蝗灾），它们一起飞到九江的边界，就向东西两个方向散去，因此宋均的名声被远近的人们称颂。浚遒县有唐、后两座山，百姓共同祭祀它，众巫师便选取百姓中的少年男女作为山公山

婆来祭祀，每年都要更换，百姓于是就不敢进行嫁娶之事，前后几任太守都不敢禁止。宋均下达命令说：“从现在开始，给山神娶的妻子都要从从事巫术的人家中选取，不能打扰百姓。”于是，这种事就再也没有了。

永平元年，宋均升任东海相，在任五年，因为犯法而被免官。但东海的官吏和百姓都感念他的恩惠、教化，为他写了些歌谣，到朝廷请求他回来做官的有数千人。显宗认为他贤能，永平七年，征召他做了尚书令。每当在朝廷上辩论的时候，他的话大多能符合皇上的心意。宋均曾经删减一些有疑问的事（不向上汇报），皇帝认为他有私邪之心，十分生气。各位尚书都很害怕，个个磕头告罪。宋均看着他们态度严肃地说：“忠臣坚持道义，没有二心。如果畏惧皇上的威势失去公正，我即使是死了，也不会改变志向。”皇帝喜欢他不屈服的性格，升任他做司隶校尉。过了几个月，又出任河内太守，政策和教化得以大力推行。宋均曾经卧病在床，百姓和年长的人都为他祈祷，早晚问候他的生活起居，他被百姓爱戴到这个地步。宋均因生病向皇帝请求辞官，皇帝派贴身侍从前去慰问，于是留在职位上养病。司徒这个官位空缺了，皇帝认为宋均有才能，任命他做宰相，宋均哭着向皇帝推辞。宋均性格宽厚、温和，不喜欢法令、条文，常认为那些严酷而明察秋毫的人，自己或许能廉洁守法，但对待百姓机巧奸猾、严酷刻薄，祸害百姓，百姓的灾难、流亡都是由这个原因而产生的。等到他做了尚书，常想要向皇帝叩头争谏此事，因为当时的环境严酷，所以不敢陈奏。皇帝后来听说了他的话，感到追悔和悲伤。建初元年，宋均死于家。

（2007 年全国 I 卷）

知识拓展（道）

苏洵欲往京城，道（取道）泰山间行。遇隐士行于道（道路）中，憩于茶亭，论秦与六国之事，隐士举兵家之道（主张），以为六国用兵之道（策略）不及秦国，苏洵不以为然，争论不能休。人道（谈论）此事：孰闻道（道理）多也？

19　后汉书·赵憙传

阅读提示

➢ 语言建构与运用

1. 加点字为文段中重、难点字词。
2. 下加_____为需要断句的文句。
3. 下加_____为需要翻译的文句。

➢ 文化传承与理解

1. 下车：古代代指新任官吏就职。后来又常用“下车伊始”表示官吏初到任所。
2. 收考：指先行将嫌犯拘捕关进监狱，然后再作拷问。
3. 车驾：原指帝王所乘的车，有时因不能直接称呼帝王，于是又可用作帝王的代称。
4. 京师：古代指国家的都城。

正 文

赵憙字伯阳，南阳宛人也。少有节操。从兄为人所杀，无子，憙年十五，常思报之。乃挟兵结客，后遂往复仇。而仇家皆疾病，无相距者。憙以因疾报杀，非仁者心，且释之而去。顾谓仇曰：“尔曹若健，远相避也。”更始即位舞阴大姓李氏拥城不下更始遣柱天将军李宝降之不肯云闻宛之赵氏有孤孙憙信义著名愿得降之更始乃征憙。憙年未二十，既引见，即除为郎中，行偏将军事，使诣舞阴，而李氏遂降。光武破寻、邑，憙被创，有战劳，还拜中郎将，封勇功侯。邓奉反于南阳，憙素与奉善，数遗书切责之，而谗者因言憙与奉合谋，帝以为疑。及奉败，帝得憙书，乃惊曰：“赵憙真长者也。”后拜怀令。大姓李子春先为琅琊相，豪猾并兼，为人所患。憙下车，闻其二孙杀人事未发觉，即穷诘其奸，收考子春，二孙自杀。京师为请者数十，终不听。时赵王良疾病将终，车驾亲临王，问所欲言。王曰：“素与李子春厚，今犯罪，怀令赵憙欲杀之，愿乞其命。”帝曰：“吏奉法，律不可枉也，更道它所欲。”王无复言。其年，迁憙平原太守。时平原多盗贼，憙与诸郡讨捕，斩其渠帅，余党当坐者数千人。憙上言：“恶恶止其身，可一切徙京师近郡。”帝从之，乃悉移置颍川、陈留。于是擢举义行，诛锄奸恶。后青州大蝗，侵入平原界辄死，岁屡有年，百姓歌之。二十七年，拜太尉，赐爵关内侯。时南单于称臣，乌桓、鲜卑并来入朝，帝令憙典边事，思为久长规。建初五年，憙疾病，帝亲幸视。及薨，车驾往临吊。时年八十四。谥曰正侯。

（节选自《后汉书·赵憙传》）

思 考

下列对原文有关内容的概括和分析，不正确的一项是（　　）。

A. 赵熹耿直磊落，为人光明正大。他自小有节操，从兄被害，为给从兄报仇，他有备而往，但知道仇家患病后，不愿乘人之困，因而暂时放过仇家

B. 赵熹忠于朝廷，除恶得到支持。他虽与邓奉友善，但屡次谴责邓谋反，最终受到皇上赞赏。担任怀令时，坚持诛杀李子春，皇上也拒绝了赵王求情

C. 赵熹制止祸患，大力推崇义行。他担任平原太守时，诛杀盗贼首领，但对待余党却能区别处理，只是将他们迁往异地，并教导他们应该弃恶从善

D. 赵熹忠于职守，身后深享哀荣。他官拜太尉时，南单于称臣，乌桓等来朝，于是受命

对边事做长久规划。他患病去世期间，皇上亲自前往慰问吊唁

答案：C

解析：原文“将他们迁往异地”的主语应是皇帝，而非赵熹；赵熹也没有教导他们弃恶从善。

参考译文

赵熹，字伯阳，是南阳宛县人。年轻时有节操。堂兄被人杀害，没有儿子，赵熹十五岁，时常想着报仇。于是带着兵器约好朋友，后来终于前去寻仇。但是仇人们全部生了病，没有人能抵抗他。赵熹认为趁别人生病报仇杀人，不是仁义的人所应做的，就暂且放过他们而离开了，回头对仇人说：“你们如果病好了，躲我远远的。”更始即位，舞阴（地名）大户人家李氏拥城不投降，更始遣柱天将军李宝去招降他们。李氏不肯，说：“听说宛人赵氏有孤孙赵熹，以信义闻名，希望能够投降于他。”更始就征召赵熹，赵熹不到二十岁，引见来了以后，就被授予郎中职位，行使偏将军的事务，让他到了舞阴，李氏就投降了。光武打败王寻、王邑时，赵熹受伤，有战功，回朝后被拜任为中郎将，封勇功侯。当时邓奉在南阳反叛，赵熹一向和邓奉处得好，多次送信严厉地责骂他，而那些说坏话的人趁机就说赵熹和邓奉合谋，皇上怀疑这件事。等邓奉失败，皇上得到赵熹的信，才吃惊地说：“赵熹真是有道德的人。”后来拜他为怀县县令。大姓李子春先前任琅邪相，又奸又猾，百姓很怕他。赵熹初到任，听说他两个孙子杀人的事没有被揭发，立即追查其中的奸情，逮捕拷问李子春，他两个孙子自杀了。京城中替李子春说情的有几十个，他终究不听。这时赵王刘良生病将死，皇上亲自看望赵王，问他想说什么。赵王说：“我一向和李子春交情深，如今他犯罪，怀县县令赵熹要杀他，我希望饶他一命。”皇上说：“官吏守法，法律才不可能被歪曲。再说说别的要求吧。”赵王不再说话。那一年，升任赵熹为平原太守。当时平原有许多强盗，赵熹和各郡一起追捕，杀死他们的头领，其应判罪的余党有几千人。赵熹上书称：“惩罚坏人仅限于其本人，可把其他人全搬迁到京城附近的郡。”皇上听从了他的建议，就把那批人全部搬迁到颍川、陈留。于是推荐提拔有善行的人，诛杀铲除坏人。后来青州遭遇严重蝗灾，（这些蝗虫）一侵入到平原郡境内就死了，（平原郡）每年都有好收成，百姓都歌颂赵熹。二十七年，拜任太尉，赐爵位为关内侯。当时南单于称臣降服，乌桓、鲜卑一起来朝贡，皇上命令赵熹主管边疆事务，考虑作长远打算。建初五年，赵熹病重，皇上亲自前去探视。等他逝世，皇上前去祭吊。这一年他八十四岁。谥号正侯。

（2017 年全国Ⅱ卷）

知识拓展（度）

宋妻之市买鞋，至市而忘度（尺码），徘徊良久，几度（次）欲返，度（考虑）之再三，度（估计）其足之大小未果，终返家。其夫以其游乐无度（限度）而让之，嗤其不知以足度（衡量）鞋之大小。后人度（创作）曲以讽之，以为治家如治国，苟无法度（制度），岂不谬哉？

20　后汉书·孔僖传

阅读提示

➢　语言建构与运用

1. 加点字为文段中重、难点字词。
2. 下加____为需要断句的文句。
3. 下加____为需要翻译的文句。

➢　文化传承与理解

1. 衮冕：即衮衣和冕，是古代君王及大贵族的礼服和礼冠，是皇帝等王公贵族在祭天地、宗庙等重大庆典活动时穿戴的正式服装。《周礼》中即有关于衮冕的记载，至明洪武十六年（1383）始定衮冕制度。衮冕还有比喻“登朝入仕”的意思。

2. 巡狩：《孟子·告子》云：“天子适诸侯，曰巡狩。巡狩者，巡所守也。”《尧典》作“巡守”，意为巡行视察诸侯为天子所守的疆土。“狩”，义为“巡视”“视察”同义。

3. 太牢：古代帝王祭祀社稷时，牛、羊、豕三牲全备为“太牢”。古代祭祀所用牺牲，行祭前需先饲养于牢，故这类牺牲称为牢；又根据牺牲搭配的种类不同而有太牢、少牢之分。少牢只有羊、豕，没有牛。由于祭祀者和祭祀对象不同，所用牺牲的规格也有所区别：天子祭祀社稷用太牢，诸侯祭祀用少牢。

正　文

孔僖字仲和，鲁国鲁人也。曾祖父子健，少游长安，与崔篆友善。及篆仕王莽为建新大尹，尝劝子健仕，对曰：“吾有布衣之心，子有衮冕之志，各从所好，不亦善乎！道既乖矣，请从此辞。”遂归，终于家。

僖与篆孙骃复相友善，同游太学，习《春秋》，因读吴王夫差时事，僖废书叹曰：“若是，所谓画虎不成反为狗者。”骃曰：“然。昔孝武皇帝始为天子，年方十八，崇信圣道，师则先王，五六年间，号胜文、景。及后恣己，忘其前之为善。”僖曰：“书传若此多矣！”邻房生梁郁和之曰：“如此，武帝亦是狗邪？”僖、骃默然不对。郁怒恨之，阴上书告骃、僖诽谤先帝，讽讥当世。事下有司，骃诣吏受讯。僖以吏捕方至，恐诛，乃上书肃宗自讼：“臣之愚，意以为凡言诽谤者，谓实无此事而虚加诬之也。至如孝武皇帝，政之美恶，显在汉史，坦如日月。是为直说书传实事，非虚谤也。夫帝者为善，则天下之善咸归焉；其不善，则天下之恶亦萃焉。斯皆有以致之，故不可以诛于人也。且陛下即位以来，政教未过，而德泽有加，天下所具也，臣等独何讥刺哉？假使所非实是，则固应悛改；傥其不当，亦宜含容，又何罪焉？臣等受戮，死即死耳，顾天下之人，必回视易虑，以此事窥陛下心。自今以后苟见不可之事终莫复言者矣臣之所以不爱其死犹敢极言者诚为陛下深惜此大业陛下若不自惜则臣何赖焉齐桓公亲扬其先君之恶，以唱管仲，然后群臣得尽其心。今陛下乃欲以十世之武帝，远讳实事，岂不与桓公异哉？臣恐有司卒然见构，衔恨蒙枉，不得自叙，使后世论者，擅以陛下有所方比，宁可复使子孙追掩之乎？谨诣阙伏待重诛。”帝始亦无罪僖等意，及书奏，立诏勿问，拜僖兰台令史。

元和二年春，帝东巡狩，还过鲁，幸阙里，以太牢祠孔子及七十二弟子，作六代之乐，命儒者讲《论语》。僖因自陈谢。帝曰：“今日之会，宁于卿宗有光荣乎？”对曰：“臣闻明王圣主，莫不尊师贵道。今陛下亲屈万乘，辱临敝里，此乃崇礼先师，增辉圣德。至于光荣，非所敢承。”帝大笑曰：“非圣者子孙，焉有斯言乎！”遂拜僖郎中。

冬，拜临晋令，崔骃以《家林》筮之，谓为不吉，止僖曰：“子盍辞乎？”僖曰：“学不为人，仕不择官，凶吉由己，而由卜乎？”在县三年，卒官，遗令即葬。

（节选自《后汉书·孔僖传》）

思　考

1. 下列对原文有关内容的分析和概括，不正确的一项是（　　）。

A. 孔僖和崔篆的孙子崔骃友善，同游太学，在读到吴王夫差那段历史时，发表了评论，被人上书告他诽谤先帝，因而被要求前去狱吏那接受审讯

B. 孔僖上书为自己和崔骃申诉，理由是实际上没有事实捏造诬蔑才能称为诽谤，而孝武帝的所作所为在史书上写得清清楚楚，这并不能算是诽谤

C. 元和二年春天，皇上巡视东方，回来路过鲁地。孔僖回答皇上的问题后，得到了皇上的赞许，被授为郎中

D. 孔僖被任命为临晋令，好友认为不吉利。但他认为学习应为了天下人，他不听好友的劝告，前往就任临晋令。在职三年，并且死在任上

答案：A

解析：原文是崔骃接受狱吏的审讯。

参考译文

孔僖，字仲和，鲁国鲁人。曾祖父孔子建，年轻时游学长安，与崔篆友好。崔篆出仕王莽任建新大尹时，曾经劝孔子建出仕。子建回答他说：“我有做布衣老百姓的心愿，您有做官

的志向，各人听从各人的所爱，不是很好吗？我们所走的道路，既然不同，请从此别。”就回去了，死在家里。

孔僖与崔篆的孙子崔骃是好朋友，同游太学，学习《春秋》。因读吴王夫差的时事，孔僖放下书叹息说：“如此，这是所谓画虎不成反为狗。”崔骃说：“是的。从前孝武皇帝刚做天子时，年纪轻轻的，才十八岁，崇信圣人之道，以先王为学习的榜样，五六年的时间，号称胜过文帝、景帝的恭俭。到后来任意而行，忘记了自己以前的好处。”孔僖道：“书传上这样的事情多着呢！”邻房生梁郁附和着道：“这样，武帝也是狗吗？”孔僖、崔骃默然不作声。梁郁发怒恨他们，暗地里上书告崔骃、孔僖诽谤先帝，讥讽当世。朝廷把这件事交管事人处理，崔骃去狱吏处受审讯。孔僖看到逮捕他的人快来了，害怕被诛，于是上书肃宗申诉：“臣愚见，认为凡是称为诽谤的，是说实际上没有这回事，捏造诬蔑而已。至于孝武皇帝，政治的好与坏，在汉史上写得明明白白，有如日月。这是叫作直说书传实事，不算捏造。皇帝为善，天下的善就都归于他；皇帝不为善，天下的恶也都会集在他那里，这都有原因的，所以不可以责于人。并且皇上即位以来，政治没有什么过失，德泽及于百姓的却很多，天下的人都是知道的，我等为什么要讥刺他呢？假使非议的是事实，那就应该坚决悔过改正；若是说得不适合，也应当宽容，又为什么要加罪他呀？我等受戮，死就死了，但天下的人，一定会改变过去对皇上的看法，从这件事观察皇上的用心。自今以后，如果看到不可的事，就绝对不会再说了啊。我之所以不吝惜死，还敢于毫无顾虑地这样说，真正是为皇上爱惜这天下大业。皇上如果不爱惜，那我有什么办法呢？齐桓公亲自揭露他先君的过错，以启发管仲，然后全体臣子得以尽心为国。现在皇上居然想为远在十世的武帝隐瞒事实，难道不是与桓公大相径庭吗？我恐怕官吏突然陷害我，令我含恨蒙受冤屈，不能申诉，使后世议论的人随便以皇上做比较，难道可以再使子孙补救遮掩吗？我恭谨地去朝廷等待重诛。”皇帝本来也无加罪孔僖等人的意思，奏书送上去，马上下诏不问罪，授孔僖兰台令史。

元和二年春，帝巡视东方，回来时经过鲁地，去阙里，用太牢三牲祭祀孔子及七十二弟子，奏黄帝、尧、舜、禹、汤、周六代的音乐，命令儒者讲《论语》。孔僖因向皇上道谢。帝说：“今天的大会，难道对于您孔氏不是一种光荣吗？”孔僖回答道：“我听说贤明的圣主，没有不尊师重道的。现在皇上作为天子，亲自到我们这里，这是高度礼敬老师，使圣德增辉。至于说到光荣，是不敢承当的。”帝大笑说：“不是圣人的子孙，哪里说得这样好的话啊！”就授孔僖郎中。

这年冬天，授临晋令，崔骃用《家林》占卜，说不吉利，阻止孔僖道：“你为什么不辞官呢？”孔僖说：“学习不为个人，出仕不选择什么样的官才做，凶吉在于自己，难道是由占卜决定的吗？”做了三年临晋县令，死在任上，遗言就地埋葬。

知识拓展（得）

临川人张奇游学，得（获得）一书，乃安石所著。曰：“吾得（应该）珍宝事之。”后读之，快然自足，多有所得（心得），以为安石所言得（得当）之。

21　后汉书·王涣传

阅读提示

➢ 语言建构与运用

1. 加点字为文段中重、难点字词。
2. 下加＿＿为需要断句的文句。
3. 下加＿＿为需要翻译的文句。

➢ 文化传承与理解

1. 豪右：指旧时的富豪家族、世家大户。汉代以右为尊，所以习惯上称为“豪右”。
2. 茂才：即秀才。东汉时，为避光武帝刘秀名讳，改称茂才，后世有时也沿用此名。

正　文

王涣字稚子广汉郪人也父顺安定太守涣少好侠尚气力数通剽轻少年晚而改节敦儒学习《尚书》读律令略举大义为太守陈宠功曹，当职割断，不避豪右。宠风声大行，入为大司农。和帝问曰：“在郡何以为理？”宠顿首谢曰：“臣任功曹王涣以简贤选能，主簿镡显拾遗补阙，臣奉宣诏书而已。”帝大悦，涣由此显名。州举茂才，除温令。县多奸猾，积为人患。涣以方略讨击，悉诛之。境内清夷，商人露宿于道。其有放牛者，辄云以属稚子，终无侵犯。在温三年，迁兖州刺史，绳正部郡，风威大行。后坐考妖言不实论。岁余，征拜侍御史。永元十五年，从驾南巡，还为洛阳令。以平正居身，得宽猛之宜。其冤嫌久讼，历政所不断，法理所难平者，莫不曲尽情诈，压塞群疑。又能以谲数发擿奸伏。京师称叹，以为涣有神算。元兴元年，病卒。百姓市道莫不咨嗟。男女老壮皆相与赋敛，致奠醊以千数。涣丧西归，道经弘农，民庶皆设盘案于路。吏问其故，咸言平常持米到洛，为卒司所抄，恒亡其半。自王君在事，不见侵枉，故来报恩。其政化怀物如此。民思其德，为立祠安阳亭西，每食辄弦歌而荐之。延熹中，桓帝事黄老道，悉毁诸房祀，唯特诏密县存故太傅卓茂庙，洛阳留王涣祠焉。自涣卒后，连诏三公特选洛阳令，皆不称职。永和中，以剧令勃海任峻补之。峻擢用文武吏，皆尽其能，纠剔奸盗，不得旋踵。一岁断狱，不过数十，威风猛于涣，而文理不及之。峻字叔高，终于太山太守。

（节选自《后汉书·王涣传》）

思　考

下列对原文有关内容的概括和分析，不正确的一项是（　　）。

A. 王涣初入仕途，才干受到赏识。他在太守陈宠手下担任功曹，遇事敢于决断。陈入朝为大司农，回答皇上询问时褒奖他善于简贤选能，王由此得以显名

B. 王涣扫除积弊，境内风清气正。他担任温县县令，以谋略铲除奸猾之徒，世面清平，商人露宿于道；升任兖州刺史后，又依法整肃下属部门，极有声威

C. 王涣办案严谨，治事宽猛相济。他对于疑难案件以及法理难平者，探寻本来面目，尽力还以公正；又能够揭发奸隐之事，深受外界称叹，被誉为神算

D. 王涣政绩卓著，后任难以比肩。他死于洛阳令任上，皇上下令特选其继任者，均不称职；后来选用任峻，任充分发挥文武属吏才干，仍然忙得无法分身

答案：D

解析："仍然忙得无法分身"这一句理解错误。原文的意思是任峻提拔任用文官武吏，都能竭尽他们的才能，这些人纠察剔除奸恶盗贼，没有畏避退缩。

参考译文

王涣，字稚子，是广汉郪县人。年少时喜好行侠仗义打抱不平，崇尚力气和武艺，与强悍轻捷的少年交往频繁。后来才改变了自己的志向，钻研儒学，学习《尚书》，研读律令，大体明晓了这些书典的主要旨义。他担任郡太守陈宠的功曹后，对自己的职责认真负责，敢于决断，即使对豪强大户也决不留情。陈宠因而名声大振，被提升到朝中任大司农。汉和帝问他："你在郡中是用什么办法治理政务的？"陈宠叩头回答说："臣任用功曹王涣，让他选拔有才能的人处理各种事物；又让主簿镡显弥补纠正有漏洞的地方，我不过是奉命宣读皇上您的诏书罢了。"和帝十分高兴。王涣从此后开始知名。州里举荐王涣为茂才，并让他做温县县令。温县境内有很多奸猾之徒胡作非为，长期以来成了当地人的大患。王涣采取策略加以讨伐打击，把他们全都杀了。县境内安定太平，有的商人就在外面停宿。其中有放牛的人，都说自己是王涣的属下，始终没有人敢侵犯。王涣担任了三年温县县令后，升为兖州刺史，他严格地纠正所属郡县，声名大振。后来由于考核妖言不实而被定罪免官。一年多后，又被征召任命为侍御史。永元十五年，王涣随从皇帝南巡，返回后被任命为洛阳县令。他严格要求自己，办事清平公正，处理案件也宽严得当。其中那些含有冤情，长期告状，而历届官府所不能判决、按法律情理难以彰明、人们难以信服的案件，王涣无不弄清真伪，清除大家的疑点。同时他还用巧妙的办法，多次揭发和暴露隐秘的坏人坏事。京城的人都称颂叹服他，认为王涣有神仙一样的智慧和妙算。元兴元年，王涣病死。在市中和路上的百姓没有不叹息的。男女老少都共同集资，携酒前去祭奠，人多达数千人。王涣的灵柩向西运回家乡，路过弘农县，老百姓都在路旁摆设盘碗加以祭奠。官吏问这样做的缘故，老百姓全都说平常带米到洛阳，被士卒衙门所盘剥，经常要损失一半，自从王涣任洛阳县令，不再有官吏掠夺侵扰的事情了，所以来祭奠以报答他的恩情。王涣的政治教化令人怀念感激达到这样的地步。百姓思

念王涣的恩德，在安阳亭西为他建造祠堂，每到祭祀时就奏乐歌咏着供养他。延熹年间，桓帝喜好黄老之术，将各种祭祀的处所全部毁掉，只特别下诏密县保存已故太傅卓茂的祠庙，洛阳保留王涣的祠庙。自从王涣死了后，皇帝连续下诏给三公令他们挑选洛阳令，都不称职。永和年间，急切下令勃海任峻补任洛阳令。任峻提拔任用文武官吏，都各尽所能，调查捉拿奸盗之人，绝不畏避退缩，一年间的断案，不过几十件，声威超过王涣，而在条理方面比不上他。任峻字叔高，在太山太守任上去世。

（2018 年全国Ⅱ卷）

知识拓展（非）

唐有二人，一老一少，席间论陈涉灭秦，老者曰：陈涉才能不及中人，非（不是）因有兵家之能而灭秦。少者非（反对）之，曰：非（错误）也，非也。陈涉胜于民心，此非兵家之能乎？

22　后汉书·盖勋传

阅读提示

➢　语言建构与运用

1. 加点字为文段中重、难点字词。
2. 下加______为需要断句的文句。
3. 下加______为需要翻译的文句。

➢　文化传承与理解

1. 鱼丽之阵：也称鱼丽阵，古代将步卒队形环绕战车进行疏散配置的一种阵法。这种阵法最突出的特点是在车战中尽量发挥步兵的作用，即先以战车冲阵，步兵环绕战车疏散队形，可以弥补战车的缝隙，有效地杀伤敌人。

2. 小黄门：汉有小黄门，秩六百石，由宦者任职，掌侍皇帝左右，受尚书事。上在内宫，为关通中外及中宫已下众事。诸公主及王太妃有病时，使问之。后来泛指宦官。

正　文

盖勋字元固，敦煌广至人也。初举孝廉，为汉阳长史。时武威太守倚恃权势，恣行贪横，从事苏正和案其罪。凉州刺史梁鹄畏惧贵戚，欲杀正和以免其负，乃访之于勋。勋素与正和有仇，或劝勋可因此报隙。勋曰不可谋事杀良非忠也乘人之危非仁也乃谏鹄曰：“夫绁食鹰鸢欲其鸷，鸷而烹之，将何用哉？”鹄从其言。

中平元年，北地羌胡与边章等寇乱陇右，刺史左昌因军兴新盗数千万。勋固谏，昌怒，乃使勋别屯阿阳以拒贼锋，欲因军事罪之，而勋数有战功。边章等遂攻金城，杀郡守陈懿，勋劝昌救之，不从。边章等进围昌于冀，昌惧而召勋。勋初与从事辛曾、孔常俱屯阿阳，及昌檄到，曾等疑不肯赴。勋怒曰：“昔庄贾后期，穰苴奋剑。今之从事，岂重于古之监军哉！”曾等惧而从之。勋即率兵救昌。到，乃诮让章等，责以背叛之罪。皆曰：“左使君若早从君言，以兵临我，庶可自改。今罪已重，不得降也。”乃解围而去。

时，叛羌围护羌校尉夏育于畜官，勋与州郡合兵救育，至狐槃，为羌所破。勋收余众百余人，为鱼丽之陈。羌精骑夹攻之急，士卒多死。勋被三创，坚不动，乃指木表曰：“必尸我于此。”句就种羌滇吾素为勋所厚，乃以兵扞众曰：“盖长史贤人，汝曹杀之者为负天。”勋仰骂曰：“死反虏，汝何知，促来杀我！”众相视而惊。滇吾下马与勋，勋不肯上，遂为贼所执。羌戎服其义勇，不敢加害，送还汉阳。后刺史杨雍即表勋领汉阳太守。时人饥，相渔食，勋调谷禀之，先出家粮以率众，存活者千余人。

遂拜京兆尹。时，长安令杨党，父为中常侍，恃势贪放，勋案得其臧千余万。贵戚咸为之请，勋不听，具以事闻，并连党父，有诏穷案，威震京师。时小黄门京兆高望为尚药监，幸于皇太子，太子因蹇硕属望子进为孝廉，勋不肯用。或曰：“皇太子副主，望其所爱，硕帝之宠臣，而子违之，所谓三怨成府者也。”勋曰：“选贤所以报国也，非贤不举，死亦何悔！”

（节选自《后汉书·盖勋列传》）

思　考

下列对原文的叙述与分析，不正确的一项是（　　）。

A. 盖勋虽然与苏正和有私仇，但对敢于审查仗势横行的武威太守罪行的苏正和却不落井下石，反而劝梁鹄不要杀苏正和

B. 盖勋劝告左昌不要发国难财，反而遭到左昌的打击报复；但当左昌处在危急之中时，盖勋并不幸灾乐祸，反而率兵救他

C. 盖勋联合州郡的军队去救羌人包围的护羌校尉夏育，结果被羌人打败，自己也被俘虏，但他因祸得福，后来被杨雍推举为京兆尹

D. 盖勋担任京兆尹后，不畏权势，打击贪官污吏，威震京师；即使是皇太子徇私推荐来的人，也不任用，不怕得罪皇太子

答案：C

解析：应是杨雍上奏朝廷，推荐盖勋做汉阳太守。

参考译文

盖勋，字元固，是敦煌郡广至县人。起初他被推荐为孝廉，做汉阳郡长史。当时武威太守倚仗权势，放纵地做贪横之事，从事苏正和审查取得了他的罪证。凉州刺史梁鹄畏惧贵戚，想要杀苏正和来免去他的牵累，于是向盖勋询问此事。盖勋平素与苏正和有仇，有人劝盖勋可以借这个机会报仇。盖勋说："不行。策划杀害好人，不忠；趁别人在危难时打击他，不仁。"于是劝告梁鹄说："拴着喂养鹰鸢想要它凶猛，它凶猛了却要煮了它，将要用它什么呢？"梁鹄听从了他的话。

中平元年，北地羌胡与边章等人侵扰陇右地区，刺史左昌趁扩军的机会截断盗用了数千万军资。盖勋极力劝阻，左昌发怒了，便派遣盖勋率军另外驻扎在河阳县抵御敌军的正面攻势，想从军事上找罪名处罚盖勋，但盖勋屡次立功。边章等人便进攻金城，诛杀郡太守陈懿，盖勋劝左昌发兵救援，左昌不听。边章等人进攻在冀县的左昌，左昌害怕了，便招盖勋前去救援。盖勋当初与从事辛曾、孔常都驻扎在河阳，等到左昌的文书到达时，辛曾等人犹豫着不敢进兵。盖勋生气地说："从前庄贾延误军期，田穰苴将他杀了。今天的从事，难道比古代的监军还要高贵吗？"辛曾等人害怕了，便听从了盖勋的话。盖勋立即率兵救援左昌。到达冀县便责备边章等人，指责他们犯了叛国的罪。边章等人说："左使君如果早听从您的意见，派兵进攻我们，我们有可能改过自新。现在罪行已经深重，不能够投降了。"就解围退兵而去。

当时，反叛的羌人在畜养牲畜的地方，包围了护羌校尉夏育，盖勋与州郡合兵救助夏育，到狐槃，被羌人打败。盖勋收聚剩下的一百多人，列成鱼丽军阵。羌人的精锐骑兵把他们夹攻得很紧，士兵大多战死了。盖勋多处受了伤，仍然坚定不动，于是指着木牌说："一定要把我的尸体葬在这里。"句就种族羌人滇吾平时受盖勋厚待，于是用武器抵挡住羌人士兵说："盖长史是贤人，如果你们这些人杀了他，是对不起上天的。"盖勋仰头斥骂说："该死的叛贱，你们懂什么？赶快来杀我！"众人互相看着很惊慌。滇吾下马把马给盖勋，盖勋不肯上马，于是被敌人捉住。羌胡人敬佩他的义勇精神，不敢加害他，送他回到汉阳。后来刺史杨雍上奏章推荐盖勋兼任汉阳太守。当时人们饥饿，相互侵夺财物，盖勋调运粮食供给饥民，他先拿出自家粮食来带领大家这样做，救活了一千多人。

他被任命为京兆尹。当时，长安县令杨党，父亲是中常侍，杨党仗恃权势贪财放纵，盖勋审查得到他的赃物一千多万。贵戚全都为杨党求情免除他的罪，盖勋不听从，把事情全部奏报朝廷，牵扯到杨党的父亲，皇帝下令彻底审查，此事威震京师。当时小黄门高望做尚药监，被皇太子宠幸，太子通过蹇硕嘱托盖勋让高望的儿子高进做孝廉，盖勋不肯这样做。有的人说："皇太子是第二个主子，高望是太子喜爱的人，蹇硕是皇帝的宠臣，可是您违背他们，这是人们所说的'三怨聚在一起'了"。盖勋说："选拔贤才是用来报效国家的，不是贤才就不能推荐，即使我因此而死，又后悔什么呢！"

知识拓展（从）

樊哙从（参加）军，从（跟随）刘邦征伐。后项羽设宴于鸿门，欲杀刘邦，张良见势急，至军门见樊哙，樊哙从（听从）良计，入帐斥项王。项王不识此人，问所从（由，自）来，欲杀之，樊哙不惧。项王感其勇猛，命其从（挨着）良坐。

23　三国志·魏书·张郃传

阅读提示

➢　语言建构与运用

1. 加点字为文段中重、难点字词。
2. 下加______为需要断句的文句。
3. 下加______为需要翻译的文句。

➢　文化传承与理解

1.《三国志》："二十四史"之一，是由西晋史学家陈寿所著，记载中国三国时期的曹魏、蜀汉、东吴纪传体国别史，是"二十四史"中评价最高的"前四史"之一。

2. 太祖：太祖作为帝王庙号使用，多为创基立业者，常见于开国皇帝，也有为其先人追授者。受中华文化影响的一些邻近国家（韩国、越南等）亦有使用。庙号是皇帝于庙中被供奉时所称呼的名号，起源于重视祭祀与敬拜的商朝。最初并不是所有君王都有庙号，一般君王死后会建筑专属的家庙祭祀，但在几代之后就必须毁去原庙，而于太庙合并祭祀。中国历史上第一个被谥为太祖的君主是商太祖成汤。

3. 谮：本义为无中生有地说人坏话，如遭谮（遭到诽谤谗害），谮语（谗言，说别人的坏话），谮人（诬谗他人），谮害（进谗言伤害）。

4. 假节：即"假节钺"，代表皇帝出行。凡持节的使臣，就代表着皇帝亲临，象征皇帝与国家，可行使相应的权力。武将"假节钺"的话，在战时状态就不必"左请示、右汇报"，可以直接斩杀自己军中触犯军令的士卒。在君王所有的授权方式之中，"假节钺"的规格是极高的，拥有了"假节钺"的权力，不但可以随意斩杀触犯军令的士卒，还可以代替君主出征，并拥有斩杀节将的权力。

正　文

张郃字儁乂，河间鄚人也。汉末应募讨黄巾，为军司马，属韩馥。馥败，以兵归袁绍。绍以郃为校尉，使拒公孙瓒。瓒破，郃功多，迁宁国中郎将。

太祖与袁相拒于官渡，绍遣将淳于琼等督运屯乌巢，太祖自将急击之。郃说绍曰："琼等破，则将军事去矣，宜急引兵救之。"郭图曰："郃计非也。不如攻其本营，势必还，此为不救而自解也。”郃曰：“曹公营固，攻之必不拔。若琼等见禽，吾属尽为虏矣。”绍但遣轻骑救琼，而以重兵攻太祖营，不能下。太祖果破琼等，绍军溃。图惭，又更谮郃曰：“郃快军败，出言不逊。”郃惧，乃归太祖。

太祖得郃甚喜，拜郃偏将军，封都亭侯。授以众，从攻邺，拔之。从讨柳城，与张辽俱为军锋，以功迁平狄将军。别征东莱，讨管承，又与张辽讨陈兰、梅成等，破之。从破马超、韩遂于渭南。围安定，降杨秋。与夏侯渊讨鄜贼梁兴及武都氐。又破马超，平宋建。太祖征张鲁，先遣郃督诸军讨兴和氐王窦茂。太祖从散关入汉中，又先遣郃督步卒五千于前通路。至阳平，鲁降，太祖还，留郃与夏侯渊等守汉中，拒刘备。郃别督诸军降巴东、巴西二郡，徙其民于汉中。进军宕渠，为备将张飞所拒，引还南郑。拜荡寇将军。刘备屯阳平郃屯广石备以精卒万余分为十部夜急攻郃郃率亲兵搏战备不能克。其后备于走马谷烧都围，渊救火，从他道与备相遇，渊遂没。郃还阳平。当是时，新失元帅，恐为备所乘，三军皆失色。渊司马郭淮乃令众曰：“张将军，国家名将，刘备所惮；今日事急，非张将军不能安也。”遂推郃为军主。郃出，勒兵安陈，诸将皆受郃节度，众心乃定。太祖在长安，遣使假郃节。

（节选自《三国志·张郃传》）

思　考

下列对原文的理解与分析，不正确的一项是（　　）。

A. 东汉末年，张郃应征入伍，讨伐黄巾军，在韩馥部下担任军司马的职务。韩馥失败以后，张郃带兵投奔了袁绍

B. 淳于琼等人押运粮草驻扎乌巢时，曹操亲自领兵攻击淳于琼所部。张郃劝袁绍应该尽快带兵援救淳于琼，但袁绍却听信郭图的话导致全军崩溃

C. 曹操率领大军到汉中征伐张鲁的时候，派遣张郃带领五千步兵作为开路前锋。结果，人马一到阳平关，张鲁就献城投降了

D. 刘备驻扎在阳平关，夜间对驻扎在广石的张郃发动突然袭击，虽然没能攻克广石，却在混战中杀死了夏侯渊

答案：D

解析：袭击张郃与杀死夏侯渊不是同一次战斗中的事。

参考译文

张郃，字俊乂，河间鄚县人。东汉末年，他应征入伍，讨伐黄巾军，在韩馥部下担任军中司马的职务。韩馥失败以后，张郃带兵投奔了袁绍，袁绍让他担任校尉，负责抵御公孙瓒。公孙瓒被打败后，张郃因为立下不少功劳，升任宁国中郎将。

太祖（曹操）和袁绍在官渡对峙的时候，袁绍派将军淳于琼等人押运粮草驻扎乌巢，太祖亲自领兵攻击淳于琼所部。张郃劝袁绍说："淳于琼等人一旦失败，那么将军的大业就完了，您应该尽快带兵援救。"谋士郭图却说："张郃说得不对，我军不如进攻曹操的大营，曹操势必回救，这样淳于琼的危难不救自解。"张郃说："曹公的营盘牢固，进攻肯定攻不下来。如果淳于琼等人被擒，我们也都要被他们俘虏了。"袁绍只派出一支轻骑兵救援淳于琼，而用重兵攻打太祖的大营，久攻不下。太祖果然率军大败淳于琼，袁绍全军溃退。郭图感到羞惭，他又再诬陷张郃说："张郃为我军的失利而感到高兴，说话轻慢无礼。"张郃惶恐不安，就带兵投奔了太祖。

太祖得到张郃非常高兴，任命张郃为偏将军，封为都亭侯，分拨军队归他指挥，让他跟随自己攻打并占领了邺城。张郃随同太祖征讨柳城的时候，和张辽一起担任先锋，因立战功升任平狄将军。张郃还单独领兵征讨东莱郡，讨伐管承，还和张辽等人一起讨伐陈兰、梅成等人，大获全胜。张郃跟随太祖到渭南击溃了马超、韩遂，包围了安定城，使杨秋投降。张郃、夏侯渊一起征讨盘踞在鄜城的贼寇梁兴和武都一带的氐族叛军，再次击败了马超的部队，平定了宋建统治的地区。太祖率军征伐张鲁，先派张郃统帅各路军马讨伐梁兴和氐族首领窦茂所部。不久，太祖从散关进入汉中，又先派张郃带领五千步兵作为前锋开路。大军刚到阳平关，张鲁就献城投降了。太祖率军回师许昌，留下张郃与夏侯渊等人防守汉中，抵挡刘备的进攻。张郃分兵率几路军马出击，迫使巴东、巴西两郡投降，他将两郡的百姓迁徙到汉中郡。接着，张郃又进军宕渠城，结果被刘备的大将张飞所阻挡，被迫退回南郑。太祖任命张郃为荡寇将军。此时刘备驻扎在阳平关，张郃驻扎在广石。刘备把一万多精兵分成十股，连夜突击张郃。张郃率领着亲兵拼死奋战，刘备到底也没有攻下广石。后来刘备在走马谷放火焚烧曹军营帐外围的障碍物，夏侯渊带军士前去救火，在岔道上遭遇了刘备的军队，夏侯渊被杀。张郃带兵返回阳平。当时，曹军刚刚失去了元帅，害怕刘备乘机进攻，全军都惊慌不安，夏侯渊的行军司马郭淮便命令全军说："张将军是国家的名将，刘备也忌惮他。现在形势紧迫，只有张将军才能安定军心。"众人推举张郃为军中主帅。张郃出来，指挥部队稳住阵脚，众将都接受张郃的调度，军心这才安定下来。在长安的太祖知道了这件事，派使臣送给张郃节钺，让他指挥全军。

知识拓展（复）

天启年间，宫中尚促织。华阴成名于山重水复（重叠，繁复）中苦寻无果，遇一老者询之，成名不敢复（回答）。老人去而复（返回），自言因寻促织至此，成名乃与之言，偕往求促织。得一，成名以其小，劣之。试令其与鸡斗，无不胜者。两人喜，相约明日复（再）往。

24 三国志·魏书·蒋济传

阅读提示

➢ 语言建构与运用

1. 加点字为文段中重、难点字词。
2. 下加_____为需要断句的文句。
3. 下加_____为需要翻译的文句。

➢ 文化传承与理解

1. 雩娄（yú lóu）：上古颛顼帝时，属安国地。今河南商城县东北部、固始县南部，安徽霍邱县部分地区。雩娄在中国水利史上有重要地位。

2. 太傅：中国古代官职。始于西周，为国王的辅佐大臣与老师（辅弼官，国王年幼或缺位时他们可以代为管理国家），掌管礼法的制定和颁行，三公之一。战国时期的齐国和楚国也设有太傅。秦朝时期被废止。西汉曾两度短暂复置该职位，东汉则长期设立，为三公之上的上公。以后各朝代都有设置，但多为高位虚衔。

正文

蒋济字子通，楚国平阿人也。建安十三年，孙权率众围合肥。时大军征荆州，遇疾疫，唯遣将军张喜单将千骑，领汝南兵以解围。济乃密白刺史，伪得喜书，云步骑四万已到雩娄。权信之，遽烧围走，城用得全。拜济丹阳太守。民有诬告济为谋叛主率者，太祖闻之，曰："蒋济宁有此事！有此事，吾为不知人也。此必愚民乐乱，妄引之耳。"辟为丞相主簿西曹属。关羽围樊、襄阳。太祖以汉帝在许，近贼，欲徙都。济说太祖曰："刘备、孙权，外亲内疏，关羽得志，权必不愿也。可遣人劝权蹑其后，许割江南以封权，则樊围自解。"太祖如其言。权闻之，即引兵西袭公安、江陵。羽遂见禽。

文帝践阼，出为东中郎将。帝问曰："卿所闻见天下风教何如？"济对曰："未有他善，但闻亡国之语耳。"帝忿然作色而问其故，济具以答，于是帝意解。明帝即位，迁为中护军。时中书监、令号为专任，济上疏曰："大臣太重者，国危；左右太亲者，身蔽。古之至戒也。"诏曰："夫骨鲠之臣，人主之所仗也。济才兼文武，服勤尽节，每军国大事，现有奏议，忠诚奋发，吾甚壮之。"景初中，外勤征役，内务宫室，怨旷者多，而年谷饥俭。济上疏曰："陛下方当恢弘前绪光大遗业诚未得高枕而治也凡使民必须农隙不夺其时夫欲大兴功之君先料其民力而燠休之。”诏曰：“微护军，吾弗闻斯言也。”

齐王即位，迁太尉。是时，曹爽专政，丁谧、邓飏等轻改法度。以随太傅司马宣王屯洛水浮桥，诛曹爽等，进封都乡侯，邑七百户。济上疏曰：“太傅奋独断之策，陛下明其忠节，罪人伏诛，社稷之福也。夫封宠庆赏，必加有功。今论谋则臣不先知，语战则非臣所率。”固辞，不许。是岁薨，谥曰景侯。

（节选自《三国志·蒋济传》）

思　考

下列对原文有关内容的概括和分析，不正确的一项是（　　）。

A. 孙权带兵围攻合肥，而此时曹操正带兵攻打荆州，加之军中发生瘟疫，能派的救兵很少；蒋济用计让孙权主动撤兵，合肥得以保全

B. 蒋济为人刚直，敢于直言。文帝问天下“风教”，他大胆进言，以“但闻亡国之语耳”回答；齐王时，他以“诚未得高枕而治也”告诫皇上要爱惜百姓

C. 凭着跟随太傅司马宣王诛杀曹爽等人的功劳，皇帝加封蒋济为都乡侯，邑七百户，他坚决推辞，皇帝没有答应

D. 蒋济文武兼备，忠诚奋发，在太祖、明帝、齐王等数位人主手下任职，都能直言进谏，虽多次触怒人主，但始终被器重

答案：D

解析：D 项中“虽多次触怒人主”与原文不符。

参考译文

蒋济，字子通，楚国平阿人。建安十三年，孙权率兵围攻合肥。这时，太祖的大军正在攻打荆州，军中发生了瘟疫，只有派遣将军张喜一个人带领一千骑兵，加领汝南的士兵来解合肥之围。蒋济于是秘密禀报刺史，假称得到了张喜的书信，说前来救援的步兵骑兵共有四万人，现在已到雩娄。孙权相信了，立即烧毁围城的营阵就撤离了，合肥城因此得以保全。后来任命蒋济为丹阳太守。有一个人诬告蒋济是谋叛主要策划人，太祖听说后，说：“蒋济难道会做这种事！如果做了这种事，那我是不了解人了。这一定是愚蠢的老百姓故意扰乱，道听途说罢了。”征召蒋济担任丞相主簿西曹属。关羽带兵围攻樊城和襄阳。太祖认为汉献帝在许都，离关羽的军队比较近，想要迁都。蒋济劝阻太祖说：“刘备、孙权，表面关系亲近，实际上却各有打算，关羽军事上得势，这是孙权一定不希望看到的。可派遣人去游说孙权，劝他在后面偷袭关羽，许诺割让江南来赐封孙权，这样樊城的围困就自动解除了。”太祖按照他的话去做。孙权听了后，立即带兵向西偷袭公安、江陵。关羽于是被孙权擒获。

文帝即位，蒋济从京城出来，担任东中郎将。文帝问他说：“你所看到的天下风俗教化好不好？”蒋济回答说：“没有听到其他的好话，只听到要亡国的话罢了。”文帝显出愤怒的神

情，并问他其中的原因，蒋济都一一地回答，于是文帝的怒气消解了。明帝即位，蒋济升为中护军。当时中书监、令专有大权，蒋济上疏说："大臣权力太大，国家就有危险；左右的人太受宠幸，皇上就会受蒙蔽，这是自古以来最大的警诫啊。"明帝下召表扬说："刚直的大臣，是国君所仰仗的。蒋济文武兼备，任职勤劳，极尽节操，每有军国大事，当场有提出建议的奏议，对朝廷忠诚，做事奋发努力，我非常欣赏他的勇敢。"景初年间，对外征战频繁，国内大建宫室，长期分离的人很多，并且连年饥荒，谷物匮乏。蒋济上疏说："陛下正当发扬前人的事业，光大先帝遗留下来的功业，实在还未到高枕无忧地治理的时候。凡是要役使老百姓时，一定要在农闲时候，不能影响他们耕作的时间。那些想建立伟大功业的国君，先要估计老百姓的能力并安抚他们的疾苦。"明帝下诏表扬说："除了护军（蒋济），我听不到这样的话。"

齐王即位，蒋济升迁为太尉。这时，曹爽专政，丁谧、邓飏等随意改变法律法规。凭着跟随太傅司马宣王屯兵洛水浮桥，诛杀曹爽等人的功劳，加封为都乡侯，邑七百户。蒋济上疏说："太傅独自决断，想出高明的计谋，陛下彰显他忠心和节操，罪人伏法，这是国家的福气。分封、宠爱、庆贺、赏赐，一定要给予有功之人。现在，说到谋划我事先并不知道，说到打仗并不是我亲自统率的。"坚决地推辞，齐王不答应。这一年蒋济死了，谥号是"景侯"。

知识拓展（负）

赵国得楚和氏璧，秦王负（倚仗）其强以城十五求之。赵国之臣纷议，蔺相如以为必许之，以负（使承担）秦曲。赵王令相如负（背着）和氏璧往之。相如曰："必不负（辜负）赵。"至秦，秦王无意偿赵城，相如知其必负（背弃）约，乃令从者怀璧归赵。后人评曰：秦王有妇人之仁，若执意求之，则胜负（失败）立判矣。

25　三国志·魏书·李丰传

阅读提示

➢ 语言建构与运用

1. 加点字为文段中重、难点字词。
2. 下加______为需要断句的文句。
3. 下加______为需要翻译的文句。

➢ 文化传承与理解

1. 白衣：白色衣服，古代平民服，因即代指平民。亦指无功名或无官职的士人。古代还指给官府当差的小吏，或特指送酒的吏人、受处分的官员、穿便服的士兵。印度、西域喜穿白衣，因此佛教中称除僧侣以外的人为“白衣”；与此相对，出家人常常被称为“缁衣”（黑衣）。

2. 黄门郎：官名。又称黄门侍郎。秦置，汉沿设。即给事于宫门之内的郎官。宫禁之门黄闼，故称黄门郎或黄门侍郎。秦、汉另有给事黄门，职司相同，东汉并为一官，或称给事黄门侍郎。秩六百石，掌侍从皇帝，传达诏命。

魏、晋、南朝官名前均有“给事”二字。南朝以下因掌管机密文字，职位日渐重要。南朝梁提高品级至十班（班多者为贵，最高十八班，下至一班）。北朝亦置，北齐属北下省，秩第四品。隋去“给事”二字。唐曾称东台侍郎、鸾台侍郎。玄宗天宝元年（742）改称门下侍郎。

3. 东宫：指封建时代太子所居住的宫殿。也借指太子本人。

正　文

李丰字安国，故卫尉李义子也。黄初中，以父任召随军。始为白衣时，年十七八，在邺下名为清白，识别人物，海内翕然，莫不注意。后随军在许昌，声称日隆。其父不愿其然，遂令闭门，敕使断客。初，明帝在东宫，丰在文学中。及即尊位，得吴降人，问：“江东闻中国名士为谁？”降人云：“闻有李安国者。”是时丰为黄门郎，明帝问左右安国所在，左右以丰对。帝曰：“丰名乃被于吴越邪？”后转骑都尉、给事中。帝崩后，为永宁太仆，以名过其实，能用少也。

正始中，迁侍中尚书仆射。丰在台省，常多托疾，时台制，疾满百日当解禄。丰疾未满数十日，辄暂起，已复卧，如是数岁。初，丰子韬以选尚公主，丰虽外辞之，内不甚惮也。丰弟翼及伟，仕数岁间，并历郡守，丰尝于人中显诫二弟。及司马宣王久病，伟为二千石，荒于酒，乱新平、扶风二郡而丰不召，众人以为恃宠。

曹爽专政，丰依违二公间，无有适莫，故于时有谤书曰：“曹爽之势热如汤，太傅父子冷如浆，李丰兄弟如游光。”其意以为丰虽外示清净，而内图事，有似于游光也。及宣王奏诛爽，住车阙下，与丰相闻，丰怖，遽气索，足委地不能起。

至嘉平四年宣王终后，中书令缺，大将军谘问朝臣：“谁可补者？”或指向丰。丰虽知此非显选，而自以连婚国家，思附至尊，因伏不辞，遂奏用之。丰为中书二岁，帝比每独召与语，不知所说。景王知其议己，请丰，丰不以实告，乃杀之。其事秘。

丰前后仕历二朝，不以家计为意，仰俸廪而已。韬虽尚公主，丰常约敕不得有所侵取，时得赐钱帛，辄以外施亲族；及得赐宫人，多与子弟，而丰皆以与诸外甥。及死后，有司籍其家，家无余积。

（节选自《三国志·李丰传》）

思　考

下列对原文有关内容的概括和分析，不正确的一项是（　　）。

A. 李丰年轻时善于品评人物，影响很大，而父亲让他闭门谢客，其名声只是在魏国得到传播

B. 当司马宣王长期生病时，李伟官居二千石，因喝酒误事，造成新平、扶风二郡混乱，哥哥李丰却放任不管

C. 曹爽专权的时候，李丰在曹与司马宣王之间两面讨巧，不明确表态，因而遭到世人的讥讽

D. 李丰担任中书令两年以后，近来常常受到皇帝单独召见，招致景王猜忌，因不肯透露实情，结果被杀

答案：A

解析：原文中明确表明李丰闻名于江东，“名乃被于吴越”。

参考译文

李丰，字安国，是以前卫尉李义的儿子。黄初年间，凭借父亲的能力被征召跟随军队任职。开始为平民百姓时，十七八岁年纪，在邺下名声没有污点，能品评辨别人物，当时天下和谐一致，没有谁不注意他。后来跟随军队生活在许昌，声望名气一天天升高。他的父亲不希望他这样，于是让他关门在家，命令他断绝与客人交往。当初，魏明帝做太子时，李丰在读书学习。等到魏明帝即位后，抓获一位吴国投降的人，魏明帝问他：“你在江东听说中原地带的名士是谁？”那位投降的人说：“听说有个李安国的人。”这时李丰为黄门郎，魏明帝问左右臣子“李安国”在哪里，左右臣子用“李丰”来回答。魏明帝说：“李丰的名气竟然遍及吴越一带了？”后来转任骑都尉、给事中等职务。魏明帝死后，担任永宁太仆，因为名气超过他的实际能力，能够被任用的机会很少。

正始年间，提拔担任侍中尚书仆射。李丰在台省任职时，经常多次称自己有病，当时台省的制度是生病休假满一百天应当停发俸禄。李丰生病休假不满几十天就暂时上班，不久又卧床修养，像这样多年。当初，李丰的儿子李韬被选中娶公主为妻，李丰虽然表面上推辞，而内心不怎么害怕。李丰的弟弟李翼与李伟，当官多年间，都历任郡守职务，李丰曾经在众人面前明确警告两位弟弟。等到司马宣王长时间生病，李伟官居二千石，因喝酒误事，使新平、扶风两郡混乱，但李丰却放任不管，大家认为是倚仗朝廷的恩宠。

曹爽专擅朝政，李丰在曹爽与司马宣王二人之间摇摆不定，没有跟从谁，所以当时有公开指责他的信说：“曹爽的权势热得像开水，太傅父子冷得像酒浆，李丰兄弟像游动的光线。”意思是认为李丰虽然外表显示清高心无杂念，但内心在谋图事情，跟游动的光线一样。等到司马宣王奏请诛杀曹爽时，停车在宫廷，告诉李丰，李丰恐怖，顿时吓得大气都不敢出，脚放在地上都不能提起。

等到嘉平四年司马宣王死后，中书令一职空缺，大将军征询朝臣意见：“合适补任的人为

谁？”有人指向李丰。李丰虽然知道这不是公开的选拔，但自己认为与朝廷联姻，想到攀附皇上，因此伏地谢恩，没有推辞，于是上奏朝廷任用了他。李丰担任中书令两年，皇帝近来常常单独召见他与他交谈，不知他们说什么。景王知道他们在议论自己，询问李丰，李丰不把实情告诉他，于是景王杀了李丰。这件事很隐秘。

李丰前后做官经历了两个朝代，不把经营家业放在心上，生活依靠俸禄罢了。李韬虽然娶公主为妻，李丰常常约束告诫他不得侵夺获取不当财物，有时获得赏赐的钱与帛，就把它拿出去施舍给亲戚与同宗族的人；获得赏赐的官人，大多留给自家子弟，但李丰却全都将它送给各个外甥。等到死后，主管部门登记他家财产，家中没有多余的东西。

（2013 年江苏卷）

知识拓展（顾）

刘备欲振汉室，招贤才，三顾（拜访）孔明之庐。初始，见一草庐，以为孔明之庐，叩门问之，僮仆曰非也。刘备疑其推托，行而顾（回头看）之，而后返，再求之。如是者三，乃见。孔明顾（顾念）其家人，则曰：“顾（不过）吾念之，家人无以为托。”刘备令从者安之，孔明方许。

26　三国志·吴书·朱然传

阅读提示

➢ 语言建构与运用

1. 加点字为文段中重、难点字词。
2. 下加_____为需要断句的文句。
3. 下加_____为需要翻译的文句。

➢ 文化传承与理解

1. 楼橹：古代守城或攻城用的高台战具。楼橹顶端设望楼，以瞭望敌军动静。在攻城时，同土山配合使用。楼橹上的兵士侦察和报告城中的敌情动静，土山上的射手根据其指示发射箭矢。

2. 拜：授予官职。古时表示授予官职的词语还有“授”“除”等。

3. 卒：死。古代礼法下死的称谓等级森严，“天子死曰崩，诸侯死曰薨，大夫死曰卒，士曰不禄，庶人曰死”。

4. 节：即符节，符是政治和军事的凭证信物，它可以用于身份证明，作为出入国境、关卡、军营、要塞的凭证，又可以作为传达命令、调遣兵将的信物。用时双方各执一半，合之以验真假，如兵符、虎符等。节是君主派出的使节所持的凭信，用于代表君主出征、节制方面、监察地方、办理重大案件、出使外国等重大事务的证明。用金、铜、玉、角、竹、木、铅等不同原料制成。

5. 表：中国古代向帝王上书陈情言事的一种特殊文体，是封建社会下臣子对皇帝有所陈述、请求、建议时用的一种文体。臣子写给君王的呈文有各种不同的名称，战国时期统称为“书”，如乐毅《报燕惠王书》、李斯《谏逐客书》；到了汉代，这类文字被分为四个小类，即章、奏、表、议。刘勰在《文心雕龙·章表》里说：“章以谢恩，奏以按劾，表以陈情，议以执异。”可见，表的主要作用就是表达臣子对君主的忠诚和希望。

正　文

朱然字义封，尝与权同学书，结恩爱。至权统事，以然为余姚长。后擢山阴令，董五县。权奇其能，分丹杨为临川郡，然为太守。会山贼盛起，然平讨，旬月而定。建安二十四年，从讨关羽，别与潘璋到临沮禽羽，迁昭武将军。虎威将军吕蒙病笃。权问曰：“卿如不起，谁可代者？”蒙对曰：“朱然胆守有余，愚以为可任。”蒙卒，权假然节，镇江陵。魏遣张郃等攻江陵，郃围江陵，然中外断绝。时然城中兵多肿病，堪战者裁五千人。郃等起土山，立楼橹临城，弓矢雨注，将士皆失色。然晏如而无恐意，方厉吏士，伺间攻破两屯。江陵令姚泰领兵备城北门，见外兵盛，城中人少，谷食欲尽，因与敌交通，谋为内应。垂发，事觉，然治戮泰。郃等不能克，乃彻攻退还。由是然名震于敌国，改封当阳侯。赤乌五年，征柤中。魏将蒲忠、胡质各将数千人，忠要遮险隘，图断然后，质为忠继援。时然所督兵将先四出，不暇收合，乃将帐下现兵八百人逆掩。忠战不利，质等皆退。九年，复征柤中。魏将李兴等闻然深入，率步骑六千断然后道，然夜出逆之，军以胜反。先是，归义马茂怀奸，觉诛，权深忿之。然临行上疏曰：“马茂小子，敢负恩养。臣今奉天威，事蒙克捷，欲令所获，震耀远近，方舟塞江，使足可观，以解上下之忿。惟陛下识臣先言，责臣后效。”权时抑表不出，然既献捷，群臣上贺。权乃举酒作乐，而出然表曰：“此家前初有表，孤以为难必，今果如其言，可谓明于见事也。”遣使拜然为左大司马。然长不盈七尺，气候分明，内行修洁。常在战场临急胆定尤过绝人权特使然总为大督功臣名将存者惟然莫与比隆寝疾二年，后渐增笃。权昼为减膳，夜为不寐。自创业功臣疾病，权意之所钟，吕蒙最重，然其次矣。年六十八，赤乌十二年卒。权素服举哀，为之感恸。

（节选自《三国志·朱然传》）

思 考

下列对原文有关内容的概括和分析，不正确的一项是（ ）。

A. 朱然多次征战，屡立战功。他曾平定山贼，讨伐关羽，两次征讨租中，尤其镇守江陵时，以少敌多，迫使魏将张郃等人无功而返，自己由此声名远播

B. 朱然指挥作战，常有奇策。第一次征讨租中面对不利局势时，率领八百人突然袭击；第二次征讨租中时，又率领军队夜间出击。两次征战都取得了胜利

C. 朱然面临险境，英勇无畏。江陵之战时，敌军箭如雨下，将士们都惊恐失色，朱然却镇定自若，毫无惧意，激励士卒，并趁机攻破了敌军两个军营

D. 朱然深受赏识，无人能比。他先后担任山阴令、昭武将军、左大司马等官职，孙权对他恩遇有加，他去世时孙权素服举哀

答案：D

解析：D 项中“无人能比”错，原文“权意之所钟，吕蒙最重，然其次矣”。

参考译文

朱然，字义封。曾经与孙权一同学习，结下深厚的友谊。到了孙权统领事务时，孙权任用朱然担任余姚长官。后来升迁为山阴令，监管五个县。孙权非常惊奇朱然的才能，把丹杨划分到临川郡，朱然担任太守。适逢山贼兴起作乱，朱然讨伐他们，十天就平定了。建安二十四年，跟随讨伐关羽，另外和潘璋到临沮擒获了关羽，升迁为昭武将军。虎威将军吕蒙病重。孙权问：“爱卿如果一病不起，谁可代替您？”吕蒙回答说：“朱然胆识不凡，我认为可以接任。”吕蒙去世，孙权授予朱然节杖，镇守江陵。魏派遣张郃等将进攻江陵，张郃包围了江陵，朱然内外断绝。当时朱然城中士兵有许多得了浮肿病，能够作战的只有五千人。张郃等堆起土山，靠近城池立起楼橹，弓箭如下雨般射入城内，将士都大惊失色。朱然镇定自若无一丝恐惧，激励官吏士兵，趁隙攻破了魏军两座军营。江陵令姚泰带领军队在北门防守，见敌人众多，城中人少，粮食几尽，于是和敌人勾结，谋划作为内应。将要起事时，事情被发现了，朱然治姚泰的罪，杀了姚泰。张郃等人不能攻克江陵，于是撤兵返回。从此，朱然名震敌国，改封为当阳侯。赤乌五年，征讨租中。魏将蒲忠、胡质各带领数千人，蒲忠在险峻的地方拦截，图谋截断朱然的退路，胡质作为蒲忠的援兵。当时，朱然所统率的兵将先前已经派出去了，来不及收拢集合，于是带领帐下现有的士兵八百人突然袭击。蒲忠战败，胡质等都撤退了。九年，又征讨租中。魏将李兴等听到朱然孤军深入，率领步兵、骑兵六千人截断朱然的后路，朱然在夜间出击，军队反而取得了胜利。在这之前，归义人马茂怀有奸诈之心，被发现后诛杀了，孙权非常愤怒。朱然临出发时上奏折说：“马茂小子，竟敢辜负国恩。我如今承奉天威讨伐，战事定能取得胜利，所缴获的物品，能够震耀远近之人，舰船并排塞满江面，使战利品蔚然可观，以消解上上下下的愤怒。希望陛下记住我说的话，看我以后的行动。”孙权当时收起奏折没有拿出来。如今朱然献上捷报，群臣上贺，孙权才举酒作乐，拿出朱然的奏折说：“这个人先前就有奏折，我认为这一定难以办到，如今果如其言，朱然真可

说是个明于见事的人啊。”派遣使者授予朱然左大司马的官职。朱然身高不满七尺，气度不凡，品行高洁。每次在战场，面临危急情况能够镇定自若。孙权特地让朱然担任总大都督，功臣名将这个时候还健在的只有朱然，没有谁能够比得上朱然受到的恩宠。生病二年了，后来病情渐渐加重。孙权白天为朱然的病情茶饭不思，晚上为朱然的病情睡不着觉。自创业功臣病重，孙权情意所钟爱的，吕蒙最重，朱然其次。年六十八岁，赤乌十二年去世。孙权素服举哀，为之悲痛不已。

（2012 年江西适应考）

知识拓展（故）

项伯与张良有故（交情），遇项王欲杀刘邦，故（所以）前往告良。良见项伯，惊曰：“公何故（原因）至此？”伯具言所闻。良听罢，急以告邦。邦故（仍旧）嫌良告之迟，良细述原委，刘邦颜色少解。

27　三国志·吴书·陆逊传

阅读提示

➢　语言建构与运用

1. 加点字为文段中重、难点字词。
2. 下加____为需要断句的文句。
3. 下加____为需要翻译的文句。

➢　文化传承与理解

1. 江东：指长江以东地区，古人以东为左，故又称江左。因长江在自金陵以上至九江一段为南北走向，故以此段江为标准确定东西和左右，江以东地区称为“江东”。江东素以文化繁荣、经济富庶著称。历史变迁，古以中原为中心，长江以南为外，外即表，故称江南为“江表”。晋、南朝之时，称江东为“江左”。三国时江东是孙吴政权的属地，所以也把孙吴统治的全部地区都叫“江东”。

2. 幕府：旧时将帅办公的地方，后也泛指衙署。也用来指幕僚、幕宾。

3. 建业：是南京在东吴时期的名称，是三国时期吴国的都城。建安十六年（211 年），孙权将治所从京口迁往秣陵（今南京）。建安十七年（212 年），在金陵邑故址石头山（今南京清凉山）筑城，名叫石头城，作为驻军和屯粮之所，并且改秣陵为建业，寓意“建立帝王之大业”（另一说为“建功立业”之意）。黄龙元年（229年），孙权在武昌称帝，9月即迁都于此，称作建业，为南京建都之始。

正　文

陆逊字伯言，吴郡吴人也。本名议，世江东大族。逊少孤，随从祖庐江太守康在官。袁术与康有隙，将攻康，康遣逊及亲戚还吴。逊年长于康子绩数岁，为之纲纪门户。

孙权为将军，逊年二十一，始仕幕府，历东西曹令史，出为海昌屯田都尉，并领县事。县连年亢旱，逊开仓谷以振贫民，劝督农桑，百姓蒙赖。时吴会稽、丹杨多有伏匿，逊陈便宜，乞与募焉。会稽山贼大帅潘临，旧为所在毒害，历年不禽。逊以手下召兵，讨治深险，所向皆服，部曲已有二千余人。鄱阳贼帅尤突作乱，往复讨之，拜定威校尉，军屯利浦。

权以兄策女配逊，数访世务，逊建议曰：“方今英雄棋峙豺狼窥望克敌宁乱非众不济而山寇旧恶依阻深地夫腹心未平难以图远可大部伍取其精锐。”权纳其策，以为帐下右都督。会丹杨贼帅费栈受曹公印绶，煽动山贼，为作内应，权遣逊讨栈。栈支党多而往兵少，逊乃益施牙幢，分布鼓角，夜潜山谷间，鼓噪而前，应时破散，遂部伍东三郡，强者为兵，羸者补户，得精卒数万人；宿恶荡除。所过肃清，还屯芜湖。

会稽太守淳于式表逊枉取民人，愁扰所在。逊后诣都，言次，称式佳吏，权曰：“式白君而君荐之，何也？”逊对曰：“式意欲养民，是以白逊。若逊复毁式以乱圣听，不可长也。”权曰：“此诚长者之事，顾人不能为耳。”

吕蒙称疾诣建业，逊往见之，谓曰：“关羽接境，如何远下，后不当可忧也？”蒙曰：“诚如来言，然我病笃。”逊曰：“羽矜其骁气，陵轹于人。始有大功，意骄志逸，但务北进，未嫌于我，兼相闻病，必益无备。今出其不意，自可禽制。若见至尊，宜好为计。”蒙曰：“羽素勇猛，既难为攻，已据荆州，恩信大行，兼始有功，胆势益盛，未易图也。”蒙至都，权问：“谁可代卿者？”蒙对曰：“陆逊意思深长，才堪负重，观其规虑，终可大任。而未有远名，非羽所忌，无复是过。若用之，当令外自韬隐，内察形便，然后可克。”权乃召逊，拜偏将军、右都督，代蒙。

（节选自《三国志·陆逊传》）

思　考

下列对原文有关内容的分析和概括，不恰当的一项是（　　）。

A. 会稽山贼的首领潘临，很久以来成为当地的一大祸害，历年官府都没能捉住他。陆逊率领手下招募的兵，进入深山险地实行讨伐，所到之处山贼都被降服

B. 孙权多次向陆逊征询世务。陆逊建议说，山寇惯匪，这一心腹之患还没有消除，就难以图谋向外发展，可以大规模地部署军队，攻取他的精锐部分

C. 会稽太守淳于式上表攻击陆逊非法掠取百姓，骚扰地方。陆逊认为淳于式意在保养民力，所以才告他的状。陆逊不但没有对淳于式怀恨在心，而且还称赞淳于式是个好官

D. 在接替吕蒙的人选问题上，吕蒙认为：从陆逊的谋虑来看，将来定可以大用；而现在他还不太出名，还需要观察，才能确定

答案：D

解析：D 项中“还需要观察才能确定”与原文不符。

参考译文

陆逊，字伯言，吴郡县人。本名议，世代为江东大族。陆逊年少时失去父亲，跟随堂祖父庐江太守陆康在庐江长大。袁术与陆康有怨仇，将攻打陆康，陆康叫陆逊及亲戚回到吴县。陆逊比陆康的儿子陆绩长几岁，所以在家替陆绩管理家务。

孙权做将军时，陆逊二十一岁，开始在将军府中做官，曾任东西曹令史，后出任海昌屯田都尉，并兼任县令。这个县连年大旱，陆逊开仓放粮以救济贫民，劝勉和督促农桑生产，使百姓蒙受利益。当时，吴国会稽、丹杨二郡很多老百姓因逃避赋役而藏匿起来，陆逊向孙权陈述便国利民的事，请求招募他们。会稽山贼的首领潘临，很久以来成为当地的一大祸害，历年官府都没能捉住他。陆逊率领手下招募的兵，进入深山险地实行讨伐，所到之处山贼都被降服，陆逊的部队发展到二千多人。鄱阳县贼帅尤突作乱，陆逊又前往讨伐。孙权任命他为定威校尉，驻兵利浦。

孙权把他的哥哥孙策的女儿许配给陆逊，多次向他征询当代大事。陆逊建议说：“当今英雄像棋子各据一方，豺狼一样的人在暗中窥伺，要想战胜敌人，平定祸乱，没有军队不行。而山寇长期作恶，凭据深山险阻之地。这一心腹之患还没有消除，就难以图谋向外发展，应该大规模地部署军队，攻取他的精锐部分。”孙权采纳了他的建议，叫他做帐下右都督。适逢丹杨贼帅费栈接受曹公委任，煽动山贼替他做内应，孙权派陆逊讨伐费栈。费栈党羽很多，而带去的兵很少，因此陆逊多树牙旗，各处布置鼓角，晚上潜入山谷间，擂鼓呐喊，向前推进，贼兵即时解散。于是分别处置丹杨、新都、会稽三郡的山贼，强壮的当兵，羸弱的补充民户，获得精兵几万人，长期的祸害一下荡除，所过之地秩序清静，回兵驻扎在芜湖。

会稽太守淳于式上表攻击陆逊非法掠取百姓，骚扰地方。陆逊后来到京都，谈话之间，称赞淳于式是个很好的官吏。孙权说：“淳于式告你的状，而你推荐他，这是为什么？”陆逊回答说：“淳于式意在保养民力，所以告我的状。如果我又诋毁他以扰乱您的视听，这种风气不可滋长。”孙权说：“这确是厚道的人应该做的事，只不过他人不能做罢了。”

吕蒙假托有病回建业，陆逊前去看望他，对他说：“关羽同我们边境邻接，您怎么大老远回京都，以后不值得忧虑吗？”吕蒙说：“诚如你所说的，不过我病很重。”陆逊说：“关羽夸耀自己的勇猛气概，欺凌别人，因为以前有大功，心中便骄作放纵，只图北进，而没有怀疑我方，现在又听说你病了，必然更加不做防备。如能出其不意，一定可以生擒关羽，把他制服。你去京师见了主上，应当好生制定计策。”吕蒙说：“关羽素来勇猛，很难对付，而且已占据荆州，大树恩惠和威信，加之以往有功劳，胆量气势更盛，现在还不容易打他的主意。”

吕蒙到了京师，孙权问："谁可以接替你？"吕蒙回答说："陆逊思虑深远，才能足以担负重任，看他的计划谋虑（略），将来定可以大用。而现在他还不太出名，不是关羽所畏忌的，要找接替我的人，没有比他更恰当的了。如果要任用他，应当让他韬光养晦，而在暗中观察形势，寻找机会，然后定可以成功。"于是孙权召见陆逊，任命他为偏将军右都督代替吕蒙。

知识拓展（盖）

姚鼐游泰山，登不多时，甚觉艰难，忆项羽气盖（超过）世，又登之。路有树，或亭亭如盖（车盖），或枝枝相覆盖（遮盖）。见一古物，其上文字如新无损，盖（大概）古人遗之。

28　晋书·鲁芝传

阅读提示

➢　语言建构与运用

1. 加点字为文段中重、难点字词。
2. 下加_____为需要断句的文句。
3. 下加_____为需要翻译的文句。

➢　文化传承与理解

1.《晋书》："二十四史"之一，唐房玄龄等人合著，作者共 21 人。记载历史上起于三国时期司马懿早年，下至东晋恭帝元熙二年（420 年）刘裕废晋帝自立，以宋代晋。该书同时还以"载记"形式，记述了十六国政权的状况。今存 130 卷。

2. 坟籍：《三坟》《五典》传为我国古代典籍，后又以"坟籍""坟典"为古代典籍通称。

3. 赴阙："阙"原指皇宫前面两侧的楼台，又可用作朝廷的代称，赴阙也指入朝觐见皇帝。

4. 伊周：商朝伊尹和西周周公旦，两人都曾摄政，后常并称。亦指执掌朝政的大臣。

5. 牵黄犬：过着悠闲自得的日子，出自《史记·李斯列传》，也作东门黄犬。黄犬悲、黄犬叹，用以作为为官遭祸、抽身悔迟的典故。

6. 悬车：文中借指七十岁。古人一般至七十岁辞官家居，废车不用，故"悬车"也可指致仕。

正 文

鲁芝字世英，扶风郿人也。世有名德，为西州豪族。父为郭汜所害，芝襁褓流离，年十七，乃移居雍，耽思坟籍。郡举上计吏，州辟别驾。魏车骑将军郭淮为雍州刺史，深敬重之。举孝廉，除郎中。后拜骑都尉、参军事、行安南太守，迁尚书郎。曹真出督关右，又参大司马军事。真薨，宣帝代焉，乃引芝参骠骑军事，转天水太守。郡邻于蜀，数被侵掠，户口减削，寇盗充斥，芝倾心镇卫，更造城市，数年间旧境悉复。迁广平太守。天水夷夏慕德，老幼赴阙献书，乞留芝。魏明帝许焉。曹爽辅政，引为司马。芝屡有谠言嘉谋，爽弗能纳。及宣帝起兵诛爽，芝率余众犯门斩关，驰出赴爽，劝爽曰："公居伊周之位，一旦以罪见黜，虽欲牵黄犬，复可得乎！若挟天子保许昌，杖大威以羽檄征四方兵，孰敢不从！舍此而去，欲就东市，岂不痛哉！"爽懦惑不能用遂委身受戮芝坐爽下狱当死而口不讼直志不苟免宣帝嘉之赦而不诛俄而起为并州刺史。诸葛诞以寿春叛，魏帝出征，芝率荆州文武以为先驱。诞平，迁大尚书，掌刑理。武帝践阼，转镇东将军，进爵为侯。帝以芝清忠履正，素无居宅，使军兵为作屋五十间。芝以年及悬车，告老逊位，章表十余上，于是征为光禄大夫，位特进，给吏卒，门施行马。羊祜为车骑将军，乃以位让芝，曰："光禄大夫鲁芝洁身寡欲，和而不同，服事华发，以礼终始，未蒙此选，臣更越之，何以塞天下之望！"上不从。其为人所重如是。泰始九年卒，年八十四。帝为举哀，谥曰贞，赐茔田百亩。

（节选自《晋书·鲁芝传》）

思 考

下列对原文有关内容的概括和分析，不正确的一项是（　　）。

A. 鲁芝自小受苦，仕途少有挫折。他家本为豪族，但幼年失去父亲后，即流离失所；入仕后受到郭淮器重，后又随从曹真出督关右，官职也不断得到升迁

B. 鲁芝倾心革新，治政卓有成效。任天水太守时，蜀地饱受侵扰，人口减少，他全力守卫，修建城市，恢复旧境；离任时，天水各族百姓均请求让他留任

C. 鲁芝审时度势，进言劝谏曹爽。曹爽辅政时，他在曹手下任司马，曹受到讨伐，他率部下驰援，并提出应对策略，劝曹挟天子以号令四方，然而未被采纳

D. 鲁芝洁身自好，深受羊祜推重。羊祜任车骑将军时辞让说，鲁芝为人清心寡欲，与人和睦又不苟同，任职到老，以礼始终，自己愿意将车骑将军礼让鲁芝

答案：B

解析：本题考查对文章内容的理解概括。"蜀地饱受侵扰"错，原文"郡邻于蜀，数被侵掠"的意思是"天水接邻蜀地，多被蜀国侵扰"。

参考译文

鲁芝，字世英，扶风郡郿县人。鲁家世代有名望德行，是西州的大户人家。他的父亲被郭汜所害。鲁芝从小流离失所。十七岁时迁居雍州，潜心研究古代典籍。被郡里举荐为上计吏，后被州里征召为别驾。魏国车骑将军郭淮是雍州刺史，非常敬重鲁芝。于是举荐他为孝廉，又授予他为郎中。后封鲁芝为骑都尉、参军事、代理安南太守，再后来又升任为尚书郎。曹真督关右军务时，鲁芝又参与大司马府的军机大事。曹真去世后，宣帝代替曹真，于是任命鲁芝参骠骑军事，后调任天水太守。天水郡和蜀地相邻，常被蜀军侵犯掠夺，人口下降，盗贼四起。鲁芝竭力镇守防卫，改造城市，几年的工夫，被掠夺的土地都收复了。又调任他为广平太守。天水各族百姓都非常仰慕他的美德，无论老少亲自到朝廷上书，请求留下鲁芝继续做天水太守。魏明帝答应了这一请求。曹爽辅政的时候，鲁芝被授予司马。鲁芝经常有正直的言论和深远的谋略，然而曹爽却不采纳。等到宣帝起兵要杀曹爽的时候，鲁芝又率领他的手下攻门闯关，驰马出城赶到曹爽那里，并劝曹爽说："先生您处在伊周的高位，一旦获罪被罢免，即使想（像李斯一样）牵黄犬又怎可能做到？如果挟天子保住许昌，依仗帝王的威仪，发羽书檄文征调四方兵马，谁敢不听从您呢！如果放弃这些而离开，那是想去东市被杀头，难道不令人痛心吗？"曹爽懦弱又被人迷惑，没有听取鲁芝的意见，于是束手就擒被杀。鲁芝因曹爽牵连下狱，论罪当死，但他不申辩是非曲直，坚持志节不苟且请求赦免。宣帝赞许他，于是赦免了他。不久被起用为并州刺史。诸葛诞凭借寿春反叛，魏帝出征，鲁芝率领荆州文武官兵作为先锋。平定诸葛诞之后，升为大尚书，掌管刑法。武帝登基后，调任镇东将军，晋爵为侯。皇上因为鲁芝清廉忠诚行为端正，向来没有私宅，派军士为他造了五十间房屋。鲁芝因为年已七十，告老退休，奏表上了十多次，于是被征召为光禄大夫，赐以特殊的地位，配给吏卒，门前像官署一样设置木栅。羊祜作为车骑将军，于是把自己的位置让给鲁芝，说："光禄大夫鲁芝洁身自好清心寡欲，为人谦和而不苟同，已年迈华发，却从始至终在尽为臣之礼，没有被任选此官职，我却超越了他（坐这么高的位子），怎么来满足天下人的愿望？"皇上没有听取。鲁芝被人敬重到了这样的程度。泰始九年去世，时年八十四岁。武帝为他哀悼，赐谥号贞，并赐百亩墓地。

（2018 年全国 I 卷）

知识拓展（恨）

刘兰芝与焦仲卿相爱，却为焦母所遣，真可谓"生人作死别，恨（愤恨）恨那可论"。此恨（遗憾）绵绵，世人惜之叹之。

29 晋书·王戎传

阅读提示

➢ 语言建构与运用

1. 加点字为文段中重、难点字词。
2. 下加____为需要断句的文句。
3. 下加____为需要翻译的文句。

➢ 文化传承与理解

1. 刺史：又称刺使，职官名。“刺”是检核问事的意思，即监察之职；“史”为“御史”之意。最初是监察地方的长官，后成为地方军事行政长官。

正 文

王戎字浚冲，琅邪临沂人也。父浑，凉州刺史。戎幼而颖悟，神彩秀彻。视日不眩，裴楷见而目之曰：“戎眼灿灿，如岩下电。”年六七岁，于宣武场观戏，猛兽在槛中虓[①]吼震地，众皆奔走，戎独立不动，神色自若。魏明帝于阁上见而奇之。又尝与群儿嬉于道侧，见李树多实，等辈竞趣之，戎独不往。或问其故，戎曰：“树在道边而多子，必苦李也。”取之信然。

阮籍与浑为友。戎年十五，随浑在郎舍。戎少籍二十岁，而籍与之交。籍每适浑，俄顷辄去，过视戎，良久然后出。谓浑曰：“浚冲清赏，非卿伦也。共卿言，不如共阿戎谈。”及浑卒于凉州，故吏赙[②]赠数百万，戎辞而不受，由是显名。戎尝与阮籍饮，时兖州刺史刘昶字公荣在坐，籍以酒少，酌不及昶，昶无恨色。戎异之，他日问籍曰：“彼何如人也？”答曰：“胜公荣，不可不与饮；若减公荣，则不敢不共饮；惟公荣可不与饮。”戎每与籍为竹林之游，戎尝后至。籍曰：“俗物已复来败人意。”戎笑曰：“卿辈意亦复易败耳！”

钟会伐蜀，过与戎别，问计将安出。戎曰：“道家有言，‘为而不恃’，非成功难，保之难也。”及会败，议者以为知言。

征为侍中。南郡太守刘肇赂戎筒中细布五十端，为司隶所纠，以知而未纳，故得不坐，然议者尤之。帝谓朝臣曰：“戎之为行，岂怀私苟得，正当不欲为异耳！”帝虽以是言释之，然为清慎者所鄙，由是损名。

戎在职虽无殊能，而庶绩修理。后迁光禄勋、吏部尚书，以母忧去职。性至孝，不拘礼制，饮酒食肉，或观弈棋，而容貌毁悴，杖然后起。时和峤亦居父丧，以礼法自持，量米而食，哀毁不逾于戎。帝谓刘毅曰和峤毁顿过礼使人忧之毅曰峤虽寝苫食粥乃生孝耳至于王戎所谓死孝陛下当先忧之。戎先有吐疾，居丧增甚。帝遣医疗之，并赐药物，又断宾客。永兴二年，薨于郏县，时年七十二。

（节选自《晋书·王戎传》）

【注】① 虓：xiāo，怒吼。② 赙：fù，赠送财物助人治丧。

思　考

下列对原文有关内容的理解和分析，不正确的一项是（　　）。

A. 王戎小时候视力极佳，看太阳时眼睛不花，裴楷看见后称赞说：王戎眼睛有光芒，就像山崖下的电光。

B. 阮籍与王浑、王戎俱为好友。阮籍每次拜访王浑，时间都很短暂，但与王戎交谈的时间却很长，主要是阮籍认为王戎比王浑清逸可赏

C. 王戎不拘礼法，在母亲去世后仍然饮酒吃肉，经常下棋娱乐，以致容貌憔悴，拄着拐杖才能站起来

D. 和峤在服丧期间，用礼法约束自己，吃饭限量，皇帝认为和峤哀伤过度，并为此担忧，但刘毅认为王戎比和峤更让人感到忧虑

答案：C

解析：C 项因果关系不对。“容貌憔悴”原因是“性至孝，哀伤过度”。此外，“经常下棋娱乐”也不准确，文中言其“或观弈棋”。

参考译文

王戎，字浚冲，是琅琊临沂人。父亲王浑，是凉州刺史。王戎幼时聪明过人，神采清朗。看太阳而眼睛不花，裴楷看见后称赞说：“王戎眼睛有光芒，就像崖下的电光。”王戎六七岁的时候，在宣武场看杂技表演，猛兽在牢笼中怒吼，吼声震动天地。众人都逃走，只有王戎站立不动，神态自若。魏明帝在楼阁上看见以后认为王戎很奇异。又曾经和一群小孩在路边嬉戏，看见李树上有很多果实，同辈的人都争着奔向那棵树，只有王戎自己不前往。有人询问其中的原因，王戎说：“树长在路边却结了很多果实，一定是苦涩的李子。”摘取果实后的确这样。

阮籍和王浑是朋友。王戎十五岁时，随父亲王浑在郎舍。王戎比阮籍小二十岁，阮籍却和王戎交往。阮籍常常到王浑处，停一会儿就离开，去看王戎，很久才出来。阮籍对王浑说：“王戎清逸可赏，不是你这类人能比的。和你一起谈话，不如和王戎一起谈论。”等王浑在凉州去世，以前官吏赠给王戎治丧的财物达几百万。王戎推辞不接受，因为这名声远扬。王戎

曾经和阮籍喝酒，当时兖州刺史刘昶（字公荣）在座，阮籍因为酒少，没有给刘昶倒酒，刘昶也不怨恨。王戎感到奇怪，有一天问阮籍说："他是什么样的人？"阮籍说："对（酒量）比公荣大的人，不可以不和他喝酒；对酒量不如公荣的人，也不敢不和他一起喝酒；只有对公荣，可以不跟他喝酒。"王戎常常和阮籍到竹林游玩，王戎曾经来晚。阮籍说："庸俗的家伙又来败坏人的心情。"王戎笑着说："你们这类人的心情也太容易败坏了."

钟会讨伐蜀国，路过时与王戎告别，问有何计策。王戎说："道家有句话说'有功而不仗着功劳骄傲'，不是成功难，而是保成功难。"等钟会失败，商议的人认为他的话是明智的。

被征召做侍中。南郡太守刘肇用五十端（古代布帛长度单位）筒中的细布贿赂王戎，被司隶检举，王戎因为知道是贿赂而没有接受，所以没有被定罪。但是议论的人认为王戎有过错。皇帝对朝臣说："王戎的行为，难道是怀有私心不随便拿取吗，这正是因为他没有贪欲异于常人罢了！"皇帝虽然用这样的话解释此事，然而王戎被清廉谨慎的人鄙视，因此损害了名声。

王戎在职虽然没有特殊的才能，但是各种政务处理很妥当。后来升迁光禄勋、吏部尚书，因为母亲去世离职。生性很孝顺，不被礼制约束，喝酒吃肉，有时看别人下棋，但是面貌憔悴，拄杖才能起身。当时和峤的父亲也去世，他用礼法约束自己，吃饭限量，悲伤的程度比不上王戎。皇帝对刘毅说："和峤哀伤过度，让人担忧。"刘毅说："和峤居丧时虽然睡在草垫上，吃粥，这是用生尽孝。至于王戎，是用死尽孝，您应当先担忧他。"王戎以前有呕吐之病，居丧期间更加厉害。皇帝派遣医生为他治疗，并赐给他药物，又断绝他与宾客来往。永兴二年，在郏县去世，当时七十二岁。

（2007 年山东卷）

知识拓展（固）

齐据黄河、济水之固（险要的地势），敌攻，将欲战。齐将田忌固（坚决）止之。敌将屡胜，自满之心日益骄固（固执）。田忌固（坚守）壁不战，卒胜之。史论：齐固（本来）有取胜之势，兼有田忌之谋，岂不胜哉？

30 晋书·虞溥传

阅读提示

➢ 语言建构与运用

1. 加点字为文段中重、难点字词。

2. 下加_____为需要断句的文句。
3. 下加_____为需要翻译的文句。

➢ 文化传承与理解

1. 唐虞：唐尧与虞舜的并称。亦指尧与舜的时代，古人以为太平盛世。
2. 江表：长江以南地区。从中原看，地处长江之外，故称江表。南方六朝都泛称江表。
3. 期月：一整月。

正 文

虞溥字允源，高平昌邑人也。父秘，为偏将军，镇陇西。溥从父之官，专心坟籍。郡察孝廉，除郎中，补尚书都令史。

稍迁公车司马令，除鄱阳内史。大修庠序，广招学徒，移告属县曰："学所以定情理性而积众善者也。情定于内而行成于外，积善于心而名显于教，故中人之性随教而移，善积则习与性成。唐虞之时皆比屋而可封及其废也而云可诛岂非化以成俗教移人心者哉自汉氏失御天下分崩江表寇隔久替王教庠序之训废而莫修。今四海一统，万里同轨，熙熙兆庶，咸休息乎太和之中，宜崇尚道素，广开学业，以赞协时雍，光扬盛化。"乃具为条制。于是至者七百余人。溥乃作诰以奖训之，曰：

文学诸生皆冠带之流，年盎志美，始涉学庭，讲修典训，此大成之业，立德之基也。夫圣人之道淡而寡味，故始学者不好也。及至期月，所观弥博，所习弥多，日闻所不闻，日见所不见，然后心开意朗，敬业乐群，忽然不觉大化之陶己，至道之入神也。故学之染人，甚于丹青。丹青吾见其久而渝矣，未见久学而渝者也。

夫工人之染，先修其质，后事其色，质修色积，而染工毕矣。学亦有质，孝悌忠信是也。君子内正其心，外修其行，行有余力，则以学文，文质彬彬，然后为德。夫学者不患才不及，而患志不立。故曰希骥之马，亦骥之乘；希颜之徒，亦颜之伦也。又曰锲而舍之，朽木不知；锲而不舍，金石可亏。斯非其效乎！

今诸生口诵圣人之典，体闲庠序之训，比及三年，可以小成。而令名宣流，雅誉日新，朋友钦而乐之，朝士敬而叹之。于是州府交命，择官而仕，不亦美乎！若乃含章舒藻，挥翰流离，称述世务，探赜究奇，使扬、班韬笔，仲舒结舌，亦惟才所居，固无常人也。然积一勺以成江河，累微尘以崇峻极，匪志匪勤，理无由济也。诸生若绝人间之务，心专亲学，累一以贯之，积渐以进之，则亦或迟或速，或先或后耳，何滞而不通，何远而不至邪！

溥为政严而不猛，风化大行，有白鸟集于郡庭。注《春秋》经、传，撰《江表传》及文章诗赋数十篇。

（节选自《晋书·虞溥传》）

思　考

虞溥在奖训学人时对学习目标、态度和方法提出了哪些要求？请简要概括。

参考答案：目标——树立美好的品德，有一颗正直的心，有良好的处世之道，二者相得益彰。态度：为了心目中的理想目标而积极努力，拥有这样的向上奋斗的心态。方法——坚持去做，不断努力，积少成多。

解析：回答此题，要先读懂全文大意，然后抓住“目标、态度、方法”三个词进行分门别类的整理归纳。

参考译文

虞溥，字允源，是高平昌邑人。父虞秘，是偏将军，镇守陇西。虞溥跟随父亲到陇西上任，专心研读古代典籍。郡中举荐他为孝廉，任郎中，补尚书都令史。

逐渐迁任公车司马令，任鄱阳内史。大建学校，广招学生门徒，转发文书通告属县说：“学习是用来坚定情操涵养性情而积累众多优良品质的途径。情操在心中确立了就表现在外在行为上，在心中积累了优良品质名望就在教化中显露出来，所以普通人的性情随着教化而转移，优良品质积累起来好的习性也就形成了。唐、虞的时候，家家都可以封爵，等到衰落的时候，又家家都可以诛杀，这难道不是教化可以用来培养习俗，用来改变人的品性吗？自从汉朝失去控制以来，天下分崩离析，江表被寇乱隔绝，王道的教化长期废弛，学校教育被荒废而无法实施。现在四海一统，万里统一，亿万民众都在太平的环境中休养生息，应当崇尚道德，广开学业，以帮助协调社会的和谐，发扬光大昌明的教化。”就具体地制定了条例规定。于是来求学者有七百多人。虞溥便作文诰勉励训诫他们说：

来读书的学生都是绅士之流，年轻志盛，刚开始涉足学业，学习研究经典，这是有大作为的事，也是树立道德的基础。圣人的学问淡而少味，所以初学的人不喜欢。等到满了一年以后，阅读的书籍更加广博，学习的知识更加众多，天天听到未听说过的，天天看到未见到过的，然后胸襟开朗，敬业乐群，不知不觉教化忽然使自己受到熏陶，至高无上的道理使自己达到神妙的境界。所以学习对人的熏染，超过了颜料。我见到颜料时间一长就会褪色，没有见过长时间的学习而退步的。

工匠染布时，先把要染的底子（白布）准备好，然后准备染料，布和染料都准备好了，染布的工作就可以完成了。学习也有底子，孝悌忠信就是底子。君子在内端正心志，在外修习自己的行为，如果有余力，就可以学文，文质彬彬，然后有德行。学习的人不担心才能达不到，而担心不能立志。所以说向往千里马的马，就能成为千里马；仰慕颜渊的人，也就是颜渊之类的人。又说锲而舍之，朽木不可雕；锲而不舍，金石可镂。这不就是验证吗？

现在学生口中诵读圣人的典籍，亲身熟习学校的训导，等到三年，可以小有成效。而美名流传，天天有新的称誉，朋友敬佩他而以与他相交为乐，朝中大夫敬服而赞叹他。于是州府交相聘任，挑选职位去做官，这不是很美好的吗？至于包含美质抒发文藻，下笔流畅而华丽，论述世上的事情，探究深奥奇妙的道理，使得扬雄、班固收起笔来，董仲舒张口结舌，也只是有才能者的作为，本来就不是平常的人。然而积累一勺勺的水成为江河，积聚小土粒增高山峰，如果没有志气不勤奋刻苦，按理说就不能成功。学生们如果断绝人间的杂务，专心学习，坚持不懈日积月累的进步，那么（成功）也就是或慢或快，或先或后罢了，有什么困难不能克服，有什么远大的目标不能达到呢？

虞溥处理政务威严而不凶暴，教化大行，有白鸟停在郡府庭上。注解了《春秋》的经文和传文，撰写了《江表传》以及几十篇文章诗赋。

（2015 年四川卷）

知识拓展（何）

邹忌身高八尺有余，左右以为美，自以为不及徐公之美，则曰："吾何（怎么）能及徐公也？"旦日上朝，齐王问曰："卿上朝何（什么）事？"忌具答，且谓齐王蔽甚。齐王闻之，叹道："何（为什么）者？寡人之蔽，何（多么）其甚也！"

31　晋书·嵇绍传

阅读提示

➢ 语言建构与运用

1. 加点字为文段中重、难点字词。
2. 下加_____为需要断句的文句。
3. 下加_____为需要翻译的文句。

➢ 文化传承与理解

1. 嵇绍：三国魏文学家、思想家，"竹林七贤"之一嵇康的儿子。他本人因以身卫帝被贼人杀死，后世推为忠君典范。

2. 起家：谓从家中征召出来，授以官职。

正 文

嵇绍字延祖，魏中散大夫康之子也。十岁而孤，事母孝谨。以父得罪，靖居私门。山涛领选，启武帝曰：“《康诰》有言：‘父子罪不相及。’嵇绍贤侔郤缺，宜加旌命，请为秘书郎。”帝谓涛曰：“如卿所言，乃堪为丞，何但郎也？”乃发诏征之，起家为秘书丞。

绍入洛，累迁汝阴太守。尚书左仆射裴頠亦深器之，每曰：“使延祖为吏部尚书，可使天下无复遗才矣。”沛国戴晞少有才智，时人许以远致，绍以为必不成器。晞后为司州主簿，以无行被斥，州党称绍有知人之明。元康初，为给事黄门侍郎。时侍中贾谧以外戚之宠，年少居位，潘岳、杜斌等皆附托焉。谧求交于绍，绍拒而不答。及谧诛，绍时在省，以不阿比凶族，封弋阳子，迁散骑常侍。太尉、广陵公陈准薨，太常奏谥，绍驳曰：“谥号所以垂之不朽，大行受大名，细行受细名。自顷礼官协情，谥不依本。准谥为过，且谥曰缪。”事下太常。时虽不从，朝廷惮焉。

齐王冏既辅政，大兴第舍，骄奢滋甚，绍以书谏曰：“夏禹以卑室称美，唐虞以茅茨显德，宜省起造之烦，深思谦损之理。”冏虽逊顺以报之，而卒不能用，绍尝诣冏谘事，遇冏宴会，召董艾等共论时政。艾言于冏曰：“嵇侍中善于丝竹，公可令操之。”左右进琴，绍推不受。冏曰：“今日为欢，卿何吝此邪？”绍对曰：“公匡复社稷，当轨物作则，垂之于后。绍虽虚鄙忝备常伯腰绂冠冕鸣玉殿省岂可操执丝竹以为伶人之事若释公服从私宴，所不敢辞也。冏大惭。艾等不自得而退。

寻而朝廷复有北征之役，征绍。绍以天子蒙尘，承诏驰诣行在所①。值王师败绩于荡阴，百官及侍卫莫不溃散，唯绍俨然端冕，以身捍卫，交兵御辇，飞箭雨集，绍遂被害于帝侧，血溅御服，天子深哀叹之。及事定，左右欲浣衣，帝曰：“此嵇侍中血，勿去。”

（节选自《晋书·嵇绍传》）

【注】①行在所：天子所在的地方。

思 考

下列对原文有关内容的分析和概括，不正确的一项是（　　）。

A. 嵇绍是中散大夫嵇康之子，十岁而孤，与母亲居住在家。山涛选拔官员时向武帝说到嵇绍的才能，嵇绍被任为秘书丞，升迁至汝阴太守，并表现出他的知人之明

B. 侍中贾谧以外戚而受宠信，居于高位，众人趋附。贾谧想与嵇绍交往。嵇绍拒而不答。广陵公陈准死后，太常上奏谥号，嵇绍反驳说，谥号不合实情，应予改谥

C. 齐王冏辅政，大兴土木，以广宅第，嵇绍不以为然，冏虽心中不悦，但也只能停息其事。齐王冏宴会时又要嵇绍操琴为欢，嵇绍却据理拒绝，使齐王冏大感羞惭

D. 朝廷北征时大败于荡阴，百官及侍卫全都溃散，只有嵇绍奋命捍卫，最终被害于皇帝之侧。事件平定后，有人欲为皇帝洗衣，皇帝说，是嵇侍中的血，不要洗去

答案：C

解析：C 项中“冏虽心中不悦，但也只能停息其事”错，此事最终并没有停息。

参考译文

嵇绍，字延祖，是曹魏中散大夫嵇康的儿子。十岁时失去了父亲，奉养母亲孝顺慎重。因为父亲（的缘故）被降罪，闲居在家。山涛主管挑选官员，对武帝说：“《康诰》中说‘父子之间的罪过不应相互牵累。’嵇绍的贤能与郤缺相齐，应该加以表扬征召，请任命他为秘书郎一职。”皇帝对山涛说：“（嵇绍）像你所说的那样，（他的才能）完全能够担任秘书丞，怎么仅仅授予秘书郎呢。”于是下发诏书征用他，嵇绍离家去任秘书丞。

嵇绍后来进入洛阳，累次升迁为汝阴太守。尚书左仆射裴颜也很器重他，常常说：“如果让嵇延祖任吏部尚书，可使天下不会再遗漏人才。”沛国的戴晞年轻有才气，当时人们相信他将来必有大用，嵇绍却认为他一定不会成大器。戴晞后来任司州主簿，因为行为不端被驱逐，州里民众都说嵇绍有知人之明。元康初年，担任给事黄门侍郎。当时侍中贾谧凭借着外戚的身份受宠爱，年纪轻轻就身居高位，潘岳、杜斌等人都依附他。贾谧请求与嵇绍交好，嵇绍拒绝不理。等到贾谧被处死，嵇绍正在官署，因为他不亲附恶人，被封为弋阳子，又升为散骑常侍。太尉、广陵公陈准死了，太常奏请加给谥号，嵇绍反驳说：“谥号是用来流传后世永不磨灭的，大的德行得到好的名号，小的德行得到差的名号。由于近来掌礼制之官附和情弊，加谥号便不依据原则。加给陈准的谥号过誉，应该加谥号为‘缪’。”这件事交给太常处理。当时虽然没有听从嵇绍的意见，但是朝廷大臣都有些惧怕他。

齐王冏执掌政事以后，大兴土木，营建宫室，骄横奢侈，嵇绍上书劝谏道：“夏禹以居室简陋而获得美誉，唐虞以茅草屋顶而显示品德，应该省去起造宫屋的烦劳，沉思谦虚谨慎的道理。”齐王冏虽然口头上答应顺从他的建议，但最终还是没有采纳。嵇绍曾经到齐王冏处咨询事情，正赶上齐王冏举办宴会，召董艾等人共商时政。董艾对齐王冏说：“侍中嵇绍善于弹琴，您可以让他演奏。”侍从呈上琴，嵇绍推辞不接。齐王冏说：“今天我们欢聚，您又何必推辞呢？”嵇绍回答说：“您匡复国家社稷，正应当遵循法度以身作则，让美名能够流传后世。我虽说身份寒微，但也忝列伯爵之列，身穿朝服，头戴冠冕，出入于朝堂之上，怎么能够手执乐器，去做那些伶人所做的事情呢！假若是脱下官服参加私人宴会，那我就不敢推辞。”齐王冏（听后）很惭愧。董艾等人也很不自在地退身而去。

不久朝廷又有北伐之举，征召嵇绍。嵇绍因为天子流亡在外，受诏令奔赴天子所在的地方。恰逢军队在荡阴战败，百官及侍卫人员都纷纷溃逃，只有嵇绍庄重地端正冠带，挺身保卫天子，军队接近銮驾，飞箭如雨，嵇绍于是被射死在皇帝的身旁，鲜血溅染了御衣，天子为他的死沉痛悲叹。等到战事平定，侍从要浣洗御衣，皇帝说：“这是嵇侍中的血，不要洗去。”

（2008 年宁夏卷）

知识拓展（国）

苏轼左迁杭州，去国（国都）怀乡，然其生性豁达，未几，自谓此地为乐国（地方）。筑堤浚池，于国（国家）于民有大利，其之于国（国事），亦尽心焉。

32 晋书·周访传

阅读提示

➢ 语言建构与运用

1. 加点字为文段中重、难点字词。
2. 下加____为需要断句的文句。
3. 下加____为需要翻译的文句。

➢ 文化传承与理解

1. 功曹：官名，亦称功曹史。秦代即有此官职，如沛县功曹萧何，与刘邦同乡，熟谙法律。西汉亦置，为郡守、县令的主要佐吏，主管考察记录业绩。东汉各州亦有功曹，而名称略有变更，属司隶校尉者称功曹从事，下设门功曹书佐等协助处理选用人员等事。

2. 秩：“秩”字从禾，从失；“禾”指五谷、俸禄，“失”意为“动态排序”。本义指根据功过确定的官员俸禄，引申为根据功过评定官员品级。

3. 郎中：郎中属员外级官职，分掌各司事务。本为帝王侍从官的通称，其职责原为护卫、陪从，随时建议，备帝王顾问及差遣。

正　文

周访字士达，本汝南安城人也。汉末避地江南，至访四世。吴平，因家庐江寻阳焉。访少沉毅，谦而能让，果于断割，周穷振乏，家无余财。为县功曹，时陶侃为散吏[①]，访荐为主簿，相与结友，以女妻侃子瞻。访察孝廉，除郎中、上甲令，皆不之官。

及元帝渡江，命参镇东军事。时有与访同姓名者，罪当死，吏误收访，访奋击收者，数十人皆散走，而自归于帝，帝不之罪。寻以为扬烈将军，讨华轶。所统厉武将军丁乾与轶所统武昌太守冯逸交通，访收斩之。逸来攻访，访率众击破之。轶将周广烧城以应访，轶众溃，遂平江州。

帝以访为振武将军，命访与诸军共征杜弢。弢作桔槔打官军船舰，访作长岐枨以距之，桔槔不得为害。访复以舟师造湘城，军达富口，而弢遣杜弘出海昏[2]。访步上柴桑，偷渡，与贼战，斩首数百。贼退保庐陵，复围弘于庐陵。弘大掷宝物于城外，军人竞拾之，弘因阵乱突围而出。访率军追之，获鞍马铠杖不可胜数。弘入南康，太守率兵逆击，又破之，奔于临贺。帝又进访龙骧将军。

访既在襄阳，务农训卒，勤于采纳。王敦患之，而惮其强，不敢有异。访威风既著，远近悦服，智勇过人，为中兴名将。性谦虚，未尝论功伐。或问访曰："人有小善，鲜不自称。卿功勋如此，而无一言，何也？"访曰："将士用命，访何功之有！"士以此重之。

访练兵简卒欲宣力中原慨然有平河洛之志善于抚纳士众皆为致死闻敦有不臣之心访恒切齿敦虽怀逆谋故终访之世未敢为非

（节选自《晋书·周访传》）

【注】①散吏：闲散的官员。②海昏：地名。

思　考

下列对原文有关内容的分析和概括，正确的一项是（　　）

A. 周访功绩卓著，曾先后被朝廷授予扬烈将军、厉武将军、龙骧将军等职务，成为一代名将

B. 周访性格刚强，一旦蒙冤决不会忍气吞声。为此，他深受皇帝赏识，并得到了奖励提拔

C. 在讨伐敌人的战斗中，周访亲临前线指挥。他既英勇果断，又能随机应变，因而屡战屡胜

D. 在襄阳时，周访重视生产、军训，勤于收集粮食等军需品，王敦因此很害怕，不敢轻举妄动

答案：C

解析：A项中"厉武将军"是丁乾的官名，而非元帝所封周访的官名。B项中因访"被皇帝赏识"并非因"蒙冤不会忍气吞声"，文中指的是"帝不罪之"。D项把"采纳"误解为"收集粮食等军需品"。

参考译文

周访，字士达，本来是汝南安城的人。汉代末年（因战乱）到江南避祸，到周访时已经是第四代了。吴国平定之后，于是把家搬到庐江寻阳了。周访年轻的时候就沉着坚毅，谦虚

而且能做到礼让，在裁决事情的时候果断；周访周济穷困，救济贫乏，家中没有多余的钱财。周访在县里任功曹的时候，陶侃是闲散的官吏，还没有职位，周访推荐他为主簿，并与他结为好友，把自己的女儿嫁给陶侃的儿子陶瞻。（经过对）周访的考察，周访成了孝廉，任命他为郎中、上甲的县令，他都不到官位上去。

等到元帝渡过长江，任命周访为参镇东军事。当时有和周访同名的人犯了死罪，差役误抓捕了周访，周访愤怒地与抓捕他的人打，几十个人都被他打跑了，然后周访亲自向元帝请罪，元帝不认为他有罪。不久，（元帝）任命他为扬烈将军，讨伐华轶。（周访）所统领的厉武将军丁乾与华轶所统领的武昌太守冯逸勾结，周访把丁乾抓来杀了。冯逸帅兵攻击周访，周访率领士众打败了冯逸。华轶部下的将领周广用火烧城来响应周访，华轶的士兵溃败，于是平定了江州。

元帝又任命周访为振武将军，命令周访与各个部队合作一起征讨杜弢。杜弢制作桔槔打官军的船舰，周访制作长岐枨来抵抗他，桔槔不能危害到官军。周访又率领船队前往湘城，部队到达富口，而杜弢此时派遣杜弘离开海昏。周访步行前行柴桑，偷偷地渡过（海昏），与反贼交战，杀死了几百个人。（于是）反贼撤退保卫庐陵，（周访）又把杜弘包围在庐陵。杜弘向城外大量地投掷宝物，（城外的）士兵争着去拾取（宝物），于是杜弘趁着众军混乱的局面（带领士兵）突围出去。周访率领部队追赶他们，缴获了不计其数的鞍马、铠甲、武器。杜弘前往南康，太守率兵与之作战，杜弘又一次被打败了，逃往临贺。元帝于是又一次升周访为龙骧将军。

周访到了襄阳以后，从事农业生产，训练士兵，并且善于采纳好的建议。王敦以（周访）为祸患，而惧怕周访的强大又不敢有什么不轨的做法。周访的威名已经显著，远近的人都打心底里佩服。周访的智慧和勇气都超过常人，是中兴时的名将。（周访）本性谦虚，没有对自己的功劳夸耀过。有人问周访："人们往往有一些优点，很少不自己称赞自己的。您的功劳这么大，却没有一句（夸耀）的话，这是为什么呢？"周访回答说："（是）将士拼死效力（才有的功劳），我有什么功劳呢！"士兵因此更加尊重他。

周访训练士兵，选拔士卒，想要向中原展示力量，慷慨激愤的样子，似乎有平定黄河、洛河的志向。周访善于抚慰贤才，招纳良士，众将士都有为他而死的决心。听说王敦有不甘于为臣的心思，周访常常咬着牙齿，极度愤恨。因此，王敦虽然怀有逆反的计策，却在周访活着的时候不敢有谋逆的行为。

（2008年广东卷）

知识拓展（归）

曹操进犯孙吴，而此时大小乔来归（女子出嫁），周瑜雄姿英发，且吕蒙既归（回来），江东俊杰多归（归附）孙吴。孙权兵强马壮，曰："吾纳贤进士，必胜之。"

33 晋书·周顗传

阅读提示

➢ 语言建构与运用

1. 加点字为文段中重、难点字词。
2. 下加______为需要断句的文句。
3. 下加______为需要翻译的文句。

➢ 文化传承与理解

1. 司徒掾：司徒，上古官名，相传尧、舜时已经设置，主管教化民众和行政事务。后世沿用，主管民生，东汉与司空、司马并称“三公”。掾（yuàn）是一种幕僚式的官职，司徒掾就是司徒的一种属官。

2. 弱冠（guàn）：男子20岁称弱冠，行冠礼，即戴上表示已成人的帽子，以示成年，但体犹未壮，还比较年少，故称“弱”。在《礼记·曲礼上》记有“男子二十冠而字”，意思是，男子举行冠礼，并赐以字。

3. 廷尉：官名，秦置，为九卿之一。掌刑狱。秦汉至北齐主管司法的最高官吏。汉末又称为大理。北齐以大理寺为官署名，大理寺卿为官名，历代遵行。

正 文

周顗[①]字伯仁，少有重名，神采秀彻。司徒掾贲嵩有清操，见顗，叹曰：“汝颍固多奇士！自顷雅道陵迟，今复见周伯仁，将振起旧风，清我邦族矣。”从弟穆亦有美誉，欲陵折顗，顗然弗与之校，于是人士益宗附之。弱冠，袭父爵武城侯。中兴建，位至吏部尚书。顷之，以醉酒，复坐门生斫伤人，免官。太兴初，更拜太子少傅，尚书如故。上疏让曰：“臣退自循省，学不通一经，智不效一官，止足良难，未能守分；遂忝显任，名位过量。”固辞不受，帝诏不许。

庾亮尝谓顗曰：“诸人咸以君方乐广[②]。”对曰：“何乃刻画无盐，唐突西施也。”帝宴群公，酒酣，从容曰：“今日名臣共集，何如尧舜时邪？”顗因醉厉声曰：“今虽同人主，何得复比圣世！”帝大怒，手诏付廷尉，将加戮，累日方赦之。后因酒过为有司所纠，帝亮其情，亦未加黜责。

顗宽裕友爱，弟嵩尝醉谓顗曰：“君才不及弟，何乃横得重名！”以燃蜡烛投之。顗神色无忤，徐曰：“阿奴火攻，固出下策耳。”王导甚重之，颉尝于导坐傲然啸咏，导云：“卿欲希嵇、阮邪？”颉曰：“何敢近舍明公，远希嵇、阮。”

及王敦构逆，温峤谓颉曰：“大将军此举似有所在，当无滥邪？”曰：“君少未更事。人主非尧舜，何能无失，人臣岂可举兵胁主！共相推戴，未能数年，一旦如此，岂云非乱乎！彼狼抗无上，其意宁有限邪！”既而王师败绩，颉奉诏诣敦，敦曰：“卿负我！”颉曰：“公戎车犯顺，下官亲率六军，不能其事，使王旅奔败，以此负公。”敦惮其辞正，不知所答。帝召颉，谓之曰：“近日大事，二宫无恙，诸人平安，大将军故副所望邪？”颉曰：“二宫自如明诏，于臣等故未可知。”或劝其避敦，颉曰：“吾备位大臣，朝廷丧败，宁可复草间求活，外投胡越邪！”俄而被收经太庙大言詈贼不绝祈速杀敦语未终人以戟伤其口血流至踵颜色不变容止自若观者皆为流涕。遂遇害，时年五十四。

（节选自《晋书·周颉传》）

【注】①颉（yǐ）：多用于人名。②乐广：晋贤士，《晋书》云其“名重于时”。

思 考

下列对原文有关内容的概括和分析，不正确的一项是（　　）。

A. 周颉在当时以雅望获海内盛名。文中贲嵩和庾亮的话都表现了这一点。其中，贲嵩认为周颉能够使国家风气清正

B. 文中周颉在不同场合中两次以尧舜比况皇帝，对皇帝进行批评，反映了周颉虽身处官场但敢于直言的性格

C. 周颉奉诏去见王敦时，王敦认为周颉辜负了自己，这主要是因为王敦举兵犯上时，周颉曾亲自率军与他对抗

D. 王敦构逆，周颉审时度势，深知自己身处险境。周颉被捕后，在经过太庙时，痛骂奸逆，触怒王敦，招来杀身之祸

答案：B

解析：第一次是批评皇帝自比尧舜，第二次是为皇帝说话，认为皇帝固然有错，但人臣也不应造反。

参考译文

周颉，字伯仁，年少时就有威重的名声，神采飞扬。司徒掾贲嵩有高尚的节操，见到周颉，赞叹说：“汝颍本来就多奇特的士子啊！近来正道衰落，现今又见到周伯仁了，他将振起古风，清平我们的邦族了。”周颉的堂弟周穆也有美好的声誉，想压倒周颉，周颉态度和悦，不与他计较，于是人们更加尊崇依附周颉。二十岁的时候，周颉世袭了父亲的爵位武城侯。中

兴建立，官至吏部尚书。不久，因为醉酒，又因为门生砍伤人而犯罪，被免除官职。太兴初年，又授职太子少傅，依旧担任尚书。周顗上疏辞让说：“我退而省察自身，学问不能通一经，才智不足胜任一官，知止知足的确很难，不能安守本分，于是忝列显要的职位，名位超过气量。”坚决推辞不接受。皇帝下诏不允许。

庾亮曾经对周顗说：“诸人都把您比拟为乐广。”周顗回答说：“怎能刻画无盐女，来唐突西施呢。”皇帝设宴款待群公，饮酒至酣畅时，舒缓地说道：“今天各位名臣共同集会，和尧舜时比怎么样呢？”周顗因醉酒厉声说道：“现在虽然您同尧舜一样是人主，但是怎么能比得了尧舜时的盛世呢！”皇帝大怒，亲手写诏交给廷尉，将要杀害他，关押了多天才赦放他。后来周顗因为醉酒的过失被官吏检举，皇帝谅解他的情况，也没有对他贬斥责罚。

周顗待人宽容友爱。弟弟周嵩曾经醉酒后对周顗说：“您的才能不及我，怎能意外得到重名？”用燃烧的蜡烛投掷他。周顗神色没有变化，慢慢说：“阿奴用火攻击，本来就是出下策罢了。”王导非常器重周顗。周顗曾经在王导的座位上傲然啸咏，王导说：“您要想效仿嵇康、阮籍吗？”周顗说：“怎敢就近舍您，而远效仿嵇康、阮籍？”

等到王敦谋划叛逆，温峤对周顗说：“大将军的这种举动好像也在理，应当没有过分吧？”周顗说：“您年少没有经历事情。人主不是尧舜，怎能没有过失，臣子怎可举兵威胁主上！共同推重拥戴，不过数年，一旦像这样，怎能说不是叛乱呢！王敦傲慢（心中）没有主上，他的意愿怎能有满足呢！”不久王敦的军队败了，周顗奉诏书到王敦那里去，王敦说：“你辜负了我！”周顗说：“您兵车冒犯和顺，我亲率六军，不能不做事情，让天子的军队打败仗，因为这辜负了您。”王敦忌惮他的言辞正当，不知如何回答。皇帝召见周顗，对他说：“近日发生的大事，宫内宫外都没有受害，诸人都平安，大将军还符合众人所望吗？”周顗说：“宫内宫外自然如英明的诏示，对于臣等没有什么能知道的。”有人劝周顗躲避王敦，周顗说：“我位列大臣，朝廷风纪沦丧，怎可再到民间求生存，向外投靠胡越之族呢！”不久周顗被拘捕，经过太庙，大声厉骂贼人不绝，请求快速诛杀王敦。话还未说完，看押的人用戟刺伤了他的嘴，血流到脚，周顗脸色不变，举止自若，观看的人都为他流泪。于是遇害，时年五十四岁。

（2012 年辽宁卷）

知识拓展（过）

信陵君过（经过）夷门，闻侯生有才，欲过（拜访）之。令仆从访之，未果，信陵君督过（责备），仆从以为过（过分）矣。又令访之，仆从再访，乃闻侯生外出，不过（超过）几日便归。数日后，信陵君见侯生，曰：“未能早登先生之门，吾之过（过错）也。”

34 晋书·王彪之传

阅读提示

➢ 语言建构与运用

1. 加点字为文段中重、难点字词。
2. 下加_____为需要断句的文句。
3. 下加_____为需要翻译的文句。

➢ 文化传承与理解

1. 郊祀：中国古代君王举行祭祀的重要组成部分，在一年中某些重要的时日，君王带领三公九卿等诸大臣依据礼法于国都郊外祭祀上天，感恩上苍，为百姓和国家祈福的一种祭祀活动。

2. 立嗣：古代中国家庭习俗之一。唐律及明、清律皆规定，男子无子始许立嗣。立嗣只许立辈分相当的同宗之子为嗣子，不得立女子为嗣，也不得立异姓子而乱宗。也可指确立王位继承人。

3. 居摄：是指古代帝王因年幼不能亲政，大臣代居其位来处理政务的一种制度。

正 文

彪之字叔武，年二十，须鬓皓白，时人谓之王白须。初除佐著作郎、东海王文学。从伯导谓曰："选官欲以汝为尚书郎，汝幸可作诸王佐邪！"彪之曰："位之多少既不足计，自当任之于时。至于超迁，是所不愿。"遂为郎。累迁御史中丞、侍中、廷尉。时永嘉太守谢毅，赦后杀郡人周矫，矫从兄球诣州诉冤。扬州刺史殷浩遣从事收毅，付廷尉。彪之以球为狱主，身无王爵，非廷尉所料，不肯受，与州相反复。穆帝发诏令受之。彪之又上疏执据，时人比之张释之。时当南郊，简文帝为抚军，执政，访彪之应有赦不。答曰中兴以来郊祀往往有赦愚意尝谓非宜何者黎庶不达其意将谓郊祀必赦至此时凶愚之辈复生心于侥幸矣遂从之。永和末，多疾疫。旧制，朝臣家有时疾，染易三人以上者，身虽无病，百日不得入宫。至是，百官多列家疾，不入。彪之又言："疾疫之年，家无不染。若以之不复入宫，则直侍顿阙，王者宫省空矣。"朝廷从之。及简文崩，群臣疑惑，未敢立嗣。或云，宜当须大司马处分。彪之正色曰："君崩，太子代立，大司马何容得异！若先面咨，必反为所责矣。"于是朝议乃定。及孝武帝即位，太皇太后令以帝冲幼，令温依周公居摄故事。事已施行，彪之曰："此异常大事，大司马必当固让，使万机停滞，稽废山陵，未敢奉令。谨具封还内，请停。”事遂不行。加光禄大夫、仪同三司，未拜。疾笃，帝遣黄门侍郎问所苦，赐钱三十万以营医药。太元二年卒，年七十三，即以光禄为赠，谥曰简。

（节选自《晋书·王彪之传》）

思　考

下列对原文有关内容的概括和分析，不正确的一项是（　　）。

A. 彪之出仕之始，不愿超迁任职。他的堂伯父王导对他说，选官要任他为尚书郎，他却认为地位高低不值得计较，越级提拔是自己不愿意的事

B. 彪之坚持己见，不肯接受人犯。殷浩将谢毅交付廷尉候审，他以此非廷尉职责为由，虽有皇上命令，依然据理拒收，时人将他比作张释之

C. 彪之讲究实效，维护朝廷秩序。永和末年流行传染病，他见各类官员借口家中有人患病，不愿到任办公，指出这样做的危害，朝政因此恢复

D. 彪之言辞机敏，反对权臣听政。简文帝去世，讨论身后事时有人提出等候大司马处置，他抢先表示由太子代立，若先面咨大司马将被他斥责

答案：C

解析：C 项中“借口”有误，当时“疾疫之年，家无不染”，按照旧例不能到任。

参考译文

王彪之，字叔武。二十岁时，胡须鬓角都白了，当时的人称他“王白须”。一开始被授予佐著作郎、东海王文学等职位。堂伯王导对他说：“选官要任命你为尚书郎，你有幸可以担任诸位王公的辅官僚属了！”王彪之说：“职位的高低本来就不值得计较，只要在适宜的时候任职，至于破格提拔，这是我所不期望的。”于是为郎官。多次升迁后任御史中丞、侍中、廷尉。当时永嘉太守谢毅，在皇帝大赦后处死郡人周矫，周矫的堂兄周球到州郡申诉冤情。扬州刺史殷浩派僚属收押谢毅，交付廷尉。王彪之认为周球是讼案的当事人，身无爵位，不归廷尉审理，不肯受理此案，与州郡往来推诿争执不下。穆帝下诏命令王彪之受理此案。王彪之又上疏据理力争，当时人们把他比作张释之。这时恰逢皇帝要在南郊祭天，简文帝当时任抚军，执掌政务，向王彪之询问是否应该大赦。王彪之回答说：“我朝重新振兴以来，郊祀往往有大赦，我私下曾认为不合宜。这是为什么呢？因为老百姓不明白郊祀时大赦天下的意义，还会认为每逢郊祀必有大赦，到这个时候，凶恶愚蠢之徒又要产生侥幸心理了。”简文帝就听从了王彪之的意见。永和末年，多发传染病。按旧例，朝中大臣之家有传染病，家中传染三人以上的，即使自身无病，百日内也不得进宫。此时，文武百官多因家中有传染病患，而不入朝理事。王彪之又进言道：“瘟疫之年，没有哪一家不染病的。如果因此就不再入宫，那恐怕连宫中当值的侍从也会立刻缺乏，皇上宫禁中将会空无一人了。”朝廷听从了王彪之的进谏。等到简文帝驾崩，群臣犹疑不定，不敢确立继承者。有人说，这件事应该由大司马来决定。王

彪之严肃地说："国君驾崩，应当太子即位为君，大司马怎能有资格提出异议？如果事先在大司马的面前询问，那么一定反而会被责备。"于是朝廷的意见才定下来。等到孝武帝即位，太皇太后因为孝武帝年幼而下达命令，令桓温沿袭周公代替周成王摄政的旧例。命令已经公布，王彪之说："这是不同寻常的大事，大司马一定会坚决辞让，假使导致国家政务停顿，耽误了先帝陵墓的修筑，我不敢遵奉命令，恭谨地将诏书密封归还，请求停止此事。"于是事情就没能实行。王彪之被加封为光禄大夫、仪同三司，没有正式任命。病重后，皇帝派黄门侍郎问候病情，赐三十万钱用于请医寻药。太元二年去世，享年七十三岁。于是赠以光禄大夫的官职，谥号是简。

（2020年全国Ⅲ卷）

知识拓展（胡）

汉时，李陵受诏抗胡（泛指北方边地与西域的民族），后被困而降。皇上诛其族。司马迁为之辩，谓上胡（为什么）不法先王之道，皇上斥曰："一派胡（乱，无道理）言。"大臣皆不敢言。如此，国胡（什么）以富强？

35　三十国春秋·高进之传

阅读提示

➢　语言建构与运用

1. 加点字为文段中重、难点字词。
2. 下加_____为需要断句的文句。
3. 下加_____为需要翻译的文句。

➢　文化传承与理解

1.《三十国春秋》：南朝梁元帝之子萧方等编著的关于两晋十六国的纪传体史书，以晋国为主，附列其他29国，合称《三十国春秋》。此书时间跨度极长，起于曹魏明帝时期，止于东晋安帝时期，共30卷。

2. 辟：征辟是汉代擢用人才的一种制度，皇帝征召叫征，官府征召叫辟。在汉代的选官制度中，征辟作为一种自上而下选任官吏的制度，地位仅次于察举。

3. 趋：古代的一种礼节，小步快走，表示恭敬。

正　文

高进之，沛国人。父瓒，有拳勇，尝送友人之丧，丧反，友妻为土豪所掠，瓒救之，杀七人，而友妻亦刎颈死，遂亡命江湖。进之生十三年，母刘死，葬毕，走四方，求父不得。乃谒征北将军刘牢之。牢之高会，进之入幕，推上客而踞其坐，大饮嚼，一坐大惊。牢之揖客，问所长，进之曰："善以计数中密事。"牢之问部下甲兵刍粮，进之布指算，不爽，乃辟行军司马。居五日，进之曰："刘公猜而不忍，怨而好叛，不去，必及祸。"遂去之。

与下沛薛彤为友，因薛交檀道济，三人者，志义相合，刑牲盟生死。从道济征桓玄，得首将王雅，败桓兵于奔牛塘，又杀路雍岐，得天子旌节与桓所乘舟。事平，以功让道济。及围广固，进之作攻具，甚精巧，事平，授广固相。徐羡之、傅亮等谋废立，招道济，道济谋于进之，进之曰："公欲为霍光乎？为曹操乎？为霍，则废；为曹，则否。"道济惊问，进之曰："公欲辅宋，则少帝不废，琅琊王不立，天下非宋有也，故必废；如欲自取，则长乱阶，逢愚君，修德布惠，招罗腹心，天子非公而谁，故必不废。"进之此时案腰间刀伺道济，有异言，则杀之。道济趋下阶，叩头曰："武皇帝在上，臣道济如有异心，速殛之。"乃与进之定议，不为戎首，亦不相阻也。及谢晦反兵锐道济忧之进之诈道济书致晦与之连晦喜不设备悉精锐蔽江下。进之遂间道入江陵，扬言曰："檀江州率重兵败谢晦于江中，斩其首以徇。"故晦党闻之解体，部下闭门拒之，事平，为司空参军。

后到彦之伐魏，知其名，乞与同行，进之告仆曰："到公必败，吾言则惑军，否则及难。"遂请护粮，乃免。道济晚年惧祸，其夫人刘遣婢问进之，进之曰："道家戒盈满，祸或不免。然司空功名盖世，如死得所。亦不相负。"夫人泣语道济，道济意狐疑，亡何，被收，道济目光如炬，脱帻投地曰："坏汝万里长城！"薛彤曰："身经百战，死非意外事。"进之掀髯笑曰："累世农夫，父以义死友，子以忠死君，此大宋之光。"坐地就刑，神色不变。进之无眷属，仆鲁健从进之死，故无收其尸者。薛彤下沛人，死后，其子负骨归葬。

（节选自《三十国春秋·高进之》）

【注】武皇帝：南朝宋武帝刘裕。

思　考

下列对原文有关内容的分析和概括，不正确的一项是（　　）。

A. 高进之十三岁，母亲去世，父亲因救朋友的妻子而杀人，亡命江湖，进之四处寻父不得，便投奔征北将军刘牢之

B. 高进之初次拜谒刘牢之，态度倨傲，但刘牢之仍然以礼相待；由于他具有测算隐秘之事的特长，被刘牢之任命为行军司马

C. 檀道济自称为朝廷的“万里长城”，是因为他忠于刘宋王朝，曾经平定桓玄的叛乱，拒绝参与徐羡之、傅亮等废立宋帝的阴谋

D. 高进之、薛彤、檀道济三人志义相合，结为生死之交，最终檀道济为朝廷所收，高、薛二人也慷慨赴死

答案：A

解析：时间衔接有误。高进之之父救朋友妻而杀人流亡在先，进之母死在后。

参考译文

高进之，是沛国人。他的父亲高瓒，有勇力，曾经送友人归葬，送葬返回时，友人的妻子被当地乡宦抢掠，高瓒救回了她，杀掉了七个人，但是友人的妻子也刎颈自杀了，高瓒就逃命混迹江湖。高进之十三岁时，母亲刘氏去世，高进之安葬完母亲，奔走四方，寻找父亲，但都没有找到，就拜见征北将军刘牢之。刘牢之正在举办盛大宴会，高进之入帷帐，推开贵宾占据其座位，大吃大喝起来，满座的宾客都很吃惊。刘牢之向高进之拱手行礼，问他有什么特长，高进之回答说：“善于测算隐秘的事情。”刘牢之问军队和粮草方面的事情，高进之掐指一算，没有一点差错，刘牢之就征召他为行军司马。过了五天，高进之说：“刘牢之为人猜疑而下不了狠心，多怨恨而喜背叛，不离开他，必然会牵连到灾祸。”于是就离开了。

高进之和下沛的薛彤是朋友，通过薛彤又结交了檀道济，三个人志义相投，宰杀牲畜盟誓同生共死。高进之跟从檀道济征讨桓玄，俘虏了主将王雅，在奔牛塘打败了桓玄的军队，又杀掉了路雍岐，获得了天子的旌节以及桓玄所乘的船。战事平定后，把战功让给了檀道济。等到围攻广固的时候，高进之制作了攻城用的器械，很精致巧妙。事情平定后，被朝廷任命为广固相。徐羡之、傅亮等人图谋废掉旧君另立新君，约檀道济参与，檀道济和高进之商量，高进之说：“您想做霍光呢，还是想做曹操呢？想做霍光，就废掉国君；想做曹操，就不要废除。”檀道济吃惊地询问，高进之说：“您如果想辅佐宋王刘裕，那么少帝不废掉，不把琅琊王立为皇帝，天下就不是宋王所有的，所以一定要废除少帝；如果您想自己做皇帝，就要保持长久的政治混乱，找一个愚昧的皇帝，您大修仁德广施恩惠，招罗心腹，天子不是您还是谁呢？所以一定不要废除少帝。”高进之这时用手按住腰间的刀窥伺檀道济，如果他有异议，就杀掉他。檀道济快步走下台阶，叩头说：“武皇帝在上，我檀道济如有异心，就立刻让上天诛灭我。”于是他就和高进之商定，不做叛乱的首领，也不加以阻止。等到谢晦反叛，叛兵很精锐，檀道济为之担忧，高进之就伪造檀道济的书信给谢晦，与他联手，谢晦很高兴，不再设置防备，全部精锐部队遍布江面，顺流而下。高进之就抄小道进入江陵，散布言论说：“檀道济率领重兵在江中打败了谢晦，斩了他的首级来示众。”原来那些谢晦的同党听了之后就瓦解了，部下坚闭城门不再作战，事情平定后，高进之担任了司空参军。

后来，到彦之攻打魏国，知道了高进之的名声，请高进之和自己一起去，高进之对家仆说：“到彦之肯定会失败，我说出来就会惑乱军队，不说就会遭遇灾难。”就请求护送粮草，才得以幸免。檀道济晚年惧怕祸乱，他的夫人刘氏派婢女询问高进之，高进之说：“道家一向警戒骄奢自满，但是祸乱有时还无法避免。然而檀司空功名盖世，如果能死得其所，也算不

辜负他了。”夫人刘氏哭着告诉檀道济，檀道济心下狐疑，没有多久，他们就被拘捕了。檀道济目光像火炬般，取下头巾扔在地上发怒说：“(皇上)你是坏了自己的万里长城！”薛彤说：“身经百战，死也不是意外的事情了。”高进之托起胡须笑着说：“我家世代为农，父亲因仗义为朋友而死，儿子因尽忠为皇上而死。这是大宋的光荣。”坐在地上接受刑罚，脸色没有任何变化。高进之没有家眷亲属，仆人鲁健也跟着进之一起死了，所以没有人收尸。薛彤是下沛人，死后，他的儿子背着尸骨回老家安葬。

（2007年江苏卷）

知识拓展（患）

有师授其徒捕虎之法，其徒学之，不几日，以为得法，自矜于人前。其师患（担心）其未得要领。一日，携徒上山捕虎，令其以所学之法试之，未得。归之，训曰：“人之患（毛病）在自矜，此或终为患（灾难）也。”

36　宋书·杜慧度传

阅读提示

➢　语言建构与运用

1. 加点字为文段中重、难点字词。
2. 下加______为需要断句的文句。
3. 下加______为需要翻译的文句。

➢　文化传承与理解

1.《宋书》：“二十四史”之一，是一部记述南朝刘宋历史的纪传体史书。南朝梁沈约撰，含本纪10卷、志30卷、列传60卷，共100卷。

2. 纲佐：指官员中的主管和辅佐。

3. 践阼：走上阼阶主位。古代庙寝堂前两阶，主阶在东，称阼阶，阼阶上为主位。也用来代称天子即位。亦作践胙、践祚、即位、登基。

4. 食邑：中国古代诸侯封赐所属卿、大夫作为食禄的田邑（包括土地上的劳动者在内）。又称采邑、采地、封地。卿、大夫在食邑内享有统治权力并对诸侯承担义务。食邑盛行于周，秦汉推行郡县制，承受封爵者在其封邑内渐无统治权力，食禄已改为以征敛封邑内民户赋税拨充。

正　文

杜慧度，交趾人也。本属京兆。曾祖元，为宁浦太守，遂居交趾。父瑗，字道言，仕州府为日南、九德、交趾太守。初，九真太守李逊父子勇壮有权力，威制交土，闻刺史腾遁之当至，分遣二子断遏水陆津要。瑗收众斩逊，州境获宁。除龙骧将军。遁之在州十余年，与林邑累相攻伐。遁之将北还，林邑王范胡达攻破日南、九德、九真三郡，遂围州城。时遁之去已远，瑗与第三子玄之悉力固守，多设权策，累战，大破之。连捷，故胡达走还林邑。乃以瑗为龙骧将军、交州刺史。卢循窃据广州，遣使通好，瑗斩之。义熙六年，年八十四，卒。慧度，瑗第五子也。初为州主簿，流民督护，迁九真太守。瑗卒，府州纲佐以交土接寇，不宜旷职，共推慧度行州府事，辞不就。七年，除使持节、督交州诸军事、交州刺史。诏书未至，其年春，卢循袭破合浦，径向交州。慧度乃率文武六千人距循，禽循长史孙建之。循虽败，余党犹有三千人，皆习练兵事。六月庚子循晨造南津命三军入城乃食慧度悉出宗族私财以充劝赏。慧度自登高舰，合战，放火箭雉尾炬，步军夹两岸射之。循众舰俱然，一时散溃，循中箭赴水死。斩循及父嘏，并循二子，传首京邑。封慧度龙编县侯，食邑千户。

高祖践阼，进号辅国将军。其年，率文武万人南讨林邑，所杀过半，前后被抄略，悉得还本。林邑乞降，输生口、大象、金银、古贝等，乃释之。慧度布衣蔬食，俭约质素，能弹琴，颇好《庄》《老》。禁断淫祀，崇修学校。岁荒民饥，则以私禄赈给。为政纤密，有如治家，由是威惠沾洽，奸盗不起，乃至城门不夜闭，道不拾遗。少帝景平元年，卒，时年五十。

（节选自《宋书·杜慧度传》）

思　考

下列对原文有关内容的概括和分析，不正确的一项是（　　）。

A. 杜瑗处事果决而有计谋。他担任太守时两次平定骚乱，先是斩杀作乱的九真太守李逊，境内得到安宁；继而与玄之击退来犯的胡达，使之退回林邑

B. 杜惠度为人谦逊而顾大局。杜瑗死，府州官吏推举慧度主持州府事，他未接受；而当卢循来犯，虽然任命他的诏书未到达，他还是率众抗敌

C. 杜慧度一心向公而又谙熟战略。与卢循决战前，为激励将士他拿出家族全部财产作为奖励；交战时他又巧用火攻烧毁敌方一应战舰，大获全胜

D. 杜慧度生活俭朴，治事有方。平日里他布衣蔬食，只管弹弹琴，读读《庄子》《老子》。而为政却细致周密，有如治理家庭；遇上饥荒，常以私人薪俸赈济灾民

答案：D

解析：D 项错在“只管弹弹琴”的表述。根据文意，原文只是说杜慧度“能弹琴”。

参考译文

杜慧度，是交趾人。原籍本属京兆。曾祖父杜元，担任宁浦太守，于是移居交趾。父亲杜瑗，字道言，官居州府，任日南、九德、交趾太守。起先，九真太守李逊父子勇武威严，有权力，威震交趾地区，听说刺史滕遁之要来，分别派遣两个儿子截断水陆要道（不让他上任）。杜瑗聚集兵众，杀了李逊，交趾境内获得了安宁。授龙骧将军。滕遁之在交趾十多年，与林邑多次相互攻伐。滕遁之即将北还回京时，林邑王范胡达攻破日南、九德、九真三郡，于是包围州城。这时滕遁之离去已经很远，杜瑗与第三个儿子杜玄之尽全力固守城池，多设权谋计策，多次交战，大败敌军。杜军连续获胜，所以范胡达逃跑回林邑。于是朝廷任杜瑗为龙骧将军、交州刺史。卢循占据广州，派遣使者修好，杜瑗将使者杀了。义熙六年，杜瑗八十四岁逝世。杜慧度是杜瑗的第五个儿子。起初任州主簿、流民督护，迁任九真太守。杜瑗逝世，州府的主管和辅佐官员认为交趾与敌境接壤，不应空缺主管职位，就共同推举杜慧度执掌州府事务，他推辞不去任职。义熙七年，授予使持节、督交州诸军事、交州刺史等职。任职诏书还未送到，就在这年春天，卢循攻占了合浦，径直向交州进军。杜慧度于是率领六千文武官员抵抗卢循，交战时生擒卢循的长史孙建之。卢循虽然失败，但还有余党三千多人，都习兵练武，熟习军事。六月庚子这天，卢循清晨出兵到南津，命令三军攻进城才能吃饭。杜慧度全数拿出宗族的私人财物，用来充当奖励犒赏的费用。杜慧度亲自登上大型战船指挥。当两军相遇时，他施放火箭和雉尾火炬，步军在两岸夹射，卢循各船都燃烧起来，一下子就溃散了，卢遁本人也中箭投水而死。杜慧度斩了卢遁和他的父亲卢嘏，以及他的两个儿子，传送首级到京都。朝廷封杜慧度为龙编县侯，食邑一千户。

高祖登基，杜慧度进号为辅国将军。这一年，他率领文武官兵一万人南下讨伐林邑，被消灭的敌人超过半数，前后被抢掠的财物，都夺了回来。林邑乞求投降，送上牲畜、大象、金银、古贝等，于是释放他们。杜慧度穿布衣，吃素菜，生活节俭，简单朴素，会弹琴，很喜爱《庄子》《老子》。禁止不合礼制的祭祀，重视修建学校。每当灾荒年岁百姓饥饿，就用自己的俸禄救济。处理政事细致周密，就好像管理家庭一样。由此声威恩泽及于全境，奸邪恶偷盗的事不再发生，以至于城门在夜间不必关闭，路不拾遗。少帝景平元年，杜慧度逝世，时年五十岁。

（2013 年全国大纲卷）

知识拓展（即）

庄公初即（登上）位，即（就）令人击邻国，众人以为不妥，固出兵。兵既出，大败，士卒三万葬于南山。陵墓即（依着）山之体势而建，国人指其址，曰：“此即（就是）万人墓也。”即（靠近）之，阴气森森。

37 宋书·谢弘微传

阅读提示

➢ 语言建构与运用

1. 加点字为文段中重、难点字词。
2. 下加____为需要断句的文句。
3. 下加____为需要翻译的文句。

➢ 文化传承与理解

1. 姻亲与血亲：姻亲是指因婚姻关系而产生的亲属，可分为三类。（1）血亲的配偶，如儿媳、女婿、姑父、舅母、姨父等；（2）配偶的血亲，如岳父母、公婆等；（3）配偶血亲的以具有共同祖先为特征的亲属关系。血亲又分为直系血亲和旁系血亲两种。

2. 服阕：守丧期满除服。阕，终了。

3. 禄秩：古代官吏食禄的品级。禄指俸禄，即古代官员的薪水。

4. 太常：官名。西汉置，九卿之一，负责祭祀、礼仪。

正 文

谢弘微，陈郡阳夏人也。父思，武昌太守。从叔峻，司空琰第二子也，无后，以弘微为嗣。弘微本名密，犯所继内讳，故以字行。童幼时精神端审时然后言所继叔父混名知人见而异之谓思曰此儿深中夙敏方成佳器有子如此足矣。弘微家素贫俭，而所继丰泰，唯受书数千卷，遗财禄秩，一不关豫。混风格高峻，少所交纳，唯与族子灵运、瞻、曜、弘微并以文义赏会。尝共宴处，居在乌衣巷，故谓之乌衣之游。瞻等才辞辩富，弘微每以约言服之，混特所敬贵，号约微子。义熙八年，混以刘毅党见诛，妻晋陵公主以混家事委以弘微。弘微经纪生业，事若在公，一钱尺帛出入，皆有文簿。高祖受命，晋陵公主降为东乡君。自混亡，至是九载，而室宇修整，仓廪充盈，门徒业使，不异平日，田畴垦辟，有加于旧，中外姻亲，道俗义旧，入门莫不叹息，或为之涕流，感弘微之义也。性严正，举止必循礼度，事继亲之党，恭谨过常。太祖镇江陵，弘微为文学。母忧去职，居丧以孝称，服阕逾年，菜蔬不改。兄曜历御史中丞，元嘉四年卒。弘微蔬食积时，哀戚过礼，服虽除，犹不啖鱼肉。弘微少孤，事兄如父，兄弟友穆之至，举世莫及也。弘微口不言人短长，而曜好臧否人物，曜每言论，弘微常以它语乱之。九年，东乡君薨，资财巨万，园宅十余所，奴僮犹有数百人。弘微一无所取，自以私禄营葬。曰："亲戚争财，为鄙之甚。今分多共少，不至有乏，身死之后，岂复见关。"十年，卒，时年四十二。上甚痛惜之，使二卫千人营毕葬事，追赠太常。

（节选自《宋书·谢弘微传》）

思　考

下列对原文有关内容的概括和分析，不正确的一项是（　　）。

A. 弘微出继从叔，一心只爱读书。他是陈郡阳夏人，从叔谢峻将他作为后嗣。新家比原来家庭富有，但他只是接受数千卷书籍，其余财物全不留意

B. 弘微简言服众，此举受到重视。他参与集会，常与子弟们诗文唱和，住在乌衣巷，称为乌衣之游；又极有文才口才，受到叔父谢混赏识，称为微子

C. 弘微为人审慎，治业井井有条。谢混去世以后，他掌管产业，犹如替公家办事，账目分明；九年以后，多个方面得到很大发展，人们见后无不感叹

D. 弘微事兄如父，临财清正廉洁。他对谢曜感情极深，谢曜去世，他哀戚过礼，除孝后仍不食荤腥。东乡君死，留下巨万资财、园宅，他一无所取

答案：B

解析：B 项中"常与子弟们诗文唱和"张冠李戴，是谢混"唯与族子灵运、瞻、曜、弘微并以文义赏会"；"极有口才文才"张冠李戴，是谢瞻等人"才辞辩富"。谢弘微以言辞简约而为谢混敬重。

参考译文

谢弘微，是陈郡阳夏人。父亲叫谢思，任武昌太守。堂叔谢峻是司空谢琰的第二个儿子。谢峻自己无子，就以谢弘微为继子，谢弘微本名密，因为触犯了继母的名讳，所以就用字代名。谢弘微孩童时期，风采充溢，但却端庄谨慎，遇上适当的时机才说话，他继父的弟弟谢混因有擅长鉴察人的才能而知名，见到谢弘微，认为他不同于寻常之人。谢混对谢思说："这个孩子内心正直而深沉早慧，将成为才行出众之人，有这样的儿子，满足了。"谢弘微自己家里一向贫寒，而继父产业却很丰盈，他却只承继接受了继父的几千卷书而已，遗产俸禄，一概不加过问。谢混的风格高尚峻洁，很少同人交往。只同他的族子谢灵运、谢瞻、谢曜、谢弘微等人因赏析文义而聚会，曾经一同游宴歇息，居住在乌衣巷，所以称之为乌衣之游。谢瞻等人才气横溢，机智善辩，文辞丰富，谢弘微每每以简约的言语使众人信服，谢混特别敬重他这一点，称他为约微子。义熙八年，谢混因为是刘毅的同党被诛，谢混的妻子晋陵公主便把谢混家事托付给谢弘微。谢弘微为谢混家经营生计，管理产业，办事如同在官府办公一般，一枚钱、一尺帛收入支出，都有账册记载。高祖登上帝位之后，晋陵公主降为东乡君。从谢混死，到这时已有九年，但谢混家屋宇整齐，仓廪充盈，仆人听从使唤、各司其职，和平常没有什么不同，田地的开垦种植，比原来更有增加。本族外姓的亲戚，出家和世俗的朋友故旧，来家中一进门（见到这么齐整的家境）没有谁不感慨叹息，有人为之流泪，深为谢

弘微的德义所感动。谢弘微生性谨严端方，举止必定遵循礼度，事奉继父的亲族，恭敬谨慎，超过常礼。太祖镇守江陵，以谢弘微为文学。谢弘微因为母亲去世离职，居丧期间以孝道著称，除服后超过一年，仍旧素食不变。谢弘微的兄长谢曜历任御史中丞，元嘉四年去世。谢弘微为他长时间吃素食，哀戚超过常礼，虽然服丧期满，还是不吃鱼肉荤腥。谢弘微从小失去父亲，事奉兄长如同事奉父亲，兄弟之间友爱和睦到极点，当世没有人能够赶得上。谢弘微口中从不说别人坏话，而谢曜则喜欢评议人物，每当谢曜发表议论时，谢弘微就常用别的话题岔开。元嘉九年，东乡君去世，留下资财非常多，园宅十余所，奴仆尚有数百人，而谢弘微一无所取，自己以私人官俸营办东乡君丧事。谢弘微说："亲戚之间争夺财产，可算是最为鄙贱之事，现在财产多则分用，少则共用，不至于困乏就行了，身死之后，哪里还去关心它。"元嘉十年谢弘微去世，死时四十二岁。皇上十分痛惜，派二卫一千人营办丧事，一直到丧事完毕。朝廷追赠谢弘微为太常。

（2017 年全国 I 卷）

知识拓展（既）

七月既（已经）望，苏轼与友泛舟游赤壁。既（不久）而，浪生船摇，友惧而欲归，轼曰："既（既然）来之，则安之。"波既（已经）平，友方安。

38　宋书·王昙首传

阅读提示

➢　语言建构与运用

1. 加点字为文段中重、难点字词。
2. 下加_____为需要断句的文句。
3. 下加_____为需要翻译的文句。

➢　文化传承与理解

1. 膏粱：肥肉和细粮，泛指美味的饭菜；也指精美的饮食，代指富贵生活。

正　文

王昙首，琅邪临沂人，太保弘少弟也。幼有业尚，除著作郎，不就。兄弟分财，昙首唯取图书而已。辟琅邪王大司马属，从府公修复洛阳园陵。与从弟球俱诣高祖，时谢晦在坐，高祖曰："此君并膏粱盛德，乃能屈志戎旅。"昙首答曰："既从神武之师，自使懦夫有立志。"晦曰："仁者果有勇。"高祖悦。行至彭城，高祖大会戏马台，豫坐者皆赋诗；昙首文先成，高祖览读，因问弘曰："卿弟何如卿？"弘答曰："若但如民，门户何寄。"高祖大笑。昙首有识局智度，喜愠不见于色，闺门之内，雍雍如也。手不执金玉，妇女不得为饰玩，自非禄赐所及，一毫不受于人。太祖为冠军、徐州刺史，留镇彭城，以昙首为府功曹。太祖镇江陵，自功曹为长史，随府转镇西长史。高祖甚知之，谓太祖曰："王昙首，沈毅有器度，宰相才也。汝每事咨之。"及即位，以昙首为侍中，诛徐羡之等，平谢晦，昙首之力也。晦平后，上欲封昙首等，会宴集，举酒劝之，因拊御床曰："此坐非卿兄弟，无复今日。"时封诏已成，出以示昙首，昙首曰："近日之事，衅难将成，赖陛下英明速断，故罪人斯戮。臣等虽得仰凭天光，效其毫露，岂可因国之灾，以为身幸。陛下虽欲私臣，当如直史何？"上不能夺，故封事遂寝。时兄弘录尚书事，又为扬州刺史，昙首为上所亲委，任兼两宫。彭城王义康与弘并录，意常怏怏，又欲得扬州，形于辞旨。以昙首居中，分其权任，愈不悦。昙首固乞吴郡，太祖曰："岂有欲建大厦而遗其栋梁者哉？贤兄比屡称疾，固辞州任，将来若相申许者，此处非卿而谁？亦何吴郡之有？"时弘久疾，屡逊位，不许。昙首劝弘减府兵力之半以配义康，义康乃悦。七年，卒。太祖为之恸中书舍人周赳侍侧曰王家欲衰贤者先殒上曰直是我家衰耳。

（节选自《宋书·王昙首传》）

思　考

下列对原文的有关内容的分析和概括，不正确的一项是（　　）。

A. 王昙首是太保王弘之弟，自幼就很优秀，兄弟间分财产，他只拿取图书。从军后随高祖外出，高祖要众人赋诗，昙首先写成，王弘对他评价甚高，高祖也很高兴

B. 王昙首性格沉稳，喜怒不形于色，同时治家有方，家庭融洽，太祖也赏识昙首，晋升他的官职，并遵高祖交代，遇事咨询昙首，昙首果然在平定国难中贡献很大

C. 王昙首在平定谢晦事中有功，当时封赏他的诏书已经拟就，但昙首婉拒不受，认为自己虽尽微薄之力，皇上即便偏爱，也无法面对史臣。封赏事于是搁置下来

D. 王昙首看出义康为权力之事心中不快，于是坚持要求调任吴郡。太祖打算重用昙首，未答应他的请求。昙首劝说其兄王弘让出部分兵力，才化解了彼此的矛盾

答案：B

解析：B 项中太祖"并遵高祖……遇事咨询昙首"有误，原文只说高祖对太祖说"汝每事咨之"，并未写太祖"遇事咨询昙首"。

参考译文

王昙首，琅邪临沂人，是太保王弘最小的弟弟，年轻时就有学问和美德，被授予著作郎，却不赴任。兄弟分割家产时，昙首只拿图书而已。被征召为琅邪王大司马的僚属，跟从大司马修复洛阳园陵。一次，与堂弟王球一同拜见高祖，当时谢晦坐在高祖旁边，高祖说：“这个人既是贵族子弟，又有美好品德，却能够在军营里委屈自己的志向。”昙首回答说：“跟从了神明英武的军队，自然就使得懦弱的人树立志向。”谢晦说：“仁慈的人果真有勇气啊。”高祖听了很高兴。到彭城，高祖在戏马台大会宾客，参加宴会的人都赋写诗作；昙首最先写好，高祖看完后，便问王弘：“你的弟弟与你相比怎么样？”王弘回答说：“如果他只像平民百姓那样，家里又怎能让他住下？”高祖大笑。昙首有识见器度，喜、怒不表现在脸上，家庭和和睦睦。他自己手里不拿金器、玉器，家里的女眷也不准拿金玉作饰物和玩物，如果不是从俸禄和赏赐得到的，绝不从别人那里接受一丝一毫的东西。太祖任冠军将军、徐州刺史，留镇彭城，任命昙首为府功曹。太祖镇守江陵，昙首由功曹升任为长史，又随府调任镇西长史。高祖非常赏识他，对太祖说：“王昙首沉稳坚毅，有识见，有器度，是宰相之才，你遇事都应该同他商量。”等到太祖即位，任命昙首为侍中，诛除徐羡之等人，以及讨平谢晦叛乱，有赖昙首之力。谢晦被平定后，太祖想要封赏昙首等人，正赶上宴会聚集，太祖举杯劝酒，乘机抚着御座说：“如果没有您兄弟二人，就不会有我今天这个御座。”当时封赏的诏书已经写成，太祖拿出给昙首看，昙首说：“近日的事情，叛乱将要形成，由于陛下英明快速决断，所以罪人才被诛杀。我等虽然得以仰借天光，报效微薄之力，怎么可以趁国家发生灾难，作为自己的幸运呢？陛下虽然想偏爱我，但是面对秉笔直书的史臣又该怎么办呢？”太祖始终不能改变昙首的想法，因此封赏的事也就搁置了。当时王昙首的兄长王弘担任尚书，又是扬州刺史，昙首被皇上宠爱信任，在两宫任职。彭城王义康与王弘一起任职，心里常常怏怏不乐，他又想得到扬州刺史的职位，在言语上也表露了出来。因为昙首在朝中任职，义康担心他分了自己的权力和职位，更加不高兴。昙首一再请求太祖让他到吴郡任职，太祖说：“哪有想要建造大厦却舍弃栋梁之材的？你的兄长近来多次称自己有病，坚持要辞去扬州刺史的官职，将来我如果同意了他的请求，那么这个职位不是您接任又有谁能接任呢？哪有让你到吴郡任职的道理呢？”当时王弘长期生病，多次请求辞去官位，太祖不答应。昙首于是劝说王弘分出府中一半的兵力给义康，义康才高兴了。元嘉七年，昙首去世。太祖为他的死而悲恸，中书舍人周纠在一旁侍候，说：“王家将要衰败，所以贤能的人先陨落。”太祖说：“这简直就是我皇家的衰败啊。”

（2008 年全国Ⅱ卷）

知识拓展（疾）

蔡人有足疾（疾病），不能疾（快）走，家人寻医。镇上有医，医术甚妙，常解民之疾（痛苦）苦，蔡人往求，愈。家人谢医曰：“乡间有庸医，尝疾（通‘嫉’，嫉妒）尔术，所幸未听之也。”医曰：“吾疾（痛恨）天下如此者也。”

39　宋书·郭原平传

阅读提示

➢ 语言建构与运用

1. 加点字为文段中重、难点字词。
2. 下加_____为需要断句的文句。
3. 下加_____为需要翻译的文句。

➢ 文化传承与理解

1. 蒸尝：本指秋冬二祭，后泛指祭祀；也指族人聚餐。出自《国语·楚语下》。
2. 孝廉：孝，指孝悌者；廉，清廉之士。分别为统治阶级选拔人才的科目，始于汉代，在东汉尤为求仕者必由之途，后往往合为一科；亦指被推选的士人。也是明清两代对举人的称呼。

正　文

郭原平字长泰，禀至行，养亲必己力。性闲木功，佣赁以给供养。性谦虚，每为人作匠，取散夫价。主人设食，原平自以家贫，父母不办有肴味，唯飧盐饭而已。若家或无食，则虚中竟日，义不独饱，要须日暮作毕，受直归家，于里中买籴，然后举爨。父抱笃疾弥年，原平衣不解带，口不尝盐菜者，跨积寒暑。父丧既终，自起两间小屋，以为祠堂。每至节岁烝尝，于此数日中，哀思，绝饮粥。父服除后，不复食鱼肉。于母前，示有所啖，在私室，未曾妄尝。自此迄终，三十余载。高阳许瑶之居在永兴，罢建安郡丞还家，以绵一斤遗原平。原平不受，送而复反者前后数十。瑶之乃自往曰："今岁过寒，而建安绵好，以此奉尊上下耳。"原平乃拜而受之。每出市卖物，人问几钱，裁言其半，如此积时，邑人皆共识悉，辄加本价与之。彼此相让，欲买者稍稍减价，要使微贱，然后取直。居宅下湿，绕宅为沟，以通淤水。宅上种少竹，春月夜有盗其笋者，原平偶起见之，盗者奔走坠沟。原平自以不能广施，至使此人颠沛，乃于所植竹处沟上立小桥，令足通行，又采笋置篱外。邻曲惭愧，无复取者。又以种瓜为业。世祖大明七年大旱，瓜渎不复通船，县官刘僧秀愍其穷老，下渎水与之。原平曰："普天大旱，百姓俱困，岂可减溉田之水，以通运瓜之船。"乃步从他道往钱唐货卖。每行来，见人牵埭未过，辄迅楫助之；己自引船，不假旁力。若自船已渡，后人未及，常停住须待，以此为常。太守王僧郎察孝廉，不就。太守蔡兴宗临郡，深加贵异，以私米馈原平及山阴朱百年妻，原平固让频烦，誓死不受。人或问曰："府君嘉君淳行，愍君贫老，故加此赡，岂宜必辞。"原平曰："府君若以吾义行邪则无一介之善不可滥荷此赐若以其贫老邪耋齿甚多屡空比室非吾一人而已。"终不肯纳。百年妻亦辞不受。

（节选自《宋书·郭原平传》）

思　考

下列对原文有关内容的分析和概括，不正确的一项是（　　）。

A. 郭原平品德高尚，竭尽全力赡养双亲。他外出做工，赚钱养家，家中断炊，从不独自饱食。照顾病父，积年累月始终不懈；父亲去世后，他三十多年不吃鱼肉

B. 郭原平为人宽厚，常常顾及他人感受。出市卖物，只收半价，以致买者加价付钱。他家种竹，有人偷笋，他掘出竹笋放在篱外，盗者感到惭愧，不再偷盗

C. 郭原平以种瓜为业，曾遇大旱，运瓜的沟渠不能通船。县官刘僧秀要引农田中水注入瓜渠让他运瓜，他不肯接受。运瓜时他见有人遇到困难，却能迅速相助

D. 太守王僧朗举察郭原平为孝廉，他不愿接受。太守蔡兴宗私人送米给他，他坚决推辞；有人劝他别拒绝，原平谦虚地说，自己没有一点善行，不当受到赏赐

答案：C

解析：不是"引农田中水注入瓜渠"，而是"放其他沟渠的水注入运瓜水道"。

参考译文

郭原平，字长泰，天性至为纯孝，侍养父母一定要依靠自己的力量。他熟习木工，常靠给人做木匠来供养双亲。性格谦和，每次为人做活儿，只取一般散工的工钱。雇主招待他吃饭时，郭原平想到自己家中贫穷，父母不曾吃荤菜，所以自己只吃盐菜下饭就算了。家里有时没饭吃，他就整日空腹干活，坚持不独自吃饱，一定要等到傍晚收工，得了工钱回家，在村里买米，然后烧火做饭。父亲得了重病一年多，郭原平衣不解带（地服侍），口不吃有盐味的菜，这样过了一冬一夏。父亲丧事办完后，自己盖了两间小屋，把这作为祠堂。每到节日祭祀，就在这里待上数日，心中充满哀思，不喝水不吃饭。服丧期满，除掉丧服后，不再吃鱼和肉。在母亲面前，他表示有吃的东西，在自己的屋里，却从不随便吃东西。从这时直到死去，三十多年（都这样）。高阳许瑶之居住在永兴，被免去建安郡丞的官职回到家乡，把一斤丝绵送给郭原平，郭原平不接受，送过来又送回去的情形前后有几十次，许瑶之就亲自前往（郭原平的家）说："今年太寒冷，但是建安的绵好，拿这奉送给您家的长辈和晚辈罢了。"郭原平才拜谢接受了。郭原平每次去市场卖东西，别人问多少钱，他只要价市价的一半，这样时间长了，城里的人都认识熟悉他，于是加还本价给他，卖者买者彼此总要互相推让。郭

原平总想使买的人稍稍减价，一定要等价钱低廉了，然后才收钱。郭原平住的房屋低下潮湿，他便绕着宅子挖了条水沟，来使积水排出。他在房子旁边种了一些竹子，春季夜里有人来偷竹笋，郭原平偶然起来撞见了，偷笋的人奔逃掉进了水沟。郭原平认为自己不能广泛施舍，致使这人跌倒，于是在种竹处的沟上搭起小桥，让人足以通行，又采了些竹笋放在篱笆外面。邻人感到很惭愧，没有人再去他家偷笋。郭原平又以种瓜为业。宋世祖大明七年发生大旱灾，他的运瓜水道不再能通船，县令刘僧秀怜惜他贫穷年老，放其他沟渠的水给他。郭原平说："普天下大旱，百姓都很困难，怎么能减少灌溉稻田的水，用来通行运瓜的船呢？"于是他步行改走别的路去钱塘卖货。每次行船来钱塘，看见旁人的船被堵在水坝下还没有牵引过去，就迅速操桨过去帮助，自己的船自己牵引，不借助旁人的帮助。若是自己的船已经通过了水坝，后面的人还没赶上来，他常常停船等待，把这样当成了习惯。太守王僧朗推举他为孝廉，郭原平没有接受。太守蔡兴宗来到该郡，对郭原平的为人行事也非常尊重，感到惊异，把自己私人的米馈赠给郭原平和山阴县朱百年的妻子。郭原平坚决地一再推让，誓死不接受。有人问他说："府君嘉奖你淳厚的德行，怜悯你贫穷年老，所以才有这赡养之赠，怎么该推辞呢？"郭原平回答说："府君如果因我的善义行为而给以赏赐，那么我没有一点微薄的善行，不能随便承受这种赏赐；如果因我又穷又老的话，老人很多，家家户户经常困乏，不只是我一个人而已。"他始终不肯接受，朱百年的妻子也推辞不接受。

（2009 年全国Ⅱ卷）

知识拓展（及）

陈留为人善，才能非及（比得上）友人。一日，与友山中狩猎，见一兔，猛追之。殆及（赶上）之，忽见一蛇，兔脱，陈留则为蛇所伤，及（等到）友至，毒已入心矣。将死之时，曰："此事及（牵连到）友，及（到）家不宜张扬。愿及（趁）吾未去之时托子于君。清明及（与，和）中元，于吾墓前焚纸而已。"言毕遂死。

40　梁书·孙谦传

阅读提示

➢ 语言建构与运用

1. 加点字为文段中重、难点字词。
2. 下加_____为需要断句的文句。
3. 下加_____为需要翻译的文句。

➢ 文化传承与理解

1.《梁书》:“二十四史”之一，是唐初姚察、姚思廉父子编撰的纪传体史书，包含本纪 6 卷、列传 50 卷，无表、志。它主要记述了南朝萧齐末年和萧梁皇朝（502—557 年）的史事。该书特点之一为引用文以外的部分不以当时流行的骈体文而以散文写成。

2. 忧：即丁忧，指父母去世而守丧。根据儒家传统的孝道观念，朝廷官员在位期间，如若父母去世，则无论任何官何职，从得知丧事的那一天起，必须辞官回到祖籍，为父母守制 27 个月，这就叫“丁忧”或“丁艰”。“丁”是遭逢、遇到的意思。如无特殊原因，国家也不可以强招丁忧的人为官，因特殊原因国家强招丁忧的人为官，叫作“夺情”。

3. 光禄大夫：官职名。战国时代置中大夫，汉武帝时始改为光禄大夫，秩比二千石，掌顾问应对。隶于光禄勋。

正 文

孙谦字长逊，东莞莒人也。少为亲人赵伯符所知。谦年十七，伯符为豫州刺史，引为左军行参军，以治干称。父忧去职，客居历阳，躬耕以养弟妹，乡里称其敦睦。出为句容令，清慎强记，县人号为神明。泰始初，事建安王休仁，休仁以为司徒参军，言之明帝，擢为明威将军、巴东建平二郡太守。郡居三峡，恒以威力镇之。谦将述职，敕募千人自随。谦曰：“蛮夷不宾，盖待之失节耳，何烦兵役，以为国费。”固辞不受。至郡布恩惠之化蛮獠怀之竞饷金宝谦慰喻而遣一无所纳及掠得生口皆放还家。俸秩出吏民者，悉原除之。郡境翕然，威信大著。齐初，为宁朔将军、钱唐令，治烦以简，狱无系囚。及去官，百姓以谦在职不受饷遗，追载缣帛以送之，谦却不受。每去官，辄无私宅，常借官空车厩居焉。明帝将废立，欲引谦为心膂，使兼卫尉，给甲杖百人，谦不愿处际会，辄散甲士，帝虽不罪，而弗复任焉。天监六年，出为辅国将军、零陵太守，已衰老，犹强力为政，吏民安之。先是，郡多虎暴，谦至绝迹。及去官之夜，虎即害居民。谦为郡县，常勤劝课农桑，务尽地利，收入常多于邻境。九年，以年老，征为光禄大夫。既至，高祖嘉其清洁，甚礼异焉。每朝见，犹请剧职自效。高祖笑曰“朕使卿智，不使卿力。”谦自少及老，历二县五郡，所在廉洁。居身俭素，夏日无帱帐，而夜卧未尝有蚊蚋，人多异焉。年逾九十，强壮如五十者，每朝会，辄先众到公门。力于仁义，行己过人甚远。从兄灵庆常病寄于谦，谦出行还问起居。灵庆曰：“向饮冷热不调，即时犹渴。”谦退遣其妻。有彭城刘融者，行乞疾笃无所归，友人舆送谦舍，谦开厅事以待之。及融死，以礼殡葬之。众咸服其行义。十五年，卒官，时年九十二。

（节选自《梁书·孙谦传》）

思 考

下列对原文有关内容的分析和概括，不正确的一项是（　　）。

A. 孙谦十七岁开始任职，离任后客居历阳，从事耕作来供养弟妹，乡里称赞他敦厚友爱。

后升任二郡太守，他对待蛮夷采用安抚政策，境内安定，威信卓著

B. 孙谦任钱唐令时操守廉洁，不受馈赠。由于没有私人住宅，离任时只能借住在官府空车库里。明帝想将他引为亲信，因为他不愿意而被迫放弃这一想法

C. 孙谦任零陵太守时，虽然年纪已老，仍勤于职守，受到官员民众欢迎。在担任郡守县令期间，常鼓励督责蚕桑养殖，努力发展农业生产，收入多于邻境

D. 孙谦一生历任二县五郡长官，处处廉洁奉公，以身作则。九十岁后，每次朝见聚会，他总是先于别人到达：遵奉仁义之道，身体力行也远远超过别人

答案：B

解析：B 项中“他不愿意”误解文意。原文“谦不愿处际会，辄散甲士”的意思是：孙谦不愿意置身交际、聚会的场合，就遣散了甲士们。孙谦并非不愿意做明帝的亲信，而是不愿意置身于交际、聚会的场合。

参考译文

孙谦，字长逊，是东莞莒地人。他自小就被亲戚赵伯符所赏识。在他十七岁时，赵伯符担任豫州刺史，（赵伯符）推荐他为左军行参军，他以处理事务得当见称。他因父亲去世而离职，就暂时寄居在历阳，从事耕作以养活弟妹，乡里父老都称赞他敦厚和睦。他又出任句容县令，清廉谨慎，博闻强记，县里百姓把他称为神明。宋明帝泰始初，他侍奉建安王刘休仁，刘休仁任命他为司徒参军，并向宋明帝推荐他，明帝提升他为明威将军、巴东与建平二郡太守。这二郡在长江三峡地区，以往的官吏一直是以武力来进行镇压。孙谦将要上任，明帝命令他招募一千人跟随。孙谦说：“蛮夷不肯归顺，是因为我们待他们不合礼节，又何必麻烦役使兵车，来耗费国家资财呢。”他坚决推辞不接受。到郡后，他广施恩惠，推行教化，蛮人与獠人十分亲近他，争相献上黄金与珍宝，孙谦加以抚慰劝喻，让他们回去安居乐业，所献的东西一无所受。对于原先抢掠的蛮人，孙谦也都将他们释放回家。自己俸禄中出于本郡官吏百姓的部分，他都免除不收。在他治理下，郡中安定，他的威信大增。齐高帝建元初，他担任宁朔将军、钱唐令，他以简便的方法处理繁杂的事务，以至狱中没有关押的囚犯。等到他离职时，百姓因为他在职时不接受百姓的礼物，用车装载缣帛等物追着要送给他，孙谦推辞不接受。每次离职时，因为自己没有私宅，就借官府空着的车马棚居住。齐明帝在密谋废立太子时，想任用孙谦为亲信。让他兼任卫尉，供给他卫士百人，孙谦不愿参与宗室内乱，就擅自遣散了卫士，明帝虽然没有怪罪他，但也不再重用他。梁武帝天监六年，孙谦离京担任辅国将军、零陵太守，虽然年龄已老，但他还是极力处理政务，官吏百姓都能安居乐业。这之前，郡中经常有老虎伤人，孙谦到任之后，就不见老虎的踪迹。到他离职的那天夜里，老虎又出来伤害当地百姓。孙谦担任郡县县令时，经常勤于劝说百姓进行耕作养蚕，务必将地利用到极致，因此，（百姓的）收入常比邻境多。天监九年，因他年老，被征召为光禄大夫。到任以后，梁武帝赞赏他的清廉，厚礼对待他，认为他很优异。每次朝见，孙谦仍然请求担任繁重的工作来效力。梁武帝笑着说：“我要用的是你的智慧，而不是你的气力。”孙谦自年轻到年老，历任二县、五郡的长官，所到之处，廉洁奉公。他生活俭省朴素，夏天没有蚊帐，

但晚上睡觉却没有蚊虫来侵扰他，别人都认为很奇怪。他年过九十，但身体强壮，与五十岁的人相仿，每次朝会，他都比众人先到公门。他努力施行仁义，自己所做的超过一般人很多。他的从兄孙灵庆曾在他家养病，他外出前及归来后都要去探问孙灵庆的起居情况。一次，孙灵庆说："先前喝的水冷热不调，现在还口渴。"孙谦退出后，便将妻子休了。有个彭城人刘融，讨饭病重，无家可归，他的朋友把他送到孙谦家，孙谦打开厅堂来接待他。刘融去世后，孙谦又以礼进行殡葬。众人都佩服孙谦的仁义作风。天监十五年，孙谦死于任上，当时已九十二岁。

（2009 年辽宁卷）

知识拓展（间）

周瑜欲出行，令鲁肃于其出行间（一定的空间或时间里）代职。途见草屋八九间（量词），令卒查之。少间（一会儿），屋内掷一纸出，令其取道后山间（从小路）行。小人间（间或）进言，欲令周瑜、鲁肃不和，鲁肃知小人间（挑拨）之，曰："吾二人之事，汝何间（参与）焉？"瑜闻之，于行间（间隙）致书一封于肃，令其将小人间（隔离）隔。肃曰："君子纳言须察其真。人进言理当如此，勿罚。"小人闻言甚愧，终不再言。

41 梁书·韦睿传

阅读提示

➢ 语言建构与运用

1. 加点字为文段中重、难点字词。
2. 下加_____为需要断句的文句。
3. 下加_____为需要翻译的文句。

➢ 文化传承与理解

1. 三辅：又称"三秦"，本指西汉武帝至东汉末年（前 104—220 年）期间，治理长安京畿地区的三位官员京兆尹、左冯翊、右扶风，同时指这三位官员管辖的地区京兆、左冯翊、右扶风三个地方。隋唐以后称"辅"。

2. 斗舰：古代一种装备较好的战船，自三国时期一直使用到唐代。船上设女墙，可高三尺，船下开擎棹孔。《武经总要》："斗舰者，船舷上设女墙可蔽半身，墙下开掣棹空，船内五尺又建棚与女墙，其棚上又建女墙重列。战士上无覆背，前后左右树牙旗金鼓。"

3. 太守：原是战国至秦朝时期对郡守的尊称，汉景帝更郡守为太守，为一郡的最高行政长官，除治民、进贤、决讼、检奸外，还可以自行任免所属掾史。历代沿袭不变。

正　文

韦睿，字怀文，京兆杜陵人也。自汉丞相贤以后，世为三辅著姓。外兄杜幼文为梁州刺史，要睿俱行。梁土富饶，往者多以贿败；睿时虽幼，独用廉闻。宋永光初，袁抃为雍州刺史，见而异之，引为主簿。

大军发郢，谋留守将，高祖难其人。久之，顾睿曰："弃骐骥而不乘，焉遑遑而更索。"即日以为冠军将军、江夏太守，行郢府事。初，郢城之拒守也，男女口垂十万，闭垒经年，疾疫死者十七八，皆积尸于床下，而生者寝处其上，每屋辄盈满。睿料简隐恤，咸为营理，于是死者得埋葬，生者反居业，百姓赖之。

初，肥水堰立，使军主王怀静筑城于岸守之。魏攻陷怀静城，千余人皆没。魏人乘胜至睿堤下，其势甚盛。军监潘灵佑劝睿退还巢湖，诸将又请走保三叉。睿怒曰："宁有此邪！将军死绥，有前无却。"因令取伞扇麾幢，树之堤下，示无动志。睿素羸，每战未尝骑马，以板舆自载，督厉众军。魏兵来凿堤，睿亲与争之，魏军少却，因筑垒于堤以自固。

睿起斗舰，高与合肥城等，四面临之。魏人计穷，相与悲哭。睿攻具既成，堰水又满，魏救兵无所用。魏守将杜元伦登城督战，中弩死，城遂溃。俘获万余级，牛马万数，绢满十间屋，悉充军赏。

睿每昼接客旅，夜算军书，三更起，张灯达曙。抚循其众，常如不及，故投募之士争归之。所至顿舍修立，馆宇藩篱墙壁，皆应准绳。

七年，迁左卫将军。会司州刺史马仙琕北伐还军，为魏人所蹑，三关扰动，诏睿督众军援焉。睿至安陆，增筑城二丈余，更开大堑，起高楼，众颇讥其示弱。睿曰不然为将当有怯时不可专勇是时元英复追仙琕将复邵阳之耻闻睿至乃退。

居朝廷，恂恂未尝忤视，高祖甚礼敬之。性慈爱，抚孤兄子过于己子。历官所得禄赐，皆散之亲故，家无余财。普通元年八月，卒于家，时年七十九。

初，邵阳之役，昌义之甚德睿，请曹景宗与睿会，因设钱二十万官赌之。景宗时与群帅争先启之捷，睿独居后，其不尚胜，率多如是，世尤以此贤之。

（节选自《梁书·韦睿传》）

思　考

下列对原文有关内容的分析和概括，不正确的一项是（　　）。

A. 韦睿出身名门望族，为官廉洁，梁州富饶，以往的官吏皆因收受贿赂而身败名裂；韦睿当时虽然年轻，却独因为廉洁而闻名

B. 韦睿爱护百姓，在代管郢州公务之初，面对触目惊心的惨烈局面，他料理抚慰，妥善安排，赢得了老百姓的信赖

C. 韦睿带兵，既体恤士兵，又身先士卒，每次作战都不骑马，而是乘坐板舆，监督激励大军

D. 韦睿是个情绪不稳定的性情中人，有时他以“将军死绥，有前无却”激励将士，有时又以“为将当有怯时，不可专勇”来为自己逃避战争找借口

答案：D

解析：D 项中“情绪不稳定的性情中人”和“为自己逃避战争找借口”对文意理解错误。

参考译文

韦睿，字怀文，京兆杜陵人。从汉丞相韦贤以后，世代都是三辅地区的望族。韦睿的表兄杜幼文是梁州刺史，邀请韦睿同行（同去梁州）。梁州很富饶，以前在那里做官的，大多由于收受贿赂而身败名裂；韦睿当时虽然年轻，却独因为廉洁而闻名。宋永光初年，袁抃担任雍州刺史，见到韦睿，认为他很不寻常，就引荐他担任主簿。

大军从郢州出发，高祖考虑留谁为守将，感到难以找到那样合适的人选。过了很久，高祖望着韦睿说：“抛弃眼前的千里马不骑，为什么还要匆匆忙忙四下寻觅呢？”当天就任命韦睿担任冠军将军、江夏太守，代管郢州公务。当初，齐军固守郢州城时，人口将近十万，经过一年的坚守，十分之七八的人因感染瘟疫而死亡，尸体都堆在床下，而活人就睡在上面，每间屋子都是满满的。韦睿料理抚慰，全都妥善安排，于是死者得以安葬，生者返回故居，重操旧业，老百姓都很信赖他。

当初，肥水堰筑成的时候，韦睿派军中负责人王怀静在岸边筑城守卫。魏军攻陷王怀静的城池，一千多守军全部战死。魏军乘胜攻到韦睿堤下，来势凶猛。军监潘灵佑劝韦睿退回巢湖，众将领又请求退守三叉城。韦睿愤怒地说：“岂能如此！将军退却要处死，只许前进不许后退。”于是命令取出仪仗旌旗等物，树立在堤堰下面，以表示决不退却的决心。韦睿身体一向瘦弱，每次作战都不骑马，而是乘坐板舆，监督激励大军。魏兵前来凿堤，韦睿亲自与敌人争夺，魏兵稍稍后退，韦睿趁机在堤上筑起营垒以加强防卫。

韦睿建造战船，高度与合肥城一样，四面逼近合肥城。魏军无计可施，聚在一起悲号痛哭。韦睿的攻城器械已经准备就绪，堤堰中的水也灌满了，魏军援兵又派不上用场。魏军守将杜元伦登城督战，中箭而死，合肥城于是崩溃。韦睿俘获了一万多名敌军，牛马一万多匹，布匹堆满了十间房，韦睿把这些都充作了军中犒赏。

韦睿常常白天接待宾客，夜晚研读兵书，三更天就点灯起床，直到天露曙色。抚慰部下，经常担心有不周到的地方，所以投奔而来的人都争相追随他。韦睿所到之处修建军营，（无论）房屋、栅栏、（还是）围墙，全都符合规范。

天监七年，韦睿升任左卫将军，恰逢司州刺史马仙琕北伐，率军返回，被魏国军队跟踪，一时各个边关骚动不已，高祖下诏命令韦睿率领各支军队前往支援。韦睿到达安陆，将城墙加高了二丈多，又挖掘深沟，筑起高楼，许多人讥讽他这是向敌人示弱。韦睿说：“这不是示弱，作为将领应当有畏惧的时候，不能一味争强斗狠。”当时元英仍在追击马仙琕，想雪邵阳战败之耻，得知韦睿到来，就退兵了。

韦睿身处朝廷，谦虚谨慎，从不与人抵触，高祖很敬重他。他秉性慈爱，善待已故兄长的儿子超过对自己的儿子。他为官所得的俸禄赏赐，全都送给亲友，家里没有多余的钱财。普通元年八月，在家中去世，终年七十九岁。

当初，邵阳战役之后，昌义之非常敬佩韦睿，请曹景宗和韦睿聚会，拿出钱二十万作赌金。曹景宗当时与众将争先恐后报捷，韦睿唯独甘居后人，他不求胜过别人，大都像这样，当时的人们尤其因为这点推崇他。

知识拓展（假）

苏武送匈奴使留汉者归国，与副将张胜及假（临时充任）吏常惠等募士百余人同行。途遇险滩，假（借助）舟而渡，至匈奴，方知匈奴使假（假的）也。州官闻知，急令属下捕之，属下求假（假期），州官不许，乃往。

42　陈书·谢贞传

阅读提示

➢ 语言建构与运用

1. 加点字为文段中重、难点字词。
2. 下加_____为需要断句的文句。
3. 下加_____为需要翻译的文句。

➢ 文化传承与理解

1.《陈书》："二十四史"之一，唐代姚思廉所著，记载了自陈武帝陈霸先即位至陈后主陈叔宝亡国前后 33 年间的史事。《陈书》共 36 卷，其中本纪 6 卷，列传 30 卷，无表、志。

2. 散骑常侍：官名。秦汉设散骑（皇帝的骑从）和中常侍，三国魏时将其并为一官，称"散骑常侍"。在皇帝左右规谏过失，以备顾问。晋以后，增加员额，称员外散骑常侍，或通直散骑常侍，往往与闻要政。南北朝时属集书省，隋代属门下省，唐代分属门下省和中书省，在门下省者称左散骑常侍，在中书省者称右散骑常侍。

3. 受禅：亦作"受嬗"。禅让是中国上古时期推举部落首领的一种方式，即部落个人表决，以多数决定。后来指王朝更迭，新皇帝承受旧帝让给的帝位。也有以禅让之名，行夺权之实的。

正 文

谢贞，字元正，陈郡阳夏人，晋太傅安九世孙也。父蔺，正员外郎，兼散骑常侍。贞幼聪敏，有至性。祖母阮氏先苦风眩，每发便一二日不能饮食，贞时年七岁，祖母不食，贞亦不食，亲族莫不奇之。母王氏，授贞《论语》《孝经》，读讫便诵。八岁，尝为《春日闲居》五言诗，从舅尚书王筠奇其有佳致，谓所亲曰："此儿方可大成，至如'风定花犹落'，乃追步惠连[1]矣。"年十三，略通《五经》大旨。尤善《左氏传》，工草隶虫篆。十四，丁父艰，号顿于地，绝而复苏者数矣。初，父蔺居母阮氏忧，不食泣血而卒。家人宾客惧贞复然，从父洽族兄皓乃共往华严寺，请长爪禅师为贞说法。仍谓贞曰："孝子既无兄弟，极须自爱，若忧毁灭性，谁养母邪？"自后少进馇粥。

太清之乱，亲属散亡，贞于江陵陷没，皓逃难番禺，贞母出家于宣明寺。及高祖受禅，皓还乡里，供养贞母，将二十年。太建五年，贞乃还朝。及始兴王叔陵为扬州刺史，引祠部侍郎阮卓为记室，辟贞为主簿。贞度叔陵将有异志因与卓自疏于王每有宴游辄辞以疾未尝参预叔陵雅钦重之弗之罪也。俄而高宗崩，叔陵肆逆，府僚多相连逮，唯贞与卓独不坐。

后主仍诏贞入掌中宫管记，迁南平王友。府长史汝南周确新除都官尚书，请贞为让表，后主览而奇之。尝因宴席问确曰："卿表自制邪？"确对曰："臣表谢贞所作。"后主因敕舍人施文庆曰："谢贞在王处，未有禄秩，可赐米百石。"

至德三年，以母忧去职。顷之，敕起还府。贞累启固辞，敕报曰："虽知哀茕在疚，而官俟得才，可便力疾还府也。"贞哀毁羸瘠，终不能之官舍。时尚书右丞徐祚、尚书左丞沈客卿俱来候贞，见其形体骨立，祚等怆然叹息。吏部尚书姚察与贞友善，及贞病笃，察往省之，问以后事。贞曰："弱儿年甫六岁，情累所不能忘，敢以为托耳。"是夜卒。后主问察曰："谢贞有何亲属？"察因启曰："贞有一子年六岁。"即有敕长给衣粮。

（节选自《陈书·谢贞传》，有删改）

【注】① 惠连：即谢惠连，南朝宋文学家。

思 考

下列对原文有关内容的理解和分析，表述不正确的一项是（　　）。

A. 谢贞天性聪慧，小时候读过不少典籍，有的读过就能背诵，有的粗通大意；他八岁时写的诗就深得长辈称赞

B. 谢贞受府长史周确委托，为他撰写辞让都官尚书的表文。陈后主读过之后，怀疑该表文不是周确亲笔所作

C. 谢贞非常孝顺，小时候祖母因病难以进食，他便也不进食；父亲去世他悲痛欲绝，之后，奉养母亲未曾间断

D. 母亲去世后，谢贞一心守丧，极度悲痛，骨瘦如柴，令人叹息。他忧病而死后，后主

下令长期供他儿子吃穿

答案：C

解析：C 项中“之后，奉养母亲未曾间断”不正确。文中“太清之乱，亲属散亡，贞于江陵陷没，皓逃难番禺，贞母出家于宣明寺”，这一时期未能孝顺母亲。

参考译文

谢贞，字元正，陈郡阳夏人，晋太傅谢安的九世孙。父亲谢蔺，正员外郎，兼散骑常侍。谢贞自幼聪敏，有卓绝的品性。他的祖母阮氏生前苦于风眩病折磨，每次发病就一两天不能吃饭。谢贞当时七岁，祖母不吃饭，他也不吃饭，亲戚没有不对此感到惊奇的。母亲王氏，教谢贞学《论语》和《孝经》，谢贞读完就能背诵。八岁时，谢贞曾经写作了《春日闲居》一诗，堂舅尚书王筠惊奇他有高雅的情趣，对亲戚说：“这个孩子将来会成大器。像‘风定花犹落’这句，就赶上了谢惠连的才华。”十三岁时，谢贞大致通晓了《五经》的要义。尤其擅长《左氏传》，擅长于草隶虫篆。十四岁时，遭逢父亲去世，谢贞号哭倒在地上，昏倒而又苏醒的情况有多次。当初，父亲谢蔺因母亲阮氏去世，不吃饭哭泣到眼中出血而死。家人宾客害怕谢贞也会这样，叔父谢洽、族兄谢皓于是共同前往华严寺，请禅师来为谢贞说法，禅师于是对谢贞说：“孝子既然没有兄弟，就极须爱护自己，如果哀伤过度损害身体，谁来赡养你的母亲呢？”从这以后谢贞才稍微吃一点稠粥。

在太清年间的动乱中，亲属散亡，谢贞在江陵落入敌手。谢皓逃难到番禺，贞母出家在宣明寺。及高祖即位，谢皓回到乡里，供养贞母，将近二十年。太建五年，谢贞才回朝。等到始兴王叔陵担任扬州刺史时，推荐祠部侍郎阮卓担任记室之职，征召谢贞做主簿。谢贞揣度叔陵将会有叛逆之心，于是就和阮卓主动疏远他，每当有宴会交游，总是以患病为借口推辞，不曾参与，叔陵向来钦佩看重他，没有怪罪他。不久高宗驾崩，叔陵叛逆作乱，叔陵府中的属官先后受到牵连而被拘捕，唯独谢贞与阮卓没有获罪。

陈后主于是下诏让谢贞入宫担任中宫管记一职，改任南平王友。府长史汝南的周确刚被任命为都官尚书，请求谢贞为他撰写辞让的奏章，后主看过后认为奏章写得很不寻常。后主曾经趁着宴席的机会问周确：“你的奏章是你自己写的吗？”周确回答说：“我的奏章是谢贞写的。”后主就下令给舍人施文庆说：谢贞在平南王处，没有俸禄，可以赏赐给谢贞一百石米。

至德三年，谢贞因母亲去世而离职。不久，朝廷下诏让他回来任原职。谢贞多次上奏坚决推辞，朝廷答复说：“虽然知道你内心哀痛，但官府急等用人，你可以立即回官府任职。”谢贞哀伤过度身体瘦弱，最终也没能到官府任职。当时尚书右丞徐祚、尚书左丞沈客卿一同来看望谢贞，见到他瘦骨伶仃，两人悲伤感叹。吏部尚书姚察与谢贞交好，到谢贞病重时，前去探望，询问身后之事。谢贞说：“我的儿子年龄刚满六岁，我为亲情所累不能忘怀，冒昧地把他托付给你。”这天晚上谢贞就去世了。后主问询道：“谢贞有什么亲属吗？”姚察就回禀说：“谢贞有一个儿子年满六岁。”后主立即下令，长久地供给吃穿用度。

（2017 年山东卷）

知识拓展（见）

昭君天生丽质，入宫后则无人问津。后匈奴朝见（拜见）汉元帝，求和亲。元帝见（召见）昭君，方知其绝色，有悔，乃悟见（表被动）欺，而事成定局，遂放行。昭君至胡地，风吹草低见（通“现”）牛羊，思及新人，恐再无相见（见面），悲从中来，叹曰：“昔入宫时，父母见（放在动词前，表示对自己怎么样，相当于‘我’）叮咛，音犹在耳。今日一去，永生不得见（看见）矣！”言讫泪落，大雁亦为之坠。

43　魏书·胡叟传

阅读提示

➢　语言建构与运用

1. 加点字为文段中重、难点字词。
2. 下加＿＿＿为需要断句的文句。
3. 下加＿＿＿为需要翻译的文句。

➢　文化传承与理解

1.《魏书》：北齐人魏收所著的一部纪传体断代史书，“二十四史”之一，记载了公元 4 世纪末至 6 世纪中叶北魏王朝的历史。

2. 冠冕：指冠帽的总称，又指高官高位。《后汉书·郭太传》：“贾淑虽世有冠冕，而性险害，邑里患之。”

3. 京兆：汉朝京畿都城地域的名称，是周朝王畿、秦代京畿之后对都城辖域的称谓。也指国都所在地区的行政长官，即京兆尹。

正　文

胡叟，字伦许，安定临泾人也。世有冠冕，为西夏著姓。叟少聪敏，年十三，辨疑释理，知名乡国。其意之所悟，与成人交论，鲜有屈焉。学不师受，友人劝之，叟曰：“先圣之言，精义入神者，其唯《易》乎？犹谓可思而过半。末世腐儒，粗别刚柔之位，宁有探赜[①]未兆者哉？就道之义，非在今矣。”及披读群籍，再阅于目，皆诵于口。好属文，既善为典雅之词，又工为鄙俗之句。以姚政将衰，遂入长安观风化，隐匿名行，惧人见知。时京兆韦祖思，少阅典坟，多蔑时辈，知叟至，召而见之。祖思习常，待叟不足，叟聊与叙温凉，拂衣而出。祖思固留之，曰：“当与君论天人之际，何遽而反乎？”叟对曰：“论天人者其亡久矣，与君相知，何夸言若是也。”遂不坐而去。至主人家，赋韦杜二族，一宿而成，时年十有八矣。其述前载无违旧美叙中世有协时事而末及鄙黩人皆奇其才畏其笔。世犹传诵之，以为笑狎。

叟孤飘坎壈，未有仕路，遂入汉中。刘义隆梁、秦二州刺史冯翊吉翰，以叟才士，颇相礼接。授叟末佐，不称其怀。未几，翰迁益州，叟随入蜀，多为豪俊所尚。时蜀沙门法成，鸠率僧旅，几于千人，铸丈六金像。刘义隆恶其聚众，将加大辟。叟闻之，即赴丹阳，启申其美，遂得免焉。复还于蜀。法成感之，遗其珍物，价直千余匹。叟谓法成曰：“纬萧何人，能弃明珠？吾为德请，财何为也？”一无所受。

（节选自《魏书·胡叟传》）

【注】探赜：探索深奥的道理。

思　考

下列对原文有关内容的赏析，不正确的一项是（　　）。

A. 胡叟与友人的交谈，显示出他对经典的独特见解，以及对当时那些缺乏真才实学的读书人的不屑

B. 文章叙述了胡叟在京城受人召见的过程，刻画出他言辞犀利，不能容忍他人怠慢自己的性格特征

C. 文章通过对胡叟为僧人解难一事的叙述，赞美胡叟敢为他人仗义执言但又不求回报的高尚品德

D. 胡叟聪敏过人，少年成名，但因恃才傲物，言行偏激，得罪了京兆尹韦祖思，以致仕途受阻，一生坎坷

答案：D

解析：D 项中“得罪了京兆尹韦祖思，以致仕途受阻，一生坎坷”有误，文中并没有写他得罪京兆韦祖思，他“仕途受阻，一生坎坷”也与韦祖思没有关系。

参考译文

胡叟，字伦许，是安定临泾人。家中历代高官，是西夏著名豪族。胡叟幼时聪慧，十三岁时就能辩答疑问解释事理，闻名于乡里，他所感悟的见解，与成人辩论，很少有理屈的。学问上不接受师傅传授，友人劝勉他，胡叟说：“先圣的言论，精义传神的，大概只有《易》吧！（我）还是认为它值得思考的地方过半。（至于）末世迂腐的读书人，只略微转变刚柔的地位，哪里有探索深奥的道理而没有征兆的呢？接近真理的精义，不一定在今世了。”他博览

群书，精读两次，就能在口中背诵出来。（胡叟）喜欢写文章，既善于写典雅的词句，又精通通俗的词句。因为姚政将衰，于是（他）来到长安观察风俗民情，不露姓名，隐藏行踪，害怕别人认出。当时的京兆尹韦祖思，读了一些典章，就蔑视当时的人，知道胡叟到此地，召他见面。祖思像寻常习惯一样，招待胡叟不周到。胡叟只是与祖思说了几句天气冷暖的话，就拂衣而出了。祖思坚决挽留胡叟，说："正想同你谈论天人的时候，为什么急匆匆地要回去呢？"胡叟回答说："谈论天人的人大概消亡很久了，同你互相了解，何必像这样夸耀自己啊。"于是不落座就离开了。到了主人家，为韦、杜二族作赋，一夜就写完成，当时他年龄十八岁。他的文章记述前人的记载，不违背以前的美好，叙述中世之事，有时调和当时的事，又稍涉轻贱侮慢之词。人们都以他的才华为奇，害怕他犀利的文笔。世人还传诵他的文章，认为（他的文章）纯属玩笑不庄重。

胡叟孤身飘零困顿坎坷，没有做官入仕的途径，于是进入汉中。刘义隆时梁、秦二州的刺史冯翊字吉翰，认为胡叟是有才之士，对他相当地礼待。授予胡叟低级僚属之职，不能满足（胡叟）心意。没有多久，吉翰调往益州做官，胡叟随他进入蜀地，多被豪俊所尊崇。当时蜀地的和尚法成，纠集带领僧人近千人，铸造了丈六高的金像。刘义隆憎恨法成聚众，将杀了他。胡叟听到这件事，马上赶赴丹阳，上奏申诉法成的好事，于是法成得以免罪。（胡叟）又返回到蜀地。法成感激胡叟，赠送胡叟珍贵的物品，价值千余匹绸。胡叟对法成说："纬萧是什么人，能舍弃明珠？（他能审时度势、不为利所蔽）我为德行而请命，拿钱财干什么？"一点也不接受法成所赠的礼物。

（2010 年浙江卷）

知识拓展（或）

李蟠求学于韩愈以解其或（通"惑"，迷惑），愈戒之曰："世人有疑，或（有的）师焉，或否焉，小学而大遗，非明智之举也。"李蟠闻罢，安心于学，乃有所成，众人以为愈之功。后或（有人）责愈，以为童子为学，当顺其自然，其功或（或者）未易量。

44　周书·贺兰祥传

阅读提示

➢　语言建构与运用

1. 加点字为文段中重、难点字词。
2. 下加_____为需要断句的文句。
3. 下加_____为需要翻译的文句。

➢ 文化传承与理解

1.《周书》:“二十四史”之一，唐代令狐德棻主编，参加编写的还有岑文本和崔仁师等人。《周书》共 50 卷，含本纪 8 卷、列传 42 卷。《周书》不只是记述西魏及北周皇朝的史事，还兼顾了同时代的东魏、北齐、梁与陈四朝的重大史事，对于帝位更迭、重大动乱皆详加载明，反映了当时中国历史发展的大势及纷繁的历史风貌。《周书》文笔简洁爽劲，清代史家赵翼说它“叙事繁简得宜，文笔亦极简劲”。

2. 进爵为公：爵位高低分别为王、公、侯、伯、子、男等，各朝各代略有不同。秦汉后封爵都有一定食邑，但渐渐不是自己征收，而是改由王朝拨给。后来食邑变成了一种虚名，只有在爵位前加所谓“食实封”若干户，才能享有相应的封户租税，或从国家领得一定封赐。

3. 奉朝请：汉晋时期给予闲散大官的优惠待遇。古称春季的朝见为“朝”，秋季的朝见为“请”。奉朝请者，即有参加朝会的资格。东汉对罢省的三公、外戚、宗室、诸侯，给以此名，使得岁时朝见，以示优待。后在官名上加此字样，如晋宗室外戚为奉车、驸马、骑都尉等，皆奉朝请，表示有享此待遇的资格，实非官名。

正 文

贺兰祥字盛乐。其先与魏俱起，后有以良家子镇武川者，遂家焉。父初真，少知名，为乡闾所重。尚[①]太祖姊建安长公主。祥年十一而孤，居丧合礼。长于舅氏，特为太祖所爱。虽在戎旅，常博延儒士，教以书传。太祖初入关，祥与晋公护俱在晋阳，后乃遣使迎致之。年十七，解褐[②]奉朝请，加威烈将军。祥少有胆气，志在立功。寻擢补都督，恒在帐下。从平侯莫陈悦，又迎魏孝武。以前后功封抚夷县伯仍从击潼关获东魏将薛长孺又攻回洛城拔之。还，拜左右直长，进爵为公。

十四年，除都督、荆州刺史，进爵博陵郡公。先是，祥尝行荆州事，虽未期月，颇有惠政。至是重往，百姓安之。由是汉南流民襁负而至者，日有千数。远近蛮夷，莫不款附。祥随机抚纳，咸得其欢心。时盛夏亢阳，祥乃亲巡境内，观政得失。见有发掘古冢，暴露骸骨者，乃谓守令曰：“此岂仁者之为政耶!”于是命所在收葬之，即日澍雨。是岁，大有年。州境先多古墓，其俗好行发掘，至是遂息。

祥虽太祖密戚，性甚清素。州境南接襄阳，西通岷、蜀，物产所出，多诸珍异。时既与梁通好，行李往来，公私赠遗，一无所受。梁雍州刺史、岳阳王萧詧[③]钦其节俭，乃以竹屏风、絺绤[④]之属及经史赠之。祥难违其意，取而付诸所司。太祖后闻之，并以赐祥。

十六年，拜大将军。太祖以泾、渭溉灌之处，渠堰废毁，乃命祥修造富平堰，开渠引水，东注于洛。功用既毕，民获其利。

周孝闵帝践祚，进位柱国，迁大司马。时晋公护执政，祥与护中表，少相亲爱，军国之事，护皆与祥参谋。

武成初，吐谷浑侵凉州，诏祥与宇文贵总兵讨之。祥乃遣其军司檄吐谷浑，遂与吐谷浑广定王、钟留王等战，破之。因拔其洮阳、洪和二城，以其地为洮州。抚安西土，振旅而还。进封凉国公。保定二年薨，年四十八。谥曰景。

（节选自《周书·贺兰祥传》）

【注】① 尚：指娶公主为妻。② 解褐：指脱去布衣担任官职。③ 詧（chá）：人名。④ 絺绤（chī xì）：葛布的统称。

思　考

下列对原文内容的分析和概括，不正确的一项是（　　）。

A. 贺兰祥出身贵族，年少丧父，守孝符合礼仪；在舅舅家长大，很受太祖钟爱，虽然在军旅中，却不断多方聘请儒生教自己学习典籍

B. 贺兰祥少时就有胆略勇气，志在建立功业，从十七岁开始担任官职，后来在对东魏和吐谷浑的战斗中，都获得胜利，官爵得到晋升

C. 贺兰祥的母亲是周太祖的姐姐，他虽然是太祖的近亲，但是品性清正俭素；他的节俭作风也受到邻国雍州刺史、岳阳王萧詧的钦敬

D. 贺兰祥一直受到太祖的依赖，多次被委以重任；周孝闵帝即位之后，执掌朝政的晋公护对他也非常倚重，军国大事都与他商议谋划

答案：A

解析：A 项中“出身贵族”错误。

参考译文

贺兰祥，字盛乐。他的祖先和北魏一同兴起，其后代有凭良家子的身份镇守武川的，最终就在那里安家。贺兰祥的父亲贺兰初真，年轻时就已有名气，被乡里看重。后来他娶太祖的姐姐建安长公主为妻。贺兰祥十一岁就死了父亲，在服丧期间举止都符合礼仪。他在舅舅家里长大，特别被太祖钟爱。虽然在军队里，但常多方请儒士，教他读诗书经传。太祖刚进关的时候，贺兰祥与晋公护都在晋阳，后来（周太祖）才派遣使臣迎接他们到身边来。贺兰祥十七岁时，出仕担任奉朝请一职，加任威烈将军。贺兰祥年轻时就有胆量有勇气，志在立功。不久提拔补任为都督，常在军中。他曾参与平定侯莫陈悦。又曾迎请魏孝武帝。依靠前后的功劳，朝廷封他为抚夷县伯。随后又随军攻打潼关，俘获东魏将领薛长孺。又攻回洛城，并攻克下来。回来以后，官拜左右直长，晋升爵位为公。

大统十四年，朝廷授任他为都督、荆州刺史，提升爵位为博陵郡公。在这之前，贺兰祥曾经兼任过荆州事务，虽然不满一个月，但很有德政。到这次重新前往就任，百姓因他的到来而感到很安心。因此汉水南岸的流民，每天就有几千人背着婴儿前来安居。远近的蛮夷，

没有不诚心归附的。贺兰祥顺应时机安抚招纳，全都得到他们的欢心。当时正值盛夏发生了旱灾，贺兰祥就亲自巡视境内，检察政事的得失。他看见有人挖掘古墓，使尸骨暴露，就对守令说："这难道是仁德之人治理的效果吗？"于是命令当地官员收殓尸骨，重新埋葬，结果当天就下了及时雨。这一年大丰收。州郡境内原先有很多古墓，当时的百姓有自行挖掘的习惯，到这时终于停止了。

贺兰祥虽然是太祖的近亲，但他的品性很是清廉。荆州南接襄阳，西通岷蜀，出产的物品，很多是珍贵奇异的东西。当时已经与梁国互通友好，使者往来，公私赠送的礼品，贺兰祥一概都不接受。梁国雍州刺史、岳阳王萧詧很钦佩他的节俭，就将竹屏风、葛布之类以及经史典籍赠送给他。贺兰祥难以违背对方的好意，就收下来交付给有关部门。太祖后来听说了这件事，就把这些物品一并赏赐给他。

大统十六年，被任命为大将军。太祖因为泾水、渭水灌溉的地方，渠堰废弃损毁，就命令贺兰祥修造富平堰，开渠引水，往东流入洛水。工程完工之后，百姓都得到了便利。

周孝闵帝即位，贺兰祥提升为柱国，又升任大司马。当时晋公护执政，贺兰祥与晋公护是中表亲戚，从小关系就很密切，统军治国的大事，晋公护都和贺兰祥一起参与谋划。

武成初年，吐谷浑侵犯凉州，皇帝下诏命令贺兰祥和宇文贵统领兵马去征讨。贺兰祥就派他的军司递交一道檄文给吐谷浑。于是与吐浑广定王、钟留王等交战，大败敌军。又乘胜攻取他们的洮阳、洪和两城，把那些地方改为洮州。安抚西边国土的百姓后，才整顿大军班师。朝廷进封他为国公。保定二年，贺兰祥去世，终年四十八岁。谥号为景。

（2010 年安徽卷）

知识拓展（解）

庖丁为文惠君解（解剖）牛。王见其技甚高，疑之，庖丁解（解除）其惑也。文惠君方解（理解）其理，色少解（缓解）。文惠君后以此道治国，终解（消除）内忧外患。

45 隋书·梁彦光传

阅读提示

➢ 语言建构与运用

1. 加点字为文段中重、难点字词。
2. 下加_____为需要断句的文句。
3. 下加_____为需要翻译的文句。

➢ 文化传承与理解

1.《隋书》："二十四史"之一，是唐代魏征主编的纪传体史书。全书共 85 卷，其中帝纪 5 卷、列传 50 卷、志 30 卷，记载了隋文帝开皇元年（581 年）至隋恭帝义宁二年（618 年）共 38 年间的历史。

2. 经史：经，经书，指儒家经典著作；史，史书，即正史。亦可泛指我国古代典籍。

3. 秘书郎：官名。魏晋时置，属秘书省，掌管图书经籍。或称秘书郎中。唐代曾改称兰台郎。历代多另设校书郎，校勘典籍，以秘书郎专掌图书收藏及抄写事务。

4. 宾贡之礼：古代地方向朝廷推举人才时，待以宾礼，贡于京师。

正　文

梁彦光，少聪慧，有至性，其父每谓所亲曰："此儿有风骨，当兴吾宗。"入太学，略涉经史，有规检，造次必以礼。解褐秘书郎，时年十七。累迁岐州刺史。后数岁，转相州刺史。

彦光前在岐州，其俗颇质，以静镇之，合境大化，奏课连最，为天下第一。及居相州，如岐州法。邺都[①]杂俗，人多变诈，为之作歌，称其不能理化。上闻而谴之，竟坐免。

岁余，拜赵州刺史。彦光言于上曰："臣前待罪相州，百姓呼为'戴帽饧[②]'。臣自分废黜，无复衣冠之望，不谓天恩复垂收采。请复为相州，改弦易调，庶有以变其风俗，上答隆恩。"上从之，复为相州刺史。

豪猾者闻彦光自请而来，莫不嗤笑。彦光下车，发擿[③]奸隐，有若神明，于是狡猾之徒莫不潜窜，合境大骇。相州人情险诐，彦光欲革其弊，乃用秩俸之物，招致山东大儒，每乡立学，非圣哲之书不得教授。常以季月召集之亲临策试有勤学异等聪令有闻者升堂设馔。及大成，当举，行宾贡之礼，又于郊外祖道，并以财物资之。于是人皆克励，风俗大改。有滏阳人焦通，事亲礼阙，为从弟所讼。彦光弗之罪，将至州学，令观于孔子庙。于时庙中有韩伯瑜母杖不痛、哀母力弱、对母悲泣之像，通遂感悟，既悲且愧，若无自容。彦光训谕而遣之，后改过励行，卒为善士。以德化人，皆此类也。

（节选自《隋书·梁彦光传》）

【注】① 邺都：邺城，相州治所。② 饧：饴糖。③ 发擿：揭发。

思　考

梁彦光两次治理相州，成败迥异，请具体分析其原因。

答案：梁彦光第一次治理相州时，没有针对相州多诡诈的风气，沿用了在岐州时“以静镇之”的方法，导致失败。第二次治理相州时，一方面揭发坏人坏事，严惩狡猾之徒，另一方面立学兴儒，以德化人，取得成功。

解析：此题需要在全面理解文意的基础上，对梁彦光前后的做法比较分析，抓住关键，准确表达。

参考译文

梁彦光，小时候很聪慧，有很高的天赋，他的父亲常对亲近的人说：“这孩子有风骨，将会使我的家族兴盛起来。”彦光到太学学习，大致涉猎经史，循规蹈矩，自我约束，匆忙中举止也一定有礼节。开始做官当秘书郎时，年仅十七岁。多次升迁担任岐州刺史，过了几年，又转任相州刺史。

彦光以前在岐州，那里民风淳朴，他以宽缓平和的办法来治理那里，全州被教化得很好，上交的赋税连年最多，为天下第一。等到了相州府衙，还是沿用在岐州的办法。但邺都人口杂居，民风不纯，人很狡诈，给彦光编歌谣，说他不能治理教化这个地方。高祖听说后责备彦光，彦光最终获罪免官。

一年多后，任命他为赵州刺史。彦光对高祖说：“我以前在相州获罪，百姓说我是‘戴帽饧’。我自以为官已罢免了，就不再抱做官的希望，不想皇上施恩，又起用我。我请求重新做相州刺史，改变以前的治理办法，希望能改变那里的民风，以报答皇上的厚恩。”高祖同意了，彦光又出任相州刺史。

相州的豪强地痞听说彦光是自己请求来相州的，没有不嗤笑的。彦光刚一上任，就揭发指斥奸邪之人的罪行，像有神灵指引一样，从此狡诈之徒没有不潜逃的，相州全境大为震惊。这里人心险恶，行为偏颇，彦光想革除这些弊端，就用官俸从崤山之东请来大学问家，每乡都设立学堂，非圣人先哲的书不得教授。常在每季最后一个月召集他们，亲自进行考试，有特别勤奋好学、聪明闻名的，在厅堂设宴席。到学习有大的成就，彦光就向朝廷推荐他们，举行宾礼，又在郊外为他们设宴送行，并且赠送他们财物资助他们。于是人人都能励志学习，风俗大为改观。有个滏阳人叫焦通，侍奉父母礼数甚缺，被堂弟诉告到公堂。彦光没有对他问罪，而带着他到州学，让他到孔子庙去观看效法。在这时候，庙里有韩伯瑜被母亲杖打而不觉疼，为母亲没有力气而悲伤，就对着母亲悲泣的画像。于是焦通感悟了，既悲伤又惭愧，无地自容，彦光教训了一通就打发他走了。后来焦通改正错误，行为规矩，最终成为善士。以德来感化人，彦光都是这类做法。

（2015 年上海卷）

知识拓展（举）

宋义亡，众豪杰举（推举）项羽为帅。怀王与诸将约定先入咸阳者为王，不意刘邦先举（攻取）咸阳，项羽设宴于鸿门，欲杀刘邦，然意不决，范增举（举起）玉玦促之。樊哙闯入，声讨秦王杀人如不能举（尽，全都），且举（举出）沛公待项王之事，告项王莫令事不举（成功）。

46 隋书·韩擒虎传

阅读提示

➤ 语言建构与运用

1. 加点字为文段中重、难点字词。
2. 下加____为需要断句的文句。
3. 下加____为需要翻译的文句。

➤ 文化传承与理解

1. 仪同三司：官名，始于东汉。本意指非三公（司马、司徒、司空）而给以与三公同等的待遇。魏晋以后，将军开府置官属者称开府仪同三司。

2. 袭爵：指原有爵位的第一继承人（世子）承袭原有爵位，对于世子以外的其余继承人则减等袭爵。

3. 朱雀门：曾是唐皇城的正南门，因四像中的朱雀代表南方而得名。门下是唐长安城的中轴线朱雀大街。隋唐时，皇帝常在这里举行庆典活动。

正 文

韩擒字子通，河南东垣人也，后家新安。少慷慨，以胆略见称，容貌魁岸，有雄杰之表。性好书，经史百家皆略知大旨。周太祖见而异之，令与诸子游集。后以军功，稍迁仪同三司，袭爵新义郡公。武帝伐齐，齐将独孤永业守金墉城，擒说下之。进平范阳，拜永州刺史。陈人逼光州，擒以行军总管击破之。高祖作相，迁和州刺史。陈将频寇江北，前后入界。擒屡挫其锋，陈人夺气。开皇初高祖潜有吞并江南之志以擒有文武才用夙著声名于是委以平陈之任甚为敌人所惮及大举伐陈，以擒为先锋。擒率五百人宵济，袭采石，守者皆醉，擒遂取之。进攻姑熟，半日而拔，次于新林。江南父老素闻其威信，来谒军门，昼夜不绝。陈人大骇，其将相继降之。晋王广上状，高祖闻而大悦，宴赐群臣。陈叔宝遣领军蔡征守朱雀航，闻擒将至，众惧而溃。任蛮奴为贺若弼所败，弃军降于擒。擒以精骑五百，直入朱雀门。陈人欲战，蛮奴㧑①之曰："老夫尚降，诸君何事！"众皆散走。遂平金陵，执陈主叔宝。时贺若弼亦有功。乃下诏于晋王曰："此二公者，深谋大略，东南逋寇，朕本委之，静地恤民，悉如朕意。九州不一，已数百年，以名臣之功，成太平之业，天下盛事，何用过此！闻以欣然，实深庆快。平定江表，二人之力也。"赐物万段。先是，江东有歌谣曰："黄斑青骢马，发自寿阳涘，来时冬气末，去日春风始。"皆不知所谓。擒本名虎，平陈之际，又乘青骢马，往反时节与歌相应，至是方悟。其后突厥来朝，上谓之曰："汝闻江南有陈国天子乎？"对曰："闻之。"上命左右引突厥诣擒前，曰："此是执得陈国天子者。"擒厉然顾之，突厥惶恐，不敢仰视，其有威容如此。俄征还京，上宴之内殿，恩礼殊厚。无何，因寝疾，数日竟卒，时年五十五。

（节选自《隋书·韩擒虎传》）

【注】① 撝（huī）：挥手呵斥。

思　考

下列对原文有关内容的分析和概括，不正确的一项是（　　）。

A. 韩擒自小以有胆略知名，容貌魁伟，有豪杰的仪表。周太祖很赏识他，让儿子与他交往。在任职刺史后，屡次击败陈军的侵扰，使陈人丧失了锐气

B. 韩擒揣摩高祖有吞并江南的志向，在伐陈时担任先锋。他率领五百人，半日攻下姑熟，陈人大惊，其将领相继投降。高祖闻讯十分喜悦，大宴群臣

C. 韩擒声名令陈军感到恐惧，陈叔宝遣部下镇守朱雀航，但军士逃散。其时贺若弼打败陈将任蛮奴也有军功，高祖在表彰韩擒的同时也表彰了贺若弼

D. 韩擒平陈的经历与此前江东的歌谣相应，当时人们不知歌谣何意，平陈之后才得以明白。韩擒被征召回京后，深受皇上礼遇，但不久却因急病而死

答案：B

解析错：B 项中"韩擒揣摩高祖有吞并江南的志向"与原文不符。

参考译文

韩擒，字子通，河南东垣人，后来居住在新安。他从小就刚直不阿，凭借胆识谋略被颂扬，容貌魁伟，有豪杰的仪表。他生性喜爱读书，对于各种经书他都能大略地知道其主要意思。周太祖看见了他之后认为他与众不同，常让他和儿子们在宫中交游。后来因为军功，韩擒逐渐升职为仪同三司，后又承袭父亲的爵位，被授为新义郡公。武帝讨伐齐国，齐国的大将独孤永业镇守金墉城，韩擒说服了他使他投降。（后来）韩擒率军北上平定范阳，被授予永州刺史。陈军进逼光州，韩擒凭借行军总管的身份击退陈军对光州的进攻。高祖任宰相的时候，韩擒升任为和州刺史。陈地的将领频繁地侵犯江北地区，先后进入江北地区。韩擒多次挫败其先锋部队，使陈军丧失斗志。开皇初年，高祖暗中有吞并江南的意图，因为韩擒能文

能武，一向有好的名声，于是就把平定陈地的任务交给了他，这让敌人非常害怕。等到大举进攻陈地的时候，任命韩擒为先锋。韩擒率领五百人连夜渡河，袭击采石，守门的人还都沉醉不醒，韩擒随即就攻下了采石。进攻姑熟的时候，仅用半天时间就攻下了城池，驻扎在新林。江南的人们一向听说他的威名，都来到军队的门口拜见，白天黑夜都不断绝。陈地的人非常吃惊，那里的将领都相继投降。晋王广写奏折上报，高祖听了非常高兴，设宴赏赐大臣。陈叔宝派遣领军蔡征镇守朱雀航，听说韩擒将要到来，众人害怕得四散而逃。任蛮奴被贺若弼打败，放弃军队向韩擒投降。韩擒率领精锐的骑兵五百人，径直进入了朱雀门。陈国人想要应战，任蛮奴挥手呵斥说："我尚且投降了，各位要做什么！"众人都四散逃跑。于是平定了金陵，捉住了陈叔宝。当时贺若弼也有功劳。皇上于是下诏对晋王说："这两个人，深谋远虑，在不同的地方让敌人溃逃，他们二人本来就是我任命的，他们使地方安宁，抚恤百姓，也非常符合我的心意。天下不统一，已经好几百年了，凭借着大臣的功劳，成就了太平的基业，这是天下的盛事啊，还有什么能超过这些呢？听到这非常高兴，实在是应该庆贺。平定江南地区，是他们两个人的功劳。"赐给两人好多财物。在这之前，江东有民谣说："黄斑青骢马，从寿阳水边上来，来的时候是冬天啊，离开时春天就到了。"众人都不知道这说的是什么。韩擒本名叫虎，平定陈地的时候，又骑着青骢马，他往返的季节也正好和歌谣相对应，到这时大家才恍然大悟。后来突厥使者来朝见，皇上对他说："你们听说过陈国的天子吗？"回答说："听说过。"皇上命令左右的人引领着突厥使者来到韩擒面前，说："这就是抓住陈地天子的人啊。"韩擒严厉地瞪着使者，突厥使者恐惧得不敢抬头看他，韩擒就是这样的极有威容。不久回到京城，皇上在内殿设宴款待他，受到恩宠礼遇非常优厚。过了不久，因为卧病，过了数天竟然去世了，享年五十五岁。

（2008年辽宁卷）

知识拓展（就）

晋武帝征李密为太子洗马，李密以祖母老而具表不就（就职）。州官令人持刀就（靠近）之，迫曰："不者，请就（受，接受）汤镬。"李密不为所动，遂不就（登）车。

47 北史·魏德深传

阅读提示

➤ 语言建构与运用

1. 加点字为文段中重、难点字词。
2. 下加____为需要断句的文句。

3. 下加____为需要翻译的文句。

➢ 文化传承与理解

1.《北史》:“二十四史”之一,是汇合并删节记载北朝历史的《魏书》《北齐书》《周书》《隋书》而编成的纪传体史书。其中,魏本纪5卷、齐本纪3卷、周本纪2卷、隋本纪2卷、列传88卷,共100卷。记述从北魏登国元年(386年)到隋义宁二年(618年)的历史。《南史》与《北史》为姊妹篇,由李大师及其子李延寿两代人编撰完成。

2. 挽郎:指出殡时牵引灵柩唱挽歌的人。唐代非科举入仕途径中,除军功占有较大比例外,第二位是门荫。门荫入仕,途径很多,其中较重要的是斋郎与挽郎。挽郎的充任者“岁数不定。最小的有十三岁,大的也有二十余岁”。

3. 诣阙:“阙”的本义是宫殿前红色的双柱,也可借指皇宫、朝廷。“诣”是到的意思,“阙”指代朝廷、政府。

正 文

魏德深,本巨鹿人也。祖冲,仕周,为刑部大夫、建州刺史,因家弘农。父毗,郁林令。

德深初为隋文帝挽郎,后历冯翊郡书佐、武阳郡司户、书佐,以能迁贵乡长。为政清静,不严而肃。会兴辽东之役,征税百端,使人往来,责成郡县。于时王纲弛紊,吏多赃贿,所在征敛,人不堪命。唯德深一县,有无相通,不竭其力,所求皆给,而百姓不扰。于时盗贼群起,武阳诸城多被沦陷,唯贵乡独全。郡丞元宝藏受诏逐捕盗贼,每战不利,则器械必尽,辄征发于人,动以军法从事,如此者数矣。其邻城营造,皆聚于听事,吏人递相督责,昼夜喧嚣,犹不能济。德深各问其所欲,任随便修营,官府寂然,恒若无事。唯约束长吏,所修不须过胜余县,使百姓劳苦。然在下各自竭心,常为诸县之最。寻转馆陶长,贵乡吏人闻之,相与言及其事,皆嘘唏流涕,语不成声。及将赴任,倾城送之,号泣之声,道路中绝。既至馆陶,阖境老幼,皆如见其父母。有猾人员外郎赵君实,与郡丞元宝藏深相交结,前后令长,未有不受其指麾者。自德深至县,君实屏处于室,未尝辄敢出门。逃窜之徒,归来如市。贵乡父老,冒涉艰险,诣阙请留德深,有诏许之。馆陶父老,复诣郡相讼,以贵乡文书为诈。郡不能决。会持节使者韦霁、杜整等至,两县诣使讼之,乃断从贵乡。贵乡吏人,歌呼满道,互相称庆。馆陶众庶,合境悲泣,因从而居住者数百家。宝藏深害其能。会越王侗征兵于郡,宝藏遂令德深率兵千人赴东都。俄而宝藏以武阳归李密。德深所领皆武阳人也,念其亲戚,辄出都门,东向恸哭而反。人或谓之曰李密兵马近在金墉去此二十余里汝必欲归谁能相禁何为自苦如此其人皆垂泣曰:“我与魏明府同来,不忍弃去,岂以道路艰难乎!”其得人心如此。后没于阵。贵乡、馆陶人庶,至今怀之。

(节选自《北史·魏德深传》)

思　考

下列对原文有关内容的分析和概括，不正确的一项是（　　）。

A. 魏德深很有才干，历任多种职务后升职主持贵乡政务。其时朝廷纲纪败坏，官吏贪污受贿，民不聊生；只有贵乡生产生活一切照常进行，百姓没有受到骚扰

B. 魏德深善于人性化管理，体恤下情。邻城打造兵器，聚集在官府，官吏督责，尚不能成功；而贵乡则约束官吏，避免百姓劳苦，官府安静，一直像无事一样

C. 魏德深深受百姓欢迎，又能震慑奸猾之人。他到馆陶，百姓见他如见父母；而奸人赵君实与逃窜之徒，只能躲藏流亡。他后来将回贵乡，贵乡吏民互相庆贺

D. 郡丞元宝藏忌妒魏德深的才能，令他率领武阳籍士兵在家乡附近作战，想利用军士的恋家情绪使军队溃散。但魏德深极得人心，士兵们全都不忍离他而去

答案：C

解析：原文中“逃窜之徒，归来如市”是指流亡他乡的人纷纷回来，人多得像赶集一样。而不是指与赵君实一起躲藏流亡。

参考译文

魏德深，本来是巨鹿人。祖父是魏冲，在周做过刑部大夫、建州刺史，于是就安家在弘农。父亲名为魏毗，做过郁林令。德深最初做文帝的挽郎，后来历任冯翊书佐和武阳司户、书佐，因为才能卓著升任贵乡县令。为政清廉，不采用严厉的办法而全县整肃。正好赶上辽东作战，朝廷想出各种办法征税，派人到各个郡县责成催办。当时，朝纲废弛，法治紊乱，官吏贪赃贿赂成风，横征暴敛，老百姓生存困难。只有德深所在的贵乡县，贫富相通，不竭尽老百姓的全力，上面要求的全部满足了，却没有惊扰百姓。当时盗贼群起，武阳等城大多被攻陷，唯独贵乡得以保全。郡丞元宝藏受诏逐捕盗贼，经常进剿失败，每次都丢盔弃甲，军械丢得干干净净，于是就又从老百姓那里征集，并且动辄就用军法要挟百姓，像这样已经多次了。临近的城池在建造，大家聚集在一起，官员民众互相指责，日夜喧哗，还是不能完成。德深问众人想做什么工作，安排并让人们便宜从事，官府安静了，就像什么也没发生一样。只不过约束负责的官员，尽心尽力，修造的城池也无须超过别的县，而使百姓辛劳困苦。但是他的属下办事尽力，为各县中最好的。很快他又调任馆陶县令，贵乡官员百姓听说这个消息后，互相谈论这件事，都感慨流泪，说不出话来。到了去任职那天，全城的人都去送他，到处都是哭号的声音，道路被阻断。魏德深到了馆陶，全县的百姓都像见到父母一样。有一个叫赵君实的狡猾的员外郎，和郡丞元宝藏互相勾结，前后到任的县令，没有不被赵君实左右的。自德深到县任职以来，君实待在家中不敢出门。那些逃亡他乡的人们，都回来了，人多得像集市里一样。贵乡百姓冒着危险到京城请求德深留任，皇帝下令答应了。馆陶的百姓也去向郡守投诉，称贵乡的任命文书是假的。郡守不能决断。正好有持节使者韦霁、杜整等到了，两县的百姓拜见使者并诉讼，才判给贵乡。贵乡官员百姓在路上歌舞庆祝。而馆陶的全县人民都悲伤痛哭，因此跟随着去安家的有几百家之多。元宝藏很嫉妒魏德深的才干，正

好越王杨侗在郡中征兵，元宝藏就令魏德深带一千士兵去东都洛阳。不久元宝藏率武阳县归顺李密。德深所带领的士兵都是武阳人，（因为家乡已被敌人占领），想到亲人，都出洛阳向东痛哭，然后又回洛阳了。有人对士兵们说："李密的军队，近在金墉，距离此仅二十多里地。你们要是去投靠李密，又有谁能够阻挡呢？何必这样痛苦。"士兵们都哭着说："我们和魏大人一起来，不忍心丢下大人而逃走，哪里是因为道路难走啊！"魏德深就是这样深得民心。后来他和敌人作战，牺牲在战场上。贵乡、馆陶的百姓至今仍然怀念魏德深。

（2009年全国I卷）

知识拓展（绝）

晋人有美玉，为邻人觊觎，为绝（断绝）邻人之念，晋人遂率妻子至桃源绝（与世隔绝）境，途遇大河，假舟楫而绝（横渡）。后至无人处，闻妙声，目力所绝（尽），亦无所见。其子仰望，见一大鹏，绝（直上穿过）云气，掠东而去。妻子皆以为妙绝（极点，非常），遂家焉。

48　北史·来护儿传

阅读提示

➢ 语言建构与运用

1. 加点字为文段中重、难点字词。
2. 下加_____为需要断句的文句。
3. 下加_____为需要翻译的文句。

➢ 文化传承与理解

1. 字：古代男子有名有字，名是出生后不久父亲起的，字是二十岁举行冠礼后才起的。
2. 开府：即"开府仪同三司"，隋唐文散官的最高官阶，从一品。有开辟府邸的权利。
3. 二千石：汉制，郡守俸禄为二千石，即月俸百二十斛。世因称郡守为"二千石"。

正　文

来护儿字崇善，未识而孤，养于世母吴氏。吴氏提携鞠养，甚有慈训。幼而卓荦，初读《诗》，舍书叹曰："大丈夫在世，会为国灭贼以取功名！"群辈惊其言而壮其志。及长，雄略秀出，志气英远。会周师定淮南所住白土村地居疆场数见军旅护儿常慨然有立功名之志及开皇初宇文忻等镇广陵平陈之役护儿有功焉，进位上开府，赏物一千段。仁寿初，迁瀛州刺史，以善政闻，频见劳勉。炀帝嗣位，被追入朝，百姓攀恋，累日不能出境，诣阙上书致请者，前后数百人。帝谓曰："昔国步未康，卿为名将，今天下无事，又为良二千石，可谓兼美矣。"大业六年，车驾幸江都，谓护儿曰："衣锦昼游，古人所重，卿今是也。"乃赐物二千段，并牛酒，令谒先人墓，宴乡里父老。仍令三品已上并集其宅，酣饮尽日，朝野荣之。十二年，驾幸江都，护儿谏曰："陛下兴军旅，百姓易咨怨，车驾游幸，深恐非宜。伏愿驻驾洛阳，与时休息。陛下今幸江都，是臣衣锦之地，臣荷恩深重，不敢专为身谋。"帝闻之，厉色而起，数日不得见。后怒解，方被引入，谓曰："公意乃尔，朕复何望！"护儿因不敢言。及宇文化及构逆，深忌之。是日旦将朝，见执。护儿曰："陛下今何在？"左右曰："今被执矣。"护儿叹曰："吾备位大臣，荷国重任，不能肃清凶逆，遂令王室至此，抱恨泉壤，知复何言！"乃遇害。护儿重然诺，敦交契，廉于财利，不事产业。至于行军用兵，特多谋算，每览兵法，曰："此亦岂异人意也！"善抚士卒，部分严明，故咸得其死力。

（节选自《北史·来护儿传》）

思　考

下列对原文有关概括与分析，不正确的一项是（　　）。

A. 来护儿少有大志，成年后秀拔于群。他自幼而孤，得到吴氏教诲，立下为国杀敌、求取功名的志向；长大以后，更是雄略超群，志气英发

B. 来护儿推行善政，深受百姓拥戴。在瀛州刺史任上，他声名远闻，屡受嘉奖；炀帝时，百姓舍不得他回朝廷任职，上书请愿者达数百人

C. 来护儿直言劝谏，后被奸人杀害。他谏请炀帝停驾洛阳，不再远游江都，引发炀帝大怒，以致宇文化及杀害他时，炀帝也没有设法保护

D. 来护儿廉于财利，用兵极有谋略。他信守承诺，注重友情，轻视钱财，不置产业；善待士卒，处事严明，谋略多合兵法，部属争相尽力

答案：C

解析：C 项中的因果关系不存在。

参考译文

来护儿字崇善，还未记事的时候就成了孤儿，由伯母吴氏抚养。吴氏照顾抚养，很有慈母的教导风范。来护儿自幼卓荦不俗，刚开始读《诗》，丢下书感叹道："大丈夫生活在世，应该为国家消灭贼兵，以取得功名。"众人为他的话感到惊奇，认为其志向豪壮。等到长大成人，雄才大略超乎常人，志气英伟高远。遇上周朝的军队平定淮南，来护儿所住的白土村，

正处于两国交兵的战场，经常见到军队，来护儿常常慨然有建立功名的志向。到了隋文帝开皇初年，宇文忻等人镇守广陵，平定陈国之战，来护儿立有战功，晋官位上开府，赏赐财物一千段。仁寿初年，来护儿改任瀛州刺史，因善于治政而闻名，频频受到慰劳和勉励。炀帝继位，来护儿被召入朝，百姓留恋怀念他。许多日仍不能出境，到朝中上书请求将来护儿留下来的人，前后有几百人。炀帝对他说："当初国家没安定的时候，卿是有名的将领。如今天下安定了，卿又成为很好的刺史，可以说是双美兼而有之了。"大业六年，炀帝车驾巡幸江都，对来护儿说："穿着华丽的衣服白天巡游，是古人看重的。卿如今就是这样。"就赏赐给来护儿财物二千段和牛、酒，令他去拜谒先人之墓，宴请乡里的父老乡亲。令三品以上的官员都聚集到他的宅院中，畅饮一日，朝野人士都为来护儿感到荣耀。大业十二年，炀帝巡幸江都，来护儿劝谏说："陛下兴兵，百姓容易生出咨嗟怨怒，车驾巡游，恐怕很不合适。希望陛下驻圣驾于洛阳，根据时节休养生息，陛下如今巡幸江都，那里是臣衣锦还乡之地。臣深受恩宠，不敢只为自己打算。"炀帝听后，神色严厉地站了起来，好多日子来护儿不能与炀帝相见。后来，炀帝怒气消解，才令人领来护儿入见，说："公竟然有这样的意思，朕还有什么指望！"来护儿于是不敢再说话。等到宇文化及发动叛乱，十分忌恨来护儿。这一天早晨将要朝见时，来护儿被抓了起来。来护儿问道："陛下如今在哪里？"身边的人回答说："如今已经被抓了起来。"来护儿叹息说："我身为大臣，担负着国家的重任，不能够肃清凶恶的叛逆，以至于让王室到了这种地步，只能抱恨于黄泉，还能再说什么呢！"于是就被杀害了。来护儿重视许诺，交往诚厚，对财物名利很清廉，不修治产业。至于行军用兵，谋略特别多，每次观览兵法，就说："这难道也是异人的想法？"善于安抚士兵，赏罚处置严明，所以都能够为他效死尽力。

（2015年新课标全国Ⅱ卷）

知识拓展（堪）

兰芝昼夜勤作息，阿姥不满，曰："不堪（胜任）吾儿妇。"令仲卿休之。仲卿与兰芝情真，以为堪（能够）比贤人，虽心痛难堪（忍受），然畏其母，终遣之。

49　柳河东集·宋清传

阅读提示

➤　语言建构与运用

1. 加点字为文段中重、难点字词。
2. 下加____为需要断句的文句。

3. 下加____为需要翻译的文句。

➢ 文化传承与理解

1. 柳宗元：字子厚，“唐宋八大家”之一，唐代文学家、哲学家、散文家和思想家，世称“柳河东”“河东先生”，因官终柳州刺史，又称“柳柳州”。柳宗元与韩愈并称为“韩柳”。柳宗元一生留诗文作品达 600 余篇，其文的成就大于诗。骈文有近百篇，散文论说性强，笔锋犀利，讽刺辛辣。游记写景状物，多所寄托。有《河东先生集》。

2. 医工：古代对一般医生的称谓。“医工”一词最早见《内经》：汉代设医丁长，是主管宫廷医药的官名。唐代有医工、针工等、职位在医师、针师之下，而在医生、针生之上。

3. 庠塾：泛指地方学校。《礼记・学记》：“古之教者，家有塾，党有庠。”

4. 士大夫：对于社会上具有声望、地位的知识分子和官吏之统称。官员选拔制度（科举制度）是其形成的制度保证。他们既是国家政治的直接参与者，同时又是社会上层文化、艺术的创造者、传承者。

正 文

宋清，长安西部药市[①]人也。居善药，有自山泽来，必归宋清氏，清优主之。长安医工，得清药，辅其方，辄易雠[②]，咸誉清。疾病疕疡者，亦皆乐就清求药，冀速已。清皆乐然响应。虽不持钱者，皆与善药，积券如山，未尝诣取直[③]。或不识，遥与券，清不为辞。岁终，度不能报，辄焚券，终不复言。市人以其异，皆笑之，曰：“清蚩妄人也。”

或曰：“清其有道者欤？”清闻之曰：“清逐利以活妻子耳，非有道也。然谓我蚩妄者，亦谬。”

清居药四十年，所焚券者百数十人，或至大官，或连数州，受俸博，其馈遗清者相属于户。虽不能立报而以赊死者千百，不害清之为富也。清之取利远远故大岂若小市人哉一不得直则怫然怒再则骂而仇耳，彼之为利不亦翦翦乎？吾见蚩之有在也。清诚以是得大利，又不为妄，执其道不废，卒以富。求者益众，其应益广。或斥弃沉废，亲与交；视之落然者，清不以怠遇其人，必与善药如故。一旦复柄用，益厚报清。其远取利皆类此。

吾观今之交乎人者，炎而附，寒而弃，鲜有能类清之为者。呜呼！清，市人也，今之交有能望报如清之远者乎？幸而庶几，则天下之穷困废辱得不死亡者众矣。柳先生曰：“清居市不为市之道，然而居朝廷、居官府、居庠塾乡党，以士大夫自名者，反争为之不已。悲夫！然则清非独异于市人也。”

（节选自柳宗元《宋清传》）

【注】① 市：买卖场所，后文也指经商、交易。② 雠：这里指售出、成交。③ 直：价值、价钱。

思 考

下列对原文的理解和分析，不符合文意的一项是（　　）。

A. 生意场上的交往也不一定都是斤斤计较的，宋清就是一个例证

B. 宋清认为做生意不是为了赚钱，而是追求高尚的做人境界

C. 计较蝇头小利不仅是一般商人的本性，也是某些士大夫的通病

D. 宋清与人交往不仅异于普通商人，也高于某些以士大夫自居的人

答案：B

解析：原文说的是“清逐利以活妻子耳”，这句话的意思是“我宋清只是个赚钱来养活妻子儿女的人罢了”。

参考译文

宋清，是长安西边药场的人。储存有好的药材，有从深山大泽采药来的人，一定会把药材送到宋清这里来，宋清优厚地对待他们。长安的医生得到宋清的药材来辅助配合药方，往往卖得很好，大家都称赞宋清。那些生了病、长了疮的人们，也都乐于向宋清求药，希望病好得快些，宋清总是高高兴兴地答应他们的要求。即使是有些没带钱的人来，宋清也都给他好的药材。债券、欠条堆积得像山一样地高，宋清不曾跑去向他们收账。有些他不认识的人，打从远方来，拿债券赊欠，宋清并不拒绝对方。到了年终的时候，宋清估计（大概对方）不能还债了，就把债券、欠条给烧掉，不再提及这些事情。药场上的人因为宋清的奇特（举止），都笑他说：“宋清，真是个蠢人啊！”

也有人说：“宋清大概是个有高尚道德的人吧！”宋清听了后说：“我宋清只是个赚钱来养活妻小的人罢了，并不是个有高尚道德的人。然而说我是蠢人的人也错了。”

宋清聚集药材四十年，所烧掉的债券债主有数百十人，有的做了大官，有的管理几个州郡，他们的俸禄丰厚，要送礼物给宋清的人连续不断地到他家里来。虽然不能立刻得到回报，并且赊死账的有千百人，但是并不妨碍他成为富有的人。宋清获取利益的眼光长远，所以能成就广大的利益，哪像那些小商人呢？一旦要不到债，就勃然变色，第二次就相互谩骂而成为仇人。那些人赚钱，不是太短浅、狭隘了吗？依我看来，这里的蠢人是大有人在啊！宋清实在是凭借这样获得大利，又不胡作非为，坚持这种做法不停止，最后凭借这个成为富人。来向他求药的人愈来愈多，他应人之求也就愈来愈广。有的遭罢官贬谪的官员，他也同样地以诚相待；遇到生活贫困、四处流落的，宋清也不会因此怠慢对待他们，及时地给予良药。宋清不会因为这样就怠慢地对待对方，也一定像平常那样给他好的药材。这些人一旦再度掌权用事，就会更加优厚地报答宋清。宋清赚钱取利看得长远，大都像这个样子。

我观察现今人与人之间的交往，别人得势的时候就趋附，穷困潦倒的时候就抛弃，很少有人能像宋清这样子做了。唉！宋清是个商人，现今人与人交往，有人能像宋清那样希望得到长远的回报的吗？假使能有，那么天下穷困潦倒、废黜受辱的人能够免于流离死亡的就多了。柳先生说：“宋清身在集市却不做市侩的行为，然而那些身居朝廷、官府，待在乡里、学

校，以士大夫自我标榜的人，反而争先恐后地做着市侩的行为，真是悲哀啊！”

（2010年北京卷）

知识拓展（类）

宋人刘某，形类（类似）橐驼者，擅树茶类（种类），其法异于常人。众人怪之，问其所以。刘举类（事物）讲解之，众皆以为其义甚深。

50 旧唐书·裴矩传

阅读提示

➢ 语言建构与运用

1. 加点字为文段中重、难点字词。
2. 下加____为需要断句的文句。
3. 下加____为需要翻译的文句。

➢ 文化传承与理解

1.《旧唐书》：“二十四史”之一。共200卷，包括本纪20卷、志30卷、列传150卷，原名《唐书》，宋祁、欧阳修等所编著《新唐书》问世后，才改称《旧唐书》。《旧唐书》的修撰离唐朝灭亡时间不远，资料来源比较丰富。署名后晋刘昫等撰，实为后晋赵莹主持编修。

2. 京畿：此词出现于中国唐朝前，当时将唐长安城周边地区分为京县（赤县）和畿县，京城所管辖的县为赤县，京城的旁邑为畿县，统称京畿。中国唐时有京畿道，宋时有京畿路。

3. 蛮夷：中国古代泛指中原以外的其他民族，包括南蛮、东夷等。多数情况下，“蛮夷戎狄”统称“蛮夷”或“四夷”。

4. 銮舆：也叫銮驾，指旧时皇帝的座驾等，也借指天子。

正 文

裴矩字弘大，河东闻喜人，襁褓而孤，为伯父让之所鞠。及长，博学，早知名。隋文帝为定州总管，召补记室，甚亲敬之。文帝即位，累迁吏部侍郎。大业初，西域诸番款[①]张掖塞与中国互市，炀帝遣矩监其事。矩乃访西域风俗及山川险易、君长姓族、物产服章，入朝奏之。帝大悦，每日引至御座，顾问西方之事。帝幸东都，矩以蛮夷朝贡者多，讽帝大征四方奇技，作鱼龙曼延、角觝[②]于洛邑，以夸诸戎狄，终月而罢。又令三市店肆皆设帷帐，盛酒食，遣掌番率蛮夷与人贸易，所至处悉令邀延就座，醉饱而散。夷人有识者，咸私哂其矫饰焉。帝称矩至诚，曰："裴矩大识朕意，凡所陈奏，皆朕之成算，朕未发顷，矩辄以闻。自非奉国用心，孰能若是？"矩后从幸江都。及义兵入关，帝问矩方略，矩曰："太原有变，京畿不静，遥为处分，恐失事机。唯銮舆早还，方可平定。"矩见天下将乱，恐为身祸，每遇人尽礼，虽至胥吏，皆得其欢心。是时，帝既昏侈逾甚，矩无所谏诤，但悦媚取容而已。太宗初即位，务止奸吏，或闻诸曹案典，多有受赂者，乃遣人以财物试之。有司门令史受馈绢一匹，太宗怒，将杀之，矩进谏曰："此人受赂诚合重诛但陛下以物试之即行极法所谓陷人以罪恐非导德齐礼之义。"太宗纳其言，因召百僚谓曰："裴矩遂能廷折，不肯面从。每事如此，天下何忧不治！"贞观元年卒，赠绛州刺史，谥曰敬。

（节选自《旧唐书·裴矩传》）

臣光曰："古人有言：君明臣直。裴矩佞于隋而忠于唐，非其性之有变也。君恶闻其过，则忠化为佞；君乐闻直方，则佞化为忠。是知君者表[③]也，臣者景也，表动则景随矣。"

（节选自《资治通鉴·唐纪八》）

【注】① 款：至，到。② 鱼龙曼延、角觝：均为古代杂戏名。③ 表：测量日影以计时的标尺。

思　考

下列对原文有关内容的分析和概括，不正确的一项是（　　）。

A. 裴矩自幼而孤，在伯父身边长大，由于博学而很早知名。隋文帝、炀帝都十分赏识他，委以要职；炀帝更因他熟悉西域风土民情，经常向他咨询西方之事

B. 裴矩工于心计，投炀帝之所好，为向戎狄夸耀强盛，建议作奇技、杂戏于洛邑，又热情款待以笼络其心；尽管"夷人有识者"对此不以为然，但深得炀帝欢心

C. 义兵入关之后，裴矩向炀帝献计，主张当即平定，以免错失良机；又见天下将乱，为全身远祸计，对人尽皆礼遇，对炀帝更是"无所谏诤""但悦媚取容而已"

D. 唐太宗是开明的君王，但难免有失误，他先以行贿试探，后又欲诛受贿之人；裴矩直言谏劝，认为是陷人以罪，不合礼义，使太宗收回成命，并受到高度赞扬

答案：C

解析：C 项中说"裴矩向炀帝献计"，带有强烈的主动性，而原文是在隋炀帝询问裴矩方略的情况下，裴矩才提出自己的看法。

参考译文

裴矩，字弘大，是河东闻喜人，幼年时就成了孤儿，被伯父裴让之抚养长大。长大以后，

由于博学而很早知名。隋文帝担任定州总管时，请裴矩担任补记室，很亲近尊重他。文帝即位后，迁升为吏部侍郎。大业初年，西域各番到张掖塞和中原互通贸易，隋炀帝派遣裴矩监管这件事。裴矩就访问西域的风俗、险要、酋长、姓氏、家族、物产、典章制度等，入朝上奏。炀帝很高兴，每天请他到皇宫，询问西域的事情。炀帝驾临东都，裴矩认为朝贡的蛮夷很多，劝告炀帝在洛阳征调四方的奇技、杂戏，向戎狄夸耀强盛，整整一个月才停止。又命令市场店铺都架设帏帐，盛满酒食，派遣掌番率领蛮夷与汉人贸易，所到之处都让邀请就座，吃饱喝足而散。有知情的夷人都私下讥笑他虚情矫饰。炀帝称赞裴矩很忠诚，说："裴矩很懂得我的心思，大凡所上奏的，都是我想好的，我没有说出来，裴矩却说了出来。除非用心治理国家，不然怎么能如此呢？"裴矩后来跟着炀帝到江都。等到义兵进入函谷关，炀帝向裴矩询问方略，裴矩说："太原发生变乱，京城不会太平，遥控处理，恐怕失去机会。希望您赶早返回，方可平定。"裴矩见天下将要发生动乱，担心祸及自身，每每用尽礼节对待别人，即使是下吏，都得到他的欢心。这时，炀帝愈加昏庸奢侈，裴矩不力谏，只是巴结谄媚而已。唐太宗刚即位，就惩治奸邪官吏，有一次听说许多案件都有受贿的人，就派人用财物去试探他们。有个官员接受了馈赠的一匹丝绢，太宗很生气，将要杀了他，裴矩进谏说："这个人接受贿赂，确实应该严惩，但陛下您用财物试探他们，接着施以极刑，这就是用罪来陷害别人，恐怕不合礼仪。"太宗采纳了他的意见，召集百官说："裴矩竟然能够当庭辩驳，不肯当面顺从。如果每件事都能像这样，何愁天下不能治理好！"裴矩死于贞观元年，赐封为绛州刺史，谥号敬。

臣司马光说："古人说：君主英明臣子就会正直。裴矩谄媚于隋朝而忠诚于唐朝，不是他的本性发生了变化。国君厌恶听到自己的过错，那么忠诚就会变为奸伪；国君喜爱听到正直的言论，那么奸伪就会变为忠诚。因此可知，君王是个计时的标杆，臣子是影子，标杆移动，影子就会跟着移动啊。"

（2003 年全国卷）

知识拓展（莫）

日莫（通"暮"，晚上）时分，有好友二人将离沧州。约曰：苟富贵，莫（不要）相忘。一人曰："人当重义，不义之财莫（不）取。如此，莫（没有谁）能加害于尔也。"

51 旧唐书·于休烈传

阅读提示

➢ 语言建构与运用

1. 加点字为文段中重、难点字词。

2. 下加____为需要断句的文句。
3. 下加____为需要翻译的文句。

➢ 文化传承与理解

1. 御史台：中国古代官署名。东汉至元设置的中央监察机构。秦汉以御史负责监察事务。御史所居官署称御史府，又称兰台、宪台。唐朝贞观之前，御史台仅仅风闻奏事，没有司法权力。贞观间，御史台设置台狱，受理特殊的诉讼案件。

2. 国子祭酒：古代祭祀礼仪有一种叫浇奠祭祀，就是举起酒杯、向天祝祷、洒酒于地；执行这个礼仪的人叫祭酒。国子监是中国古代国立最高学府和官府，传授儒家思想，其中最重要的礼仪就是祭祀，所以国子监的主管被命名为祭酒。

正 文

于休烈，河南人也。至性贞悫，机鉴敏悟。自幼好学，善属文。举进士，授秘书省正字。转比部员外郎，郎中。杨国忠辅政，排不附己者，出为中部郡太守。值禄山构难，肃宗践祚，休烈迁太常少卿，知礼仪事，兼修国史。肃宗自凤翔还京，励精听受，尝谓休烈曰："君举必书，良史也。朕有过失，卿书之否？"对曰："禹、汤罪己，其兴也勃焉。有德之君，不忘规过，臣不胜大庆。"时中原荡覆，典章殆尽，无史籍检寻。休烈奏曰："《国史》《实录》，圣朝大典，修撰多时，今并无本。伏望下御史台推勘史馆所由，令府县招访。有人别收得《国史》《实录》，如送官司，重加购赏。"前修史官工部侍郎韦述陷贼，入东京，至是以其家藏《国史》一百一十三卷送于官。休烈寻转工部侍郎、修国史，献《五代帝王论》，帝甚嘉之。宰相李揆矜能忌贤以休烈修国史与己齐列嫉之奏为国子祭酒权留史馆修撰以下之休烈恬然自持殊不介意代宗即位，甄别名品，宰臣元载称之，乃拜右散骑常侍，依前兼修国史，累封东海郡公，加金紫光禄大夫。在朝凡三十余年，历掌清要，家无儋石之蓄。恭俭温仁，未尝以喜愠形于颜色。而亲贤下士，推毂后进，虽位崇年高，曾无倦色。笃好坟籍，手不释卷，以至于终。大历七年卒，年八十一。是岁春，休烈妻韦氏卒。上特诏赠韦氏国夫人，葬日给卤簿鼓吹。及闻休烈卒，追悼久之，褒赠尚书左仆射，赙绢百匹、布五十端，遣谒者内常侍吴承倩就私第宣慰。儒者之荣，少有其比。

（节选自《旧唐书·于休烈传》）

思 考

下列对原文有关内容的概括和分析，不正确的一项是（ ）。

A. 休烈忠诚机敏，谨遵职业操守。他自幼好学，入仕后受到杨国忠排挤，离京到地方任职；安禄山叛乱后，他直言不讳地回答了肃宗关于史官职责的问题

B. 休烈审察形势，做好本职事务。当时历经战乱，典章史籍散佚，他提出购求当朝大典

以备查检使用，最终得到前修史官韦述家藏《国史》一百余卷

C. 休烈淡泊名利，终生好学不倦。他虽遭贬职，却恬然处之，毫不在意，在朝三十余年，历任要职，并无多少积蓄；喜好典籍，终日捧读，直至去世

D. 休烈夫妇去世，尽享身后哀荣。他夫人去世，皇上特诏追赠她国夫人；他本人去世，皇上追念许久，追赠他尚书左仆射，并派专人到他家表示慰问

答案：A

解析：A 项中“直言不讳”与原文不符。

参考译文

于休烈，河南人。天性忠诚，机警聪慧。自幼好学，善做文章，考中进士，授秘书省正字。调任比部员外郎、郎中。杨国忠任宰相时，排挤不依附自己的人，（于休烈）被调出京师任中部郡太守。时值安禄山叛乱，肃宗即位，于休烈调任太常少卿，掌管朝会礼仪之事，兼管编修国史。肃宗自凤翔回到京，振作精神，听纳谏议，曾对于休烈说：“君主的一举一动必定记录，是杰出的史官。如果朕有过失，卿是否要记录？”于休烈回答：“大禹、商汤归罪自己，他们能够蓬勃兴起。有道德的君王，不忘改正过错，我深表庆贺。”此时中原动荡颠覆，典章、制度丧失殆尽，没有历史典籍文献可供检寻。于休烈上奏说：“《国史》《实录》是圣朝重大典籍，编撰已久，如今并无原书。祈请下诏御史台查勘史馆藏书之来源，令府县征收寻访。有人从别处收得《国史》《实录》，如送交官府，重金收购并赏赐。”前任编修史官工部侍郎韦述陷入贼中，滞留东京，到这时便将其家国所藏《国史》一百一十三卷呈送官府。于休烈随即调任工部侍郎、修国史，进献《五代帝王论》，皇上甚为称赞。宰相李揆恃才自夸而嫉妒贤能，因于休烈修撰国史与自己平列，便嫉恨他，奏请他任国子祭酒，暂且留在史馆从事修撰以贬低他。于休烈安然自处，毫不介意。代宗即位，审察鉴定官员之优者，宰臣元载称赞于休烈，于是拜授于休烈右散骑常侍，仍旧兼管修撰国史，封为东海郡公，加封金紫光禄大夫。在朝为官共三十余年，历任清要之职，家中没有些微积蓄。为人恭俭温良仁慈，从未以喜怒形于颜色。而亲近贤才，屈身交接士人，荐举后辈，虽然位尊年高，一点倦怠的神色都没有。一心沉浸于研习古代典籍，手不释卷，直至生命终结。大历七年去世，年八十一。这年的春天，于休烈之妻韦氏去世。皇上特别降诏追赠韦氏为国夫人，下葬那天提供仪仗鼓吹。及至听说于休烈去世，追思痛悼许久，褒奖追赠尚书左仆射，赐给助丧用绢百匹、布五十段，派遣谒者内常侍吴承倩去宅第宣旨慰问。儒者所受之恩宠，少有能与之相比的。

（2014 年新课标 I 卷）

知识拓展（内）

蜀亡，李密为晋征召，闻武帝荒淫好内（色），多内（纳）美姬，于西宫南内（内室）多种奇花异草，因而内（内心）怀犹豫之计，以祖母年老而不就。

52 旧唐书·李揆传

阅读提示

➢ 语言建构与运用

1. 加点字为文段中重、难点字词。
2. 下加______为需要断句的文句。
3. 下加______为需要翻译的文句。

➢ 文化传承与理解

1. 冠族：显贵的豪门世族。

大约在商朝，出现冠服制度。到了汉代，衣冠制度又被重新制定，通过冠帽就可以区分出一个人的官职、身份和等级，或通过不同的冠帽来表达不同场合的礼节和仪式。汉代主要的冠帽有：冕冠、通天冠、长冠、进贤冠、武冠和法冠等。不同身份、不同场合所戴冠帽有严格规定，帝王在参加祭祀大典的时候要戴冕冠；在朝会和宴会上，帝王一般戴通天冠；长冠是参加祭祀时官员所戴的冠帽；武冠是各级武职人员在朝会时所戴的礼冠；进贤冠专门为文官和儒士所佩戴。

2. 金吾：① 古代传说中龙的一种，代表着财富，有类似鳌鱼者，胸生两翼，喜梭巡，担任巡察工作。据说是龙之九子中的一个。② 金吾，即金乌。相传日中有三足乌，为神鸟。汉掌管京师的长官为“执金吾”。《汉书·百官公卿表》颜师古注：“金吾，鸟名也，主辟不祥。天子出行，职主先寻，以御非常，故执此鸟之像，因以名官。”③ 金吾，禁军，卫军。《旧唐书·李揆传》：“今以羽林代金吾警夜，忽有非常之变，将何以制之？”另，“吾”应为“御”或“圄”的通假，读作 yù。

正 文

李揆字端卿，祖籍陇西成纪人，而家于郑州，代为冠族。少聪敏好学，善属文。开元末，举进士，献书阙下，诏中书试文章，擢拜右拾遗。乾元初，兼礼部侍郎。揆尝以主司取士，多不考实，徒峻其堤防，索其书策，深昧求贤之意也。其试进士文章，曰：“大国选士，但务得才，经籍在此，请恣寻检。”由是数月之间，美声上闻，自此颇承恩遇，遂蒙大用。时京师多盗贼有通衢杀人置沟中者李辅国方恣横上请选羽林骑士五百人以备巡检。揆上疏曰：“昔西汉以南北军相摄统，故周勃因南军入北军，遂安刘氏。皇朝置南北衙，文武区分，以相伺察。今以羽林代金吾警夜，忽有非常之变，将何以制之？”遂制罢羽林之请。

揆在相位，决事献替，虽甚博辨，性锐于名利，深为物议所非。又其兄皆自有时名，滞于冗官，竟不引进。同列吕諲，地望虽悬，政事在揆之右，罢相，自宾客为荆南节度，声问甚美。惧其重入，遂密令直省至諲管内拘求諲过失。諲密疏自陈，乃贬揆莱州长史同正员。揆既黜官，数日，其兄皆改授为司门员外郎。后累年，揆量移歙州刺史。初，揆秉政，侍中苗晋卿累荐元载为重官。揆自恃门望，以载地寒，意甚轻易，不纳，而谓晋卿曰："龙章凤姿之士不见用，獐头鼠目之子乃求官。"载衔恨颇深。及载登相位，因揆当徙职，遂奏为试秘书监，江淮养疾。既无禄俸，家复贫乏，孀孤百口，丐食取给。萍寄诸州，凡十五六年。其牧守稍薄，则又移居，故其迁徙者，盖十余州焉。元载以罪诛，除揆睦州刺史，入拜国子祭酒、礼部尚书，为卢杞所恶。德宗在山南，令充入蕃会盟使，加左仆射。行至凤州，以疾卒，兴元元年四月也，年七十四。

（节选自《旧唐书·李揆传》）

思　考

下列对原文有关内容的概括和分析，不正确的一项是（　　）。

A. 李揆自幼好学，入仕后美名上闻。他出身显贵人家，聪明敏捷，好学上进，开元末年步入仕途。他主张考察进士务必选拔有真实才能的人，受到广泛好评

B. 李揆有远见卓识，上疏得到认可。当时京城治安混乱，盗贼杀人，李辅国请求选羽林军以备巡视。李揆引西汉旧事说明，如羽林警夜则难以应付突然之变

C. 李揆汲汲于名利，深受人们非议。他在相位时，论及大事头头是道，却热衷追名逐利。他嫉妒吕諲地位超过自己，密令捏造吕的过失，最后反而自食其果

D. 李揆与元载交恶，仕途遭遇坎坷。他自恃门望高贵，鄙薄元载出身寒微，元怀恨在心。元登相位后，对他报复，致使他全家衣食无着，在各州漂泊十多年

答案：C

解析：C 项中"嫉妒吕諲地位超过自己"错误，应为害怕吕諲重新入朝拜相。

参考译文

李揆，字端卿，祖籍陇西成纪，安家于郑州，世代是显贵的豪门世族。少年时聪敏好学，善于写文章。开元末年，应试进士，向皇帝建言献策，皇帝下诏让中书省考察他的文学才能，破格任命为右拾遗。乾元初年，兼任礼部侍郎。李揆认为过去主管科考的部门取士，大多不考查他们实际能力，只是提高标准，索查他们读过的书籍，完全违背求取贤才的意图。他在应试文章中写道："作为大国选士的目的，只求得到真正的人才，考试时可把经籍放在眼前，请他们任意查找。"因此几个月之后，对他好的评价传到皇上耳中，从此后很受皇上的恩遇，于是被重用。当时京城盗贼横行，有的在当街杀了人把尸体扔到水沟中，此时李辅国专权，他上奏皇上请求选调五百名羽林骑士以备巡视。李揆上疏说："过去西汉时用南军、北军统辖

管理京城，所以周勃才有机会从南军进入北军诛灭吕氏，才安定了刘氏天下。皇朝设置南衙北衙，把文官和武官加以区分，用来互相侦察监督。现在用羽林军代替金吾卫军巡夜，假如突然有不同寻常的变故，将用什么控制局面呢？”于是皇上没有采纳用羽林军巡夜的请求。

李揆在宰相职位上，决断大事，提出兴利除弊、官吏进退的主张，虽然非常博学善辩，但他生性热衷于追名逐利，深受人们非议。还有他的哥哥李皆在当时本来就有名望，却停留在闲散官吏的位置上，他竟然不加推荐。同列的宰相吕諲的地位名望虽然与李揆悬殊，但处理政事的能力却在李揆之上。吕諲被罢相后，以宾客的身份做荆南节度，声望非常好。李揆惧怕他再入朝当宰相，于是密令直省机构到吕諲所属的地方捏造吕諲的过失。吕諲密奏皇上陈述了自己的实情，皇上就贬李揆到莱州做职务同正员的长史。李揆罢官后，过了几日，他的哥哥李皆改任为司门员外郎。后来过了几年，李揆通过考核被任命为歙州刺史。当初，李揆当政时，侍中苗晋卿多次推荐元载担任要职。但李揆自恃是名门望族，认为元载出身贫寒，心中很是轻视，不任用他，且对苗晋卿说：“风采出众的贤士不被任用，而贫贱穷酸的小人却来求取官职。”元载怀恨很深。等到元载登上相位，乘李揆应当调职时，就上奏朝廷让李揆做秘书监，到江淮养病。李揆既没有禄俸，家境又贫乏，老少百余口人，靠乞讨维持生活。他像浮萍一样漂泊于多个州郡，共十五六年，当地的郡守长官对他稍有轻薄，就又迁居，所以他搬迁的地方，大约有十多个州。元载因罪被杀后，朝廷任命李揆为睦州刺史，又入京担任国子祭酒、礼部尚书，被宰相卢杞所嫉恨。德宗皇帝驾幸山南时，命令李揆充任与番邦会盟的特使，加封左仆射。他们一行完成使命回到凤州时，李揆因病而死，死时是兴元元年四月，享年七十四岁。

（2013 年全国新课标Ⅱ卷）

知识拓展（明）

滕子京谪守巴陵郡，越明（第二个）年，政通人和，申孝悌，明（阐明）教化，全郡皆以为明（贤明）也。一日出游，见江船灯火独明（明亮），闻湖上有筝声，听之有如仙乐，意欲一探究竟，遂持火把行。行之甚远，未至，然火不足以明（照明）也，遂罢。

53　旧唐书·元载传

阅读提示

➢ 语言建构与运用

1. 加点字为文段中重、难点字词。
2. 下加_____为需要断句的文句。
3. 下加_____为需要翻译的文句。

➢ 文化传承与理解

1. 京兆尹：中国古代官名，为三辅（治理京畿地区的三位官员，即京兆尹、左冯翊、右扶风）之一。

2. 凤翔：古称雍，是周秦发祥之地，华夏九州之一，地处关中平原。相传秦穆公之女弄玉善于吹笛，引来善于吹箫的华山隐士萧史，知音相遇，终成眷属，后乘凤凰飞翔而去，唐时取此意更名凤翔。

3. 僭：超越本分，古代指地位在下的冒用在上的名义、礼仪和器物等。

正 文

元载，凤翔岐山人也，家本寒微。自幼嗜学，好属文，性敏惠，博览子史。

肃宗即位，急于军务，诸道廉使随才擢用。入为度支郎中。载智性敏悟，善奏对，肃宗嘉之，委以国计，俾充使江、淮，都领漕挽之任，寻加御史中丞。载与幸臣李辅国善，辅国乃以载兼京兆尹。载意属国柄，诣辅国恳辞京尹，辅国识其意，然之。代宗即位，辅国势愈重，称载于上前。载能伺上意，颇承恩遇，迁中书侍郎、同中书门下平章事，加集贤殿大学士，修国史。辅国死，载复结内侍董秀，多与之金帛，潜通密旨。以是上有所属，载必先知之，承意探微，言必玄合，上益信任之。

内侍鱼朝恩负恃权宠，不与载协，载常惮之。大历四年冬，乘间密奏朝恩专权不轨，请除之。朝恩骄横，天下咸怒，上亦知之，及闻载奏，适会于心。五年三月，朝恩伏法，载谓己有除恶之功，是非前贤，以为文武才略，莫己之若。城中开南北二甲第，室宇宏丽，冠绝当时。婢仆曳罗绮一百余人恣为不法侈僭无度代宗尽察其迹以载任寄多年欲全君臣之分载尝独见上诫之不悛。上封人李少良密以载丑迹闻，载知之，奏于上前，少良等数人悉毙于公府。由是道路以目，不敢议载之短。代宗审其所由，凡累年，载长恶不悛，众怒上闻。辩罪问端，伏罪。载长子伯和、次子仲武、次子季能并载妻王氏赐死。

载在相位多年，权倾四海，外方珍异，皆集其门，资货不可胜计，故伯和、仲武等得肆其志。轻浮之士，奔其门者，如恐不及。名姝异乐，禁中无者有之。兄弟各贮妓妾于室，倡优偎亵之戏，略无愧耻。及得罪，行路无嗟惜者。

（节选自《旧唐书·元载传》）

思 考

下列对原文有关内容的分析和概括，不正确的一项是（　　）。

A. 元载出身寒微，自幼好学，为人聪慧敏捷，走向仕途后攀附权贵，贪污腐化，结果身败而亡，并累及妻儿

B. 元载勾结董秀，探察皇上意图，奏对之时深合皇帝心意，获得唐代宗的信任

C. 在铲除鱼朝恩的过程中，元载起了重要作用，这使他骄横狂妄，目空一切。唐代宗对他极为不满，立即除掉了他

D. 元载权倾一时，恣意放纵，生活奢靡。他的三个儿子贪于财货，寡廉鲜耻，获罪之后无人同情

答案：C

解析：C 项中“唐代宗对他极为不满，立即除掉了他”不符合文意，原文为“代宗尽察其迹，以载任寄多年，欲全君臣之分。载尝独见，上诫之，不悛”，可见代宗当时并没想治元载的罪，而是想让他悔改。元载不思悔改，变本加厉，作恶多端，触犯众怒，才让代宗下决心治元载的罪。

参考译文

元载是凤翔岐山人，家境本来寒微。元载自幼嗜好学习，喜欢写文章，性情敏捷聪慧，博览子部、史部书籍。

肃宗即位后，急于处置军务，（命令）诸道采访使量才提拔属官。他入朝任度支郎中。元载智慧聪明有悟性，善于奏事对答。肃宗嘉许他，把有关国计民生的事务委任他办理，让他充任使节赴江淮，总领漕运职务，不久加官御史中丞。元载与幸臣李辅国亲善。于是李辅国让元载兼京兆尹。元载意在宰相，面见李辅国恳切地要辞去京兆尹。李辅国看出他的意愿，同意了。代宗即位，李辅国权势更重，在皇上面前称赞元载。元载能够探察皇上意图，很受恩宠，升任中书侍郎、同中书门下平章事，加集贤殿大学士，修国史。李辅国死，元载又交结内侍董秀，多给他金帛，让暗自传达密旨。因此皇上有所关注，元载必先知道。顺承意愿、探究微义，言谈中必定暗合，代宗因此更信任他。

内侍鱼朝恩倚仗权势、自负恩宠，不与元载合作。元载常常怕他。大历四年冬，（元载）趁机密奏鱼朝恩专权，行为不轨，请将他除掉。鱼朝恩骄横，天下人都愤怒，皇上也了解这些情况，等到听说元载上奏，恰好迎合皇上心意。五年三月，鱼朝恩伏法。元载以为自己有清除恶人的功绩；褒贬前贤，认为文才武略没有比得上他的。在城中建成南北二所豪华宅第，室宇恢宏壮丽，为当时第一。穿绫罗的婢女奴仆有一百余人。恣意放纵，犯法妄为；奢侈僭越，没有限度。代宗详尽地察觉到他们的行迹，但因为元载被任用多年，想（不杀他）使君臣的名分得以保全，于是在元载单独晋见时，代宗劝诫他，但他并不悔改。上封人李少良秘密将元载的丑恶行迹奏上朝廷，元载知道后，面奏代宗，将李少良等数人全都在衙门里处死。于是道路行人以目示意，无人敢议论元载的劣迹。代宗明察元载的所作所为，已经数年，但元载恶行长期不加悔改，致使众人的愤怒终于被皇上知道。辨明罪行追问事端，元载伏罪。元载长子伯和、次子仲武、次子季能和元载妻王氏被一并赐死。

元载处在宰相职位多年，权倾四海。域外珍宝异物，都汇集在他的门内，资财不可胜数，因此元伯和、元仲武等人得以任意妄为。奔向他门下的轻浮士人，唯恐奔走不及。名妓美女、奇异音乐，宫中没有的他有。兄弟各自在家中蓄养妓妾，倡优表演猥亵戏剧，一点不觉羞愧

可耻。到元载获罪，路人没有嗟叹惋惜的。

知识拓展（弥）

有一人，治学旷日弥（长久）久，甚烦。一日外出，遇雨，久不止。仰观弥（满，遍）天之云，心下弥（更加）烦。归家，乃心安。

54 旧唐书·田弘正传

阅读提示

➢ 语言建构与运用

1. 加点字为文段中重、难点字词。
2. 下加_____为需要断句的文句。
3. 下加_____为需要翻译的文句。

➢ 文化传承与理解

1. 视事：指官吏到职办公。“下车”指官吏初到任，“乞骸骨”指官吏因年老请求退职，“致政”“致仕”则指退休。
2. 表：中国古代向帝王上书陈情言事的一种特殊文体。
3. 赗赙：因助办丧事而以财物相赠。

正 文

田弘正，本名兴。少习儒书，颇通兵法，善骑射，勇而有礼。当季安之世，为衙内兵马使。季安惟务侈靡，不恤军务，屡行杀罚；弘正每从容规讽，军中甚赖之。季安以人情归附，乃出为临清镇将，欲捃摭其过害之。弘正假以风痹请告，灸灼满身，季安谓其无能为。及季安病笃，其子怀谏幼騃①，乃召弘正署其旧职。弘正乐闻前代忠孝立功之事，视事之隙，与宾佐讲论古今言行可否。魏州自承嗣已来馆宇服玩有逾常制者悉命彻毁之以正厅大侈不居乃视事于采访使厅。宾僚参佐，请之于朝。颇好儒书，尤能史书，《左传》《国史》，知其大略。自弘正归国，幽、恒、郓、蔡有齿寒之惧，屡遣客间说，多方诱阻，而弘正终始不移其操。元和十年，朝廷用兵讨吴元济，弘正遣子布率兵三千进讨，屡战有功。李师道以弘正效忠，又胁其后，不敢显助元济，故绝其掎角之援，王师得致讨焉。十五年十月，镇州王承宗卒，穆宗以弘正为镇州大都督府长史。弘正以新与镇人战伐，有父兄之怨，乃以魏兵二千为卫从。十一月二十六日，至镇州，时赐镇州三军赏钱一百万贯，不时至，军众喧腾以为言。弘正亲自抚喻，人情稍安。仍表请留魏兵为纪纲之仆，以持众心，其粮赐请给于有司。时度支使崔倰不知大体，固阻其请，凡四上表不报。明年七月，归卒于魏州，是月二十八日夜军乱，弘正并家属等并遇害。穆宗闻之震悼，册赠太尉，赗赙加等。弘正孝友慈惠，骨肉之恩甚厚。兄弟子侄在两都者数十人，竞为崇饰，日费约二十万，魏、镇州之财，皆辇属于道。

（节选自《旧唐书·田弘正传》）

【注】①騃（ái）：愚蠢，痴呆。

思　考

下列对原文有关内容的概括和分析，不正确的一项是（　　）。

A. 田弘正忠于职守，深受拥戴。见季安追求奢侈，不理军务，多施杀罚，他时常婉言劝谏，军中将卒十分信赖他

B. 田弘正遵从规制，坚守臣节。在魏州，他拆毁超逾规制的馆宇服玩，不用过于豪华的正厅，请朝廷任命宾僚参佐

C. 田弘正忠于朝廷，不改节操。归顺朝廷后，面临危险的幽、恒、郓、蔡等州长官派人劝诱阻挠，他仍心向朝廷

D. 田弘正御下不严，被害致死。由于朝廷赏钱未按时送到，其随从魏州士兵夜里叛乱，他及其家属等一起遇害

答案：D

解析：D 项中叛乱的不是“魏州士兵”，而是镇州三军。

参考译文

田弘正，本名田兴。年少时学习儒家经典，精通兵法，擅长骑马射箭，勇敢而守礼度。在田季安任节度使时，他为衙内兵马使。田季安一心追求奢侈，不顾及军务，多次施行杀戮刑罚；田弘正时常婉言劝谏，军中将吏很信赖他。田季安因看到人心归附于他，就派他出任临清镇将，想寻找过失谋害他。田弘正借口患风痹病请求告假，全身上下都被烧灼，田季安认为他再无所作为了。等到田季安病重，他的儿子田怀谏年幼无知，于是召回田弘正官复旧职。田弘正喜欢了解前代忠臣孝子建功立业的事迹，办理公务的空闲时间，就同宾客僚佐谈论古往今来正反面的言行。魏州自田承嗣以来，馆阁殿宇器物珍玩超逾规制的，田弘正全部命人拆除毁掉，因正厅过于豪华而不使用，在采访使厅办事。宾客僚佐下吏，都请朝廷任命。他非常爱读儒家书籍，尤其通晓史书，《左传》《国史》都知道大概。自从田弘正归顺朝廷，

幽、恒、郓、蔡有唇亡齿寒的恐惧，多次派遣说客前去离间，多方劝诱阻挠，而田弘正始终不改变节操。元和十年，朝廷派兵讨伐吴元济，田弘正派儿田布率领三千人马进攻，多次立功。李师道因田弘正效忠朝廷，又在背后构成威胁，因此不敢公然帮助吴元济，就断绝了与吴元济的相互策应，官军得以顺利进攻。十五年十月，镇州王承宗死，穆宗任命田弘正为镇州大都督府长史。田弘正因新近与镇人交战，有杀父杀兄之仇，就用二千名魏兵作为随从卫兵。十一月二十六日，到达镇州，当时朝廷赏赐镇州三军一百万贯赏钱，没有按时送到，士兵以此为借口喧哗闹事。田弘正亲自抚慰解释，人心才稍微安定。并给皇帝上奏章请求留下魏州士兵作为维护军纪的人，以便稳定众心，他们的粮饷向有关部门请求供给。当时度支使崔倰不识大体，坚决阻止他的请求，他先后四次上表章都没有得到答复。第二年七月，将随从士卒遣回魏州，当月二十八日夜晚士兵叛乱，田弘正及家属等一起遇害，穆宗听说后震惊悲痛，追赠为太尉，助葬用品加倍拨给。田弘正孝敬父母，爱护兄弟，关心晚辈，骨肉恩情非常深厚。兄弟子侄在两都的有几十人，他们竞相夸耀豪华，每天约耗费二十万钱，运载魏州、镇州的财货，装载的车辆在道路上络绎不绝。

知识拓展（怜）

陌上有丽人，可怜（怜爱，喜爱）体无比，而家无亲人怜（爱惜）之。逢战火，随众流浪，一路艰辛，众皆怜（怜悯）之。战后归家，其家却已是焦土一片。

55　新唐书·张文瓘传

阅读提示

➢　语言建构与运用

1. 加点字为文段中重、难点字词。
2. 下加_____为需要断句的文句。
3. 下加_____为需要翻译的文句。

➢　文化传承与理解

1.《新唐书》是北宋时期宋祁、欧阳修、范镇、吕夏卿等合撰的一部记载唐朝历史的纪传体史书，“二十四史”之一。《新唐书》修成后，其主编曾公亮曾上皇帝表“其事则增于前，其文则省其旧”，认为这是本书胜过《旧唐书》的地方。《新唐书》在体例上第一次写出了《兵志》《选举志》，系统论述唐代府兵等军事制度和科举制度。

2. 明经：科举的科目之一。隋置明经、进士二科，唐增至六科，以经义取者为明经，加考诗赋者为进士。宋改以经义论策试进士，明经始废。

3. 户部：古代官署名，为掌管户籍财经的机关，六部之一，长官为户部尚书，别称地官、大司徒、大司农等。

正 文

张文瓘字稚圭，贝州武城人。隋大业末，徙家魏州之昌乐。幼孤，事母、兄以孝友闻。贞观初，第明经，补并州参军。时李勣为长史，尝叹曰："稚圭，今之管、萧，吾所不及。"勣入朝，文瓘与属僚二人皆饯，勣赠二人以佩刀、玉带，而不及文瓘。文瓘以疑请，勣曰："子无为嫌。若某，豫少决，故赠以刀，欲其果于断；某放诞少检，故赠以带，俾其守约束。若子才，无施不可，焉用赠？"因极推引。再迁水部员外郎。时兄文琮为户部侍郎，于制，兄弟不并台阁，出为云阳令。累授东西台舍人，参知政事。乾封二年，迁东台侍郎、同东西台三品，遂与勣同为宰相。俄知左史事。

时高宗造蓬莱、上阳、合璧等宫，复征讨四夷，京师养厩马万匹，帑廥浸虚。文瓘谏曰："王者养民，逸则富以康，劳则怨以叛。秦、汉广事四夷，造宫室，至二世土崩，武帝末年户口减半。夫制治于未乱，保邦于未危。人罔常怀，怀于有仁。臣愿抚之，无使劳而生怨。隋监未远，不可不察。"帝善其言，赐缯锦百段，为减厩马数千。

改黄门侍郎，兼太子右庶子，又兼大理卿。不旬日，断疑狱四百，抵罪者无怨言。尝有小疾，囚相与斋祷，愿亟视事。时以执法平恕方戴胄①。后拜侍中，兼太子宾客。诸囚闻其迁，皆垂泣，其得人心如此。性严正，未尝回容，诸司奏议悉心纠驳故帝委之或时移疾他宰相奏事帝必问与文瓘议未若不者曰往共筹之。曰："已议。"即皆报可。

（节选自《新唐书·张文瓘传》）

【注】① 戴胄：唐初大臣，曾任大理寺少卿。

思 考

下列对原文的赏析中不正确的一项是（　　）。

A. 本文选材合理，主要叙述了张文瓘与高宗、李勣之间发生的故事，生动地刻画了张文瓘为官的形象特点

B. 文章描写李勣赠物这一情节，巧妙刻画了张文瓘及同僚的性格特点，体现了作者运用写作技巧的独具匠心

C. 针对高宗造宫室、征四夷的做法，张文瓘在其谏言中，运用举例论证等方法，采用骈散结合的语言，成功说服了高宗

D. 文章描写了囚犯们因张文瓘贬谪移职而难过流泪的细节，从一个侧面表明张文瓘执法公允、深得人心

答案：D

解析：D 项中“张文瓘贬谪移职”错，原文是“拜侍中，兼太子宾客”，是为升官。

参考译文

张文瓘，字稚圭，是贝州武城人。隋大业末年，迁徙家到魏州的昌乐。（张文瓘）幼时丧父，他侍奉母亲、兄长，凭借孝友闻名乡里。贞观初年，（他）考取明经博士，被补任并州参军。当时李勣任并州长史，曾经赞叹着说：“稚圭，（是）当今的管仲、萧何，我比不上他。”李勣入朝，文瓘与属僚二人都为李勣饯行，李勣用佩刀、玉带赠给属僚二人，但是没有东西赠送给文瓘。文瓘把心中的疑问向李勣请教，李勣说：“你不要疑忌。像属僚中的某某，做事犹豫缺少决断，所以我用佩刀赠给他，想使他遇事能果断；属僚中的某人行为放纵缺少检点，所以我用玉带赠给他，使他遵守各种规章法令。而像你这般才华，没有什么地方不可以施展的，哪还用得着赠送什么礼物（来警策）呢？”李勣就极力推重引荐张文瓘。（张文瓘）后升任水部员外郎。当时，他哥哥文琮是户部侍郎。因按照当时的制度，兄弟不许同在台阁任职，张文瓘又被调任云阳县令。屡加升迁，官至东西台舍人、参知政事。乾封二年，又升任东台侍郎、同东西台三品，于是和李勣同为宰相。不久，兼任左史事。

当时唐高宗造蓬莱、上阳、合璧等宫殿，再征讨四方少数民族，京师马厩养官马万匹，官家储藏钱币和粮食的府库逐渐空虚。张文瓘上谏言说：“王者养育百姓，使百姓安逸就会富足而且安康，使他们忧劳就有怨恨而致反叛。秦、汉时期广征四夷，大建宫室，到秦二世时就土崩瓦解，汉武帝末年百姓人口减半。所以制治应在国家没有动乱之时，保国要在朝廷没有危险之际。人没有永远不变的心，（而）对仁需要归心。我愿意去安抚百姓，不要使（他们）因劳累而产生怨愤。隋朝的教训离今天不远，（我们）不能不省察。”高宗皇帝认为张文瓘的谏言很正确，（因而）赐给（张文瓘）缯锦百段，因（张文瓘）谏言裁减了几千匹马厩里养的官马。

（张文瓘）改任黄门侍郎，兼太子右庶子，又兼大理卿。不到十几天，裁断疑案四百件，被判罪的人都没有怨言。（张文瓘）曾经患小病，囚犯一起吃斋祈祷，希望（张文瓘病好）马上回到岗位上。当时因为（张文瓘）执法公平仁恕，人们把他比作唐初曾任大理寺少卿的大臣戴胄。后来（张文瓘）官拜侍中，兼太子宾客。许多囚犯听到张文瓘升官调离大理寺，都垂泪，（张文瓘）就是这么得人心。（张文瓘）性格严肃正直，不曾曲法宽容。朝廷各部门的奏议，他都用心纠举驳正，所以皇帝信任他委派他（的事多）。有时张文瓘因病请假移交的事务急于办理，其他宰相上奏事宜，皇帝一定要问：“与文瓘讨论过了吗？”如果没有议过的，皇帝就说：“到（张文瓘）那里和他一起共同筹划这件事。”若说：“已经（和张文瓘）议过。”皇帝就说上奏的事都准奏了。

（2011 年浙江卷）

知识拓展（迁）

白居易初入仕，帝见之，以为奇才，授秘书省校书郎，后迁（晋升）为翰林学士。居易不畏权贵近臣，直言上书论事，常论及前朝迁（改变）灭之事。后因触怒皇帝，左迁（贬谪）为江州司马。

56　新唐书·韦凑传

阅读提示

➢　语言建构与运用

1. 加点字为文段中重、难点字词。
2. 下加＿＿为需要断句的文句。
3. 下加＿＿为需要翻译的文句。

➢　文化传承与理解

1. 面南：古代以坐北朝南为尊位，故天子、诸侯见群臣，或卿大夫见僚属，皆面南而坐。帝位面朝南，故代称帝位。

2. 昭穆制度：宗庙制度之一。庙制规定：天子立七庙，诸侯立五庙，大夫立三庙，士立一庙，庶人无庙，以此区分亲疏贵贱。延伸到民间，祠堂神主牌的摆放次序也就是昭穆制度，如始祖居中，左昭右穆，父居左为昭，子居右为穆；单数世为昭，双数世为穆；先世为昭，后世为穆；长为昭，幼为穆；嫡为昭，庶为穆。

正　文

韦凑字彦宗，京兆万年人。永淳初，解褐婺州参军事。徙资州司兵，观察使房昶才之，表于朝，迁杨州法曹。州人盂神爽罢仁寿令，豪纵，数犯法，交通贵戚，吏莫敢绳，凑按治，杖杀之，远近称伏。入为相王府属，时姚崇兼府长史，尝曰：“韦子识远文详，吾恨晚得之。”' 六迁司农少卿。忤宗楚客，出为贝州刺史。睿宗立，徙太府，兼通事舍人。

景云初，作金仙等观，凑谏，以为：“方农月兴功虽赀出公主然高直售庸则农人舍耕取顾趋末弃本恐天下有受其饥者。”不听。凑执争以“万物生育，草木昆蚑伤伐甚多，非仁圣本意”。帝诏外详议。中书令崔缇、侍中岑羲曰：“公敢是耶？”凑曰：“食厚禄，死不敢顾，况圣世必无死乎？”朝廷为减费万计。出为陕、汝、岐三州刺史。

开元初，欲建碑靖陵，凑以古园陵不立碑，又方旱不可兴工，谏而止。迁将作大匠。诏复孝敬皇帝庙号义宗，凑谏曰：“传云：‘必也正名。’礼：祖有功，宗有德，其庙百世不毁。历代称宗者，皆方制海内，德泽可尊，列于昭穆，是谓不毁。孝敬皇帝未尝南面，且别立寝庙，无称宗之义。”遂罢。

迁右卫大将军，玄宗谓曰：“故事，诸卫大将军与尚书更为之，近时职轻，故用卿以重此官，其毋辞！”寻徙河南尹，封彭城郡公。会洛阳主簿王钧以赇抵死，诏曰：“两台御史、河南尹纵吏侵渔，《春秋》重责帅，其出凑曹州刺史，侍御史张洽通州司马。”久之，迁太原尹，兼北都军器监，边备修举，诏赐时服劳勉之。及病，遣上医临治。卒，年六十五。

（节选自《新唐书·韦凑传》）

思　考

下列对原文有关内容的概括和分析，不正确的一项是（　　）。

A. 韦凑富有胆识，深受长官好评。任扬州法曹时，孟神爽触犯法令，勾结权要，韦凑果断处置，依法杖杀；入为相王属吏，上司遗憾与他相见太晚

B. 韦凑参议朝政，敢于据理力争。景云初年，朝廷议建金仙观，他认为农事季节，建观必使农民抛弃耕作；皇上不听从，他又会同其他官员一同谏诤

C. 韦凑学识渊博，善于以古证今。开元初年，朝廷议在靖陵建碑，他上奏说明古代园陵不立碑；议论孝敬皇帝庙号时，他又引经据典说不可称“宗”

D. 韦凑因受株连，遭到皇上责罚。部属罗阳主簿犯事，皇上认为韦凑放纵属吏侵吞牟利，理应负责，于是将韦凑降职为曹州刺史

答案：B

解析：B 项中“他又会同其他官员一同谏诤”说法有误。原文的意思是皇帝把事情交给大臣讨论，另外提到的两个大臣并不支持他。

参考译文

韦凑，字彦宗，京兆万年人。永淳初年，出仕任婺州参军事。调任资巡司兵，观察使房昶认为他有才，上表举荐给朝廷，升任扬州法曹。州人孟神爽被罢免仁寿令，蛮横放纵，多次犯法，勾结贵戚，官吏不敢追究，韦凑审讯治罪，杖杀了他，远近佩服。召入任相王府属官，当时姚崇兼相王府长史，曾说：“韦子见识深远，文思周详，我遗憾得到他太晚。”六次升官后任司农少卿。冒犯宗楚客，贬任贝州刺史。睿宗即位。徙太府，兼通事舍人。

景云初年，建造金仙等道观，韦凑规劝，认为：“正当农耕之月而兴建，虽然是公主出钱财，然而高价雇人，则农人舍弃耕作而接受雇佣，趋末弃本，恐怕天下有人会因此而受饥饿。”皇帝不听从。韦凑坚持争谏，认为“万物生育之时，草木昆虫伤害太多，不符合仁君本意”。皇帝下诏在外朝详议。中书令崔湜、侍中岑羲说：“公为何竟敢这样呢？”韦凑说：“享受厚

禄，死尚不惜，何况圣世必定不会定死罪呢！”朝廷为此减省费用数以万计。韦凑出任陕、汝、岐三州刺史。

开元初年，要在靖陵建碑，韦凑认为古代园陵不立碑，又正值大旱不可兴工，谏阻而停止。升任将作大匠。下诏恢复孝敬皇帝庙号为义宗，韦凑上谏说：“经传说：‘必须辨正名分。’根据礼：祖有功，宗有德，宗庙百世不毁。历代称宗的，无不是统治天下，德化恩泽值得尊崇，列于宗庙的昭穆之中，因此说宗庙不毁。孝敬皇帝不曾即位，况且别立寝庙，没有称宗之义。”于是停止。

韦凑升任右卫大将军，玄宗对他说：“依照旧制，诸卫大将军与尚书交替任职，近来这一职位不被重视，因此任用卿以推重此官，你不要推辞！”不久调任河南尹，封彭城郡公。正逢洛阳主簿王钧因贿赂判处死罪，下诏说：“两台御史、河南尹放纵属吏侵夺，《春秋》之义重在责罚主帅，应贬任韦凑为曹州刺史，侍御史张洽为通州司马。”很久，升任太原尹兼北都军器监，边防严整，下诏赐予时服慰劳勉励他。患病后，派遣御医登门治疗。后来去世，终年六十五岁。

（2014 年大纲卷）

知识拓展（请）

外敌来犯，曹刿请（请求）见，曰：“吾虽山野鄙人，尚能效力，请（请让我）从将战。”庄公许之。大胜而归，公设宴，为其庆功，有大臣妒之，欲其出丑，请（希望某人做某事）其奏瑟以助兴。

57　新唐书·元德秀传

阅读提示

➢ 语言建构与运用

1. 加点字为文段中重、难点字词。
2. 下加_____为需要断句的文句。
3. 下加_____为需要翻译的文句。

➢ 文化传承与理解

1. 庐墓：古人于父母或师长死后，服丧期间在墓旁搭盖小屋居住，守护坟墓。
2. 系狱：囚禁于牢狱。

正　文

元德秀字紫芝，河南河南人。少孤，事母孝。举进士，不忍去左右，自负母入京师。既擢第，母亡，庐墓侧，食不盐酪，藉无茵席。服除，以窭[①]困调南和尉，有惠政。

德秀不及亲在而娶，不肯婚。人以为不可绝嗣，答曰："兄有子，先人得祀，吾何娶为？"初兄子繈褓丧亲无资得乳媪德秀自乳之能食乃止既长，将为娶，家苦贫，乃求为鲁山令。前此堕车足伤，不能趋拜，太守待以客礼。有盗系狱，会虎为暴，盗请格虎自赎，许之。吏白："彼诡计，且亡去，无乃为累乎？"德秀曰："许之矣，不可负约。即有累，吾当坐，不及余人。"明日，盗尸虎还，举县嗟叹。

玄宗在东都，酺[②]五凤楼下，命三百里县令、刺史各以声乐集。是时颇言帝且第胜负，加赏黜。河内太守辇优伎数百，被锦绣，或作犀象，瑰谲光丽。德秀惟乐工数十人，联袂歌《于蔿于》。《于蔿于》者，德秀所为歌也。帝闻，异之，叹曰："贤人之言哉！"谓宰相曰："河内人其涂炭乎？"乃黜太守，德秀益知名。

所得奉禄，悉衣食人之孤遗者。岁满，笥余一缣，驾柴车去。不为墙垣扃钥，家无仆妾。岁饥，日或不爨[③]。嗜酒，陶然弹琴以自娱。德秀善文辞，作《蹇士赋》以自况。房琯每见德秀，叹息曰："见紫芝眉宇，使人名利之心都尽。"苏源明常语人曰："吾不幸生衰俗，所不耻者，识元紫芝也。"

天宝十三载卒，家惟枕履箪瓢而已。

（节选自《新唐书·元德秀传》）

【注】① 窭：贫寒。② 酺：聚会饮酒。③ 爨：烧火做饭。

思　考

下列对原文有关内容的分析和概括，不正确的一项是（　　）。

A. 元德秀具有尊老爱幼的高尚品德。母亲在世时，竭尽了做儿子的责任，母亲去世后，严格按照习俗守孝；自己不愿结婚，但勇敢地担当起了养育晚辈的重任

B. 元德秀通过科举走上仕途，不仅为官具有受人称道的良好素质，而且在文学、音乐等方面很有才华，能够弹奏乐曲，创作歌曲，撰写辞赋

C. 选文中重点记叙了"盗尸虎还，举县嗟叹"这个故事，记叙"举县嗟叹"这个故事的目的是赞扬元德秀具有有令必行、说话算数的高尚品格

D. 选文除了对元德秀进行了多角度的正面描写外，还通过他人的称颂和赞扬对元德秀进行了侧面描写，使人物形象更加丰满

答案：C

解析：选文目的是赞扬元德秀为了替百姓根除虎患，敢于承当牵连判罪的风险。

参考译文

元德秀，字紫芝，是河南府河南州县人。年轻时就死了父亲，对母亲十分孝顺。参加进士考试，不忍心离开母亲左右，就亲自背着母亲进了京城。考上进士后，母亲去世，他在母亲的坟墓旁边守护，饭食中没有盐和醋，睡觉时没有什么垫在身下。服丧期满，因为贫困而调到南河县任县尉，治理期间有好名声。

元德秀没有来得及在双亲健在时娶妻，就不肯结婚。有人认为他不可以断绝了后代，他回答说："我哥哥有儿子，我的先祖可以得到祭祀，我干吗还要娶妻呢？"当年，他哥哥的儿子在襁褓中就死了双亲，又没有钱请奶妈，德秀就亲自喂养他，等到侄子能吃饭了才停止喂养。侄子长大后，将要为他娶媳妇，家里十分贫穷，才自己请求任鲁山县令。在此之前，他因为从车上掉下伤了脚，不能快步行走拜见，但是太守却以贵客的礼节对待他。有个小偷被关押在牢里，当地正碰上老虎作恶，小偷请求打虎赎身，元德秀答应了他。有个官吏对他说："那是小偷的诡计，将来他逃走了，你不是要受到牵累吗？"元德秀说："我已经答应了他，不可以背弃约定的事。如果有所牵累，我应当定罪，不牵连到别人。"第二天，小偷带着老虎的尸体回来了，全县的人都为此而感叹。

唐玄宗在东都时，在五凤楼下设宴，命令三百里内的县令、刺史都要拿出歌曲到他那里汇集。当时人们都传言皇帝将要排出优劣，施加赏罚。河内太守用车装着几百个演员，披挂着锦绣，有的装扮成犀牛大象，十分新奇而美丽。只有德秀带了演员几十个，集体唱一首叫《于蔿于》的歌，《于蔿于》是德秀所创作的歌。皇帝听到后，十分惊奇，赞叹说："唱的都是贤人说的话呀！"对宰相说："河内府的百姓恐怕都生活在苦难中吧？"于是罢免了太守，元德秀更加出名了。

元德秀所得到的俸禄都供给那些孤儿吃饭穿衣。任期届满，他竹筐里带着绢一匹，赶着一辆柴车离任。他家里不造围墙，不用钥匙，也没有仆人小妾。碰上荒年，有时揭不开锅。他喜欢喝酒，悠然地弹着琴来自娱自乐。元德秀擅长于写文章，曾经写了一篇《蹇士赋》来比况自己。房琯每次见到元德秀，总是叹息说："只要看到元紫芝的面貌，就会把人的名利之心洗涤干净。"苏源明也常常对别人说："我不幸生活在衰败和庸俗的环境中，但我不感到耻辱的，是因为我结识了元紫芝呀。"

元德秀在天宝十三年去世，死时，家里只有枕头、鞋子和竹碗、水瓢一类东西。

知识拓展（奇）

魏人见一舟，长七分有奇（余），甚奇（惊奇）之，叹曰："此物之奇（奇妙），天下罕见，足见天下奇（奇异）才多矣！"献于王，王大喜，居为奇（珍贵）货。

58 新唐书·韦丹传

阅读提示

➢ 语言建构与运用

1. 加点字为文段中重、难点字词。
2. 下加\~\~\~\~\~为需要断句的文句。
3. 下加_____为需要翻译的文句。

➢ 文化传承与理解

1. 拜：授予官职，与“除”“授”意思相同。
2. 徙：调任官职，与“转”同。
3. 大和：一作“太和”，唐文宗李昂的年号。年号是我国古代帝王用来纪年的名号。年号纪年始于汉武帝，此后每个皇帝即位都要确定自己的年号。元朝以前，一个皇帝一般多个年号；明清时期，一个皇帝基本用一个年号。

正 文

韦丹字文明，京兆万年人。早孤，从外祖颜真卿学。顺宗为太子，以殿中侍御史召为舍人。新罗国君死，诏拜司封郎中往吊。故事，使外国，赐州县十官，卖以取赀。丹曰：“使外国，不足于资，宜上请，安有贸官受钱？”即具疏所宜费，帝命有司与之。还为容州刺史。教民耕织，止惰游，兴学校，民贫自鬻者，赎归之，禁吏不得掠为隶。始城州，周十三里，屯田二十四所，教种茶、麦，仁化大行。以谏议大夫召，有直名。刘辟反议者欲释不诛丹上疏以为孝文世法废人慢当济以威今不诛辟则可使者唯两京耳。宪宗褒美。拜晋慈隰州观察使，封武阳郡公。阅岁，自陈所治三州，非要害地，不足张职，为国家费，不如属之河东，帝从之。徙为江南西道观察使。丹计口受俸，委余于官，罢八州冗食者，收其财。始，民不知为瓦屋，草茨竹椽，久燥则戛而焚。丹召工教为陶，聚材于场，度其费为估，不取赢利。人能为屋者，受材瓦于官，免半赋，徐取其偿；逃未复者，官为为之。贫不能者，畀以财；身往劝督。有吏主仓十年，丹覆其粮，亡三千斛，丹曰：“吏岂自费邪？”籍其家，尽得文记，乃权吏所夺。召诸吏曰：“若恃权取于仓，罪也，与若期一月还之。”皆顿首谢，及期无敢违。有卒违令当死，释不诛，去，上书告丹不法，诏丹解官待辨。会卒，年五十八。验卒所告，皆不实，丹治状愈明。大和中，裴谊观察江西，上言为丹立祠堂，刻石纪功，不报。宣宗读《元和实录》，见丹政事卓然，它日与宰相语："元和时治民孰第一？"周墀对曰："臣尝守江西，韦丹有大功，德被八州，殁四十年，老幼思之不忘。"乃诏观察使上丹功状，命刻功于碑。

（节选自《新唐书·韦丹传》）

思　考

下列对原文有关内容的分析和概括，不正确的一项是（　　）。

A. 韦丹为人率直，敢于发表不同意见。旧例规定，凡出使外国，朝廷赐下州县官员名额，卖出后充作资费，韦丹认为费用应由朝廷支付，不可卖官求钱

B. 韦丹认为法令废弛会导致人们对它的轻视，因而主张严惩谋反的刘辟；对所治三州，认为并非要害之地，不必多花费国家钱财，不如划归河东管辖

C. 韦丹对贪污现象仔细核查，责之甚严。仓库主管十年间侵吞粮食三千斛，韦丹抄没其家，查得实据，下令一月之内如数补还，保住国家财产不受损失

D. 韦丹去世之后，裴谊建议为他设立祠堂，刻石纪功，当朝宰相也认为他的功德使江西老幼思之不忘。皇上于是下令观察使上报韦丹的功绩并刻碑表彰

答案：C

解析：C 项与文意不合，原文并非仓库主管侵吞粮食，韦丹也并非下令让他一月内如数补还，而是让侵吞粮食的"权吏"一月内如数补还。

参考译文

韦丹，字文明，京兆府万年县人。韦丹早年就成了孤儿，跟随外祖父颜真卿学习。唐顺宗做太子时，任命他以殿中侍御史的身份做太子宫内人。新罗国的国君去世，朝廷下诏书授予他司封郎中让他前去吊唁。按惯例，出使外国的官员，朝廷便给他十个州县官员的名额，让他卖官来筹集费用。韦丹说："出使外国，费用不足的，应向朝廷申请，怎能用卖官得钱的呢？"他就上疏报告应拨给的费用，皇帝命令有关部门拨给了他。他回来任容州刺史。教老百姓耕田织布，禁止懒惰游乐，兴办学校，百姓中有因贫困将自己卖身为奴的，将他们赎出来让他们回家，并发出禁令，官吏不得再掳掠去做奴仆。开始在州兴建城墙，城墙长三十里，屯田二十四处，教百姓种植茶树、麦子，仁政教化得以广泛施行。朝廷用谏议大夫的官职征召韦丹还朝任职，以正直闻名。刘辟反叛，议政的官员们主张放过他不加讨伐，韦丹上奏，认为："在孝文帝时代，法令废弃，人们轻忽法令，应当用威慑手段来救此危局，现在不讨伐刘辟，那么朝廷能够管辖的地区就只剩下京地长安和东部洛阳这两京了。"这得到了宪宗皇帝的赞扬，他被任命为晋慈隰州观察使，封为武阳郡公。过了一年，韦丹自己上疏陈说所管三州不是重要地区，不值得专设观察使，给国家增加了开支，不如把这三州划归河东管辖，皇

上听从了他的意见。他按自己管辖的户口接受俸禄，多余的都交给官府。他裁减了所辖八州吃闲饭的官员，收缴了这笔费用给朝廷。开初，老百姓不知道盖瓦屋，都是用茅草盖屋顶，用竹子做屋椽，遇上久旱容易突然被烧毁了。韦丹召集工匠教他们做陶瓦，把盖屋的材料集中在场子上，估算制造它们的费用给它定出售价，不赚取任何钱。百姓自己能盖屋的，到官府领取木料和陶瓦，免去他一半赋税，以后慢慢归还欠款；逃亡未回来的，官府替他盖屋；贫穷盖不起屋的，给予他们钱财。他还亲自去劝勉督促人们盖屋。有一个官吏主管粮仓十年，韦丹核查库存的粮食，少了三千斛。韦丹说："难道这个官吏自己耗费如此之多的粮食吗？"查抄登记他的家产，得到了全部的账目，发现都是当权的官吏强取的。韦丹就召集这些官吏说："你们仗着权势从官仓强取粮食，这是犯罪，我和你们约定一个月的时间归还这些粮食。"这些官吏们都叩头谢罪，到了限期没有一个敢违约的。有一个兵卒违反了法令被判了死刑，韦丹没有处死他，把他释放了。他离去后，上诉状告发韦丹违法，皇帝下诏将韦丹解送官府等候处理。就在此时，韦丹去世了，终年五十八岁。查验差役告发的事，都不符合实际，韦丹成功治理的情状越发显明。大和年间，裴谊任江西观察使，上书要为韦丹修造祠堂，在石碑上刻下他的功绩，朝廷没有答复。宣宗读《元和实录》，看到韦丹政绩突出，有一天与宰相谈论道："元和年间，治理百姓谁是第一？"周墀回答说："我曾任江西太守，韦丹功绩卓著，恩泽施及八州百姓，死后四十年，无论老幼对他仍思念不忘。"于是下诏给观察使上报韦丹的功绩，命人在石碑上刻下他的功绩。

（2007 年宁夏卷）

知识拓展（期）

陈人母逝，期（穿一周年孝服的人）功之亲皆来吊唁。后陈人外出，以一年为期（规定的时日）。期（一周年）年，妻未见其归；又数年，仍未归。妻悲曰："何不归也？吾期（期望）汝甚矣。莫非与佳人期（约会）而忘归耶？"

59　新五代史·安重荣传

阅读提示

➢　语言建构与运用

1.加点字为文段中重、难点字词。
2.下加____为需要断句的文句。
3.下加____为需要翻译的文句。

➢ 文化传承与理解

1.《新五代史》：宋欧阳修所撰纪传体史书，“二十四史”之一。原名《五代史记》，后世为区别于薛居正等官修的五代史，称为《新五代史》。记载了自后梁开平元年（907 年）至后周显德七年（960 年）共 53 年的历史。《新五代史》是唐宋以后唯一的一部私修正史，在中国史学史尤其是唐宋以后史学史上有着十分重要的地位。

2. 牙城：古时军队中主帅或主将所居之城，按例当建牙旗，故称牙城。又指唐代卫护节度使住宅的内城。

正　文

安重荣，小字铁胡，朔州人也。重荣有力，善骑射，为振武巡边指挥使。虽武夫，而晓吏事，其下不能欺。有夫妇讼其子不孝者，重荣拔剑授其父，使自杀之，其父泣曰：“不忍也！”其母从傍诟骂，夺其剑而逐之，问之，乃继母也，重荣叱其母出。重荣起于军卒，暴至富贵，而见晋高祖自藩侯得国，尝谓人曰：“天子宁有种邪？兵强马壮者为之尔！”虽怀异志，而未有以发也。是时，高祖与契丹约为父子，契丹骄甚，高祖奉之愈谨，重荣愤然，以谓“屈中国以尊夷狄，困已敝之民，而充无厌之欲，此晋万世耻也”。数以此非诮高祖。契丹使者往来过镇州，重荣箕踞慢骂，不为之礼，或执杀之。是时，吐浑白氏役属契丹，苦其暴虐，重荣诱之入塞。契丹数遣使责高祖，并求使者，高祖对使者鞠躬俯首，受责愈谨，多为好辞以自解，而姑息重荣不能诘。天福六年夏，契丹使者拽剌过镇，重荣侵辱之，拽剌言不逊，重荣怒，执拽剌；又为书以遗朝廷大臣、四方藩镇[1]，皆以契丹可取为言。高祖患之，为之幸邺，报重荣曰：“前世与虏和亲，皆所以为天下计，今吾以天下臣之，尔以一镇抗之，大小不等，无自辱焉！”重荣谓晋无如我何，反意乃决。重荣虽以契丹为言，反阴遣人与幽州节度使刘晞相结。契丹亦利晋多事，幸重荣之乱，期两敝之，欲因以窥中国，故不加怒于重荣。其冬，安从进反襄阳，重荣闻之，乃亦举兵。是岁，镇州大旱，蝗，重荣聚饥民数万，驱以向邺，声言入觐。高祖遣杜重威逆之，兵已交，其将赵彦之与重荣有隙，临阵卷旗以奔晋军。重荣闻彦之降晋，大惧，以吐浑数百骑守牙城，重威使人擒之，斩首以献，高祖御楼受馘，命漆其首送于契丹。

（节选自《新五代史 · 安重荣传》）

【注】① 藩镇：指总领一万的军府。

思　考

下列对原文有关内容的分析和概括，不正确的一项是（　　）。

A. 安重荣虽为武官，但也通晓文吏事务。在处理一起家庭纠纷时，生父不忍杀其子，继母则提剑追逐，重荣不满继母的行径，厉声将她斥退

B. 安重荣愤然于高祖屈尊事夷，每遇契丹使者均极力轻慢侮辱对方，甚至抓捕杀死他们，高祖屈己礼待契丹，而对重荣的一系列做法坚决反对

C. 契丹一直伺机图谋晋朝，本应引起晋朝君臣高度警惕，高祖却表示前朝与虏和亲和做法都是为国家考虑，现今重荣对抗契丹只能是自取其辱

D. 安重荣举兵起事，借口朝见，聚集数万饥民前往邺地。高祖派遣部队阻击，在双方交战中重荣被俘遇害，高祖令人漆其首级后将它送给契丹

答案：B

解析：B项中“而对重荣的一系列做法坚决反对”与原文“而姑息重荣不能诘”不符。

参考译文

安重荣，小字铁胡，是朔州人。安重荣孔武有力，擅长骑马射箭，担任振武巡边指挥使。安重荣虽然为一介武夫，但也通晓文吏事务，他的属下也不能欺骗他。有一对诉讼自己的儿子不孝顺的夫妇，安重荣拔出佩剑，递给这个孩子的父亲，让他亲自杀掉不孝顺的儿子，这个孩子的父亲哭着说：“我不忍心啊！”这个孩子的母亲在旁边诟骂他，然后夺过那佩剑追逐她儿子。安重荣问明情况，她原来是继母。安重荣叱骂那孩子的继母，并逐出衙门。安重荣从军卒开始发迹，骤然达到富贵，可看到晋高祖从藩属诸侯成为国君，曾对人说：“天子难道有种吗？兵强马壮的人担任罢了。”安重荣虽然怀有篡异之志，但始终没有发作。当时，晋高祖和契丹结为父子关系，契丹非常傲慢骄矜，晋高祖更加恭敬地尊奉他，安重荣愤怒地说道：“让偌大的中原大国屈服来尊重蛮夷之邦，让已经疲惫不堪的百姓再陷困顿之境，来满足契丹贪得无厌的欲望，这是晋国子孙万代的耻辱啊！”于是，安重荣多次用这件事非难讥诮晋高祖。契丹使者来往过镇州的时候，安重荣张开两腿坐着谩骂他们，不给他们应有的礼节，有时甚至抓住杀掉他们。当时，吐浑白氏从属于契丹，他们深以契丹的暴虐为苦，安重荣便引诱他进入中原。契丹多次派遣使者责问晋高祖，并要求派使者回复。晋高祖对契丹使者点头哈腰，受到责问后更加恭敬，多用花言巧语来自我解脱，而对安重荣无原则地宽容，不追问吐浑事。晋高祖天福六年夏天，契丹使者拽剌经过镇州，安重荣侵辱他，拽剌出言不逊，安重荣大怒，拘捕了拽剌。又写信送给朝廷大臣、四方藩镇长官，都说契丹可以攻取。晋高祖以之为患，因为这件事幸临邺地，告知安重荣：“前朝与虏和亲的做法都是为国家考虑，现今我用天下来臣服契丹，你凭一个镇州来对抗契丹，大小不对称，只能是自取其辱。”安重荣认为晋国不能如愿，反叛的意愿便决定了。安重荣虽拿契丹作借口，但暗中派人同幽州节度使刘晞相勾结。契丹也认为晋朝多事对自己有利，愿意安重荣作乱，希望晋朝廷与安重荣同时受损。想趁此机会窥伺中原，所以不再加怒于安重荣。这年冬天，安从进在襄阳谋反，安重荣听说这件事，于是也举兵谋反。这年，镇州大旱，又逢蝗灾，安重荣聚集几万饥民，驱赶着奔向邺地，声言是去觐见皇帝。晋高祖派杜重威迎击他，双方已交战，安重荣的部将赵彦之与他有嫌怨，临阵脱逃，卷着旗子而奔向晋军。安重荣听说赵彦之投降晋国，非常害怕，只有凭吐浑几百

骑兵防守牙城。杜重威派人擒拿他，斩其头颅来进献高祖。晋高祖在御楼接受安重荣的首级，命令给他的头颅涂上漆（涂漆是侮辱死者，但更主要的目的是防腐），并送到契丹去。

（2007 年全国大纲卷Ⅱ）

知识拓展（穷）

苏轼为杭州太守时，一书生穷（失意）厄，于路泣之，轼告之曰："岂效阮籍穷（走投无路）途之哭？当穷（处境艰难）且益坚，不可堕志。"生然之，后见江水，叹曰："吾生须臾，长江无穷（尽），有生之年当如苏太守。"

60　欧阳修全集·欧阳颍传

阅读提示

➢　语言建构与运用

1. 加点字为文段中重、难点字词。
2. 下加______为需要断句的文句。
3. 下加______为需要翻译的文句。

➢　文化传承与理解

1. 欧阳修，字永叔，号醉翁，晚号六一居士，北宋政治家、文学家。历仕仁宗、英宗、神宗三朝，官至翰林学士、枢密副使、参知政事。死后累赠太师、楚国公，谥号"文忠"，故世称欧阳文忠公。

欧阳修是在宋代文学史上最早开创一代文风的文坛领袖，与韩愈、柳宗元、苏轼、苏洵、苏辙、王安石、曾巩合称"唐宋八大家"，并与韩愈、柳宗元、苏轼被后人合称"千古文章四大家"；领导了北宋诗文革新运动，继承并发展了韩愈的古文理论。其散文创作的高度成就与其正确的古文理论相辅相成，从而开创了一代文风。欧阳修在变革文风的同时，也对诗风、词风进行了革新。在史学方面，也有较高成就，他曾主修《新唐书》，并独撰《新五代史》。

2. 著作郎：官名。三国魏始置，属中书省，掌编撰国史。晋代改属秘书省，号称大著作。南朝末期为贵族子弟出身之官。至唐代主管著作局，掌撰拟文字，曾一度改称司文郎中。著作郎下有著作佐郎、校书郎、正字等官。

3. 侍郎：官名。汉代郎官的一种，本为宫廷的近侍。东汉以后，尚书的属官，初任称郎中，满一年称尚书郎，三年称侍郎。隋唐之时，于京城内设吏、户、礼、兵、刑、工六部，掌管国家政务。其中，每部侍郎为辅佐尚书的事务实际执行者。

正 文

（欧阳）公讳颍，字孝叔。咸平三年，举进士中第，初任峡州军事判官，有能名，即州拜秘书省著作佐郎，知建宁县。未半岁，峡路转运使薛颜巡部至万州，逐其守之不治者，以谓继不治非尤善治者不能，因奏自建宁县往代之。以治闻。由万州相次九领州而治之，一再至曰鄂川。二辞不行初彭州以母夫人老不果行最后嘉州以老告不行实治七州，州大者繁广，小者俗恶而奸，皆世指为难治者。其尤甚曰歙州，民习律令，性喜讼，家家自为簿书，凡闻人之阴私毫发、坐起语言，日时皆记之，有讼则取以证。其视入狴[①]牢就桎梏，犹冠带偃箦[②]，恬如也。盗有杀其民董氏于市，三年捕不获，府君至，则得之以抵法。又富家有盗夜入启其藏者，有司百计捕之甚急，且又大购之，皆不获，有司苦之。公曰勿捕与购，独召富家二子，械付狱，鞫[③]之。州之吏民皆曰“是素良子也”，大怪之，更疑互谏。公坚不回，鞫愈急，二子服。然吏民犹疑其不胜而自诬，及取其所盗某物于某所，皆是，然后欢曰：“公，神明也。”其治尤难者若是，其易可知也。

公刚果有气，外严内明，不可犯，以是施于政，亦以是持其身。初，皇考侍郎为许田令，时丁晋公尚少，客其县。皇考识之，曰贵人也，使与之游，待之极厚。及公佐峡州，晋公荐之，遂拜著作。其后，晋公居大位，用事，天下之士往往因而登荣显，而公屏不与之接。故其仕也，自著作佐郎、秘书丞、太常博士、尚书屯田、都官、职方三员外郎、郎中，皆以岁月考课，次第升，知万、峡、鄂、歙、彭、岳、阆、饶、嘉州，皆所当得。及晋公败，士多不免，惟公不及。

明道二年，以老乞分司，有田荆南，遂归焉。以景祐元年正月二十六日终于家，年七十有三。

（节选自《欧阳修全集》）

【注】① 狴（bì）：监狱。② 箦（zé）：竹席。③ 鞫（jū）：审讯。

思 考

下列对原文有关内容的分析和概括，不正确的一项是（　　）。

A. 薛颜之所以推荐欧阳颍自建宁县往万州代职，是因为他认为万州难治理，需任用非常善于治理的人的缘故

B. 歙州民风不正，人们好打官司，不畏牢狱。入狱之时，尚穿戴整齐，且自带凉席，以便在牢中过得安然舒适

C. 欧阳颍认为富家失盗是富家二子所为，将其抓获，严加审问，二子供认不讳，后又起获了赃物，百姓叹服

D. 欧阳颍初任峡州军事判官，有才干，经丁晋公推荐拜著作佐郎，其后多次任知州之职，

景祐元年在家去世

答案：B

解析：B 项考查点实际上是对“其视入狴牢就桎梏，犹冠带偃箦，恬如也”的理解，原文是说其入狱犹如穿戴整齐躺在竹席上一样恬然自安，而非“入狱之时，尚穿戴整齐，且自带凉席”的行为。关键要注意一个“视”字，是“将之看作”的意思。

参考译文

（欧阳）公名颍，字孝叔。咸平三年考上了进士，开始担任峡州军事判官，因为有治理的才能，就被州中任命为秘书省著作佐郎，担任建宁县知县。不到半年时间，峡路转运使薛颜巡视检查到万州，撤销那些不称职的官吏，认为要替代那些不称职的官吏没有那些能力特别突出的官员是不行的。因而上奏朝廷从建宁县派遣欧阳颍前往任职。到任后又因为治理得力而闻名，从万州开始连续九次担任州级长官并且都治理得很不错。一迁再迁而到叫作鄂川的地方。他有两次推辞没有到任：第一次是安排在彭州，因为母亲老夫人年岁太老，没有真正到任；最后安排在嘉州，因为年岁已老，而告老还乡，也没有到任。真正治理的是七个州，大州繁杂宽广，小州民俗恶劣而奸诈，都是世人所指的难于治理的地方。其中特别厉害的是歙州，这地方的百姓都熟悉法律令法，喜欢诉讼，家家户户自备有簿书，凡是听到别人的一点点阴私，日常的行坐起立的只言片语和时间日期都记录下来，等到有诉讼的时候就拿出来作为证据。他们把进入监狱戴脚镣手铐，看作好像戴帽子、束腰带，在竹席上睡觉一样泰然自若。有强盗把当地百姓董氏杀死在大街上，捕捉了三年还是没有捉到，州太守一到，就把这强盗逮捕了并将他按法律处置了。又有一富人家，有盗贼在夜晚进入他家仓库偷盗东西，有关部门千方百计想要尽快捕捉到，并且又大力悬赏（缉捕）盗贼，都不能捕获，主管官吏对这件事情感到苦恼。欧阳公说不要追捕和悬赏捉拿，只是召来了富家的两个儿子，把他两人戴上刑具关进监狱，审讯他们。州里的官吏百姓都说“这两人一贯是好人呀”，感到非常奇怪，还有的疑虑弄错而相互到欧阳公处谏劝。欧阳公坚持没有搭理，审讯更加急迫，这两个富家儿子认罪伏法。然而官吏百姓还是怀疑他们（是因为）经受不住（审讯之苦）而自己承认强加给他们的罪名。等到在某处所取出他们所偷盗那些物件时，大家才认为欧阳公是对的，然后欢呼着说：“欧阳颍公，真有如神明啊！”他治理最难治理的地方（都能）这样，那些容易的（就）可想而知道了。

欧阳公刚毅果断很有气质，外表严厉内里聪明，有不可侵犯的气质，既是凭这些来治理地方政务，也是凭这些来守身持正。当初，他父亲颍以侍郎的身份担任许田县县令，当时丁晋公尚且年少，客居在他父亲治理的县内。他父亲见到丁晋公，认为他有贵人的气质，就让欧阳公与丁晋公交游，给予丁晋公的帮助非常多。到欧阳公治理峡州的时候，丁晋公推荐欧阳公，于是升任为著作之职。自这以后，丁晋公担任非常显赫的地位，掌握着国家的大权，天下的士人往往因为攀上丁晋公而得到荣显的地位，但欧阳公却退避不与丁晋公过多接触。所以欧阳公在仕途上，从担任著作佐郎开始，到秘书丞，到太常博士，到尚书屯田，到都官，到职方三员外郎，到郎中，都是凭借着年年岁岁考核评定，按次第升迁，担任万州、峡州、鄂州、歙州、彭州、岳州、阆州、饶州、嘉州的知府，都是他劳绩所应当得到的。到丁晋公败落，其他士人大多不免受到牵连，唯独欧阳公没有牵连到。

明道二年向陪都分司请求退休，因为他在荆南有田产，于是就告老归乡。景祐元年正月二十六日在家寿终正寝，享年七十三岁。

（2008 年湖南卷）

知识拓展（劝）

韩愈不顾流俗，抗颜而为师，常劝（勉励）人不拘于时以学习，李氏子为学甚劝（勤勉）。愈后上书谏迎佛骨，人劝（劝说）其明哲保身，不听，终遭贬。

61　欧阳修全集·王尧臣墓志铭

阅读提示

➢　语言建构与运用

1. 加点字为文段中重、难点字词。
2. 下加_____为需要断句的文句。
3. 下加_____为需要翻译的文句。

➢　文化传承与理解

1. 召试：皇帝召来面试，为封建时代选拔官吏的一种特殊方式。

正　文

公讳尧臣，字伯庸。天圣五年举进士第一，为将作监丞、通判湖州。召试，以著作佐郎直集贤院，知光州。岁大饥，群贼发民仓廪，吏法当死，公曰：“此饥民求食尔，荒政之所恤也。”乃请以减死论。其后遂以著令，至今用之。郭皇后废，居瑶华宫，有疾，上颇哀怜之。方后废时宦者阎文应有力及后疾文应又主监医后且卒议者疑文应有奸谋。公请付其事御史，考按虚实，以释天下之疑。事虽不行，然自文应用事，无敢指言者，后文应卒以恣横斥死。

元昊反，西边用兵，以公为陕西体量安抚使。公视四路山川险易，还言某路宜益兵若干，某路贼所不攻，某路宜急为备，至于诸将材能长短，尽识之，荐其可用者二十余人，后皆为名将。是时，边兵新败于好水，任福等战死。今韩丞相坐主帅失律，夺招讨副使，知秦州；范文正公亦以移书元昊不先闻，夺招讨副使，知耀州。公因言此两人天下之选也，其忠义智勇，名动夷狄，不宜以小故置之，且任福由违节度以致败，尤不可深责主将。由是忤宰相意，并其他议，多格不行。明年，贼入泾原，战定川，杀大将葛怀敏，乃公指言为备处，由是始以公言为可信，而前所格议，悉见施行。

初，宦者张永和方用事，请收民房钱十之三以佐国事。下三司，永和阴遣人以利动公，公执以为不可。

京师数为飞语，及上之左右，往往谗其短者。上一切不问，而公为之亦自若也。

公在政事，论议有所不同，必反复切劘，至于是而后止，不为独见。在上前，所陈天下利害甚多，至施行之，亦未尝自名。

公为人纯质，虽贵显不忘俭约。遇人一以诚意，无所矫饰，善知人，多所称，荐士为时名臣者甚众。有文集五十卷。将终，口授其弟纯臣遗奏，以宗庙至重、储嗣未立为忧。天子愍然，临其丧，辍视朝一日，赠左仆射，太常谥曰文安。

（节选自《欧阳修全集》）

思　考

下列对原文内容的概括和分析，不正确的一项是（　　）。

A. 王尧臣军事才能杰出。在西北边境因元昊作乱发生战争时，王尧臣通过实地考察，对兵力部署、要塞防卫等提出了独到的见解

B. 王尧臣在陕西体量安抚使任上，当现今的韩丞相因好水之战指挥失当致使任福等人战死而被贬官时，敢于仗义执言

C. 王尧臣居官任职期间，处理政务遇到意见不一致时，一定与大家反复讨论，直到取得共识为止，从不固执己见

D. 王尧臣一生历任多职，为国为民，临终仍挂念国事。皇帝亲自参加他的丧礼，并且停止朝政一天以表达哀思

答案：B

解析：B 项与原文不符。原文中由“且任福由违节度以致败”可知，任福战死是因为其违节度，不是韩丞相指挥失当。

参考译文

王尧臣，字伯庸。天圣五年考取了进士的第一名，后担任将作监丞、湖州通判。皇帝面试后，以著作佐郎当值集贤院的身份，出知光州。这一年光州严重饥荒，许多强盗掠取百姓

的粮仓，按照法律要以死罪论处，王尧臣说："这不过是饥民求食罢了，这应是救济饥荒的法令所要体恤的。"于是请求以减免死罪论处。这之后就书面地写进了规章制度，到现在还在使用这些法律。郭皇后被废后，居住在瑶华宫，生了病，皇上很是同情怜悯她。在郭皇后被废时，宦官阎文应曾经参与出过力，等皇后生病了，文应又主管监察医治的情况。皇后将死时，有人怀疑文应有奸谋。王尧臣请求将此事交付给御史，审问调查事情真伪，来消除天下的怀疑。虽然最终没有这样做，但自从文应被宠幸，就没有人敢说他坏话，后来文应终究因为放纵专横被处死了。

元昊谋反，朝廷要对西部用兵，授予王尧臣为陕西体量安抚使。王尧臣探察四路的山川地势和艰险程度，回去就说哪一路应该增加多少兵力，哪一路贼兵不会攻打，哪一路应该紧急备战。说到诸位将领才能的长短，全都头头是道，推荐了二十多个可以用得上的人，后来这些人都成了名将。当时，边关的部队刚好在好水打了败仗，任福等人战死。今天的韩丞相当时为主帅，因为指挥失当而被免去招讨副使的职位，出知秦州；范文正公（范仲淹）也因为与元昊有过书信来往而不预先报告被免去招讨副使的职位，出知耀州。王尧臣于是说这两个人是天下的精英，他们忠义智勇，声震夷狄，不应该因为小小的过错就弃置不用。况且任福是因为违背了节度导致失败战死，更不能因此而过分地惩罚他的主将。由于王尧臣的这些言辞违抗了宰相的心意，等到王尧臣其他的奏议到时，就将其中的大多数搁置而不施行。第二年，贼兵侵入泾原，在定川大战，杀了大将葛怀敏，定川就是王尧臣当时指出要紧急备战的地方，因此大家才开始认为他的话是可信的，而以前所搁置起来的奏议，都一一被施行了。

当初，宦官张永和刚开始掌权，请求向百姓收取十分之三的房屋税来帮助国家政事。请求被下达到三司讨论，永和暗地里派人以利益引诱王尧臣，王尧臣坚持认为那是不可行的。

京师多次流传王尧臣的谣言，皇上的左右也经常说他的短处。皇上对这一切都不管不问，而王尧臣也都像以往一样做事。

王尧臣处理政事时，遇到有所不同的论议时，一定会反复研究讨论，直至意见一致为止，绝不会坚持己见。在皇上面前，所陈述的天下利害很多，而至于被施行的，也从来没有自夸过。

王尧臣为人纯正质朴，即使富贵显赫时也不忘节俭。王尧臣对待别人全都真诚，没有虚假掩饰，善于识人，常常称誉别人，所推荐的人成为当时名臣的很多。有文集五十卷。在临终前，他将临终前最后的奏章口授给他弟弟纯巨，奏章中他还在忧虑皇嗣未立的宗届大事。皇上非常痛心，亲自参加他的葬礼，停止上朝一天，并加赠他为左仆射，太常又追加谥号为"文安"。

（2013 年辽宁卷）

知识拓展（若）

韩愈归家，途见大鹏，其翼若（像）垂天之云，又观桑之叶沃若（相当于"然"），甚喜。归家，遇众人拜庙，则曰："若（你们）虽年长，智甚不明，虽稚子未必不若（比得上）汝等。若（如果）能勤学，则智复明也。"

62 资治通鉴·范雎

阅读提示

➢ 语言建构与运用

1. 加点字为文段中重、难点字词。
2. 下加____为需要断句的文句。
3. 下加____为需要翻译的文句。

➢ 文化传承与理解

1.《资治通鉴》：北宋司马光等编纂的编年体通史巨著。它以深邃的历史眼光，全面总结了历朝历代的政治智慧，记录了上起春秋战国，下至宋朝建立之前，总共1362年历史发展的轨迹。展示了在这一千多年的时间里，曾经出现的诸多王朝兴衰交替的沧桑历史，揭示了其中蕴含的历史发展规律。

2. 永巷：永巷是宫内狭长的小巷，起初是宫内供宫女、嫔妃起居的地方。后来成了单独关押宫中女性犯罪者的监狱。

3. 远交近攻："三十六计"中的一计。指联络距离远的国家，进攻邻近的国家。后也指待人处世的一种手段。

正 文

初，魏人范雎从中大夫须贾使于齐，齐襄王闻其辩口，私赐之金及牛、酒。须贾以为雎以国阴事告齐也，归而告其相魏齐。魏齐怒，笞击范雎，折胁，折齿。雎佯死，卷以箦，置厕中，使客醉者更溺之，以惩后，令无妄言者。范雎谓守者曰："能出我，我必有厚谢。"守者乃请弃箦中死人。魏齐醉，曰："可矣。"范雎得出。魏齐悔，复召求之。魏人郑安平遂操范雎亡匿，更姓名曰张禄。

秦谒者王稽使于魏，范雎夜见王稽。稽潜载与俱归，荐之于王，王见之于离宫。雎佯为不知永巷而入其中，王来而宦者怒逐之，曰："王至。"范雎谬曰："秦安得王！秦独有太后、穰侯耳！"王微闻其言，乃屏左右，跽而请曰："先生何以幸教寡人？"对曰："唯唯。"如是者三。王曰："先生卒不幸教寡人邪？"范雎曰："非敢然也！臣，羁旅之臣也，交疏于王，而所愿陈者皆匡君之事，处人骨肉之间，愿效愚忠而未知王之心也，此所以王三问而不敢对者也。臣知今日言之于前，明日伏诛于后，然臣不敢避也。且死者，人之所必不免也，苟可以少有补于秦而死，此臣之所大愿也。独恐臣死之后，天下杜口裹足，莫肯乡秦耳！”王跽曰：“先生，是何言也！今者寡人得见先生，是天以寡人溷先生而存先王之宗庙也。事无大小，上及太后，下至大臣，愿先生悉以教寡人，无疑寡人也！”范雎拜，王亦拜。范雎曰：“以秦国之大，士卒之勇，以治诸侯，譬若走韩卢而博蹇兔也。而闭关十五年，不敢窥兵于山东者，是穰侯为秦谋不忠，而大王之计亦有所失也。”王跽曰：“寡人愿闻失计！”然左右多窃听者，范雎未敢言内，先言外事，以观王之府仰。因进曰：“夫穰侯越韩、魏而攻齐刚、寿，非计也。齐闵王南攻楚，破军杀将，再辟地千里，而齐尺寸之地无得焉者，岂不欲得地哉？形势不能有也。诸侯见齐之罢敝起兵而伐齐大破之齐几于亡以其伐楚而肥韩魏也今王不如远交而近攻，得寸则王之寸也，得尺亦王之尺也。今夫韩、魏，中国之处而天下之枢也。王若欲霸，必亲中国以为天下枢，以威楚、赵，楚强则附赵，赵强则附楚，楚、赵皆附，齐必惧矣，齐附则韩、魏因可虏也。”王曰：“善。”乃以范雎为客卿，与谋兵事。

（节选自《资治通鉴》）

思　考

下列对原文有关内容的分析和概括，不正确的一项是（　　）。

A. 范雎因为接收齐襄王的赏赐被人告发而被魏齐打断肋骨和牙齿，他装死并买通看守人而得以逃脱。后来魏齐对毒打范雎感到十分后悔

B. 范雎深夜拜见出使魏国的王稽，王稽把他带到了秦国，秦王在离宫召见范雎。而范雎却以十分无礼的姿态面见了秦王，秦王并未生气

C. 秦王多次跪请范雎赐教，表现出求贤若渴的诚意，最终打消了范雎的顾虑，范雎为秦王分析了秦国发展方略的失误，提出了自己的建议

D. 范雎以齐国攻打楚国而使好处落到韩、魏两国手中为反面教材，劝说秦王采取远交近攻的策略，并根据形势，各个击破，以取得霸权

答案：A

解析：A 项中“魏齐对毒打范雎感到十分后悔”理解有误，应该是魏齐对放走范雎感到后悔。

参考译文

起初，魏国人范雎随从中大夫须贾出使齐国，齐襄王听说他能言善辩，私下赠给他金子及酒食。须贾以为范雎把魏国的秘密告诉了齐国，回国后便向魏国宰相魏齐告发。魏齐震怒，下令鞭打范雎，打断了肋骨，打脱了牙齿。范雎只好装死，被卷进竹席，抛到厕所，魏齐还派醉酒的宾客向他身上溺尿，以惩戒后人，令他人不得妄言。范雎悄悄对看守说：“你放出我，我必有重谢。”看守于是去请示把席中死人扔掉，魏齐正喝醉了酒，便说：“可以。”范雎这才

得以脱身。事后魏齐后悔，又派人去搜索范雎。魏国人郑安平把范雎藏匿起来，改换姓名叫张禄。

秦国任谒者之职的王稽出使魏国，范雎深夜前去求见。王稽把他暗中装上使车，一起带回国，推荐给秦王，秦王在离宫召见了范雎。范雎假装不识道路走入宫中巷道。秦王乘轿舆前来，宦官怒声驱赶范雎说："大王来了！"范雎故意胡说道："秦国哪里有大王，秦国只有王太后和穰侯而已！"秦王略微听见了几句，便屏退左右随从，长跪着请求说："先生有什么指教我的？"范雎只说："是的是的。"如此三次。秦王又说："先生到底不愿对我赐教吗？"范雎才说："我哪里敢呢！我是一个流亡在外的人，和大王没有什么交往，而想向您陈述的又都是纠正您失误的大事，关系到您骨肉亲人，我即使愿意一效愚忠却还不知大王的真心，所以大王三次下问我都不敢回答。我知道今天在您面前说出，明天就有处死的危险，但我还是不敢回避。况且死是人人都无法免除的，如果我的死能对秦国有所裨益，就是我最大的愿望了。我只怕我被处死之后，天下的贤士都闭口不言，裹足不前，不再投奔秦国了。"秦王又长跪说："先生您这是什么话啊！今天我能见到先生，是上天认为我混浊，为了保存秦国的祖业宗庙而把您赐给我的。无论事情大小，上及王太后，下至大臣，希望您都一一对我指教，不要再怀疑我的真心了！"范雎于是下拜，秦王也急忙回拜。范雎这才说道："凭借秦国的强大，士卒的勇猛，对付各国，就好比用韩卢那样的猛犬去追击跛脚兔子。而秦国却坐守关外十五年，不敢派兵出击崤山以东，这是穰侯为秦国的谋划不忠心，而大王您的方针也有所失误。"秦王长跪着说："我想知道错在何处！"但是左右随从有不少人在侧耳偷听，范雎不敢提及内政，便先说到外事，以看秦王兴趣的高低。他于是说："穰侯越过韩国、魏国去进攻齐国的刚、寿两地，不是好计划。当年齐王向南进攻楚国，破军杀将，开辟千里土地，而最后齐国连一尺一寸领土也未能得到，难道是他不想要吗？地理形势无法占有。而各国看到齐国征战疲劳，便起兵攻打齐国，大破齐军，使齐国几乎灭亡。这个结局就是因为齐国攻打楚国而使好处落到韩、魏两国手中。现在大王不如采取远交而近攻的方针，得一寸地就是您大王的一寸，得一尺地就是您大王的一尺。魏国、韩国，位于中原，是天下的中枢。大王如果想称霸，必须接近中原之地控制天下枢纽，以威逼楚国、赵国，楚国强就收附赵国，赵国强则收附楚国，楚国、赵国一旦归附您，齐国就惊慌失措了。齐国再归附，那么韩国、魏国便是秦国掌中之物了。"秦王说："好。"于是以范雎为客卿，与他商议军事。

知识拓展（徒）

陈涉本氓隶之人，才能不及蒙恬之徒（这些人）。然其与卒同苦，常舍车而徒（徒步）。得天下后，旧友至宫中，涉不见，友曰："富贵已忘交，徒（白白地）见欺。彼亦不过徒（空）有帝王之表。罢也，吾辈不计，徒（只）记旧时之谊。"

63　临川文集·王德用传

阅读提示

➢　语言建构与运用

1. 加点字为文段中重、难点字词。
2. 下加_____为需要断句的文句。
3. 下加_____为需要翻译的文句。

➢　文化传承与理解

1.《临川文集》：北宋著名政治家、改革家和学者王安石的作品。王安石，字介甫，号半山，抚州临川人。北宋著名思想家、政治家、文学家、改革家。获谥“文”，故世称王文公。在文学上，王安石具有突出成就。其散文简洁峻切，短小精悍，论点鲜明，逻辑严密，有很强的说服力，充分发挥了古文的实际功用，名列“唐宋八大家”；其诗“学杜得其瘦硬”，擅长于说理与修辞，晚年诗风含蓄深沉、深婉不迫，以丰神远韵的风格在北宋诗坛自成一家，世称“王荆公体”；其词写物咏怀吊古，意境空阔苍茫，形象淡远纯朴，营造出一个士大夫文人特有的情致世界。

2. 节度使：官名。唐初沿北周及隋朝旧制，重要地区置总管统兵，旋改称都督，惟朔方仍称总管，边州别置经略使，有屯田州置营田使。

3. 薨：薨，古代称诸侯或有爵位的大官死去，唐以后二品以上官职死亦以此称之。在中国古代等级制度很严的社会中，不同的阶层人的死须依据其不同的身份地位严加区别，因此有了“崩”“薨”“卒”“不禄”“死”等表示人死的不同用语。根据《礼记·曲礼下》：“天子死曰崩，诸侯曰薨，大夫曰卒，士曰不禄，庶人曰死。”

正　文

公讳德用，字元辅，其先真定人也。

至道二年，太宗五路出师，以讨李继迁之叛，而武康公[①]出夏州。当是时，公为西头供奉官而在武康之侧，年十七，自护[②]兵当前，所俘斩及得马羊，功为多。及归，公又请殿将。至隘公以为归之至隘而争先必乱乱而继迁薄我必败。于是又请以所护兵驰前至隘而阵。武康为公令于军曰：“至阵而乱行者，斩！”公亦令曰：“至吾阵而乱行者，吾亦如公令！”至阵，士卒帖[③]然，以此行而武康公亦为之按辔[④]。继迁兵相随属，左右望公，莫敢近。于是武康公叹曰："王氏有儿矣！"

明道元年，除福州观察使。军人挟内诏，求为军吏。公争曰："军人敢挟诏以干军制，后不可复治；且军吏不可使求而得，得则军人必大受其侵。"明肃太后固使与之，公固不奉诏。已而太后亦寤，卒听公。于是天子心贤公，遂以公检校太保、签署枢密院事。公固辞："武人不学，不足以当大任。"

始，人或以公威名闻天下，而状貌奇伟，疑非人臣之相。御史中丞孔道辅因以为人言如此，公不宜典机密，在上左右。天子不得已，以公为武宁军节度使、徐州大都督府长史，赴本镇，赐手诏慰遣。或闻孔道辅死，以告曰："是尝害公者，今死矣。"公愀然曰："孔中丞岂害某者乎？彼其心所以事君，当如此也，惜乎朝廷无一忠臣。"

嘉祐九年，进封鲁国公。明年二月辛未，公以疾薨。

公忠实乐易，与人不疑，不诘小过，望之毅然有不可犯之色。及就之，温如也。平生少玩好，不以名位骄人。而所得禄赐，多施之亲党。善治军旅，宽仁爱士卒，士卒乐为之尽。与士大夫游，士大夫亦多服其度，以为莫能窥也。

（节选自《临川文集》）

【注】① 武康公：王德用之父王超，谥武康。② 护：统率。③ 帖：安定，顺从。④ 按辔：扣紧马缰缓行。

思考

下列对原文有关内容的分析和概括，不正确的一项是（　　）。

A. 青年时代的王德用在父亲麾下统军杀敌，立下诸多战功；他统率军队军纪严明，整肃有序，显示出非凡的军事才能，因而得到父亲的由衷赞赏

B. 王德用治军用人坚持原则，刚直不阿，他拒绝执行明肃太后为人谋求军职的诏命，最终赢得了太后的理解和赞赏，受到天子的重用

C. 由于御史中丞孔道辅的建议，王德用被天子外放为地方官。但是当孔道辅去世时，他反而感伤朝廷失去了一位忠臣，表现出一种博大的胸襟

D. 王德用为人宽厚忠实，淡泊名利，平和处世，得到广泛爱戴。文章运用生动的叙述描写，多角度地展现了他令人景仰的人格魅力

答案：B

解析：文中只写了"已而太后亦寤，卒听公"，并未说太后"赞赏"王德用。

参考译文

王公德用，字元辅，他的祖先是真定人。

至道二年，宋太宗派出五路军队出兵讨伐李继迁叛乱，而王德用之父武康公王超出兵夏州。在这时，王德用在父亲身边担任西头供奉官，年十七岁，亲自在前面统率兵马，他俘获斩杀的人以及得到的马羊都很多，功勋卓著。等回到军中，王德用又请求担任殿将。到达险要的地方，王德用认为："军队聚集在险要的地方士兵就会争着抢先，势必造成混乱；出现混乱而李继迁攻打我军，我军必败。"于是又请亲自率领士兵飞快地来到险要的地方布阵。武康公王超在王德用的军前命令道："到了阵前胡乱行动的人，斩！"王德用也命令道："到了我的阵前胡乱行动的人，我一定遵照武康公的命令执行！"到了阵前，士兵们秩序井然地行军，而王超也扣紧马缰慢慢地走。李继迁的士兵紧紧跟着，远远地望着王德用的军队，没有人敢靠近。于是王超感慨道："我王家有后了！"

明道元年，王德用被授予福州观察使。有军人拿着内诏，请求担任军官。王德用强谏道："军人敢拿着诏命来干预军队制度，以后就无法整治；况且，军职不能靠求取得到，靠这种方法得到职务一定使军人深受其害。"明肃太后坚决地要求王德用执行，公坚决不接受命令。不久太后也觉悟了，最终听了王德用的劝谏。因此宋仁宗认为王德用贤德，就让他担任检校太保、签署枢密院事。王德用坚决地推辞道："臣没有学问，不能够担当这样重大的责任。"

起初，有人认为王德用威名天下皆知，相貌奇伟，恐怕不是做大臣的相貌。御史中丞孔道辅于是认为既然人们像这样议论，王德用就不再适合执掌重要而机密的大事，跟随在君王身边了。天子不得不让王德用去担任武宁军节度使、徐州大都督府长史。王德用去上任之前，宋仁宗赐手诏勉励他。有人听说孔道辅死了，把这个消息告诉王德用说："这个曾经陷害你的人，现在死了。"王德用忧愁凄怆地说道："孔中丞哪里是陷害我啊？他忠心侍奉国君，就该是这样的。可惜啊，朝廷中没有了一个忠臣。"

嘉祐九年，王德用晋封为鲁国公。第二年二月辛未，王德用因为患疾病而死。

王德用忠诚老实，和乐平易，与人交往不疑心，不诘责别人的小过错，远看他凛然不可侵犯。等到接近他，就会发现他温柔和蔼的样子。一生少有玩赏爱好，不凭借名声官位傲慢待人。他所得到的俸禄和赏赐，大多散发给亲友乡邻。他善于治军，对士兵宽厚仁爱，士兵们乐于为他效力。与士大夫交往，大家也大多佩服他的度量，认为他没有值得窥伺的地方。

（2010 年江西卷）

知识拓展（去）

曹操率军南征，至荆州，已去（距离）乡千里，见江水东去，回首去（过去的）日苦难，感慨顿生。又见士卒思乡，士气不振。为去（除去）晦气，捉水鸟养于军营。鸟久居军营，人至不去（离开）。士卒见之，大喜，一营振奋。

64 栾城集·孟德传

阅读提示

➢ 语言建构与运用

1. 加点字为文段中重、难点字词。
2. 下加____为需要断句的文句。
3. 下加____为需要翻译的文句。

➢ 文化传承与理解

1.《栾城集》：宋代苏辙所著的诗文别集。

苏辙，字子由，眉州眉山人，苏轼之弟。一生著述甚丰，特别是在两次贬官和晚年闲居期间，更加致力于著述。除了《栾城集》外，还有《诗集卷》21 卷、《春秋集解》12 卷、《古史》60 卷、《龙川略志》10 卷、《龙川别志》8 卷、《老子解》2 卷等。

2. 禁军：原指皇帝的亲兵，即侍卫宫中及扈从的军队。历代有直称禁军、禁兵的，也有另立名目的。北宋称正规军为禁军或禁兵。南宋时，各屯驻大军取代禁兵，成为正规军，而各地尚存的禁兵，则成为专供杂役、不从事战斗的部队。

正 文

孟德者，神勇之退卒也。少而好山林。既为兵，不获如志。嘉祐中，戍秦州。秦中多名山，德逃至华山下，以其衣易一刀十饼，携以入山。自念："吾禁军也，今至此，擒亦死，无食亦死，遇虎狼毒蛇亦死。此三死者，吾不复恤矣。惟山之深者往焉。"食其饼，既尽，取草根木实食之。一日十病十愈，吐利胀懑，无所不至。既数月安之，如食五谷。以此入山二年而不饥。然遇猛兽者数矣，亦辄不死。德之言曰凡猛兽类能识人气未至百步辄伏而号其声震山谷德以不顾死未尝为动须臾奋跃如将搏焉。不至十数步，则止而坐，逡巡弭耳而去。试之前后如一。

后至商州，不知其商州也，为候者所执，德自分死矣。知商州宋孝孙谓之曰："吾视汝非恶人也，类有道者。"德具道本末。乃使为自告者，置之秦州。张安道适知秦州，德称病，得除兵籍为民。至今往来诸山中，亦无他异能。

夫孟德可谓有道者也。世之君子皆有所顾，故有所慕，有所畏。慕与畏交于胸中，未必用也，而其色见于面颜，人望而知之。故弱者见侮，强者见笑，未有特立于世者也。今孟德其中无所顾，其浩然之气发越于外不自见，而物见之矣。推此道也，虽列于天地可也，曾何猛兽之足道哉！

（节选自《栾城集》）

书《孟德传》后

子由书孟德事见寄，余既闻而异之，以为虎畏不惧己者，其理似可信。然世未有见虎而不惧者，则斯言之有无，终无所试之。然曩余闻云安多虎，有妇人昼日置二小儿沙上而浣衣于水者，虎自山上驰来，二小儿戏沙上自若。虎熟视久之，至以首觗触，庶几其一惧，而儿痴，竟不知怪，虎亦卒去。意虎之食人，先被之以威，而不惧之人，威无所从施欤？

（节选自《东坡全集》，有改动）

思　考

下列对原文有关内容的分析和概括，不正确的一项是（　　）。

A. 孟德在山中的几年里多次与猛兽相遇，了解到它们大多有能辨识人气的习性

B. 宋孝孙认为孟德不像是恶人，于是派人向上级报告，并把孟德安置在秦州

C. 苏辙认为孟德是有道之人，孟德意识不到自己的浩然之气，而外物感觉得到

D. 苏轼的《书〈孟德传〉后》写了一则小儿不知道怕虎而虎也没伤害小儿的故事

答案：B

解析：原文中宋孝孙并没有派人向上级报告。

参考译文

孟德，是禁军神勇营的逃兵。年少时喜好山林，当了兵，“好山林”的志愿没能够实现。宋仁宗嘉祐年间，戍守秦州，陕西关中名山很多，孟德逃到华山脚下，用他的衣服换了一把刀十个饼，拿着进了山。自己想：“我是禁军的一员，如今到了这里，被捉住是死，没吃的也是死，遇到虎狼毒蛇也是死。对这三种死，我不再忧虑了！只管向山的深处去。”他的饼吃完了以后，采草根树果来食。一天病十次愈十次，呕吐、下痢、腹胀、胸懑，没有一样不出现。数月以后，吃这些如吃五谷一样平安。因此进山两年不饿，然而多次遇到猛兽，也总是没死。孟德说：“凡是猛兽，大都能识别人的气息。离人尚有百步，就伏在地上号叫，声音在山谷中震响。我因为不怕死，没有被它吓住。过一会，它就跳过来像是要与我搏斗，离我十几步，又停下来蹲坐在那里，迟疑不决，终于俯首帖耳地走了。再试其他猛兽，前后都一样。”

后来孟德来到商州，他不知是商州，被哨兵抓住，孟德自料要被处死。商州知府宋孝孙对他说：“我看你不是坏人，好像有道之人。”孟德全部说出了事情的始末，就让他作为自首的人，把他安置在秦州。张安道恰巧任秦州知府，孟德自称有病，得以复员为民。至今仍在各山中往来，也没有其他奇异的本事。

孟德可以说是一个有道之人啊。世上的君子都有所顾惜，所以对有的事仰慕，对有的事

畏惧；仰慕畏惧交织心中，虽未必在行动中有所表现，但情绪表现于面色中，旁人一望而知。所以弱者受人侮辱，强者受人讥笑，没有一个是超凡脱俗、独立于世的人。如今孟德心中没有眷念，盛大刚直之气表现在外，自己虽不觉得，但众人却见到了。把这个道理推广开来，即使同天地并列也是可以的，猛兽又何足道哉！

书《孟德传》后

子由写的《孟德传》给我寄来了，我看完这件事后对此感到讶异，认为老虎畏惧不害怕自己的人，这道理似乎可以相信。但是世上还没有见到老虎而不害怕的人，就这样说这事有或没有，始终没有办法试验这件事。但我从前又听说云安地方上有很多老虎。有个妇人白天把两个小孩放在沙上而（自己）在溪水中洗衣服，老虎从山上奔来，两个小孩子在沙上戏耍，神态依然如故。老虎细看了很久，去用头触碰（他们），希望其中一个能害怕，而小孩天真，竟然不知道惊怪，老虎也终于离去了。想来老虎吃人，必定先使他遭受威吓，而（对此）不感到害怕的人，（老虎的）威吓不就没有可以施加的地方了吗？

（2009年湖北卷）

知识拓展（却）

赵得和氏璧，秦欲以城易之。赵使蔺相如携和氏璧至秦，见秦王意欺之，因持璧却（退却）立，却（回头）看随从，随从会其意，与相如共欺秦王而完璧归赵。秦王怒，欲攻赵，又恐廉颇却（击退）之，遂罢。相如归国，却（再）话赴秦之事，赵王以为勇。

65 苏辙集·伯父墓表

阅读提示

➢ 语言建构与运用

1. 加点字为文段中重、难点字词。
2. 下加＿＿为需要断句的文句。
3. 下加＿＿为需要翻译的文句。

➢ 文化传承与理解

1. 登科：也叫“登第”，指科举考试中考中进士。
2. 包孝肃公拯：即包拯。“孝肃”为其谥号。谥号是人死之后，给予评价的褒贬文字，或一两字，或二十余字，字数不定。分为官谥和私谥两大类，官谥是帝王及其后妃、诸侯、臣僚等具有一定地位的人死后，朝廷根据其生前事迹与品德，而给予他一个中肯的称号；私谥则是一般文人学士或隐士的谥号，由其亲友、门生或故吏所加，与朝廷颁赐的不同。

正　文

公讳涣，始字公群，晚字文父。少颖悟所与交游皆一时长老天圣元年始就乡试明年登科为凤翔宝鸡主簿。

未几，移凤州司法。王蒙正为凤州，以章献太后姻家，怙势骄横。知公之贤，屈意礼之，以郡委公。公虽以职事之，而鄙其为人。蒙正尝荐公于朝，复以书抵要官，论公可用。公喻郡邸吏，屏其奏而藏其私书。未几，蒙正败，士以此多公。

以太夫人忧去官。起为开封士曹。雍丘民有狱死者，县畏罪，以疾毙告。府遣吏治之，阅数人不能究。及公往，遂直其冤。夏人犯边，府当市民马以益骑士，尹以诿公，马尽得而民不扰。通判阆州。虽为政极宽，而用法必当，吏民畏而安之。阆人鲜于侁，少而好学笃行，公礼之甚厚，以备乡举，侁以获仕进。其始为吏，公复以循吏许之，侁仕至谏议大夫，号为名臣。

选知祥符。乡书手张宗久为奸利，畏公，托疾满百日去，而引其子为代。公曰："书手法用三等人，汝等第二，不可。"宗素事权贵，诉于府。府为符县，公杖之。已而中贵人至府，传上旨，以宗为书手，公据法不奉诏。复一中贵人至曰："必于法外与之。"公谓尹李绚曰："一匹夫能乱法如此，府亦不可为矣，公何不以县不可故争之？"绚愧公言，明日入言之。上称善，命内侍省推之。盖宗以赂请于温成之族，不复穷治，杖矫命者，逐之，一府皆震。包孝肃公拯见公，叹曰："君以一县令能此，贤于言事官远矣！"擢提点利州路刑狱，公至逾年，劾城固县令一人妄杀人者，一道震恐，遂以无事。

公没二十七年，不危状公遗事，以授辙曰："先君既没，惟小子仅存，不时记录，久益散灭，则不孝大矣。"辙幼侍伯父，闻其言曰："予少而读书，少长为文，日有程，不中程不止。出游于途，行中规矩。入居室，无惰容。故当是时，不闻有过行。尔曹才不逮人，姑亦师吾之寡过焉可也。"辙惧子弟之日怠也，故记其所闻以警焉。

（节选自《苏辙集》）

思　考

下列对原文有关内容的概括和分析，不正确的一项是（　　）。

A. 苏涣担任凤州司法时，知州王蒙正很赏识他，曾经把他推荐给朝廷，又给要官写信，认为他可以担当大任

B. 雍丘县有百姓死在狱中，县官报告说是因病而死。开封府多次派人处理而没能查明真相，苏涣去后，便洗雪了冤情

C. 祥符县张宗长期作奸营私，因畏惧苏涣，称病辞职，让儿子来接替自己。苏涣认为他

儿子不合书手的要求，加以杖责

D. 苏涣去世二十七年后，他儿子苏不危记叙了父亲遗事，交给苏辙；苏辙又补充了他所听到的伯父言谈，写成这篇墓表

答案：C

解析：C 项中“苏涣认为他儿子不合书手的要求，加以杖责”错，原文是“宗素事权贵，诉于府。府为符县，公杖之”，杖打的是张宗本人。

参考译文

伯父叫苏涣。最初取字公群，后来又取字文父。年少时很聪明，所结交的朋友都是当时的上了岁数的有德行的人。天圣元年，才参加乡试。第二年中举，被任命为凤翔府宝鸡县主簿。

不久，调任凤州司法。王蒙正担任凤州知州，因为与章献太后是亲家，就仗势欺人，骄傲蛮横。知道苏公贤能，屈心下意，以礼相待，把郡中事物托付给苏公。伯父虽然因为职务关系侍奉他，但是鄙视他的为人。王蒙正曾经向朝廷举荐他，又给权要大官写信，说苏公可以被任用。苏公告诉郡中驻京办事机构的官吏，压下王蒙正的奏章并把王蒙正写给权要的私人信件藏起来。不久，王蒙正失势落马，当时的士人因此称赞苏公。

因为给太夫人服丧而离任。后来被起用为开封士曹。雍丘有个百姓死在了监狱里，县里的官吏害怕担罪，说是那人得病死的。州府派人审理这个案子，经过好几个人审理也没能查出真相。等到苏公一去，就给他申了冤。西夏人进犯边境。府中赎买市民的马匹来扩充骑兵。府尹把此事交给苏公，需要的马匹全部征得并且没有扰乱百姓。又在阆州作通判。虽然处理政务非常宽松，但是用法十分恰当，吏民敬畏他，但是又安于他的治理。阆中人鲜于侁，年少时喜欢学习，行为纯正踏实。苏公对待他非常关照，把他作为地方举荐的人选，他因此而得以进入仕途。他刚做官的时候，苏公又勉励他做一个清正廉洁的官吏。后来鲜于侁做到谏议大夫，号称名臣。

被选任为祥符知县，乡里从事抄写工作的吏员张宗长久以来作奸犯科以权谋私，因害怕苏公，便借口有病，过了一百天就辞职了，又引荐他的儿子代替自己。苏公说：“按照法律，抄写人员应该任用三等人，你是第二等，不行。”张宗向来巴结了不少权贵，就向州府申诉，州府发函给祥符县，苏公把张宗打了一顿棍子。不久，有地位比较高的宦官来到州府，传达皇帝的旨意，让张宗担任书手，苏公根据法律不接受诏命。又有一个宦官来到说：“即使不合法，也一定要给予他这个职位。”苏公对府尹李珣说：“一个平民百姓却能如此扰乱法律。府中也不能办成什么事了，你为什么不用县里不同意的原因来争辩呢。”李珣听了苏公的话很惭愧，第二天入朝上奏此事，皇上说很好，派内侍查究此事。因为张宗贿赂了温成等人求情，就不再深究这件事，打了假传诏命的宦官一顿棍子，将之贬斥，整个府都很震动。孝肃公包拯见到苏公，赞叹道：“你凭借着一个县令的身份能够这样，比那些言事官强太多了！”升任利州路提点刑狱。苏公到任一年多，弹劾了一个擅自杀人的城固县令，整个利州路的人都震动害怕，因此而太平无事。

苏公死后二十七年，不危叙述记录了苏公过去的事情，并交给我说："先君已经去世了，只有我们小辈人了，不及时加以记录，时间长了会更加散佚湮灭，那我们就太不孝了。"我小时候在伯父跟前，听他说："我小时候读书，稍大些后写文章，每天有一定的限量，不完成不罢休。到外面去的路上，言行都符合规矩，回到卧室，也没有怠惰的神情。所以在那个时候，没听说犯过什么错误。你们的才能赶不上别人，姑且也学习我少犯错误的做法就可以了。"我担心子侄辈每天懈怠，所以记录了我听说的这些，来警示他们。

（2012 年江苏卷）

知识拓展（如）

孔子如（往）齐，问弟子之志。弟子答曰："如（或者）小相。如师。"子曰："善矣，以仁为本。"弟子如（按照）语行事，一切皆顺。至齐，见齐王，曰："君待民如（像）草芥，不可，不如（及，比得上）以仁怀之。"齐王甚以为是。子曰："王如（假如）知此，民安矣。"

66　张耒集·欧阳伯和墓志铭

阅读提示

➢　语言建构与运用

1. 加点字为文段中重、难点字词。
2. 下加_____为需要断句的文句。
3. 下加_____为需要翻译的文句。

➢　文化传承与理解

1. 张耒，字文潜，号柯山，亳州谯县（今安徽亳州市）人。北宋文学家。宋神宗熙宁年间，考中进士。宋徽宗初，召为太常少卿，成为苏门四学士（秦观、黄庭坚、张耒、晁补之）中，辞世最晚而受唐音影响最深的作家。列为元祐党人，数遭贬谪，晚居陈州。政和四年（1114 年），去世，享年 61 岁。诗学白居易、张籍，平易舒坦，不尚雕琢，但常失之粗疏草率；其词语言香浓婉约，风格与柳永、秦观相近。著有《柯山集》《宛邱集》《柯山诗余》。

2. 太学：汉代出现的设在京师的全国最高教育机构。西汉早期，黄老之学盛行，只有私家教学，没有政府设立的传授学术的学校。汉武帝罢黜百家定儒一尊之后，采纳董仲舒的建议，始在长安建立太学。

3. 元祐：宋哲宗赵煦的第一个年号。

正　文

君欧阳氏，讳发，字伯和，庐陵人，太子少师文忠公讳修之长子也。为人纯实不欺．内外如一，淡薄无嗜好，而笃志好礼，刻苦于学。胡瑗掌太学，号大儒，以法度检束士，其徒少能从之。是时文忠公已贵，君年十有五，师事瑗，恂恂惟谨，又尽能传授古乐钟律之说。

既长，益学问，不治科举文词，独探古始立论议，自书契以来至今，君臣世系，制度文物，旁至天文地理，无所不学。其学不务为抄掠应目前，必刮剖根本见终始，论次使族分部列，考之必得，得之必可用也。呜乎！其志亦大矣。然其与人不苟合，论事是是非非，遇权贵不少屈下，要必申其意，用是亦不肯轻试其所有，而人亦罕能知君者。而君之死也，今眉山苏公子瞻哭之，以为君得文忠之学，汉伯喈、晋茂先之徒也。

君为殿中丞时曹太后崩诏定皇曾孙服制礼官陈公襄疑未决方赴临召君问其制君从容为言襄即奏用之。是时，方下司天监讨论古占书是否同异，折中为天文书，久未就，而襄方总监事，即荐君刊修。君为推考是非，取舍比次，书成，诏藏太史局。

君治官无大小，不苟简，所创立，后人不能更。其著书有《古今系谱图》《国朝二府年表》《年号录》，其未成者尚数十篇。

夫人吴氏，故丞相正宪公充之女，封寿安县君。男一人，曰宪，滑州韦城县主簿。女七人。元祐四年十二月甲子，葬君郑州新郑县旌贤乡刘村文忠公之兆，而宪来求铭。

（节选自《张耒集》）

思　考

下列对原文有关内容的概括和分析，不正确的一项是（　　）。

A. 欧阳发学习刻苦，尊师重道。十五岁时拜胡瑗为师，后来能够传授古乐钟律方面的学问

B. 欧阳发为人诚实，淡泊名利，爱好礼义。他性格刚直，议论事情坚持原则，不随意迎合别人

C. 曹太后去世后，欧阳发帮助陈襄解决了皇曾孙服制的问题。后经陈襄推荐，欧阳发参与修订完成天文书

D. 欧阳发道德学问俱佳，不愧是名门之后。他去世后，苏轼感到很悲伤，让张耒写下了这篇墓志铭

答案：D

解析：不是苏轼让张耒写下了这篇墓志铭，而是“宪来求铭”。

参考译文

先生姓欧阳氏，名发，字伯和，（江西）庐陵人，是太子少师文忠公欧阳修的长子。先生为人纯朴诚实，不会欺骗他人，对内对外能做到态度同一，淡泊名利，没有特殊的不良爱好，他志向坚定，爱好礼义，学习刻苦。胡瑗掌管太学，人称大儒，用制度来检点约束士人，他的学生很少能跟从他。这时欧阳修禄位已高，先生已经十五岁，就拜胡瑗为师，恭谨温顺，非常严谨，又完全能够学习古乐钟律方面的学问。

先生长大以后，更加重视学问，不去研究那些应对科举考试的文章辞藻，只去探究古代那最早出现的论议文字，从上古时代始有文书以来直到现在，君主臣宦世代相传的系统，每个朝代的法令规范以及礼乐制度，其他至于天文地理等学问，没有不学习研究的。先生学习这些不是为了追求抄撮而只顾眼前，只注意枝枝节节，而一定探本溯源，了解学问的前因后果。编辑整理资料都分门别类，考查研究一定要有收获，有收获还要能有所用。啊，先生的志向也算够大的了！但是，他与人相处不随意迎合他人，议论事情对的就是对的，错的一定错，即使遇到有权有势的人也不会有一点屈居其下的意思，关键时一定要陈述自己的意见，因此他们也不愿意随意任用他，让他发挥其所能。因而，别人也很少能了解他的。现在，先生已经去世了，眉山苏子瞻（苏轼）为他哭泣，认为先生继承了其父文忠公（欧阳修）的学问，可以称得上是东汉蔡邕（字伯喈）、西晋张华（字茂先）这类人了。

先生做殿中丞时，曹太后逝世，皇帝下诏确定皇曾孙服制。负责仪礼的礼官陈襄犹豫不决，将前往哭吊前，召见先生，询问服制之礼，先生从容应答，陈襄当即奏禀皇上，采纳了先生意见。在这时候，正值司天监讨论古代测候风云星月的占卜的书籍是否有不同，准备协调不同意见，创制天文书，很长时间没能完成。这时，陈襄正总管这件事，就推荐先生参加修订。先生推求考证，判断是非，取舍比较，编订完成后，皇帝下诏将此书藏于太史局。

先生担任官职无论大小，都不草率简略，创立的东西，后来的人不能更改。他编著的书有《古今系谱图》《国朝二府年表》《年号录》，未完成的著述还有几十篇。

先生夫人吴氏，是原丞相正宪公吴充的女儿，封寿安县君。儿子一个，名宪，为滑州韦城县主簿。女儿七个。先生于元祐四年十二月甲子葬于郑州新郑县旌贤乡刘村文忠公（欧阳修）的墓地。其子欧阳宪前来，要我为先生写一篇墓志铭。

（2015 年江苏卷）

知识拓展（少）

赵国危难，赵太后急，少（缺少）睡眠，朝中少（年轻人）长咸集议事。后求救于齐，齐必以长安君为质，太后不肯。大臣欲谏，赵太后宣言必唾其面。大臣患，谏者益少（不多）。触龙忧，少（不多）间，入宫谏，以长安君少（缺少）功之事晓以利害，曰“长安君少（年幼），无寸土之功，国人定少（轻视）之，如此，则忠长安君之人定会加少（减少）。不若令长安君质齐有益。”太后然之，色少（稍微）解。

67　杨万里集·李台州传

阅读提示

➢　语言建构与运用

1. 加点字为文段中重、难点字词。
2. 下加____为需要断句的文句。
3. 下加____为需要翻译的文句。

➢　文化传承与理解

1. 杨万里，字廷秀，号诚斋，南宋诗人。绍兴二十四年（1154）进士，历任国子博士、太常博士、太常丞兼吏部右侍郎、提举广东常平茶盐公事、广东提点刑狱、吏部员外郎等。在中国文学史上，与陆游、范成大、尤袤并称“南宋四家”和“中兴四大诗人”。

2. 孝悌：善事父母为孝，善事兄长为悌。“孝”即孝顺父母，“悌”即敬爱兄长。孝悌是儒家重要伦理道德。

正　文

李台州名宗质，字某，北人，不知何郡邑。母展，妾也，生宗质而罹靖康之乱，子母相失，宗质以父荫，既长，仕所至必求母，不得，姻家司马季思官蜀，宗质曰：“吾求母，东南无之，必也蜀乎？”从之西，舟所经过州，若县若村市，必登岸，遍其地大声号呼，曰“展婆，展婆”。至暮，哭而归，不食。司马家人哀之，必宽譬之，乃饮泣强食。季思秩满东下，所经复然，竟不得。至荆州，复然。日旦夕号呼，嗌痛气惫，小憩一茗肆，垂涕。

坐顷之，一乞媪至前，揖曰：“官人与我一文两文。”宗质起揖之坐，礼以客主，既饮茗，问其里若姓。媪勃然怒曰：“官人能与我几文钱，何遽问我姓名？我非乞人也。”宗质起敬，谢曰：“某皇恐，上忤阿婆，愿霁怒，试言之，何害？恐或乡邻或亲族也，某倒囊钱为阿婆寿。”媪喜曰：“老婆姓异甚，不可言。”宗质力恳请，忽曰：“吾姓展。”宗质跃然而喜，抱之，大哭曰：“夫人，吾母也。”媪曰：“官人勿误，吾儿有验，右腋有紫痣，其大如杯。”宗质拜曰：“然。”右袒示之，于是母子相持而哭，观者数十百人，皆叹息涕下。

宗质负其母以归，季思与家人子亦泣，自是奉板舆孝养者十余年，母以高年而终，宗质亦白首矣。

宗质乾道庚寅为洪倅，时予为奉新县令，屡谒之，不知其母子间也。明年，予官中都，宗质造朝，除知台州。朝士云："李台州，曾觌姻家也，觌无子，子台州之子。" 予一见不敢问也，亦未知其孝。

后十七年，台州既没，予与丞相京公同为宰掾，谈间，公为予言李台州母子事，予生八年，丧先太夫人，终身饮恨。闻之，泣不能止，感而为之传。

赞曰："孔子曰：'孝悌之至，通于神明。'" 若李台州，生而不知母，壮而知求母，求母而不得，不得而不懈，遍天下之半，老而乃得之。昔东坡先生颂朱寿昌，至今咏歌以为美谈。若李台州，其事与寿昌岂异也，兹不谓之至孝通于神明乎？非至孝而奚通神明，非通神明而奚得母？予每为士大夫言之，闻者必泣。人谁无母？有母谁无是心哉？彼有未尝失母而有母不待求母而母存或忽而不敬或悖而不爱者独何心欤？

（节选自《杨万里集笺校》）

思　考

下面对原文的理解与分析，不正确的一项是（　　）。

A. 李宗质出生后因战乱母子失散，长大后曾四处寻访母亲下落而不得，以至茶饭不思，黯然神伤

B. 作者杨万里素来仰慕李台州至孝之名，但直到李台州去世之后，才写作此文，并在士大夫中传颂其事迹

C. 为一位官员作传，不注重其政治事功，却记叙其寻母尽孝之事，杨万里有褒扬孝道、规劝世风之意

D. 文章记李台州事迹，以寻母、认母、侍母为线索，集中笔墨描写认母场景，详略得当，主次分明

答案：B

解析：B 项中"素来"有误，文中第六段有"亦未知其孝"。

参考译文

李台州名宗质，字某，北方人，不知道是哪个郡邑的。母亲姓展，是妾，生下宗质后遭遇靖康年间的动乱，母子失散了。宗质凭着父亲的官职得到荫赏。长大以后，到达做官的地方必定到处寻找母亲，没有找到。姻亲司马季思到蜀地去做官，宗质说："我寻找母亲，东南地区没找到，一定在蜀地吧？"于是跟随他到西部去，乘船经过各个州，像是县或者是村市，一定登上岸边，走遍这个地方大声呼叫，喊道"展婆，展婆"，到了傍晚，才哭着回去，不吃饭。司马家的人很同情他，一定要多方宽慰开导他，他才一边哭着一边勉强吃点东西。等到季思任职期满向东方去，所经过的地方李台州仍然这样，始终没有找到。到了荆州，仍然这样。每天早晚号叫呼喊，咽喉疼痛，身体疲惫，在茶楼稍事休息，流泪。

坐了一会儿，一个讨饭的老妇人来到他的面前，作揖说："官人给我一文两文钱吧。"宗质站起来向她作揖请她坐下，用主客之礼待她。喝完茶以后，询问老人的家乡姓氏。老妇人勃然大怒说："官人能给我多少钱，为何猛然问我姓名？我不是要饭的。"宗质更加恭敬，道歉说："我十分惶恐，忤逆了阿婆，希望您能停止生气，试着说一说，又有什么害处呢？如果是乡邻或亲族，我愿意倾囊为阿婆馈赠财物。"老妇人高兴地说："我的姓氏很怪异，不能说。"宗质极力恳请，老妇人忽然说："我姓展。"宗质惊讶地站起来，抱着她，大哭道："夫人，您是我的母亲啊！"老妇人说："官人不要错了，我儿子有可以验证的标记，他的右腋下有一紫色的痣，大小如杯子。"宗质跪拜说："是这样的。"露出右腋给她看，于是母子拥抱在一起哭泣，周围观看的人有几十甚至上百人，都叹息流泪。

宗质背着他的母亲回去，季思和家人孩子也为他们哭泣，从此以后迎养母亲孝顺奉养十多年，母亲在高龄寿终，宗质也已经白头了。

宗质乾道庚寅年间为洪州通判，我当时是奉新县县令，多次拜见他，不知他们母子之间的这些事情。第二年，我到中都做官，宗质回到朝廷，授予台州知州。朝士们说："李台州，是曾觌的姻家，曾觌没有儿子，把台州的儿子当作自己的儿子。"我见了一次不敢问，也不曾知道他的孝顺。

十七年后，李台州已经去世了，我和丞相京公一同做宰掾，谈话间，京公对我说起李台州母子的事情。我八岁的时候，先太夫人去世，我终身抱憾。听说这件事情之后，哭泣不能停止，感动得为他做传。

赞曰："孔子说：'孝悌达到极致，可以通于神明。'"像李台州，生下来就不知道失去母亲，成年以后知道寻找母亲，寻找母亲却找不到，找不到却不懈怠，走遍半个天下，到老了才找到。昔日苏东坡歌颂朱寿昌，至今人们都咏叹歌颂并以为美谈。像李台州，他的事迹难道和朱寿昌有什么不同吗？这不就是所说的至孝和神明相通吗？如果不是至孝怎么能和神明相通，不是和神明相通怎么能找到母亲？我每次对士大夫们说起这件事，听到的人必为之垂泪。人谁没有母亲？有母亲谁没有这样的心呢？那些有母亲而没有失去过母亲、不用寻找母亲就在身边的人，有的忽视母亲而不敬重母亲，有的叛逆母亲而不爱戴母亲，他们是什么心啊！

（2016 年天津卷）

知识拓展（善）

项伯与张良素善（友善，交好），知项王之事，告良。沛公善（擅长）假人力，以为战之胜负，非在兵之利、战之善（正确），在于人和。故闻项伯之言，属良善（好好地）待之。后沛公至项王营中，见一庖解牛，游刃有余，甚善（羡慕）其技，纳麾下。

68　宋史·曹彬传

阅读提示

➢　语言建构与运用

1. 加点字为文段中重、难点字词。
2. 下加______ 为需要断句的文句。
3. 下加_____ 为需要翻译的文句。

➢　文化传承与理解

1.《宋史》:“二十四史”之一，于元末至正三年（1343 年）由元朝丞相脱脱和阿鲁图先后主持修撰。《宋史》共 496 卷，是中国“二十四史”中最庞大的一部史书。《宋史》卷帙浩繁，共两千多人的列传，比《旧唐书》列传多出一倍。

2. 俎豆：古代祭祀、宴会时盛肉类等食品的两种器皿。

3. 禁旅：封建时代直属于帝王，担任护卫帝王或皇宫、首都警备任务的军队。

4. 顿首：指磕头。古代汉族的一种交际礼仪，跪拜礼之一，为正拜。具体方式为以头叩地即举而不停留。书简表奏中用以表示致敬，常用于结尾。

正　文

曹彬字国华。彬始生周岁，父母以百玩之具罗于席，观其所取。彬左手持干戈，右手持俎豆，斯须取一印，他无所视，人皆异之。

五年，使吴越，致命讫即还。私觌[①]之礼，一无所受。吴越人以轻舟追遗之，至于数四，彬犹不受。既而曰：“吾终拒之，是近名也。”遂受而籍之衣柜，悉上送官。

初太祖典禁旅彬中立不倚非公事未尝造门群居燕会亦所罕预由是器重焉。建隆二年，自平阳召归，谓曰：“我畴昔常欲亲汝，汝何故疏我？”彬顿首谢曰：“臣为周室亲，复忝内职，靖恭守位，犹恐获过，安敢妄有结交？”

七年，将伐江南。长围中，彬每缓师，冀李煜归服。城垂克，彬忽称疾不视事，诸将皆来问疾。彬曰：“余之疾非药石所能愈，惟须诸公诚心自誓，以克城之日，不妄杀一人，则自愈矣。”诸将许诺。明日，稍愈。又明日，城陷。煜与百余人诣军门请罪，彬慰安之，待以宾礼，请煜入宫治装，彬以数骑待宫门外，左右密谓彬曰：“煜入或不测，奈何？”彬笑曰：“煜素懦无断，必不能自引决。”煜之君臣，卒赖保全。

初，彬之总师也，太祖谓曰："俟克李煜，当以卿为使相。"副帅潘美预以为贺。彬曰："不然，夫是行也，仗天威，遵庙谟，乃能成事，吾何功哉，况使相极品乎！"美曰："何谓也？"彬曰："太原未平尔。"及还，献俘。上谓曰："本授卿使相，然刘继元未下，姑少待之。"既闻此语，美窃视彬微笑。上觉，遽诘所以，美不敢隐，遂以实对。上亦大笑，乃赐彬钱二十万。彬退曰："人生何必使相，好官亦不过多得钱尔。"

咸平二年，被疾。上趣驾临文，手为和药，仍赐白金万两。六月薨，年六十九。上临哭之恸。

（节选自《宋史·曹彬列传》）

【注】① 觌（dí）：相见。

思　考

下列对原文有关内容的理解和分析，不符合文意的一项是（　　）。

A. 曹彬拒绝借公务而取私利，不过他做人处事也讲究变通，收下礼品后如数上交

B. 曹彬为官清正，对宋太祖不巴结逢迎，对同僚也不结党营私，深得太祖的赏识

C. 曹彬突然称病，意在要求部下破城后不妄杀一人。他尊重降者人格，以礼相待

D. 曹彬富有智慧，才能出众，宋太祖虽然器重他，但是又心存戒备，并有所防范

答案：D

解析：D 项中"但是又心存戒备，并有所防范"无中生有，凭空臆测。

参考译文

曹彬，字国华。周岁时，父母把许多玩具放在席子上，看他拿什么东西。曹彬左手拿刀枪之类的玩具，右手拿俎、豆之类的礼器，一会儿又拿了一枚印章，其他的看都不看，人们都认为他与众不同。

显德五年，出使吴越，传达旨意完毕即刻返回。私下见面时别人送的礼物，他一样也不接受。吴越地区的人用小船追来送礼给他，推让了多次，曹彬还是不接受。后来（曹彬）说："我再拒绝接受它们，就是在追求虚名了。"于是就接受并登记后用衣柜载着它们回来，全部交给朝廷。

当初，太祖管领禁兵，曹彬中立不偏不倚，没有公事从不登门，群居宴会，也很少参与，因此被器重。建隆二年，从平阳被召回朝，太祖对他说："往日我常想亲近你，你为什么总是疏远我呢？"曹彬叩头谢罪说："我是周室的近亲，又忝任宫内职务，端正做官，还怕有过失，哪里敢妄自交结呢？"

七年，将要攻打长江以南的地方。长期的围城中，曹彬常常缓攻，希望李煜能归降。城即将攻克时，曹彬忽然称疾不处理事务，诸将都来探病。曹彬说："我的病不是药石能治好的，

只要诸公诚心立誓，攻克城的那一日，不妄杀一人，就会自动痊愈。”诸将答应下来。第二天，病情稍微好转。再过一天，金陵城被攻陷。李煜与他的大臣们一百多人到军营请罪，曹彬安慰他，用贵宾礼接待他，请李煜进入宫殿收拾行李，曹彬只派几个骑兵等在宫门外。部下暗地对曹彬说：“李煜入宫如有不测怎么办？”曹彬笑着说：“李煜向来懦弱不能果断，既然已经投降，一定不会自杀。”李煜君臣，最终赖以保全。

起初，曹彬担任总帅。宋太祖对曹彬说：“等到打败李煜，应当让你做宰相。”副帅潘美预先祝贺他。曹彬说：“不会这样，这次征讨，依仗天威，遵照皇上的妙计，才能取得胜利，我有什么功劳呢，何况宰相是多么重要的位置啊！”潘美说：“为什么这样说呢？”曹彬说：“太原还没有平定呢。”等到得胜回朝，献上俘虏。皇上对曹彬说：“本来应授予你宰相职位，然而还没有打败刘继元，姑且等一下吧。”听到这句话后，潘美暗地里看着曹彬笑。皇帝察觉了，急忙追问其中的缘故，潘美不敢隐瞒，于是据实回答。皇上也大笑，于是赐给曹彬二十万钱。曹彬退朝后说：“人生何必一定要做宰相，好官也不过是多得几个钱罢了。”

咸平二年的时候，曹彬患上了疾病。皇上催促驾临探望，亲手为他调和药物，依然赏赐一万两白银。六月，曹彬去世，终年六十九岁。皇上驾临后哭得很是悲恸。

（2013 年北京卷）

知识拓展（说）

柳宗元为官，常以文教化，民信其说（说法，主张）。被贬于永州，见少年以捕蛇为业，悯之，少年说（陈述）苛政之猛，提治民之策，宗元大说（通“悦”，喜悦），说（劝说）少年弃捕蛇之事，少年不从。

69　宋史·张咏传

阅读提示

➢ 语言建构与运用

1. 加点字为文段中重、难点字词。
2. 下加_____ 为需要断句的文句。
3. 下加____ 为需要翻译的文句。

➢ 文化传承与理解

1. 郡将：东汉魏晋南北朝时期对于地方郡守的别称。东汉光武帝刘秀裁撤都尉并职太守，此后地方郡守往往也处理部分军政，所以称将。

2. 水递役夫：水递，递运饮泉水的驿站。役夫，旧时称服劳役的人。

3. 部署：官名。所谓都部署是马步军都部署的省称，其简称还有部署、兵马都部署、步军都部署等。五代后唐初置，为战时指挥官。宋置于邻接辽、夏地区，为地方军事长官，掌军队屯戍、防守、训练、校阅、赏罚事务。英宗赵曙时，为避其嫌名而改称都总管。

正　文

张咏字复之，濮州鄄城人。太平兴国五年，郡举进士，议以咏首荐。有夙儒张覃者未第，咏与寇准致书郡将，荐覃为首，众许其能让。会李沆、宋湜、寇准连荐其才，以为荆湖北路转运使。奏罢归、峡二州水递夫。就转太常博士。太宗闻其强干，召还。张永德为并、代都部署，有小校犯法，笞之至死。诏案其罪。咏封还诏书，且言："陛下方委永德边任，若以一部校故，推辱主帅，臣恐下有轻上之心。"太宗不从。未几，果有营兵胁诉军校者，咏引前事为言，太宗改容劳之。

出知益州，时李顺构乱，王继恩、上官正总兵攻讨，顿师不进。咏以言激正，勉其亲行，仍盛为供帐饯之。正由是决行深入大致克捷时寇略之际民多胁从咏移文谕以朝廷恩信使各归田里。

初，蜀士知向学，而不乐仕宦。咏察郡人张及、李畋、张逵者皆有学行，为乡里所称；遂敦勉就举，而三人者悉登科。士由是知劝。

成平二年，夏，咏以工部侍郎出知杭州。属岁歉，民多私鬻盐以自给。捕获犯者数百人，咏悉宽其罚而遣之。官属请曰："不痛绳之，恐无以禁。"咏曰："钱塘十万家，饥者八九，苟不以盐自活，一旦蜂聚为盗，则为患深矣。俟秋成，当仍旧法。"五年，真宗以咏前在蜀治行优异，复命知益州。会遣谢涛巡抚西蜀，上因令传谕咏曰："得卿在蜀，朕无西顾之忧矣。"

咏与青州傅霖少同学。霖隐不仕。咏既显，求霖者三十年，不可得。至是来谒，阍吏白"傅霖请见"，咏责之曰："傅先生天下贤士，吾尚不得为友，汝何人，敢名之！"

（节选自《宋史·张咏传》）

思　考

下列对原文有关内容的分析和概括，不正确的一项是（　　）。

A. 在张永德被惩办后不久，太宗就意识到张咏的意见是对的

B. 当李顺叛乱的时候，张咏敦促上官正出兵讨伐，并为之隆重饯行

C. 在歉收时，张咏主张对贩私盐的人从轻处分，并建议从此后都减轻刑罚

D. 真宗对张咏在四川的表现很满意，通过谢涛传达了对张咏的赞赏

答案：C

解析：由原文中“俟秋成，当仍旧法”可知张咏建议在秋收后仍按之前的法律判处，而非从此后都“减轻刑罚”。

参考译文

张咏，字复之，是濮州鄄城人。太平兴国五年，濮州郡举荐进士，（大家）商议首推张咏。（当时）有一个老成博学的读书人张覃未中科第，张咏与寇准写信给郡守，推荐张覃为第一名，大家都赞许他能够谦让。李沆、宋湜、寇准一同推荐他，被任命为荆湖北路转运使。（他）上奏朝廷免去归、峡两个州的水递役夫。后来转任从事太常博士一职。宋太宗听说他能力强做事干练，下诏让他还京。

当时张永德为并州、代州的部署（官职），有一个小兵犯了法，被鞭打至死，皇上下诏追查他的罪过。张咏封还了诏书，并且说：“皇上刚刚委任张永德边疆大任，如果因为一个部校被打死的缘故，责罚主帅，我担心部下会产生看不起主帅的想法。”宋太宗不听从他的意见。不多久，果然有驻军诉讼军校的事，张咏引用前面发生的事建言，宋太宗才改变主意允许慰问他。

（张咏）出任益州知州时，正值李顺造反，王继恩、上官正两总兵进攻讨伐李顺，他们停下部队不进攻。张咏用言语激励上官正，鼓励他亲自上阵，还隆重的为他举行宴会送行。上官正因此决定进军，大胜。当叛军抢掠时，很多百姓被胁从。张咏发布公文告诉百姓，朝廷施恩，让大家各归田里（不追究责任）。

开始时，蜀地士人乐于研究学问，但不乐于做官。张咏考察蜀郡的张及、李畋、张逵等人士都有学问、很能干，被当地人称赞，于是劝勉他们参加科举考试，三个人都考上了。

咸平二年夏天，张咏以工部侍郎的身份出任杭州。当年歉收，百姓多贩私盐来求生。抓获了几百罪犯，张咏都减轻了惩罚，释放了他们。下属官员请求说：“（如果）不严厉的惩罚，恐怕没有办法禁止（贩私盐）。”张咏说：“钱塘十万人家，忍饥挨饿的十之八九，如果不让他们贩私盐自求活路，一旦聚集为盗贼，那就酿成大灾祸了。等到秋季庄稼收获后，应当按照原来的法律执行。”

咸平五年，宋真宗因为张咏以前治蜀效果良好，再次任命他为益州知州。到（皇上）派遣谢涛巡视蜀地，皇上让他给张咏传话：“有你在蜀地，朕就不担心西边了。”

张咏与青州傅霖年少时是同学。傅霖隐居不出来做官。张咏身份显达，寻找傅霖几十年，没有找到。此时傅霖来拜访，门吏说傅霖求见，张咏责怪门吏说：“傅先生是天下的贤士，我都不能够与他做朋友，你是什么人，敢直呼其名！”

（2013 年广东卷）

知识拓展（孰）

邹忌朝服衣冠，问其妻：“我孰与（何如。两者相比，择其一）城北徐公美？”其妻答曰：“君美甚，孰（谁）能及君也？”邹忌孰（通“熟”，仔细）视之，以为其言不实。

70　宋史·康保裔传

阅读提示

➢　语言建构与运用

1. 加点字为文段中重、难点字词。
2. 下加______ 为需要断句的文句。
3. 下加_____ 为需要翻译的文句。

➢　文化传承与理解

1. 刺史：汉初，文帝以御史多失职，命丞相另派人员出刺各地，不常置。汉武帝元封五年（前 106 年）始置。“刺”，检核问事之意。刺史巡行郡县，分全国为十三部（州），各部置刺史一人，后通称刺史。刺史制度在西汉中后期得到进一步发展，对维护皇权，澄清吏治，促使昭宣中兴局面的形成起着积极的作用。孝成帝时期刺史改称州牧，职权进一步扩大，由监察官变为地方军事行政长官。

2. 契丹：唐末，契丹首领耶律阿保机统一各部，于后梁开平元年（907 年）即可汗位，神册元年（916 年）称帝，国号契丹。大同元年（947 年）辽太宗改国号为辽。天庆五年（1115 年），女真族建立金朝。在金军的进攻下，辽朝于保大五年（1125 年）灭亡。

3. 追赠：或作追封、追晋，即加封死者的官职、勋位。

正　文

康保裔，河南洛阳人。祖志忠，讨王都战没。父再遇，从太祖征李筠，又死于兵。保裔在周屡立战功，及再遇阵没，诏以保裔代父职，从石守信破泽州，又从诸将破契丹于石岭关，领登州刺史。寻知代州，移深州，领凉州观察使。真宗即位，召还，以其母老勤养，赐以上尊酒茶米。诏褒之，为高阳关都部署。契丹兵大入，诸将与战于河间，保裔选精锐赴之，会暮，约诘朝合战。迟明，契丹围之数重，左右劝易甲驰突以出，保裔曰：“临难无苟免。”遂决战。二日杀伤甚众蹴践尘深二尺兵尽矢绝援不至遂没焉时车驾驻大名闻之震悼废朝二日赠侍中。以其子继英为六宅使、顺州刺史，继彬为洛苑使。继英等谢曰：“臣父不能决胜而死，陛下不以罪其孥幸矣，臣等顾蒙非常之恩！”因悲涕伏地不能起。上恻然曰：“尔父死王事，赠赏之典，所宜加厚。”顾谓左右曰：“保裔父、祖死疆场，身复战没，世有忠节，深可嘉也。”

保裔谨厚好礼，喜宾客，善骑射，弋飞走无不中。尝握矢三十，引满以射，筈镝相连而坠，人服其妙。屡经战阵，身被七十创。贷公钱数十万劳军，没后，亲吏鬻器玩以偿。上知之，乃复厚赐焉。方保裔及契丹血战，而援兵不至，唯张凝、李重贵率众策应，遇契丹兵交战，保裔为敌所覆，重贵与凝赴援，腹背受敌，自申至寅力战，敌乃退。当时诸将多失部分，独重贵、凝全军还屯，凝议上将士功状，重贵喟然曰："大将陷没，而吾曹计功，何面目也！"上闻而嘉之。

（节选自《宋史·康保裔传》）

思　考

下列对原文有关内容的概括和分析，不正确的一项是（　　）。

A. 康保裔世代行伍出身，一心报效朝廷。其祖康志忠、其父康再遇先后战死边境；他代父职后，又随众将攻破契丹。宋真宗即位，召他回来，给予赏赐嘉奖

B. 康保裔抱定赴死信念抗击契丹。契丹大举入侵，双方约定次日早晨交战，契丹却提前至黎明层层包围宋军，保裔不愿苟免于死，战至兵尽矢绝，最终阵亡

C. 康保裔战死沙场引起强烈反响。他的死讯传来，皇上深深震惊哀悼，停止朝会两天，又赐封其子官职，同时一再表示，保裔是为王事而死，理应厚重褒奖

D. 康保裔品行端正，严谨厚道。他待人接物讲究礼貌，又擅长骑马射箭，射飞禽走兽无不中；在与契丹血战时，张凝、李重贵与他共同抗敌，敌军这才退去

答案：D

解析：D 项中李重贵、张凝并没有与他共同抗敌，文中说的是"方保裔及契丹血战，而援兵不至，唯张凝、李重贵赴援"。

参考译文

康保裔，是河南洛阳人。他的祖父康志忠，在讨伐王都时战死。他的父亲康再遇，在跟随太祖征讨李筠时，又死于战场。保裔在周朝屡次立下战功，等到康再遇阵亡，皇上诏令让康保裔代替父亲之职，跟随石守信攻破泽州，又跟随各位将领在石岭关打败契丹，担任登州刺史之职。不久任代州知州，接着调任深州知州，担任凉州观察使。真宗即位之后，将他召回，因为他能勤勉地赡养年老的母亲，皇上赐给他家上好的酒、茶和米。还发诏令褒奖他，让他担任高阳关都部署。契丹兵大举入侵，各位将领与契丹兵在河间作战，康保裔遴选精锐兵力赶赴战场，恰逢天将黑，与诸将约定第二天早晨联合作战。次日黎明时，契丹把康保裔包围了好几重，康保裔的手下劝他换甲衣、骑快马冲出去，保裔说："面临灾难，不可苟且偷生。"于是与敌人决战。战斗进行了两天，杀死杀伤敌人很多，踏践起的尘土足有二尺深，手下的士兵全都用光了箭，但援兵还是没有来，于是就牺牲在那里。当时皇上的车驾停驻在大

名，皇上听到康保裔牺牲的消息，震惊哀悼，停止上朝了两天，并赠予保裔侍中之职。皇上还让康保裔的儿子康继英担任六宅使、顺州刺史，让康继彬担任洛苑使。康继英等感谢皇上说："我们的父亲不能在决战中胜利，而是战死了，陛下没有因此而对他的儿女治罪，就是大幸了，但是我们还是承蒙了皇上非同寻常的恩典！"于是悲伤流泪，匍匐在地不能起身。皇上伤感地说："你们的父亲是为国而死的，按赠赏规定，是应该加以厚赏的。"回头对侍臣们说："保裔的父亲、祖父都战死在疆场，他自己又在战斗中牺牲，世世代代都体现出忠节，非常值得嘉奖。"保裔谨慎厚道，讲究礼节，喜欢结交宾客，善于骑马射箭，射飞禽走兽没有射不中的。曾经先放置好一把三十支一束的箭，拉满弓射去，那些箭的筈镝接连着落下，人们都钦服他的射术之妙。多次经历战阵，身受创伤七十处。曾经借公家的十万钱慰劳军队，他牺牲后，亲属和部下卖掉器物珍玩来偿还。皇上知道这件事后，就又对保裔家优厚赏赐。正当康保裔与契丹人血战时，援兵却没有来，只有张凝、李重贵率领军队与他作策应，他们也遭遇契丹兵并与之作战。康保裔被敌人覆没时，李重贵与张凝赶去救援，却腹背受敌，从申时杀到寅时，才把敌人击退。当时各位将领多半丢失了自己的部队，只有李重贵与张凝保全部队回到驻地。张凝提议上书为将士们请功，李重贵深深叹息说："大将都陷于敌阵战死了，我们这些人却想计较功劳，有什么脸面啊！"皇帝听说了这事，嘉奖了李重贵与张凝。

（2010 年全国Ⅱ卷）

知识拓展（率）

孔子率（带领）弟子东游，路遇一妇人仆地，遂问弟子。子路对曰："病也。"且率（轻率）尔以草根治。孔子不解。子路曰："病者，大抵以草根治，病皆好。"颜渊不以为然，驳曰："病者率（全都）用草根可愈，然病者或死，则何如？"

71　宋史·欧阳晔传

阅读提示

➢ 语言建构与运用

1. 加点字为文段中重、难点字词。
2. 下加______ 为需要断句的文句。
3. 下加______ 为需要翻译的文句。

➢ 文化传承与理解

1. 布衣：布制的衣服，指平民百姓的最普通的廉价衣服，借指平民。布衣蔬食，常形容生活俭朴。

2. 转运使：官名。中国唐代以后各王朝主管运输事务的中央或地方官职。北宋前期转运使职权扩大，实际上已成为一路最高行政长官。以后，陆续设立了提点刑狱司、安抚司等机构分割转运使的权力。

3. 桎梏：中国古代的刑具，在足曰桎，在手曰梏，类似于现代的手铐、脚镣。引申为束缚、压制之意。

正　文

欧阳公讳晔，字日华。自为布衣，非其义，不辄受人之遗。少而所与亲旧，后或甚贵，终身不造其门。初为随州推官，治狱之难决者三十六。大洪山奇峰寺聚僧数百人，转运使疑其积物多而僧为奸利，命公往籍之。僧以白金千两馈公，公笑曰："吾安用此然汝能听我言乎今岁大凶汝有积谷六七万石能尽以输官而赈民则吾不籍汝。"僧喜曰："诺。"饥民赖以全活。

陈尧咨以豪贵自骄，官属莫敢仰视。在江陵，用私钱诈为官市黄金，府吏持帖，强僚佐署。公呵吏曰："官市金当有文符。"独不肯署。尧咨讽转运使出公，不使居府中。

鄂州崇阳，素号难治，乃徙公治之，至则决滞狱百余事。桂阳民有争舟而相殴至死者，狱久不决。公自临其狱，出囚坐庭中，去其桎梏而饮食之，食讫，悉劳而还于狱，独留一人于庭。留者色动惶顾，公曰："杀人者汝也。"囚不知所以然。公曰："吾视食者皆以右手持匕，而汝独以左手，死者伤在右肋，此汝杀之明也。"囚即涕泣曰："我杀也，不敢以累他人。"公之临事明辨，犹古良吏，决狱之术多如此。所居，人皆爱思之。

（节选自《宋史·欧阳晔传》）

思　考

下列对原文的理解和分析，不正确的一项是（　　）。

A. 欧阳晔作为一介平民的时候就崇尚道义，绝不接受不义之赠，为人也不喜结交权贵，甚至连朋友富贵之后都不再去拜访

B. 欧阳晔办案善于随机应变，审理僧人的财物时，巧妙地让僧人将几万石粮食交给官府赈济百姓，救活许多灾民

C. 欧阳晔正直廉洁，陈尧咨强迫官员辅助签名来牟取私利，只有欧阳晔坚持规则不予签名，受到了陈尧咨的挖苦和责骂

D. 欧阳晔断案十分机智，巧妙地观察犯人之后就能根据蛛丝马迹判断真正的凶手，丝毫不逊色于古代的良吏们

答案：C

解析：陈尧咨是暗示转运使使欧阳晔离开州府，并没有挖苦责骂。

参考译文

欧阳公名晔，字日华。自从他作为一个普通百姓时起，不合乎道义的事，他就不接受他人的馈赠。欧阳晔年轻时所交往的亲戚和故交旧友，后来有的人非常显贵，欧阳晔终生不到其家门去。欧阳晔起初做的是随州推官，审理难以解决的案件有36起。大洪山奇峰寺聚集僧人数百人，转运使怀疑他们蓄积财物很多，因而僧人从中取得不正当的利益，命令欧阳晔前往登记这些财物。僧人用一千两白银馈赠给欧阳晔，欧阳晔笑着说："我哪里用得到这些东西？不过你能听我的话吗？今年是大荒年，你们有蓄积的粮食六七万石，能全部把它们交纳给官府来赈济百姓，那么我不就不登记你们（的财物）了。"僧人欣喜地说："好。"饥饿的灾民依赖这些粮食得以全部活了下来。

陈尧咨凭借着富有和权贵而自我骄傲，所属的官员们没有人敢仰视他。在江陵，陈尧咨用私人的钱诈称为官府买卖黄金，官吏拿着便条，强迫官僚辅助签名。欧阳晔呵斥官吏说："官家买卖黄金应当有文书。"只有欧阳晔不肯签名。陈尧咨暗示转运使让欧阳公离开，不让（他）留在州府。

鄂州崇阳县，向来被称为难以治理的地方，于是调任欧阳公去治理它。他到了以后，就解决滞留的案件一百余件。桂阳有争船而互相斗殴至死的人，（这个）案件长久没能判决。欧阳公亲自到了那个监狱，放出关押的犯人，自己就坐在庭院中，让人解去那些犯人的枷锁并且让他们吃饭。犯人们吃完饭后，欧阳公全部安慰他们并让他们返还回监狱中去，只留下了一个人在庭院中。被留下来的人脸色改变惶恐四顾，欧阳公说："杀人的人就是你啊。"那个囚犯不知道为什么是这样。欧阳公说："我看吃饭的人都是用右手拿着勺子，而只有你用左手，死亡的人伤口在右肋，很明显就是你杀了人。"囚犯就流着泪说："是我杀了人，我不敢再因此连累他人了。"欧阳公明辨事物，像古代的出色官吏一样，他判决案件的方法大多像这样。欧阳公任职期间，百姓都很爱戴挂念他。

（2010年上海卷）

知识拓展（属）

项羽力士，名属（隶属）天下第一。举大业，属（随从）者百万。后沛公先入关，恨之。范增献计，属（通"嘱"，嘱咐）其邀沛公至军营，于座杀之。席间，项王屡举酒属（劝请）沛公。沛公觉知，乃佯醉归。范增长叹曰："妇人之仁，吾属（类、辈）且为虏矣！"果然，后项王之祸相随属（连接）。

72　宋史·寇准传

阅读提示

➢　语言建构与运用

1. 加点字为文段中重、难点字词。
2. 下加_____ 为需要断句的文句。
3. 下加_____为需要翻译的文句。

➢　文化传承与理解

1. 杖：指用荆条或大竹板拷打犯人。属于汉朝以降的“五刑”之一。

正　文

寇准字平仲，华州下邽人也。准少英迈，通《春秋》三传。年十九，举进士。太宗取人，多临轩顾问，年少者往往罢去。或教准增年，答曰：“准方进取，可欺君邪？”后中第，授大理评事，累迁殿中丞、通判郓州。召试学士院，授右正言、直史馆，为三司度支推官，转盐铁判官。

会诏百官言事，而准极陈利害，帝益器重之。擢尚书虞部郎中、枢密院直学士，判吏部东铨[①]。尝奏事殿中，语不合，帝怒起，准辄引帝衣，令帝复坐，事决乃退。上由是嘉之，曰：“朕得寇准，犹文皇之得魏征也。”

淳化二年春，大旱，太宗延近臣问时政得失，众以天数对。准对曰：“《洪范》天人之际，应若影响，大旱之证，盖刑有所不平也。”太宗怒起入禁中顷之召准问所以不平状准曰愿召二府至臣即言之。有诏召二府入，准乃言曰：“顷者祖吉、王淮皆侮法受赇，吉赃少乃伏诛；淮以参政沔之弟，盗主守财至千万，止杖，仍复其官，非不平而何？”太宗以问沔，沔顿首谢，于是切责沔，而知准为可用矣。即拜准左谏议大夫、枢密副使，改同知院事。

自唐末，蕃户有居渭南者，温仲舒知秦州，驱之渭北，立堡栅以限其往来。太宗览奏不怿，曰：“古羌戎尚杂处伊、洛，彼蕃夷易动难安，一有调发，将重困吾关中矣。”准言：“唐宋璟不赏边功，卒致开元太平。疆埸之臣邀功以稔祸，深可戒也。”帝因命准使渭北，安抚族帐，而徙仲舒凤翔。

真宗即位，迁尚书工部侍郎。六年，迁兵部，为三司使。时合盐铁、度支、户部为一使，真宗命准裁定，遂以六判官分掌之，繁简始适中。景德元年，契丹内寇，纵游骑掠深、祁间，小不利辄引去，徜徉无斗意。准曰："是狃我也。请练师命将，简骁锐据要害以备之。"是冬，契丹果大入。因请帝幸澶州。高琼麾卫士进辇，帝遂渡河，御北城门楼，远近望见御盖，踊跃欢呼，声闻数十里。契丹相视惊愕，不能成列。敌数千骑乘胜薄城下，诏士卒迎击，斩获大半，乃引去。

天禧三年，真宗得风疾，刘太后预政于内，降准为太常卿，知相州，徙安州，贬道州司马。帝初不知也，他日，问左右曰："吾目中久不见寇准，何也？"左右莫敢对。帝崩时亦信惟准与李迪可托，其见重如此。

（节选自《宋史·寇准传》）

【注】① 郎中是官，直学士是职，吏部东铨是差遣，有实际职责。

思　考

下列对原文有关内容的概括和分析，不正确的一项是（　　）。

A. 寇准年少有才且诚实。他通晓《春秋》三传，19 岁就考中进士；有人建议他面见太宗时不妨虚报年龄，以免被太宗认为年少而除去功名。寇准却认为欺君不妥

B. 寇准为官耿直执着。与皇帝谈论国事意见不合，使得皇帝非常生气而要离开，寇准牵扯皇帝衣服不让离去，直到有了决断才离开

C. 寇准精通天数。淳化二年天大旱，寇准认为与朝政得失有关，于是对皇帝指出法度有不公平之处，于是说出祖吉、王淮枉法受贿之案件

D. 寇准抗击契丹显出谋略。他通过分析及时训练、调遣军队进行防御，而且请得皇帝驾临澶州增加官兵士气，最后大败契丹军队

答案：C

解析：C 项中"精通天数"错，是借机说案而已。

参考译文

寇准，字平仲，是华州下邽人。寇准年轻时才智超群，精通《左氏传》《公羊传》《谷梁传》。十九岁时考中进士。太宗选拔人才，经常亲自到殿前平台看望询问，年纪小的人经常不被录取。有人教寇准增报年龄，寇准回答说："我刚刚参加进士考试被录取，怎么能欺骗君主呢？"后来寇准考中，被授予大理评事的官职，连续升职担任殿中丞、郓州通判。皇帝在学士院将他招来面试，授予寇准右正言、直史馆的职位，作为三司度支推官，转任盐铁判官。

正赶上皇帝召集百官讨论国事，寇准极力陈述事情的优点和缺点，皇帝更加器重他。把他提升为尚书虞部郎中、枢密院直学士，兼任吏部东铨。寇准曾经在宫殿之中向皇帝启奏事项，他的话与皇帝的想法不相符，皇帝很生气地站起来，寇准于是就拽住皇帝的衣服，让皇

帝又坐下，等事情解决后才退下。因此皇帝称赞他说："我得到了寇准，就像文皇得到了魏征一样。"

淳化二年春天，大旱，太宗请亲近的大臣询问时政失误的地方在哪里，大家都回答是天命。寇准回答说："《洪范》里说，天和人的关系，相互应和就像影子和回声，大旱的征象，是因为刑罚有不公平的地方。"太宗很生气，起身回到宫中。过了一会儿，召见寇准询问刑罚不公平的情况，寇准说："希望把二府的官员召来，我就说。"皇上下令召二府的官员来，寇准就说："不久前祖吉和王淮都触犯法律接受贿赂，祖吉受贿较少却被杀头，王淮因为是参政王沔的弟弟，收受钱财千万，只受杖刑，仍官复原职，这不是不公平是什么？"太宗把这件事问王沔，王沔叩头谢罪，于是皇上严厉批评了王沔，并且知道寇准可用。当即任命寇准为左谏议大夫、枢密副使，改任同知院事。

自唐朝末年，蕃户就有居住在渭水以南的，温仲舒管理秦州时，把这些蕃户驱赶到渭水以北，构筑堡栅以限制他们往来。太宗看过奏章不高兴，说："古代的羌戎少数民族尚且杂居在伊川、洛水，那些蕃夷人愿意流动难以安定，一旦有调集入侵发生，将要严重困扰我们关中了。"寇准进言："唐朝宋璟不赏赐边地战功，最终出现开元时的太平。边疆大臣（想要）求取战功而（以致）酿出祸患，很是值得警戒（警惕）啊。"皇帝于是任命寇准出使渭北，安抚蕃户，又调走了温仲舒到凤翔。

真宗当上皇帝后，寇准升迁为尚书工部侍郎。咸平六年，调任兵部，为三司使。当时合并盐铁、度支、户部为一使，真宗委派寇准裁定事务，于是任命六个判官分别掌控，烦琐简约才适度。景德元年，契丹人入境侵袭，放纵游骑兵侵袭深州和祁州一带，稍有点不利就退却，徘徊往来（好像）没有打仗的意思。寇准说："这是轻侮我们啊！请朝廷训练军队，任命大将，挑选精悍的部队，据守要害的地方，防备敌人。"这一年冬天，契丹族果然大举入侵。寇准趁机请求皇帝到澶州去。高琼指挥卫士让皇帝乘上车子前进，皇帝就渡过了黄河，坐临澶州的北城门楼上，远近的人们看见皇帝车上的伞盖，跳跃着欢呼，声音传到几十里以外，契丹兵士相互看看，感到惊慌害怕，连阵势都排不成了。敌方数千骑兵乘胜追至城下，皇帝诏令士兵迎击敌兵，斩杀擒获大半敌兵，敌军于是退去。

天禧三年，真宗得了风疾，刘太后在内宫干预朝政，把寇准降为太常卿，管理相州，又调任安州，贬为道州司马。真宗当初不知道这事，有一天，问到身边的人："我好久没有见到寇准，为什么？"左右没有人敢回答。真宗驾崩时也还是只相信寇准与李迪是可托付之人，他被重视到这个地步。

知识拓展（识）

苏轼至临安，与黄庭坚相识（认识），二人同游花山，见一仆碑，其上文字犹可识（识别），览后，苏轼曰："吾辈当识（通‘志’，记住）之。"

73 宋史·曾公亮传

阅读提示

➢ 语言建构与运用

1. 加点字为文段中重、难点字词。
2. 下加_____为需要断句的文句。
3. 下加_____为需要翻译的文句。

➢ 文化传承与理解

1. 有司：指主管某部门的官吏。古代设官分职，各有专司，故称有司。也泛指官吏。

2. 枢密：指枢密院。枢密使一职始置于唐后期，为枢密院主官，以宦官充任，五代时改由士人充任，后又逐渐被武臣所掌握，办事机构也日益完善。为适应连年战争的局面，枢密使把军政大权握于一己之手以便宜从事，枢密使的职掌范围扩大到了极限，枢密使的地位迅速上升，“权侔于宰相”。但到了宋代，枢密使制又发生了变化，其任职者由五代时的武将逐渐转为以文官担任，职权范围逐步缩小。

3. 建储：储即储君，被指定的君位继承者，建储即建立储君，一般指立皇太子。

正 文

曾公亮字明仲，泉州晋江人。举进士甲科，知会稽县。民田镜湖旁，每患湖溢。公亮立斗门，泄水入曹娥江，民受其利。以端明殿学士知郑州，为政有能声盗悉窜他境至夜户不闭尝有使客亡囊中物移书诘盗公亮报吾境不藏盗殆从之者廋耳索之果然。公亮明练文法，更践久，习知朝廷台阁典宪，首相韩琦每咨访焉。仁宗末年，琦请建储，与公亮等共定大议。密州民田产银，或盗取之，大理当以强。公亮曰：“此禁物也，取之虽强，与盗物民家有间矣。”固争之，遂下有司议，比劫禁物法，盗得不死。契丹纵人渔界河，又数通盐舟，吏不敢禁，皆谓：与之校，且生事。公亮言：“萌芽不禁，后将奈何？雄州赵滋勇而有谋，可任也。”使谕以指意，边害讫息。英宗即位，加中书侍郎兼礼部尚书，寻加户部尚书，帝不豫，辽使至不能见，命公亮宴于馆，使者不肯赴。公亮质之曰：“锡宴不赴，是不虔君命也。人主有疾，而必使亲临，处之安乎？”使者即就席。熙宁三年，拜司空兼侍中，河阳三城节度使。明年，起判永兴军。居一岁，还京师。旋以太傅致仕。元丰元年卒，年八十。帝临哭，辍朝三日。公亮方厚庄重，沉深周密，平居谨绳墨，蹈规矩；然性吝啬，殖货至巨万。初荐王安石，及同辅政，知上方向之，阴为子孙计，凡更张庶事，一切听顺，而外若不与之者。常遣子孝宽参其谋，至上前略无所异，于是帝益信任安石。安石德其助己，故引擢孝宽至枢密以报之。苏轼尝从容责公亮不能救正，世讥其持禄固宠云。

（节选自《宋史·曾公亮传》）

思　考

下列对原文有关内容的概括和分析，不正确的一项是（　　）。

A. 曾公亮初入仕途，为民兴利除弊。他进士及第后任职会稽县，当时湖水常常外溢，民田受害，他兴修水利工程，将水引入曹娥江，民众因此得益。

B. 曾公亮久经历练，通晓典章制度。他熟知朝廷政务，首相韩琦每每向他咨询；密州有人偷盗民田产银，他认为判处死刑过重，据理力争，最终改判

C. 曾公亮防患未然，止息边地事端。契丹违约在界河捕鱼运盐，他认为萌芽不禁终将酿成大祸，派使者偕同雄州赵滋前往调解，边地双方得以相安无事

D. 曾公亮老谋深算，暗中为子孙计。他为人深沉，思虑周密，曾举荐王安石，安石受到宠信，他考虑子孙前程，不露痕迹地处处随顺安石，终于得到回报

答案：C

解析：由原文中“谕以指意”可看出，他是派人把皇帝的旨意告诉赵滋，边事才得以平息，不是偕同赵滋前往调解。

参考译文

曾公亮，字明仲，泉州晋江人。考中进士甲科，管理会稽县。老百姓在镜湖旁种田，常常担心镜湖泛滥。曾公亮设置斗门，将湖水泄入曹娥江，老百姓享受到好处。曾公亮以端明殿学士的身份主政郑州，治理政事有才能因而声名在外，盗贼全部逃窜到其他州县，以至于晚上不用关闭大门。曾经有过客丢失袋中财物，发布文书诘查盗贼，曾公亮上报：“我所辖境不窝藏盗贼，恐怕是同行的人隐藏起来了吧。”进行搜查，果然如此。曾公亮熟习写文章的章法，任职以后，熟悉懂得了朝廷台阁的规章，首相韩琦经常向他咨询。仁宗末年，韩琦请求设置皇储，与曾公亮等共同商定大计。密州民田盛产银子，有人偷取银子，大理寺把他们以强盗论处。曾公亮说：“这是禁物，偷取银子虽然是强盗行为，却与从百姓家中盗取财物有区别。”为此事坚持展开争论，于是皇帝就下达给有司议论，比照抢劫违禁物品的法律，盗贼得以不被判死刑。契丹指使人在界河捕鱼，又多次开通盐船，官吏不敢禁止，都说：和他们计较，将要生事。曾公亮说：“刚开始时不禁止，以后将怎么办呢？雄州赵滋勇敢有计谋，能够胜任。”派人把皇上的旨意告诉赵滋，边境祸害终于平息了。英宗即位，曾公亮任中书侍郎兼礼部尚书，不久兼任户部尚书。仁宗身体不适，辽国使者到来不能接见，让曾公亮在馆中设宴，使者不愿赴宴。曾公亮质问使者说：“赐宴不赴，这是对君主的不恭敬。君主有病，却一定要让他亲自设宴，能觉得安心吗？”使者于是赴宴。熙宁三年，曾公亮被授职司空兼侍中、

河阳三城节度使。第二年，被起用管理永兴军。任职一年，回到京师，很快就在太傅任上退休。元丰元年，去世，终年八十岁。神宗临丧哭泣，停止上朝三天。曾公亮端庄忠厚深沉，办事细致周密，平时谨守礼仪，遵守规矩，但性情吝啬，积累财富数以万计。曾公亮起初推荐王安石，到和他一起辅政时，知道神宗正袒护王安石，曾公亮暗中替子孙谋划，大凡改变行事计划等，都听从王安石的，但表面上好像没有参与一样。曾公亮派遣他的儿子曾孝宽为其谋划，到神宗面前几乎与王安石没有什么差别，这样神宗更加信任王安石。王安石为了感激他帮助自己，因而提拔曾孝宽到枢密院来报答他。苏轼曾经严肃地责备曾公亮不能救正补弊，世人讥讽曾公亮用这种办法保持禄位和宠幸。

（2016 年全国 I 卷）

知识拓展（使）

燕太子丹使（派遣）荆轲刺秦王。荆轲使（出使）于秦，见秦王，献图，图穷而匕首见。荆轲持匕首刺王，为王所擒。王曰："此事由何人使（主使）？"荆轲倨骂以死。杜牧论曰："使（假如）六国各爱其人，则足以拒秦。"

74　宋史·范纯礼传

阅读提示

➢　语言建构与运用

1. 加点字为文段中重、难点字词。
2. 下加______为需要断句的文句。
3. 下加_____为需要翻译的文句。

➢　文化传承与理解

1. 陵寝：陵寝是皇帝死后安葬的地方，其名号一般是根据大行皇帝生前的功过和世系命名。为皇帝建陵后，还要设置守陵奉祀之官以及禁卫和陵户。

2. 株连："株"，本义树根。根与根间紧密相连，因而"株连"又指一人有罪而牵连他人。株连九族就是一人犯死罪，家族成员与其共同承担刑事责任的刑罚制度，在古代又称为"族"。

3. 御名：古代与皇帝有关的事物前常加"御"字，御名指皇帝名讳。

正 文

纯礼字彝叟以父仲淹荫知陵台令兼永安县永昭陵建京西转运使配木石砖甓及工徒于一路独永安不受令。使者以白陵使韩琦，琦曰："范纯礼岂不知此？将必有说。"他日，众质之，纯礼曰："陵寝皆在邑境，岁时缮治无虚日，今乃与百县均赋，曷若置此，使之奉常时用乎？"琦是其对。还朝，用为三司盐铁判官，以比部员外郎出知遂州。泸南有边事，调度苛棘，纯礼一以静待之，辨其可具者，不取于民。民图像于庐，而奉之如神，名曰"范公庵"。草场火，民情疑怖，守吏惕息俟诛。纯礼曰："草湿则生火，何足怪！"但使密偿之。库吏盗丝多罪至死，纯礼曰："以棼然之丝而杀之，吾不忍也。"听其家趣买以赎，命释其株连者。除户部郎中、京西转运副使。徽宗立，以龙图阁直学士知开封府。前尹以刻深为治，纯礼曰："宽猛相济，圣人之训。方务去前之苛，犹虑未尽，岂有宽为患也？"由是一切以宽处之。中旨鞫享泽村民谋逆，纯礼审其故，此民入戏场观优，归途见匠者作桶，取而戴于首曰："与刘先主如何？"遂为匠擒。明日入对，徽宗问何以处之，对曰："愚人村野无所知，若以叛逆蔽罪，恐辜好生之德。以不应为杖之，足矣。"曰："何以戒后人？"曰："正欲外间知陛下刑宪不滥，足以为训尔。"徽宗从之。纯礼沉毅刚正，曾布惮之，激驸马都尉王诜曰："上欲除君承旨，范右丞不可。"诜怒，会诜馆辽使，纯礼主宴，诜诬其辄斥御名，罢为端明殿学士、知颍昌府，提举崇福宫。崇宁五年，复左朝议大夫，提举鸿庆宫。卒，年七十六。

（节选自《宋史·范纯礼传》）

思 考

下列对原文有关内容的概括和分析，不正确的一项是（　　）。

A. 纯礼敢于抗言，受到韩琦赏识。主管官员分配劳赋不当，他有理有据地提出异议，认为永安县负责陵寝日常维护，不应与各县均等，得到陵使韩琦认同

B. 纯礼关怀下属，处分重在惩戒。他在遂州任上对下属宽厚，草场失火，守吏惶恐等候诛杀，库吏因盗丝将被处死，他均认为罪不至死而采用赔偿的惩处

C. 纯礼鉴察往事，治事去苛从宽。在开封府任上，有村民被误告谋逆，他发现事实并非如此，认为应判杖刑，并以彰显皇上刑罚不滥为由，征得皇上认可

D. 纯礼坚毅刚直，不幸遭人算计。他的正直让曾布恐惧，曾挑唆驸马都尉王诜诬告纯礼，王即借纯礼宴请辽使事构陷纯礼，致使纯礼蒙冤，最终遭到免职

答案：D

解析：D 项中"王即借纯礼宴请辽使事"表述错误。从"诜馆辽使"看，宴请辽使的人是王诜，范纯礼只是"主宴（主持宴会）"。

参考译文

纯礼字彝叟，因为父亲（范）仲淹荫庇，任知陵台令兼永安县令。修建永昭陵（的时候），京西转运使在一路上摊派木石砖甓以及工匠劳役，只有永安县不接受命令。使者把这个事报告给陵使韩琦，韩琦说："范纯礼难道不知道此事吗？一定会有一个说法。"后来，大家质问他，范纯礼说："陵寝都在本县境内，一年四季修缮整治没有停下来的时间，现在却与其他县平均赋役，不如将赋役搁置下来，用它来供奉平时的用度呢。"韩琦认为他的想法是对的。回到朝中，认命他为三司盐铁判官，以比部员外郎身份出任遂州知府。

泸南有边防事务，征调赋税苛刻急迫，范纯礼一概冷静地对待此事，分辨其中可以备办的，不从民间榨取。百姓在房中悬挂他的画像，把他像神仙一样供奉，称为"范公庵"。

草场起火，民心惊慌，守吏惊恐地等着被责罚。范纯礼说："草堆湿了就容易起火，有什么奇怪的！"只是让他们暗中赔偿。库吏偷盗丝绸大多判死罪，范纯礼说："因为纷乱的丝而杀人，我不忍心。"听任库吏的家人立刻花钱买下用来赎罪，命令释放受到牵连的人。（后来）被任命为户部郎中、京西转运副使。徽宗即位，以龙图阁直学士任开封知府。前任府尹治政苛刻严酷，范纯礼说："宽厚和刚猛相互结合，这是圣人的教诲。正应该去除以前的苛刻，还担心做得不够，哪里有因为宽厚造成祸患的道理？"因此一概以宽大处理事务。皇帝圣旨审讯享泽村百姓谋反一事，范纯礼审察其中的原因，原来是这个百姓进入剧场看戏，回来的路上看到工匠制作木桶，就拿来戴在头上说："和刘先主相比怎样？"于是被工匠抓住。第二天入朝应对，宋徽宗问怎样处理，范纯礼回答说："乡村的愚人无知，如果用叛逆定罪，恐怕违背了陛下好生之德，用不应该做这件事的理由杖责他，就足够了。"宋徽宗说："凭这个怎么能使后人为戒呢？"范纯礼说："正是想使外人通过此事知道陛下不滥施刑法，足以作为教训了。"宋徽宗听从了他的建议。

范纯礼沉毅刚正，曾布畏惧他，便去激怒驸马都尉王诜说："皇上想任命你为承旨，范纯礼右丞不同意。"王诜很生气。正值王诜招待辽国使臣，范纯礼主持宴会，王诜污蔑他直称皇上御名，罢免为端明殿学士、颍昌知府、提举崇福宫。崇宁五年，复任左朝议大夫、提举鸿庆宫。去世，终年七十六岁。

（2018 年全国Ⅲ卷）

知识拓展（涕）

女子与氓交好，氓与之相约，秋以为期。思之深矣，泣涕（眼泪）涟涟。后嫁之，遭氓弃，常涕（哭泣）之，夜夜涕（鼻涕）与泪垂。

75　宋史·苏轼传

阅读提示

➢　语言建构与运用

1. 加点字为文段中重、难点字词。
2. 下加______为需要断句的文句。
3. 下加______为需要翻译的文句。

➢　文化传承与理解

1. 主司：泛指各级官府之主管官员。唐朝以后也是对科举考试中主考官之称呼。
2. 当轴：喻官居要职，掌握大权。也指当权者。

正　文

苏轼字子瞻，眉州眉山人。母程氏亲授以书，闻古今成败，辄能语其要。嘉祐二年，试礼部，主司欧阳修惊喜，殿试中乙科，后以书见修，修语梅圣俞曰："吾当避此人出一头地。"洵卒，赠光禄丞。既除丧，还朝，以判官告院，安石创行新法，轼上书论其不便。新政日下，轼于其间，每因法以便民，民赖以安。徙知密州。司农行手实法，不时施行者以违制论。轼谓提举官曰："违制之坐，若自朝廷，谁敢不从？今出于司农，是擅造律也。"提举官惊曰："公姑徐之。"未几，朝廷知法害民，罢之。元祐元年，轼以七品服入侍延和，即赐银绯，迁中书舍人。三年权知礼部贡举会大雪苦寒士坐庭中噤未能言轼宽其禁约使得尽技巡铺内侍每摧辱举子且持暧昧单词诬以为罪轼尽奏逐之。四年，积以论事，为当轴者所恨。轼恐不见容，请外，拜龙图阁学士、知杭州。既至杭，大旱，饥疫并作。轼请于朝，免本路上供米三之一，复得赐度僧牒，易米以救饥者。明年春，又减价粜常平米，多作饘粥药剂，遣使挟医分坊治病，活者甚众。轼曰："杭，水陆之会，疫死比他处常多。"乃裒羡缗得二千，复发橐中黄金五十两，以作病坊，稍畜钱粮待之。徽宗立，更三大赦，遂提举玉局观，复朝奉郎，轼自元祐以来，未尝以岁课乞迁。故官止于此。建中靖国元年，卒于常州。轼师父洵为文，既而得之于天。尝自谓："作文如行云流水，初无定质，但常行于所当行，止于所不可不止。"虽嬉笑怒骂之辞，皆可书而诵之。其体浑涵光芒，雄视百代，有文章以来，盖亦鲜矣。

（节选自《宋史·苏轼传》）

思　考

下列对原文有关内容的概括和分析，不正确的一项是（　　）。

A. 苏轼自幼聪颖，深受时贤赏识。母亲亲自为他授课，他往往能说出要点。欧阳修十分看重他，曾对梅圣俞表示，应当避开此人让他出人头地

B. 苏轼因势利导，利用新法便民。当时王安石创行新法，他上书论其不便；新政下达，他常常设法使这些法令有利于百姓，百姓生活得以安宁

C. 苏轼直面饥疫，解救受灾百姓。他在任职杭州时遭遇旱灾病疫，减免上供米三分之一纾缓灾情；同时又积贮钱粮、建造治病场所以防备疫病

D. 苏轼天赋异禀，为文得心应手。他从父习文，又极具才华，作文如行云流水，行止有度，嬉笑怒骂之辞，皆可书而诵之，最终成为一代文宗

答案：C

解析：不是苏轼减免上供米，而是他向朝廷请求，朝廷减免了三分之一的上供米。

参考译文

苏轼，字子瞻，眉州眉山（今四川省眉山市）人。母亲程氏亲自教授苏轼读书，他听到古今的成败得失，总能说出其中的要害。嘉祐二年，参加礼部的科举考试，主考官欧阳修见到苏轼的文章很惊喜，参加殿试考中了乙科，后来苏轼携书信拜见欧阳修，欧阳修对梅尧臣说："我要避开他，好让他出人头地。"苏洵去世后，朝廷追赠他为光禄丞。苏轼服丧期满，回到朝廷，被任命为判官告院，王安石创立施行新法，苏轼上书评论新法的弊病。新的政令一天天下达，苏轼在任上总是利用新法中对百姓有利的内容造福百姓，百姓们因此生活安定。调任密州。司农下令实施手实法，不按时施行的人按违反国家制度判罪。苏轼对提举官说："违反制度的判罚，如果是出自朝廷，谁敢不听从？如今命令出自司农，这是擅自制定律法。"提举官害怕地说："请您先不要追究这件事。"不久，朝廷知道这个法令危害百姓利益，于是下令废除了它。元祐元年，轼凭七品官的身份入朝在延和殿侍奉皇帝，就赐给他银印红绶，升迁为中书舍人。元祐三年，暂代知礼部贡举。正逢大雪严寒，士子们坐在庭院中，颤抖地不能说话。苏轼放宽他们的禁约，使他们能尽量发挥。巡视考场的宦官常侮辱应试士人，而且抓住意义暧昧的个别词语，诬陷为罪状，苏轼把这些宦官都奏请驱逐。元祐四年，因积累了一些议论政事的话，被当权的人所恨。苏轼怕不被他们所容忍，请求调到外地，任龙图阁学士、杭州知州。苏轼到杭州后，遇上大旱，饥荒和瘟疫并发。苏轼向朝廷请求，免去本路上供米的三分之一，又得赐予剃度僧人的牒文，用以换取米来救济饥饿的人。第二年春天，又减价出售常平仓的米，做了很多粥和药剂，派人带着医生到各街巷治病，救活的人很多。苏轼说："杭州是水陆交通的要地，得疫病死的人比别处常要多些。"于是收集多余的钱二千缗，又拿出自己囊中黄金五十两，建造治病场所，渐渐积贮钱粮来防备疫病。徽宗即位，又经历三次大赦，于是提举玉局观，恢复朝奉郎的官职。苏轼从元祐以来，从未因每年考核政绩请求升迁。所以官职就停留在这里。建中靖国元年，在常州去世。苏轼师从父亲苏洵学习写文

章，又得之于天资。（苏轼）曾经自己说："写文章如同行云流水，本来就没有一定的格式，仅是常要在该说的地方就说，在不能不停止的地方一定要停止。"即使是嬉笑怒骂的话，都可以写成文章诵读。他的文章博大深沉、光辉灿烂，称雄百代，自从有文章以来，也属少有。

（2020 年全国 I 卷）

知识拓展（涉）

陶渊明自涉（进入）仕途，犹入樊笼，遂辞官归家。日涉（散步）园庭以怡情，且常驾车以游。一日，遇水，下车徒步涉（渡水）水，不觉快哉。

76 宋史·许将传

阅读提示

➢ 语言建构与运用

1. 加点字为文段中重、难点字词。
2. 下加_____为需要断句的文句。
3. 下加_____为需要翻译的文句。

➢ 文化传承与理解

1. 岁聘：古代诸侯每年派遣使者朝见天子。本文指国与国之间的遣使访问。
2. 状元：我国古代科举中的一种称号，指在最高级别的殿试中考取进士获得第一名的人。
3. 上元：我国传统节日，即农历正月十五日元宵节，是春节后第一个重要节日，主要习俗是观灯、猜灯谜、吃元宵，又称"灯节"。
4. 告老：本指古代官员因年老辞去职务，有时也是官员因故辞职的一种借口。

正 文

许将字冲元，福州闽人。举进士第一。神宗召对，除集贤校理、同知礼院，编修中书条例。初选人调拟先南曹次考功综核无法吏得缘文为奸选者又不得诉长吏将奏罢南曹辟公舍以待来诉者士无留难。契丹以兵二十万压代州境，遣使请代地，岁聘之使不敢行，以命将。将入对曰："臣备位侍从，朝廷大议不容不知。万一北人言及代州事，不有以折之，则伤国体。"

遂命将诣枢密院阅文书。及至北境，居人跨屋栋聚观，曰："看南朝状元。"及肄射，将先破的。契丹使萧禧馆客，禧果以代州为问，将随问随答。禧又曰："界渠未定，顾和好体重，吾且往大国分画矣。"将曰："此事，申饬边臣岂不可，何以使为？"禧惭不能对。归报，神宗善之。明年，知秦州，又改郓州。上元张灯，吏籍为盗者系狱，将曰："是绝其自新之路也。"悉纵遣之，自是民无一人犯法，三圄皆空。父老叹曰："自王沂公后五十六年，始再见狱空耳。"郓俗士子喜聚肆以谤官政，将虽弗禁，其俗自息。召为兵部侍郎。上疏言："治兵有制，名虽不同，从而横之，方而圆之，使万众尤一人。"及西方用兵，神宗遣近侍问兵马之数，将立具上之；明日，访枢臣，不能对也。绍圣初，入为吏部尚书。章惇为相，与蔡卞同肆罗织，贬谪元祐诸臣，奏发司马光墓。哲宗以问将，对曰："发人之墓，非盛德事。"知颍昌府，移大名，在大名六年，数告老，召为佑神观使。政和初，卒，年七十五。赠开府仪同三司，谥曰文定。

（节选自《宋史·许将列传》）

思　考

下列对原文有关内容的概括和分析，不正确的一项是（　　）。

A. 许将初至北境，尽灭契丹威风。他入仕不久，取代岁聘使前往代州，契丹想要宋朝割让代州，蓄意挑衅。他坚决予以反击，使对方未占得便宜而返回

B. 许将善于治理，境内牢狱皆空。他在郓州任上，因治理得法，当地没有犯法之人。当地士人爱好议论官政，他未加禁止，而是宽松应对，此俗自然止息

C. 许将任职兵部，熟悉兵部事务。他担任兵部侍郎时上疏提出，治兵之道在于灵活用兵，才能做到万众犹如一人。神宗问及兵马之数，他也能做出回答

D. 许将秉持公正，反对无德之举。其时司马光已去世，却受到朝廷权臣的不公平对待，当皇上征询许将对此事的意见时，他回答说这一做法是不道德的

答案：A

解析：A 项中"入仕不久"于原文中没有依据。

参考译文

许将，字冲元，福州闽县人，考取进士科第一名。神宗召他入对，任命他为集贤院校理、同知礼院，编修中书省条例。当初，选拔拟定调动人才，先要经过南曹，接着是考功。综合考察没有法度，官吏得以根据文书私下改动，被选拔的人又不能向上级官吏诉说。许将上奏罢免南曹，开设公堂来接待前来上诉的人，士人没有被留难的。契丹以二十万的兵力逼近代州边境，派遣使者索求代州的土地。朝廷派遣的使者不敢去，就任命许将去。许将入朝对答说："我处在侍从的职位，朝廷的重要决定不能不知道。万一契丹谈到代州的事情，没有用来

驳斥他们的，就会伤害国家大体。”于是命令许将到枢密院查阅文书。等到了契丹境内，当地居民骑在房梁上聚众观看，说道：“看看南朝的状元。”等到练习射箭，许将先射中箭靶。契丹派萧禧款待客人许将，萧禧果然拿代州来提问。许将随问随答。萧禧又说：“界线没有定下来，以和好两国国体为重，我将到贵国去进行划分。”许将说：“这件事情，指示（命令）守边的大臣去做难道还不行吗？为何还要出使呢？”萧禧羞愧不能回答。许将回朝报告，神宗认为他做得很好。第二年，许将知秦州，又改知郓州。元宵节点灯，官吏登记那些偷盗的人把他们投入狱中，许将说：“这就断绝了他们改过自新的路了。”都把他们释放。从此百姓没有一个人犯法，监狱都空了。父老感叹道：“从王沂公之后五十六年，才又看到监狱空了。”郓州的风俗是士子喜欢聚集坊间来议论官府政令。许将虽然没有禁止，但他们的风俗自动改变。许将被召任兵部侍郎。上疏说：“治理军队有制度规范，名称虽然不同，有时纵有时横，有时方有时圆，才能让万众像一人一样。”等到对西夏用兵时，神宗派侍从向他询问兵马的数量，许将立即详细向皇上奏报；第二天，皇上询问枢密大臣，却回答不上来。绍圣初年，入朝任吏部尚书。章惇任宰相，和蔡卞一同大肆（恣意）编造罪名（诬陷），贬谪元祐时的大臣们，奏请挖开司马光的墓。哲宗以这件事问许将，许将回答说：“挖别人的墓，不是盛德的人所做的事。”知颍昌府，移知大名府。在大名六年，多次请求告老回乡，被召为佑神观使。政和初年去世，年七十五岁。追赠开府仪同三司，谥号“文定”。

（2017 年新课标Ⅲ卷）

知识拓展（书）

班固投笔从戎，常秉烛读书（书籍）。逢战事，常以书（书信）书（书写）思家之苦。

77　宋史·何灌传

阅读提示

➢　语言建构与运用

1. 加点字为文段中重、难点字词。
2. 下加_____为需要断句的文句。
3. 下加_____为需要翻译的文句。

➢　文化传承与理解

1. 经略使：中国古代地区军政长官。宋代在西北、西南边境地区曾设置经略使，但不常置。

2. 路：宋、金、元时行政区划名。宋朝最高行政区划是“路”，相当于明清的省。

正 文

何灌，字仲源，开封祥符人。武选登第，为河东从事。经略使韩缜语之曰：“君奇士也，他日当据吾坐。”为府州、火山军巡检。辽人常越境而汲，灌亲申画界堠，遏其来，忿而举兵犯我。灌迎高射之发辄中或著崖石皆没镞敌惊以为神逡巡敛去。后三十年，契丹萧太师与灌会，道曩事，数何巡检神射，灌曰：“即灌是也。”萧矍然起拜。为河东将，与夏人遇，铁骑来追，灌射皆彻甲，至洞胸出背，叠贯后骑，羌惧而引却。张康国荐于徽宗，召对，问西北边事，以笏画御榻，指坐衣花纹为形势。帝曰：“敌在吾目中矣。” 提点河东刑狱，迁西上阁门使、领威州刺史、知沧州。以治城郭功，转引进使。诏运粟三十万石于并塞三州，灌言：“水浅不胜舟，陆当用车八千乘，沿边方登麦，愿以运费增价就籴之。”奏上，报可。未几，知岷州，引邈川水溉间田千顷，湟人号广利渠。徙河州，复守岷，提举熙河兰湟弓箭手。入言：“若先葺渠引水，使田不病旱，则人乐应募，而射士之额足矣。”从之。甫半岁，得善田二万六千顷，募士七千四百人，为他路最。陪辽使射玉津园，一发破的，再发则否。客曰：“太尉不能耶？”曰：“非也，以礼让客耳。”整弓复中之，观者诵叹，帝亲赐酒劳之。迁步军都虞候。金师南下，悉出禁旅付梁方平守黎阳。靖康元年正月二日，次滑州，方平南奔，灌亦望风迎溃。黄河南岸无一人御敌，金师遂直叩京城。灌至，乞入见，不许，而令控守西隅。背城拒战凡三日，被创，没于阵，年六十二。

（节选自《宋史·何灌传》）

思 考

下列对原文有关内容的概括和分析，不正确的一项是（　　）。

A. 何灌有军事才能，射技震惊契丹。经略使韩缜极为赏识他，认为终将取代自己；在守边时，何灌大显神威，以致三十年后提及往事契丹太师都惊恐起拜

B. 何灌深谙西北边事，受到徽宗赞许。他任河东将时奋勇击退外敌，经举荐得到徽宗召问，他用笏板指画以助讲解，形象生动，徽宗很快明白了边战形势

C. 何灌善于治理政务，举措得到皇上认可。为完成运粮任务，他建议将水运改为陆运；在招募射士时，又提出修渠引水，兴造良田，使剩余劳力乐于应募

D. 何灌力守京城，拒不降敌，不幸阵亡。金兵南下，梁方平弃城逃遁，何灌阻止溃退未成；金兵长驱直下，逼近京城，何灌领命背城抗敌三日，受伤战死

答案：D
解析：D 项中何灌没有阻止溃退，而是望风溃败。

参考译文

何灌，字仲源，开封祥符人。何灌因为武选登第，做河东路从事。河东经略使韩缜对他说："您是个奇才，将来总有一天会坐上我今天的座位。"后来何灌担任府州、火山军巡检的军职，辽国人经常越境来取水，何灌亲自划定边界，阻止他们越境过来取水，辽国人愤怒地带领兵马犯境。何灌朝着山崖向上射箭，每射必中，有的箭头都射到山石里面去了，辽军吃惊地把他当成是神人，悄悄地退去了。大约过了三十年，契丹的萧太师与何灌相遇，说起了过去的事，历数道何巡检好箭法。何灌说："那就是我啊。"萧太师肃然起敬忙向何灌行礼。何灌随后做河东将，与西夏军队相遇，敌人的骑兵追了过来，何灌射出的箭都能射穿敌人的铠甲，从胸前射进去，从背后洞穿，再射中后面的敌人，西夏人非常害怕地退走了。张康国把何灌向徽宗推荐，徽宗召见了他回话，询问起西北边境的敌我态势，何灌用笏板在御榻上指画，指着衣服上的花纹作为敌我态势（来向皇帝讲解）。皇帝说："敌人都在我的眼里了。"后来何灌官升提点河东刑狱，迁西上阁门使、领威州刺史、知沧州。因为治理城郭有功，转任引进使。当时皇帝命令运送粮三十万石到并塞三州。何灌说："河水太浅不能走水路，如果用陆路运输要用马车八千乘，工作量太大。这时沿边麦子正熟，可以用运输粮草的费用就地加价收购麦子。"奏了上去，朝廷应允了。过不多久，何灌又被任命知岷州，凿引邈川水灌溉了数千顷偏僻的田地，河湟一带的人民把它叫作广利渠。后来平调到河州，不久又回到岷州，提举熙河兰湟弓箭手。何灌向朝廷进言："如果先修缮水渠引水，使耕地不受到旱灾的损害，那么百姓就乐于参加招募，而所需的弓箭手的名额就能够招足了。"朝廷听从了何灌的建议。不用半年，就改善了耕地质量二万六千顷，招募到了七千四百青壮弓箭手，是当时西北几路最成功的。一次，何灌陪辽使在玉津园射箭，一发命中箭靶，再次发射却没有射中。客人说："太尉不行了吗？"何灌答道："不是，我只是出于礼节让让你。"整理弓箭再次射中靶心，观看的人赞叹，皇上亲自赐酒犒劳他。随后升侍卫步军都虞候。金兵南下，朝廷把全部的禁军都交付给梁方平镇守黎阳。靖康元年正月二日，金兵驻扎在滑州，梁方平向南逃跑，何灌亦望风溃败。黄河南岸没有一个人能抵御敌人，金师于是直接攻打京城。何灌来到，请求入见，皇上不允许，而命令他把守西部边角。何灌背靠城池抗拒，总共和敌人作战了三天，受到创伤，死在阵地上，终年六十二岁。

（2011 年全国新课标卷 I）

知识拓展（私）

李白与高力士有隙，玄宗之妃杨玉环私（偏爱）力士，力士请驱李白。李白之友闻之，夜私（私下）见白告之。白曰："无妨，先国家之急而后私（私人的，个人的）仇也。"

78　宋史·孙傅传

阅读提示

➢　语言建构与运用

1. 加点字为文段中重、难点字词。
2. 下加____为需要断句的文句。
3. 下加____为需要翻译的文句。

➢　文化传承与理解

1. 礼部：中国古代官署。南北朝北周始设，隋唐为六部之一，历代相沿。长官为礼部尚书。职掌考吉、嘉、军、宾、凶五礼之用，管理全国学校事务、科举考试及藩属和外国之往来事。

2. 太子傅：太子少傅的省称。又为东宫官，或有兼职，常用作迁转官阶，秩从二品。

正　文

孙傅字伯野，海州人，登进士第，为礼部员外郎。时蔡翛为尚书，傅为言天下事，劝其亟有所更，不然必败。翛不能用。迁至中书舍人。宣和末高丽人贡使者所过调夫治舟骚然烦费傅言索民力以妨农功而于中国无丝毫之益宰相谓其所论同苏轼奏贬蕲州安置。给事中许翰以为傅论议虽偶与轼合，意亦亡他，以职论事而责之过矣，翰亦罢去。靖康元年，召为给事中，进兵部尚书。上章乞复祖宗法度，钦宗问之，傅曰："祖宗法惠民，熙、丰法惠国，崇、观法惠奸。"时谓名言。十一月，拜尚书右丞，俄改同知枢密院，金人围都城，傅日夜亲当矢石。金兵分四翼噪而前，兵败退，堕于护龙河，填尸皆满，城门急闭。是日，金人遂登城。二年正月，钦宗诣金帅营，以傅辅太子留守，仍兼少傅，帝兼旬不返，傅屡贻书请之。及废立檄至，傅大恸曰："吾唯知吾君可帝中国尔，苟立异姓，吾当死之。"金人来索太上、帝后、诸王、妃主，傅留太子不遣。密谋匿之民间，别求状类宦者二人杀之，并斩十数死囚，持首送之，绐金人曰："宦者欲窃太子出，都人争斗杀之，误伤太子。因帅兵讨定，斩其为乱者以献，苟不已，则以死继之。"越五日，无肯承其事者，傅曰："吾为太子傅，当同生死。金人虽不吾索，吾当与之俱行，求见二酋面责之，庶或万一可济。"遂从太子出。金守门者曰："所欲得太子，留守何预？"傅曰："我宋之大臣，且太子傅也，当死从。"是夕，宿门下，明日，金人召之去。明年二月，死于朔廷，绍兴中，赠开府仪同三司，谥曰忠定。

（节选自《宋史·孙傅传》）

思　考

下列原文有关内容的概括和分析，不正确的一项是（　　）。

A. 孙傅入仕以后，积极向上建言，他担任礼部员外郎，对尚书蔡翛纵论天下大事，劝蔡迅速有所更变，否则必将失败，可惜他的建议没有被采纳

B. 孙傅上奏，请求恢复祖宗法度。他任兵部尚书后，从效用角度高度评价祖宗法度和熙、丰年间的法度，批评崇、观年间的法度，受到时人赞许

C. 孙傅不畏金人，努力保全太子，金人掳走钦宗后又索求太子，他密谋藏匿太子，杀二宦者将首级送至金营，欺骗金人说，这就是误伤太子之人

D. 孙傅舍生取义，死后谥为忠定，太子被迫至金营，孙傅前往，却受到守门者劝阻，他表示身为太子傅，应誓死跟从太子，后被金人召去，死于北廷

答案：C

解析：C 项中“杀二宦者”错。原文中说的是“别求状类宦者二人杀之”，意思是“另外找了两个像宦官的人杀死”，也就是说是两个像宦官的人，而不是宦官。

参考译文

孙傅，字伯野，是海州人，考中了进士。担任礼部员外郎一职。当时蔡翛是尚书，孙傅给他陈述天下的事情，劝告他要立即有所变更，不这样的话一定会失败。蔡翛没有采用他的话。升到中书舍人。宣和末年，高丽人入朝进贡，使者经过的地方，征调民夫整治舟船，骚动混乱，大量耗费。孙傅说：“索求民力以至于妨害了农业生产，这样对于中原地区没有一点好处。”宰相认为他说的和苏轼的话相同，就上奏皇帝把他贬为蕲州安置。给事中许翰认为孙傅的言论虽然偶尔与苏轼的相合，本意也没有别的，只是就职论事责备的有点过头而已。许翰也被罢职离开。靖康元年，朝廷征召孙傅担任给事中，晋升为兵部尚书。他上奏章请求恢复祖宗的法令制度，钦宗问他原因，他说：“祖宗的法令能让百姓受惠，熙宁、元丰年间的法令使国家受惠，崇宁、大观年间的法令使奸人得到好处。”当时的人认为他说的是至理名言。靖康十一月，被任命为尚书右丞，不久又改任为枢密院同知，金人包围了都城，孙傅日夜亲自抵挡箭石。金兵分四面鼓噪着前进，宋兵败退，掉到了护龙河中，尸首都把护龙河填满了，城门急忙紧闭。于是这一天，金人占领了都城。靖康二年正月，钦宗到金国大帅的营帐求和，让孙傅辅佐太子留守都城，依然兼任少傅，二十天了皇帝也没有返回。孙傅多次写信请求金国送还皇帝。等到废钦宗立金人的文书到达，孙傅非常悲痛地说：“我只知道只有我们的君主能做中国的皇帝，如果立异姓人做皇帝，我就为此而死。”金人来索求太上皇、皇帝皇后、诸位王爷、嫔妃。孙傅留下了太子不遣送。秘密地谋划着把太子藏到民间，另外找到了像宦官的两个人杀了他们，并杀了几十个死囚，带着他们的首级送给了金人，对金人说：“宦官想要私下里让太子出城，城门口的人互相争斗杀了他们，误伤了太子。于是我率兵讨伐平定，杀死作乱的人献过来。如果不停止索求，太子就会自杀。”过了五天，没有人肯承担这件事情，

孙傅说：“我是太子的老师，应当和太子一同生死。金人虽然不索取我本人，我也应当跟太子一起去，求见两位酋长当面谴责我们，或者还有可能成功。”于是跟从太子一起前往。守门的人说：“金人想要的是太子，留守你参与什么？”孙傅说：“我是宋朝的大臣，又是太子的老师，应当誓死相随。”这一天晚上，留宿在城门下，第二天，被金人召去。第二年二月，死在北廷。绍兴年间，追赠他为开府仪同三司，谥号忠定。

（2015年新课标全国卷Ⅰ）

知识拓展（素）

刘兰芝素（向来）与人交好，十三能织素（白色的绢），后嫁仲卿，着素（质朴，不加装饰）衣，人皆爱之。焦母厌之，以为其尸位素（白白地）餐，常令其劳作不息。

79 宋史·廖刚传

阅读提示

➢ 语言建构与运用

1. 加点字为文段中重、难点字词。
2. 下加____为需要断句的文句。
3. 下加____为需要翻译的文句。

➢ 文化传承与理解

1. 致仕：古代官员正常退休，有疾患则提前。古人还常用致事、致政、休致等名称，盖指官员辞职归家。官员以何官称致仕，致仕后的俸禄数目及是否朝见等待遇，与其原官品、功绩及皇帝的恩宠程度有关。

2. 监察御史：官名，隋开皇二年（582 年）始设，改检校御史为监察御史。唐御史台分为三院，监察御史属察院，品秩不高而权限广。监察御史分道负责，因而分别冠以某某道地名。

3. 绍兴：南宋高宗赵构所使用的第二个年号。绍兴年间指的是公元 1131 年至 1162 年，共计 32 年。

正　文

廖刚字用中，南剑州顺昌人。宣和初，自漳州司录除国子录，擢监察御史。时蔡京当国，刚论奏无所避。以亲老求补外，出知兴化军。钦宗即位，以右正言召。丁父忧，服阕，除工部员外郎，以母疾辞。绍兴元年，盗起旁郡，官吏悉逃去，顺昌民以刚为命。刚喻从盗者使反业，既而他盗入顺昌，部使者檄刚抚定。刚遣长子迟喻贼，贼知刚父子有信义，亦散去。寻召为吏部员外郎，言："古者天子必有亲兵自将所以备不虞而强主威愿稽旧制选精锐为亲兵居则以为卫动则以为中军此强干弱枝之道"又言："国家艰难已极，今方图新，若会稽诚非久驻之地。请经营建康，亲拥六师往为固守计，以杜金人窥伺之意。"丁母忧，服阕，复拜给事中。刚言："国不可一日无兵，兵不可一日无食。今诸将之兵备江、淮，不知几万，初无储蓄，日待哺于东南之转饷，浙民已困，欲救此患莫若屯田。"因献三说，将校有能射耕，当加优赏，每耕田一顷，与转一资，百姓愿耕，假以粮种，复以租赋。上令都督府措置。时朝廷推究章惇、蔡卞误国之罪，追贬其身，仍诏子孙毋得官中朝。至是章杰自崇道观知婺州，章仅自太府丞提举江东茶盐事。刚封还诏书，谓即如此，何以示惩，乃并与祠。时徽宗已崩，上遇朔望犹率群臣遥拜渊圣，刚言："礼有隆杀，兄为君则君之，己为君则兄之可也。望勉抑圣心，但岁时行家人礼于内庭。"从之。郑亿年与秦桧有连而得美官，刚显疏其恶，桧衔之。金人叛盟，刚乞起旧相之有德望者，处以近藩，桧闻之曰："是欲置我何地耶？"改工部尚书，而以王次翁为中丞。初，边报至，从官会都堂，刚谓亿年曰："公以百口保金人，今已背约，有何面目尚在朝廷乎？"亿年奉祠去。明年致仕。以绍兴十三年卒。

（节选自《宋史·廖刚传》）

思　考

下列对原文有关内容的分析和概括，不正确的一项是（　　）。

A. 廖刚是南剑州人，任监察御史时正值蔡京当权。他敢于直言，奏事议论无所避忌。又很孝顺双亲，以亲老求往地方任职，父亲去世后又因母亲病辞任工部员外郎

B. 廖刚认为古代天子亲自率军，是为防备不测增强主威。当今也应精选亲兵，平时守卫，战时打仗。他又认为，当前国家危难，应率军往建康固守，防备金人入侵

C. 廖刚提出国不可一日无兵，兵不可一日无食，如今储将率领部队布于江淮之间，人多粮少，因而要重耕战、行屯田，将校若既能打仗又能种田，应当给以优待

D. 廖刚敢于直言，郑亿年因秦桧的关系而得美官，廖刚上疏奏其恶行，秦桧因此忌恨廖刚。金人叛盟，廖刚起用有德望的旧相，以遏制秦桧，又引起秦桧的强烈不满

答案：D

解析：D 项中廖刚乞求起用"有德望的旧相"，并不是为了"遏制秦桧"，而是为了巩固边防。

参考译文

廖刚，字用中，是南剑州顺昌人。宣和初年，从漳州司录授国子录，升监察御史。当时蔡京掌权，廖刚论奏无所顾忌。因双亲年老要求补授地方官，出朝为兴化军知军。钦宗即位，以右正言召回。父亲去世服丧，服丧期满，授工部员外郎，因母亲有病推辞不受。绍兴元年，邻州出现了盗贼，官吏全都逃走，顺昌人听廖刚的命令。廖刚规劝跟随盗贼的人回来就业，接着其他盗贼进入顺昌，路监司下令廖刚安抚平定。廖刚派长子廖迟规劝盗贼，盗贼知道廖刚父子有信义，也都散去。不久召任吏部员外郎，他进谏说："古代天子一定有亲兵自己率领，用来防备意外并加强君主的威势，希望考核旧制，挑选精锐为亲兵，平常作为防御，行动时作为中军，这是强干弱枝之法。"又进谏说："国家艰难已达到顶点，现在正要图谋革新，像会稽这样的地方确实不是可以长久停留的。请营建建康，亲率六军前往作为固守的计策。以杜绝金人有攻占的想法。"母亲去世服丧，服丧期满，重新为给事中。廖刚进谏说："国家不能一天没有军队，军队不能一天没有粮食。现在众将的军队防守江、淮，不知几万人，本来就没有储蓄，每天等待东南运来的粮饷开饭，浙民已经贫乏，想除去这个忧患不如屯田。"于是献上三说，将校有能射猎耕种的，应当给予优厚的奖赏，每耕田一顷，给他升一级武阶；百姓愿意耕种的，借给他们粮种，用租赋偿还。皇上命令都督府安排这件事。当时朝廷追究章惇、蔡卞误国之罪，追贬他们，又下诏其子孙不得在朝中做官。到这时章杰从崇道观任婺州知州，章仅从太府丞提举江东茶盐事。廖刚密封交还诏书，认为这样做怎么来表示惩戒？于是一并给予祠禄官。当时徽宗已经去世，皇上遇到初一十五还率领群臣遥拜渊圣，廖刚进谏说："礼有厚薄，哥哥为君就用君礼对他，自己为国君时用兄长礼对待他就可以了。希望抑制圣心，只要逢年过节在内廷行家人礼就可以了。"皇上听从了。郑亿年因与秦桧关系亲密而得到美官，廖刚上疏直接揭发他的恶行，秦桧恨廖刚。金人背叛盟约，廖刚请求起用德高望重的旧相，安排到近藩，秦桧知道后说："这是想把我放到什么地方呢？"改授工部尚书，而以王次翁为御史中丞。当初，边报到时，从官聚集在都堂，廖刚对郑亿年说："你用全家百口人性命保证金人不背叛，现在金人已经背叛盟约，还有什么面目待在朝廷呢？"郑亿年为祠禄官而离朝。廖刚第二年退休，绍兴十三年去世。

（2008 年全国I卷）

知识拓展（数）

庄宗独喜伶人。欲战，数（屡次）令伶人察国之财，方知钱财之数（数目）少矣。于是休养生息，令数（密，细密）罟不入洿池。国力渐富，出征，兵卒百万，艨艟斗舰乃以千数（计算）。久攻不下，累耗百姓数（几）年之产，终败北。后人叹曰："事皆有其数（规律），惜庄宗未知。若庄宗知之，则胜负之数（天数，命运），未能易量。"

80 宋史·王安中传

阅读提示

➢ 语言建构与运用

1. 加点字为文段中重、难点字词。
2. 下加____为需要断句的文句。
3. 下加____为需要翻译的文句。

➢ 文化传承与理解

1. 方士：又称方术士，信仰谶纬学说，擅长祭拜鬼神，炼丹长生，也称法术之士。在周朝被赐予同名官职，兼管刑狱。后泛指从事医、卜、星、相类职业的人。

2. 四六之制：即骈文，因其字句皆成对偶而得名，其中以四字六字与四字六字相对为基本句法者，别称四六文。并讲究声律的调谐、用字的绮丽、词汇的对偶和用典。

正 文

王安中字履道，中山阳曲人。进士及第，历秘书省著作郎。政和间，天下争言瑞应，廷臣辄笺表贺，徽宗观所作，称为奇才。他日，特出制诏三题使具草，立就，上即草后批："可中书舍人。"未几，自秘书少监除中书舍人，擢御史中丞。开封逻卒夜迹盗盗脱去民有惊出与卒遇缚以为盗民讼诸府不胜考掠之惨遂诬服安中廉知之按得冤状即出民抵吏罪。时上方乡神仙之事，蔡京引方士王仔昔以妖术见，朝臣戚里寅缘关通。安中疏请自今招延山林道术之士，当责所属保任；并言京欺君僭上、蠹国害民数事。上悚然纳之。已而再疏京罪，上曰："本欲即行卿章，以近天宁节，俟过此，当为卿罢京。"京伺知之，大惧，其子攸日夕侍禁中，泣拜恳祈。上为迁安中翰林学士，又迁承旨。宣和元年，拜尚书右丞；三年，为左丞。金人来归燕，谋帅臣，安中请行。王黼赞于上，授庆远军节度使、河北河东燕山府路宣抚使、知燕山府，辽降将郭药师同知府事。药师跋扈，府事皆专行，安中不能制，第曲意奉之，故药师愈骄。靖康初，言者论其缔合王黼、童贯及不几察郭药师叛命，罢为观文殿大学士、提举嵩山崇福宫；又责授朝议大夫、秘书少监、分司南京，随州居住；又贬单州团练副使，象州安置。高宗即位，内徙道州，寻放自便。绍兴初，复左中大夫。子辟章知泉州，迎安中往，未几卒，年五十九。安中为文丰润敏拔，尤工四六之制。徽宗尝宴睿谟殿，命安中赋诗百韵以纪其事。诗成，赏叹不已，令大书于殿屏，凡侍臣皆以副本赐之。其见重如此。

（节选自《宋史·王安中传》）

思　考

下列对原文有关内容的概括和分析，不正确的一项是（　　）。

A. 王安中进士出身，具有敏捷才思。他随众向朝廷表贺瑞应，徽宗称他为奇才，又出题专门考查，随即任命他为中书舍人，不久又擢升为御史中丞

B. 王安中弹劾蔡京，得到皇上采纳。蔡京投皇上所好，引荐道术之士，扰乱朝廷，他陈奏蔡京之罪，要求惩治，蔡京恐惧，其子蔡攸也哭请皇上宽恕

C. 王安中外放任职，仕途屡遭坎坷。金人前来归顺，他自请燕山府任职，与辽降将郭药师共事；靖康初，因此前的行事备受指责，仕途随之沉浮不定

D. 王安中诗文兼擅，受到皇上器重。他极有文采，为文厚实脱俗，曾受命赋诗百韵以纪盛宴，徽宗高度赞扬，下令书于大殿屏风，将副本赐给侍臣

答案：C

解析：C 项中金人来归还土地，并不是归顺；燕山任职是因为他人上书称赞，而不是他自请任职。

参考译文

王安中，字履道，中山阳曲人。考中进士，历任秘书省著作郎。政和年间，天下人争相议论祥瑞，朝廷大臣动辄上表称贺，徽宗看了王安中的上表，称他为奇才。后来有一天，徽宗特地拿出三封诏令让他草拟，安中马上写成，皇上就在他的草稿后批道："可任中书舍人。"不久，从秘书少监授任中书舍人，提升为御史中丞。开封巡逻的士卒晚上捉拿盗贼，盗贼逃走，有个百姓受惊出门与士卒相遇，士卒把他当作盗贼绑起来；百姓到开封府申诉，受不住残酷的拷打，于是屈服认罪。安中审察后得知实情，审理冤屈，立即放走这个百姓，让官吏抵罪。当时皇上正向往神仙之事，蔡京因为方士王仔昔有妖术向皇上引见了他，朝廷大臣及外戚们都结交关照他。安中上疏请求从今召用山野道士，应当责令引见人担保，并且陈述蔡京欺君僭上、祸国害民的几件事。皇上惊觉地采纳了他的意见。不久再次上疏指责蔡京的罪行，皇上说："本来打算马上实行你的上奏请求，因为接近天宁节，等过了此节，一定为你罢免蔡京。"蔡京探察得知，非常害怕，他的儿子蔡攸日夜在宫中侍从，向皇上哭诉恳求。皇上因此升迁安中为翰林学士，又升他为学士承旨。宣和元年，授任尚书右丞；宣和三年，任左丞。金人来归还燕山旧地，朝廷谋求帅臣，安中请求前往。王黼向皇上赞誉他，皇上授任他为庆远军节度使、河北山东燕山府路宣抚使、知燕山府，辽国降将郭药师任同知府事。药师骄横，府中政事都专断独行，安中无法制止，于是曲意逢迎他，因此药师越发骄横。

靖康初年，谏官弹劾他勾结王黼、童贯以及不纠察郭药师违反朝命，安中被罢贬为观文殿大学士、提举嵩山崇福宫；又被贬任为朝议大夫、秘书少监，分司南京，在随州居住；又被贬为单州团练副使，在象州安置。高宗即位，把他迁到内地道州，不久放逐他让他自便。绍兴初年，复任左中大夫。其子王辟章任泉州知州，迎接安中前往，不久去世，终年五十九岁。安中做文章丰润敏捷出类拔萃，尤其擅长四六文体。徽宗曾经在睿谟殿举行宴会，命令

安中赋百韵诗以记其事。诗写成后，徽宗欣赏赞叹不已，命令大字书写在殿屏上，凡是侍臣都用副本赏赐之。他被皇帝看重就像这样。

（2020 年全国Ⅱ卷）

知识拓展（胜）

一男才貌俱佳，官至三品，陡遭人妒，被贬。心忧而饮酒，不胜（能承受）杯杓。至胜（优美）地，仍不能胜（战胜）心魔，遂发愤，立志定当胜（超过）于前时。无奈天不遂人意，其人余生仍屡受挫折，其心之愤，何可胜（尽，完）道也哉！

81 宋史·朱昭传

阅读提示

➢ 语言建构与运用

1. 加点字为文段中重、难点字词。
2. 下加＿＿为需要断句的文句。
3. 下加＿＿为需要翻译的文句。

➢ 文化传承与理解

1. 内禅：古代实行的一种君位传承制度，与“外禅”对应。在世袭制王朝下，君主将君位禅让与其家族里的人，称“内禅”。
2. 陴：城上的矮墙。亦称“女墙”；俗称城垛子。
3. 披襟：敞开衣襟，多喻舒畅心怀。亦作“披衿”，犹披心，谓推诚相与。

正 文

朱昭字彦明，府谷人。以效用进，累官秉义郎，浮湛班行，不自表异。宣和末，为震威城兵马监押，摄知城事。金兵内侵，夏人乘虚尽取河外诸城镇。震威距府州三百里，最为孤绝。昭率老幼婴城，敌攻之力，昭募骁锐兵卒千余人，与约曰：“贼知城中虚实，有轻我心，若出不意攻之，可一鼓而溃。”于是夜缒兵出，薄其营，果惊乱，城上鼓噪乘之，杀获甚众。夏人设木鹅梯冲以临城，飞矢雨激，卒不能施，然昼夜进攻不止。其酋悟儿思齐介胄来，以毡盾自蔽，邀昭计事。昭常服登陴，披襟问曰：“彼何人，乃尔不武！欲见我，我在此，将有何事？”思齐却盾而前，数宋朝失信，曰：“大金约我夹攻京师，为城下之盟，画河为界；太原旦暮且下，麟府诸垒悉已归我，公何恃而不降？”昭曰：“上皇知奸邪误国改过不吝已行内禅今天子圣政一新矣汝独未知邪？”乃取传禅诏赦宣读之，众愕眙，服其勇辩。是时，诸城降者多，昭故人从旁语曰：“天下事已矣，忠安所施？”昭叱曰：“汝辈背义偷生，不异犬彘，尚敢以言诱我乎？我唯有死耳!”因大骂引弓射之，众走。凡被围四日，城多圮坏，昭以智补御，皆合法，然不可复支。昭退坐厅事，召诸校谓曰：“城且破，妻子不可为贼污，幸先戕我家而背城死战，胜则东向图大功，不胜则暴骨境内，大丈夫一生之事毕矣。”部落子有阴与贼通者，告之曰：“朱昭与其徒将出战，人虽少，皆死士也。”贼大惧，以利啖守兵，得登城。昭勒众于通衢接战，自暮达旦，尸填街不可行。昭跃马从缺城出，马蹶坠堑，贼欢曰：“得朱将军矣!”欲生致之。昭瞋目仗剑，无一敢前，旋中矢而死，年四十六。

（节选自《宋史·朱昭传》）

思　考

下列对原文有关内容的分析和概括，不正确的一项是（　　）。

A. 朱昭凭着功绩官至秉义郎，他顺从时俗，不刻意地表现自己。在震威期间，夏人乘虚入侵，他招募千余勇猛精锐士卒，夜缒出城，乘势杀敌，获得胜利

B. 夏人部队昼夜进攻，其首领悟儿思齐邀请朱昭议事，数落宋朝失信，企图招降宋军。朱昭反驳说，宋朝国君内部禅让，新君政令一新；坚决拒绝投降

C. 在众多城池投降后，朱昭旧友也暗示他投降。朱昭厉声斥骂，张弓要射他；不久又表示，只要背城死战，获胜可再图功业，失败陈尸境内也问心无愧

D. 朱昭方面有人暗中与敌人串通，透露了朱昭准备突围的消息。敌人害死守兵，得到城池。朱昭不幸坠入沟堑，他怒目提剑，无人敢前，最后中箭而死

答案：D

解析：原文中：“部落子有阴与贼通者，告之曰：‘朱昭与其徒将出战，人虽少，皆死士也。’贼大惧，以利啖守兵，得登城。”“啖”是吃、诱使之意，不是“害死”的意思。

参考译文

朱昭，字彦明，府谷人。他凭着自己的能力和功业，逐步升任至秉义郎的官职，他韬光养晦，在官场上从不表现出来自己有什么特立独行的地方。宣和末年，任震威城兵马监押，兼知城事。金兵入侵，夏人乘机攻下河外的全部城镇。震威府距离府州三百里，势力十分孤立。朱昭带领全城老幼绕城固守，以抵御敌人攻击的力量，朱昭就招募了精锐的士兵一千多人，和他们商定：“敌人知道城中的虚实，有看轻我们的心。如果我们出其不意去攻击他，可以一鼓作气把他们消灭。”于是趁着夜晚从城墙上放士兵下去，逼近夏人的营地，敌人果然十分惊慌，城里官兵乘机大声叫喊，奋勇杀敌，杀死和俘获了很多敌人。夏人用木鹅梯准备登

上城墙，但是箭好像雨一样（向他们射去），最终也没办法登上来，但是攻势却日夜不停。夏人的首领悟儿思齐穿着铠甲来到城前，以毡盾挡住自己，邀请朱昭出来议事。朱昭穿着平时的衣服登上城墙，披着襟衣问：“你是什么人，这么不光彩（指思齐用毡盾挡住自己）。想见我，我在这里，你有什么事？”思齐拿着盾牌上前，诉说宋朝的失信行为，说：“大金约我夹攻京师，定下城下之盟，画河为界；太原马上就会被我攻下，麟州、府州诸州县都已经归我所有，你凭什么不投降呢？”朱昭说：“皇上知道朝中奸臣误国，已经毫无保留的改正过错，把皇位传到自己的皇族手中。现在皇上的政治纲领已经焕然一新，只有你还不知道吗？”于是把内禅的诏书拿出来宣读，众人十分惊讶地望着朱昭，佩服他的雄辩能力。当时，很多城的人都投降了，朱昭的旧识对他说：“现在天下已经完了，忠心是没什么用了。”朱昭怒喝他说：“你这些人背弃正义，苟且偷生，与猪狗无异，还敢用言语来诱我投降？我宁死不降！”于是拿起弓箭去射他们，众人都被吓跑了。（震威城）共被围困了四日，城墙有很多地方都毁坏了，朱昭用计谋来防御敌人的进攻，虽然管用，但却没有军队来支援。朱昭在厅事召集诸位将校说：“城就快被攻破了，自己的妻儿不可被贼人所污辱，我先让我的妻儿自杀而死，然后拼死一战。如果胜利了就立了大功，如果失败了就战死境内，大丈夫一生的事就此结束了。”这时军中有人跟敌人暗中勾结，对敌人说：“朱昭与他手下的士兵将要出战，人虽然少，但全都是敢死之士。”敌人十分害怕，于是就利诱守城的兵士，登上了城墙。朱昭带领众人在城里的街巷迎战，从晚上到早上，尸体遍布街上以致不能通行。朱昭骑着马越过城墙的缺口逃出，但马却坠入了堑沟，贼人欢呼说：“捉到朱将军了！”想把他生擒。朱昭瞪着两眼持着剑，贼人无一个敢上前，随后中箭而死，死时四十六岁。

（2009年海南卷）

知识拓展（是）

苏武将归，李陵见之，感叹嘘唏。是（这）时，方知武是（正确）而已非。叹曰：“陵之罪，无可赦。陵已是（表判断）千古罪人。”

82　宋史·萧燧传

阅读提示

➢ 语言建构与运用

1. 加点字为文段中重、难点字词。
2. 下加_____为需要断句的文句。
3. 下加_____为需要翻译的文句。

➢ 文化传承与理解

1. 秋试：也叫秋闱，是科举制度中乡试的别称。以明朝为例，乡试是由南、北直隶和各布政使司举行的地方考试。地点在南、北京府和布政使司驻地。每三年一次，逢子、午、卯、酉年举行，又叫乡闱。考试的试场称为贡院。考期在秋季八月，故又称秋闱。考试分三场，分别于八月九日、十二日和十五日进行。乡试考中的称举人，第一名称解元。唐伯虎乡试第一，故称唐解元。放榜之时，正值桂花飘香，故又称桂榜。放榜后，由巡抚主持鹿鸣宴。席间唱《鹿鸣》诗，跳魁星舞。

2. 身丁钱：即人口税。封建时代政府向成年男子征收的一种赋税。此制自汉始，历代相沿，称名各异，赋额不一。男子年二十或二十一成丁，六十为老。人户每岁按丁输纳钱米或绢，不分主户、客户，均须负担。亦称“丁口钱”“丁赋”。

正 文

萧燧字照邻，临江军人。燧生而颖异，幼能属文。绍兴十八年，擢进士高第。授平江府观察推官。时秦桧当国，其亲党密告燧，秋试必主文[①]漕台，燧诘其故，曰：“丞相有子就举，欲以属公。”燧怒曰：“初仕敢欺心耶！”桧怀之，既而被檄秀州，至则员溢，就院易一员往漕闱，秦熺果中前列。孝宗初，除诸王宫大小学教授。轮对，论“官当择人，不当为人择官”。上喜，制《用人论》赐大臣。淳熙二年，进起居郎。先是，察官阙，朝论多属燧，以未历县，遂除左司谏。时宦官甘昪之客胡与可都承旨王抃之族叔秬皆持节于外有所依凭无善状燧皆奏罢之。时复议进取，上以问燧，对曰：“今贤否杂糅，风俗浇浮，兵未强，财未裕，宜卧薪尝胆以图内治。若恃小康，萌骄心，非臣所知。”上曰：“忠言也。”因劝上正纪纲；容直言；亲君子，远小人；近习有劳可赏以禄，不可假以权。上皆嘉纳。出知严州。产地狭财匮，始至，官镪[②]不满三千，燧俭以足用。二年之间，以其羡补积逋，诸邑皆宽。上方靳职名，非功不予，诏燧治郡有劳，除敷文阁待制，移知婺州。父老遮道，几不得行，送出境者以千数。婺与严邻，人熟知条教，不劳而治。岁旱，浙西常平司请移粟于严，燧谓：“东西异路，不当与，然安忍于旧治坐视？”为请诸朝，发太仓米振之。八年，召还，言：“江、浙再岁水旱，愿下诏求言，仍令诸司通融郡县财赋，毋但督迫。”十年，上言广西诸郡民身丁钱之弊。事多施行，庆典霈泽。丁钱减半，亦自燧发之。绍熙四年卒，年七十七。

（节选自《宋史·萧燧传》）

【注】① 主文：主持考试。② 镪：成串的钱。

思 考

下列对原文有关内容的概括和分析，不正确的一项是（　　）。

A. 萧燧天分很高，为官不畏权贵。他自幼能文，进士及第后进入仕途；其时秦桧当权，与其亲党密告萧，要他主持秋试录用其子秦熺，遭到萧的拒绝

B. 萧隧刚直敢言，所奏切中时弊。皇上向他征询意见，他乘便讽劝皇上亲近君子疏远小人，亲信有功可赏赐财物却不可赋予权力，得到皇上赞许采纳

C. 萧隧政绩卓著，受到皇上嘉勉。严州面积狭小财物匮乏，他勤俭理政，以盈余填补拖欠，各地都感到宽松；皇上升迁萧隧的职位，调他去治理婺州

D. 萧隧回到朝廷，仍关注各地大事。淳熙年间，江浙两年水涝干旱，他奏请下诏诸司协助解决，又奏言广西百姓深受身丁钱之害，建议大多得以施行

答案：A

解析：不是“秦桧与其亲党”，而是秦桧的亲党密告萧。

参考译文

萧燧，字照邻，临江军人。萧燧天生聪颖异常，小时就能写文章。绍兴十八年，考中了进士。他被授予平江府观察推官。当时秦桧当权，秦桧亲党密告萧燧，秋试时当调他为考试官，萧燧问其中的原因，那人说：“秦桧的儿子将要应举，想把应举之事托付给你。”萧燧听后大怒说：“刚做官，怎么敢欺骗我的良心呢？”秦桧从此对萧燧怀恨在心。不久萧燧被贬到秀州，到了那里官员的定额满了，就另换一个官员前往漕闱，秦桧的儿子秦熺果然中举并名列前茅。孝宗初年，他被授予诸王宫大小学教授。召诸教官轮值策对，他提出“官当择人，不当为人择官”。皇上非常高兴，制定了《用人论》赐给各位大臣。淳熙二年，升任为起居郎。在此之前，萧燧调查官员的过失，朝廷中的言论多属意于萧燧，因为他没有做过县令的经历，于是就被任命为左司谏。当时的宦官甘昪的门客胡与可、都承旨王抃的族叔王秬在朝廷之外都拿着符节，他们行事依靠权势，没有好的表现，萧燧给皇上上奏罢免了他们。当时复议录取官吏的事，皇上拿这件事问萧燧，他回答说：“如今有德才和无德才的人混杂在一起，风俗浇薄虚浮，兵力未强，财力未富，应当卧薪尝胆以求国内安定太平。如果自恃一点小富裕，萌生骄奢心理，不是我所能明白的。”皇上说：“这是忠言啊！”于是劝谏皇上严肃法令制度，接纳正直的谏言；亲近正直有修养的人，远离奸佞小人；帝王的亲信有功劳的可以用俸禄来奖赏，不可以给权力。皇上都高兴地采纳了。他任职严州期间，严州土地狭小，财力困乏，刚到严州时，官府钱不到三千串，萧燧勤俭理政使财用丰足。两年间，励精求治，以盈余填补拖欠，各地都感到宽松。当时皇上正吝惜授予官职名分，没有功劳不授予官职，但下诏说萧燧治理郡县有方，有功劳，授予他敷文阁待制，调他去治理婺州。严州送他的百姓站满了道路，萧燧几乎不能走，送出严州境外的达千人。婺州与严州相邻，百姓非常了解严州的制度，萧燧没花多大力气就治理好了。一年天旱闹旱灾，浙西常平司请求移粟给严州，萧燧说：“东部西部不属同路，按说不应该给粮食，但哪能忍心对原管辖地区不管不问呢？”为此向朝廷请求，发放太仓的粮食来救济百姓。八年，皇上诏书召回他，说：“江浙一带两年连续水灾旱灾，希望下诏书以求进谏，仍令各主管部门宽松各县赋税，不要只是一味催促、逼迫。”十年，上书言说广西一带百姓的人口税的弊端。萧燧所奏请的事情大多能够施行，广布恩泽。丁税减半，也是自萧燧开始的。绍熙四年去世，终年七十七岁。

（2012 全国新课标卷）

知识拓展（汤）

夏桀残暴，滥施酷刑，对犯者施以汤（热水，开水）镬之刑，未死，家人以汤（汤剂）药治之。

83　宋史·赵良淳传

阅读提示

➢　语言建构与运用

1. 加点字为文段中重、难点字词。
2. 下加______为需要断句的文句。
3. 下加______为需要翻译的文句。

➢　文化传承与理解

1. 丞相：中国古代官名，除设有该名称官职外，亦可同“宰相”，泛指皇帝下面的最高行政官，辅佐皇帝总理百政的官员，即百官之长。另有相国一职，地位高于宰相。

2. 自经、投缳：都是上吊自杀的意思。

正　文

赵良淳字景程，丞相汝愚曾孙也。少学于其乡先生饶鲁，知立身大节。及仕，所至以干治称，而未尝干人荐举。初以荫为泰宁主簿，三迁至淮西运辖，浮沉冗官二十余年。考举及格，改知分宁县。分宁，江西剧邑，俗尚哗讦，良淳治之，不用刑戮，不任吏胥，取民之敦孝者身亲尊礼之至甚桀骜者乃绳以法俗为少革。咸淳末，除知安吉州。良淳至，日与僚吏论所以守御之备，悉举行之。时岁饥，民相聚为盗，所在蜂起。或请以兵击之，良淳曰：“民岂乐为盗哉？时艰岁旱，故相率剽掠苟活耳。”命僚属以义谕之，众皆投兵散归，其不归者众缚以献。有掠人货财诣其主谢过而还之者。良淳劝富人出粟振之，尝语人曰：“使太守身可以济民，亦所不惜也。”其言恳恳，足以动人，人皆倒囷以应之。已而范文虎遣使持书招降，良淳焚书斩其使。大兵至，军其东西门。先是，朝廷遣将吴国定援宜兴，宜兴已危，不敢往，乃如安吉见良淳，愿留以为辅。良淳见国定慷慨大言，意其可用也，请于朝，留戍安吉。已而国定开南门纳外兵，兵入城呼曰：“众散，元帅不杀汝。”于是众号泣散去。良淳命车归府，兵士止之曰："事至此，侍郎当为自全计。"良淳叱去之。命家人出避，乃闭阁自经。有兵士解救之，复苏，众罗拜泣曰："侍郎何自苦？逃之犹可求生。"良淳叱曰："我岂逃生者邪？"众犹环守不去，良淳大呼曰："尔辈欲为乱邪？"众涕泣出，复投缳而死。

（节选自《宋史·赵良淳传》）

思　考

下列对原文有关内容的概括和分析，不正确的一项是（　　）。

A. 赵良淳具有良好的素养和才干，他身为丞相赵汝愚的曾孙，自小师从同乡饶鲁，养成立身处事的操守，出仕后，他在所到之处都以干练而有治理才能著称

B. 赵良淳主管分宁县时多方改变当地不良习俗。他一方面礼尊敦厚孝顺的人，力求为百姓树立榜样；一方面对极为桀骜不驯者绳之以法，习俗因此稍有变化

C. 赵良淳主管安吉州时善于解决聚众哄抢事件，当时正值粮荒，抢劫之事频繁发生，他不同意以武力镇压，命令僚属晓以大义，以致有人交还了抢掠去的财物

D. 赵良淳面临危难时能够舍生取义。在安吉防守战中，吴国定打开南门让敌兵涌入，良淳见大势已去，让兵士逃生，令家人出避，自己却不愿逃命，自杀而死

答案：D

解析：D 项中赵良淳"见大势已去，让兵士逃生"系无中生有。兵士逃生是因为元兵进入城中说"众散，元帅不杀汝"。

参考译文

赵良淳，字景程，是丞相赵汝愚的曾孙。从小跟从他们乡的先生饶鲁求学，懂得人存身于世应具备的节操。等到做了官，所到之地他都因为干练有治理才能而著称，却不曾求人举荐。开始是因祖先的官职循例担任泰宁主簿，后多次升迁至淮西运辖，在闲职任上升升降降达二十多年。因为考核被评定为及格，改任分宁县知县。分宁，是江西的大县，当地习俗喜欢吵闹和攻击别人，赵良淳治理该县，不用刑法惩罚，没有任用掌管簿书案牍的小吏，而是选取忠厚孝顺的人，亲自尊敬礼遇他们，对那些特别桀骜不驯的人，才绳之以法，坏的习俗稍微有所改变。咸淳末年，赵良淳被任命担任安吉州知州。赵良淳到任后，每天和属吏讨论守城和御敌的方法，全都予以实行。当时年岁饥荒，百姓聚在一起当盗贼，蜂拥而起。有人请求出兵打击他们，赵良淳说："百姓难道愿意做盗贼吗？时势艰难又遇大旱，所以相继剽掠以求苟活罢了。"命令僚属对他们晓以大义，众人都扔下武器散去回家，那些不走的人众人把他们捆住献给官府。有抢了人家的财货到主人那里去谢罪并归还人家的人。赵良淳劝富人拿出粟米赈济他们，曾经对人说："假如太守的身体能够用来帮助百姓，我也不敢吝惜。"他的话非常诚恳，足以打动人们，人们都拿出谷仓的粮食响应他。不久范文虎派使者拿着书信前来招降，赵良淳烧掉书信斩杀使者。

敌兵来到，驻扎在安吉城的东西两门。在此之前，朝廷派大将吴国定增援宜兴，宜兴已经危急，他不敢去，就到安吉见赵良淳，愿意留下来帮助赵良淳守城。赵良淳见吴国定情绪激昂地高谈阔论，料想他可以任用，向朝廷请示后，留下他来防守安吉。不久吴国定打开南门接纳外面的敌兵，敌兵进入城中呼叫道："众人散去，元帅不杀你们。"于是众人大声哭泣散去。赵良淳命令驱车回府，士兵阻止他说："事情到了这种地步，侍郎你应当为保全自身着想。"赵良淳呵斥众人离去。让家里人出去躲避，自己就关上门自杀。有士兵解救了他，他醒过来后，众人一边围绕着他下拜一边哭泣说："侍郎何必苦自己呢？逃走仍然可以求生。"赵良淳叱责他们说："我难道是个逃生的人吗？"众人仍然围守着他不走，赵良淳大声呼叫道："你们想作乱吗？"众人只好哭泣着出来，他就又上吊而死。

（2010 年辽宁卷）

知识拓展（适）

苏辙自乡适（到……去）临安见兄，路遇一女，始适（出嫁）还家门，按乡俗避之。至临安，兄怪其未允而至，辙曰："处分适（依照）兄意，吾已来矣，心安之。"兄邀其赴赤壁游，观胜景，甚适（舒适，满足），叹曰："造化神秀，吾与子共适（享受）。"

84　唐才子传·白居易传

阅读提示

➢　语言建构与运用

1. 加点字为文段中重、难点字词。
2. 下加____为需要断句的文句。
3. 下加____为需要翻译的文句。

➢　文化传承与理解

1. 拔萃：唐代考选科目之一。《新唐书·选举志下》："选未满而试文三篇，谓之宏辞，试判三条，谓之拔萃，中者即授官。"

2. 中书舍人：官名。舍人始置于先秦，本为国君、太子亲近属官。魏晋时于中书省内置中书通事舍人，掌传宣诏命。南朝沿置，至梁，除"通事"二字，称中书舍人，任起草诏令之职，参与机密，权力日重。

3. 校书郎：官名。掌校雠典籍，订正讹误。东汉朝廷藏书于东观，置校书郎中。后魏秘书省始置校书郎，唐秘书省与弘文馆皆置，宋属秘书省，辽属秘书监著作局，金、元属秘书监，元并掌鉴定书画，明清废。

正 文

居易字乐天，太原下邽人。弱冠，名未振，观光上国，谒顾况。况，吴人，恃才少所推可，因谑之曰："长安百物皆贵，居大不易。"及览诗卷，至"离离原上草，一岁一枯荣。野火烧不尽，春风吹又生"，乃叹曰："有句如此，居天下亦不难。老夫前言戏之耳。"贞元十六年，中书舍人高郢下进士、拔萃，皆中，补校书郎。元和元年，作乐府及诗百余篇，规讽时事，流闻禁中。上悦之，召拜翰林学士，历左拾遗。时盗杀宰相京师汹汹居易首上疏请亟捕贼权贵有嫌其出位怒俄有言："居易母堕井死，而赋《新井篇》，言既浮华，行不可用。"贬江州司马。初以勋庸[①]暴露不宜，实无他肠，怫怒奸党，遂失志。亦能顺适所遇，托浮屠死生说忘形骸者。久之，转中书舍人，知制诰。河朔乱，兵出无功，又言事，不见听，乞外，除为杭州刺史。文宗立，召迁刑部侍郎。会昌初致仕，卒。

居易累以忠鲠遭摈，乃放纵诗酒。既复用，又皆幼君，仕情顿而索寞。卜居履道里，与香山僧如满等结净社。疏沼种树，构石楼，凿八节滩，为游赏之乐，茶铛酒杓不相离。尝科头[②]箕踞，谈禅咏古，晏如也。自号醉吟先生，作传。酷好佛，亦经月不荤，称香山居士。与胡杲、吉皎、郑据、刘真、卢贞、张浑、如满、李文爽燕集，皆高年不仕，日相招致，时人慕之，绘《九老图》。

公诗以六义为主，不尚艰难。每成篇，必令其家老妪读之，问解则录。后人评白诗如山东父老课农桑，言言皆实者也。鸡林国[③]行贾售于其国相，率篇百金，伪者即能辨之。与元稹极善胶漆，音韵亦同，天下曰"元白"。元卒，与刘宾客齐名，曰"刘白"云。公好神仙，自制飞云履，焚香振足，如拔烟雾，冉冉生云。初来九江，居庐阜峰下，作草堂，烧丹，今尚存。

（节选自《唐才子传》）

【注】① 勋庸：这里指被刺杀的宰相武元衡。② 科头：不戴帽子，裸露发髻。③ 鸡林国：朝鲜半岛古国名。

思 考

下列对原文有关内容的赏析，不正确的一项是（　　）。

A. 本文开篇以顾况对白居易的前"谑"后"叹"，侧面表现了白居易在诗歌创作上的非凡才华

B. 白居易性格耿直，常上书直言论事，触怒了权贵奸党，这给他的仕途蒙上了阴影，也是他"放纵诗酒"的重要原因之一

C. 白居易的诗歌内容真实，词句晓畅，风格平易，在当时流传甚广。内至宫廷，外达异邦，诗名远播

D. 白居易居庙堂之上，则“兼济天下”；处江湖之远，则“独善其身”。儒、释两家思想的影响，并存于他人生的各个阶段

答案：D

解析：D 项中“并存于他人生的各个阶段”一说有误，原文中是先“儒”后“释”。

参考译文

白居易，字乐天，太原下邽人。他在年近二十名声未起的时候，(有一次)去京城游玩，拜见顾况。顾况是南方吴地人氏，自恃才华，很少有他推荐认可的诗人，于是就取笑白居易说：“长安城什么东西都贵，要想‘居’于此，是非常不容易的。”等到翻阅白居易诗卷，读到其中“离离原上草，一岁一枯荣。野火烧不尽，春风吹又生”一诗时，他就又感慨道：“能写出这样的诗句，想居天下都不难。老夫我之前的话是开玩笑的了。”贞元十六年，中书舍人高郢主持进士考试，选拔英才，白居易全都考中，被朝廷授任为校书郎。元和元年，白居易写作乐府及诗歌一百多篇，讽谏时事，流传到了宫中。皇帝读了他的诗后非常喜欢他，召见他并且授任他翰林学士一职，接着又历任了左拾遗。当时有盗贼刺杀了宰相，京城议论纷纷。白居易第一个上疏皇帝，请求紧急抓捕盗贼。有权贵厌嫌他越职行事，对他十分恼怒。不久就有传言说：“白居易的母亲落井而死，他却写了篇《新井篇》，词句十分浮夸华丽，如此品行不可重用。”后来白居易就被贬为江州司马。起初白居易只是认为不应当让被刺杀的宰相武元衡暴尸街头，其实并没有别的想法，(想不到却)触怒了奸党，于是志向受挫。但他能顺其自然，随遇而安，借佛教的生死之说超脱形体的痛苦。很长一段时间后，又调任中书舍人，主管制定朝廷的政令。有一年，河北发生暴乱，朝廷出兵无功，白居易又向朝廷进谏，没有被采纳，于是请求外调，担任了杭州太守。唐文宗即位后，下诏升任白居易为刑部侍郎。会昌初年辞职回家，最后死在家中。

白居易多次因为忠诚耿直遭到排斥，于是就纵情喝酒作诗。被重新任用后，(由于)遇到的又都是年少君主，(所以)做官的心情顿时消沉。在履道里购宅定居，与香山僧人如满等成立净社。每天开挖沟池，栽种树木，建造石楼，开凿八节滩，作为游玩之乐，茶壶、锅子、酒杯不离身。曾经有一次不戴帽子，像箕一样张开腿坐着，谈论佛理，吟咏古诗，十分清静安闲。自己号称醉吟先生，并且还为此作了篇传记。白居易十分喜欢佛教，也常常几个月不吃荤，自称香山居士。与胡杲、吉皎、郑据、刘真、卢贞、张浑、如满、李文爽等人宴饮集会。这些人都是年纪大却不肯做官的人，每天互相招待邀请，当时人们很羡慕他们，有人给他们画了一幅《九老图》。

白居易的诗以风雅颂赋比兴六义为主，不推崇艰涩难懂，每写成一篇，必定让他家里的老婆婆先读一读，询问老婆婆直到她理解了才抄录下来。后人评价白居易的诗作就像崤山以东的百姓谈论农桑之事，字字句句都是非常朴实的话。鸡林国的商人把他的诗作卖给他们的国相，每篇都是一百两银子，如果是伪造的，鸡林国相马上就能分辨出来。白居易与元稹关系十分要好，友情可谓如胶似漆，写诗追求的音韵也相同，天下人把他们并称为“元白”。元

稹死后，白居易与刘禹锡齐名，并称为“刘白”。白居易喜欢神仙，曾经自己造了一双飞云鞋，点起香举起脚，好像在腾云驾雾，云雾冉冉降临。刚来九江时，居住在庐阜峰下，建了一座草堂，炼制丹药，这座草堂如今还保存着。

（2008年浙江卷）

知识拓展（克）

齐将率众与魏战于桂陵，既克（战胜），威震天下。后日益骄纵，未能克（约束）己，以致民怨四起，民皆以为身处富强之国而不克（能够）蒙其泽。

85　元朝名臣事略·廉希宪事略

阅读提示

➢ 语言建构与运用

1. 加点字为文段中重、难点字词。
2. 下加______为需要断句的文句。
3. 下加______为需要翻译的文句。

➢ 文化传承与理解

1. 廉访使：宋、元时期的职官名。宋代全称廉访使者，元代全称肃政廉访使。主管监察事务。

2. 寒士：出身低微的读书人，泛指天下贫穷的百姓，也指衣单身寒的士兵。

3. 名教：名教观念是儒教思想的重要组成部分。名即名分，教即教化，名教即通过上定名分来教化天下，以维护社会的伦理纲常、等级制度。名教观念最初始于孔子。孔子强调以等级名分教化社会，认为为政首要要“正名”，做到“君君、臣臣、父父、子子”。董仲舒据此倡导审查名号，教化万民。“以名为教”，内容主要就是三纲五常。魏晋时期曾兴起围绕“名教”与“自然”关系的论辩。宋明以后，名教被称作“天理”，成为禁锢人们言行的桎梏，如违反封建伦常，即被视为“名教罪人”。

正　文

廉希宪字善甫，畏兀氏。公以辛卯五月二十五日生于燕，适其父孝懿公廉访使命下，孝懿喜曰："是儿必大吾门，吾闻古者以官受氏，天将以廉氏吾宗乎！吾其从之。"举族承命。

公身材魁伟，举止异常。年十九，侍孝懿北觐，入侍世祖，上亦因其多智，有威容，论议宏深，恩顾殊绝。

诸贵臣校射上前，一贵臣顾公，取三矢，似欲授公，公曰："尔岂亿我为不能耶？顾吾弓差软。"诸贵假以劲弓，三发连中，诸贵惊服，曰："真文武全材，有用书生。"

国初，拜为平章政事。秉政日，中书右丞刘整以初附为都元帅，骑从甚都，诣门求见。公之兄弟凡十人，后皆至一品。公之弟蓟国公希贡犹布衣，为通报。公方读书，略不答。蓟公出，整复浼入言之。因令彻去坐椅，自据中坐，令整入。整展拜起，侧立，不予之一言。整求退，谓曰此是我私宅汝欲有所言明日当诣政事堂及出愧赧无人色。

顷之，宋士之在羁旅者，寒饿狼狈，冠衣褴褛，袖诗求见，公之兄弟皆揶揄之。蓟公复为入言，急令铺设坐椅，且戒内人备酒馔。出至大门外，肃入，对坐，出酒馔，执礼甚恭，且录其居止。诸儒但言困苦，乞归。公明日遂言于世皇，皆遂其请。

是夜，诸兄弟问曰："今日刘元帅者，主上之所倚任，反菲薄之；江南穷秀才，却礼遇如此其至。我等不能无疑。"公曰："我是国家大臣，言动颦笑，系天下重轻。整虽贵，卖国叛臣也，故折辱之，令其知君臣义重。若寒士数十，皆诵法孔子者也，在宋，朝不坐，燕不与，何故而拘执于此？况今国家起朔漠，斯文不绝如线。我更不尊礼，则儒术且将扫地矣。"公之作兴斯文若此，是大有功于名教者也。

（节选自《元朝名臣事略》，有删改）

思　考

下列对原文有关内容的分析和概括，不正确的一项是（　　）。

A. 廉希宪出生之时，其父孝懿公刚好被任命为廉访使。孝懿公非常高兴，认为廉希宪将来一定会很有出息

B. 廉希宪十九岁时，随父亲北上侍奉元世祖。元世祖见廉希宪才貌出众，见识不凡，给予了他格外的恩宠

C. 廉希宪任平章政事之时，对登门拜访的中书右丞刘整极为冷淡，因为他认为刘整是不知君臣之义的叛臣

D. 滞留在北方的秀才们饥寒交迫，廉希宪不仅解除他们的困苦，还把他们举荐给元世祖，让他们得到重用

答案：D

解析：廉希宪并未将秀才们举荐给元世祖，而是请旨准许他们返家。

参考译文

廉希宪，字善甫，畏兀氏。廉希宪辛卯年五月二十五日出生在燕，刚好他父亲孝懿公任廉访使的任命下来，孝懿公高兴地说：“这孩子一定能光耀我们的门楣，我听说古代用官职名来授予姓氏，大概是上天将要给我们的宗族用廉这个姓氏吧！我还是听从上天的安排吧。”于是整个宗族都听从了他以廉为姓氏的建议。

廉希宪身材魁梧，举止不同寻常。十九岁，到北边去侍奉父亲觐见皇上，进而进入宫廷侍奉世祖，皇上因为看他多智谋，有威严的仪容，讨论问题看得深远，给他恩惠照顾他非同一般。

各位贵臣上前比射箭，一位贵臣望着廉希宪，拿出三支箭，好像是要给他，廉希宪说：“你怎么能认为我不能射箭呢？只是我的弓比较软罢了。”贵人借给他一柄有力的弓，廉希宪三发连中，各位贵人惊叹赞服说：“真是文武全才啊，是有用的书生。”

立国之初，被授予平章政事一职。主持政务那天，中书右丞刘整因为刚刚归顺做了都元帅，带领很多骑马的随从，登门求见。廉希宪的弟兄们十个人，后来都做到一品官。他的弟弟蓟国公廉希贡还没有做官，为他通报。廉希宪此时正在读书，没有回答。蓟公出来，刘整又进入央求求见。于是令人撤去座椅，自己坐在中间，让刘整进入。刘整展身拜倒而起，站在一边，并不跟刘整说一句话。刘整请求退去，廉希宪对刘整说：“这里是我的私人宅院，你要有什么话，明天到我的政事厅。”刘整出来以后，羞愧得变了脸色。

不一会，前宋很多滞留异乡的读书人，饥寒交迫，非常狼狈，衣帽破败，衣袖中揣着自己写的诗稿求见廉希宪。廉希宪的弟兄们都笑话这些人。蓟公又为他通报，廉希宪急忙让人铺设座椅，又告诉家人准备酒菜，出来到大门外，严肃地接入，对面坐下，命人拿出酒菜，礼节很恭敬，而且记下他们居住的地方。书生们只是说困顿，请求回去。第二天廉希宪就向皇上进言，皇上都答应了他的请求。

这天夜里，兄弟们问道：“今天刘元帅，皇上非常倚重他，你反而看不起他；江南穷秀才，你却对他们以礼相待到这种地步。我们不能没有疑惑啊。” 廉希宪说：“我是国家大臣，一言一行一颦一动，都关系到天下的轻重。刘整虽然地位高，但他是卖国的反叛臣子，所以要折磨羞辱他，让他知道君臣的恩义重大。像这几十个不得志的读书人，都是诵读孔子经义的人，在前宋，不能被朝廷中用，为什么被羁留在这里？何况当今国家起于北方，礼法微薄，我要是再不尊崇读书人，那么儒家经义将被扫地出门了。”廉希宪像这样提携读书人，是对儒家教义有大功之人啊。

（2013 年湖北卷）

知识拓展（恶）

屈平博闻强志，行廉志洁，子兰为人不善，屡构恶（诽谤）屈原。屈原恶（讨厌）之为恶（坏事，不好的事），曰：“有臣如此，楚国恶（怎么）乎定？”

86　元史·金履祥传

阅读提示

➢　语言建构与运用

1. 加点字为文段中重、难点字词。
2. 下加____为需要断句的文句。
3. 下加____为需要翻译的文句。

➢　文化传承与理解

1.《元史》:“二十四史”之一，记载元朝历史事件的一部纪传体史书，成书于 1370 年。宋濂、王袆遵照皇帝朱元璋的诏令，主持编修。全书 210 卷，包括本纪 47 卷、志 58 卷、表 8 卷、列传 97 卷。

2. 濂洛之学：北宋理学的两个学派，“濂”指濂溪周敦颐，“洛”指洛阳程颢、程颐兄弟。

3. 改物：改变前朝的文物制度，多指改正朔、易服色。后指改朝换代。

4. 国子博士：国子学即国子监，为古代我国最高学府。唐代国子监下设国子、太学、四门、律算、书等六学，各学皆立博士，设祭酒一员，掌监学之政，并为皇太子讲经。国子学博士就是工作在国子学的高级教员。

正　文

金履祥字吉父，婺之兰溪人。幼而敏睿，父兄稍授之书，即能记诵。比长，益自策励。及壮，知向濂洛之学，事同郡王柏，从登何基之门。基则学于黄榦，而榦亲承朱熹之传者也。自是讲贯益密，造诣益邃。

时宋之国事已不可为，履祥遂绝意进取。然负其经济之略，亦未忍遽忘斯世也。会襄樊之师日急，宋人坐视而不敢救，履祥因进牵制捣虚之策，请以重兵由海道直越燕、蓟，则襄樊之师，将不攻而自解。且备叙海舶所经，凡州郡县邑，下至巨洋别岛，难易远近，历历可据以行。宋终莫能用。及后朱瑄、张清献海运之利，而所由海道，视履祥先所上书，咫尺无异者，然后人服其精确。

德祐初，以迪功郎、史馆编校起之，辞弗就。宋将改物，所在盗起，履祥屏居金华山中。平居独处，终日俨然；至与物接，则盎然和怿。训迪后学，谆切无倦，而尤笃于分义。有故人子坐事，母子分配为隶，不相知者十年，履祥倾赀营购，卒赎以完；其子后贵，履祥终不自言，相见劳问辛苦而已。

履祥尝谓司马文正公光作《资治通鉴》，秘书丞刘恕为《外纪》，以记前事，不本于经，而信百家之说，是非谬于圣人，不足以传信。乃以《尚书》为主，下及《诗》《礼》《春秋》，旁采旧史诸子，表年系事，断自唐尧以下，接于《通鉴》之前，勒为一书，名曰《通鉴前编》。凡所引书，辄加训释，以裁正其义，多儒先所未发。

初履祥既见王柏首问为学之方柏告以必先立志且举先儒之言居敬以持其志立志以定其本志立乎事物之表敬行乎事物之内此为学之大方也。及见何基，基谓之曰："会之屡言贤者之贤，理欲之分，便当自今始。"会之，盖柏字也。当时议者以为基之清介纯实似尹和静，柏之高明刚正似谢上蔡，履祥则亲得之二氏，而并充于己者也。

履祥居仁山之下，学者因称为仁山先生。大德中卒。元统初，里人吴师道为国子博士，移书学官，祠履祥于乡学。至正中，赐谥文安。

（节选自《元史·金履祥传》）

思 考

文中传主金履祥是怎样为学与为人的？请简要概括。

答案：敏而好学，诲人不倦；严谨治学，敢于创新；忧国而献良策；助人而不居功；立志为本，知行合一。

解析：梳理记叙传主事迹的段落，按照为学与为人两部分作答。

参考译文

金履祥，字吉父，婺源兰溪人。幼年时聪慧明达，父亲兄长稍稍给他讲了书文，（他）就能够背诵下来。长大以后，自己更加勤勉励志。到了壮年，倾慕周敦颐、二程的学问，跟从同郡人王柏学习，又随从（王柏）一起投到何基的门下。何基的学问来源于黄榦，而黄榦是亲身得到朱熹传授的人。从这以后履祥对学问的研习更加精密，造诣也更加深厚。

当时宋朝的国运已经无法回转，履祥于是断绝科举做官的意愿。但自负有经国济世的才略，也不忍心很快忘掉这个救世之心。时逢襄樊的军队日益告急，宋朝官兵坐视危亡而不敢救援，履祥因此进言献牵制敌军攻其虚弱的计策，请求派大军由海路直奔燕、蓟，那么围困襄樊的部队，就可以不攻而自行退走。而且详细地叙述了海船经过的路线，所有的州郡县邑，以及大洋海岛，途中的困难与便利，路程的远和近，清楚分明，可依据实行。宋朝最终没有采用。等到后来朱瑄、张清向元朝献言海运的便利，而所经由的海道，对照履祥当年的上书，几乎没有丝毫差异，于是后人佩服履祥的精确。

德祐初年，朝廷用迪功郎、史馆编校起用履祥，履祥推辞不就任。宋朝即将江山易主，各地盗贼兴起，履祥隐居在金华的山中。平时独自居住，整天端庄肃穆；若是待人接物，则情趣盎然神态温和。训导启迪后辈学子，严格负责不知倦怠，尤其看重情分义气。有位老朋友的儿子犯了事，母子二人分别惩罚给他人做奴隶，彼此不知死生已有十年，履祥不惜竭尽家产设法解救，终于将他们赎身出来母子团聚；后来那位儿子成为显贵，履祥始终不自己说出此事，相见只是问候辛苦而已。

履祥曾经说过司马光文正公作《资治通鉴》，秘书丞刘恕作《外纪》，以记载以前的事，不以经书为本，而采用各家的记载，是在非议和误解圣人，不足以作为信史流传。于是以《尚书》为主，兼涉《诗》《礼》《春秋》，旁采旧史与诸子，以编年体记载史事，开始于唐尧以下，接在《通鉴》之前，编辑成一书，名字叫《通鉴前编》。凡是所引用的书，都加上了考证诠释，用来订正它的含义，大多是以前的儒家所没有阐发的。

当初，履祥见到了王柏，首先询问请教治学的方法，王柏告诉他必须先立志，并且列举前辈儒家的话：居守恭敬用以保持自己的志向，立志用以确立自己的本性，志是立于接事待物的表面，恭敬践行就深入了事物的内在，这是治学的基本方法。等到见到何基，何基对他说："会之屡次谈到贤者之所以为贤者，在于分清了天理和人欲，应当从今天开始（实行）。"会之，大概就是王柏的字。当时评议的人认为何基的清高耿直纯朴像尹和静，王柏的高超明达刚毅正直像谢上蔡，履祥则亲身得到二人的传授，而且兼收并蓄充实于自身。

履祥居住在仁山脚下，学者因此称他为仁山先生。大德年间去世。元统初年，同乡吴师道当上了国子博士，传书给学官，在乡学中祭祀履祥。至正年间，赐谥号为文安。

（2013 年四川卷）

知识拓展（王）

王（姓氏）姓大臣进谏曰："王（大王）欲王（称王）天下，必以仁道治国。"

87 元史·贺仁杰传

阅读提示

➢ 语言建构与运用

1. 加点字为文段中重、难点字词。

2. 下加______为需要断句的文句。

3. 下加______为需要翻译的文句。

➢ 文化传承与理解

1. 媵妾：指陪嫁的女子，或指姬妾。一般是跟随正妻一同嫁到夫家的女子。媵妾地位比妾高很多，有正式的身份，可出席正式的宴会。

正 文

贺仁杰字宽甫，京兆人。父贲，有材略，善攻战，数从军有功。尝治室于毁垣中，得白金七千五百两，谓其妻郑曰："语云：匹夫无故获千金，必有非常之祸。"时世祖以皇太弟受诏征云南，驻军六盘山，乃持五千两往献之。世祖曰："天以赐汝，焉用献！"对曰："殿下新封秦，金出秦地，此天以授殿下，臣不敢私，愿以助军。"且言其子仁杰可用状，即召入宿卫。其军帅怒贲不先白己而专献金，下贲狱。世祖闻之，大怒，执帅将杀之，以勋旧而止。仁杰从世祖，南征云南，北征乃颜，皆助劳绩。后与董文忠居中事上，同志协力，知无不言，言无不听，多所裨益，而言不外泄，帝深爱之。帝一日召仁杰至榻前出白金谓之曰此汝父六盘所献者闻汝母来可持以归养辞不许乃归白母尽散之宗族。帝欲选民间童女充后宫；有司买物，多非其土产；山后盐禁，久为民害，奏皆罢之。民为之立祠。上都留守阙，宰相拟廷臣以十数，皆不纳，帝顾仁杰曰："无以易卿者。"特授正议大夫、上都留守。尚书省立，桑哥用事，奏上都留守司钱谷多失实。召留守忽剌忽耳及仁杰廷辨，仁杰曰："臣汉人，不能禁吏戢奸，致钱谷多耗伤，臣之罪。"忽剌忽耳曰："臣为长，印在臣手，事未有不关白而能行者，臣之罪。"帝曰："以爵让人者有之，未有争引咎归己者。"置勿问。仁杰在官五十余年，为留守者居半，车驾春秋行幸，出入供亿[①]，未尝致上怒。其妻刘没，帝欲为娶贵族，固辞，乃娶民间女，已而丧明，夫妻相敬如初，未尝置媵妾。大德九年，年七十二，请老，归第。后成祖崩，仁宗入清内难，念世祖旧臣，欲有所咨访，召赴阙，行至樊桥而卒。

（节选自《元史·贺仁杰传》）

【注】① 供亿：供给，供应。

思 考

下列对原文有关内容的分析和概括，不正确的一项是（　　）。

A. 贺贲害怕因意外获金而招致祸患，就以"助军"为由将大部分所获之金献给了受诏征云南的世祖。世祖任命其子贺仁杰为宿卫

B. 贺仁杰屡建战功并数进忠言，颇得世祖喜欢；他敢于为民请命，深受百姓爱戴。世祖

曾以供养母亲为由把其父所献之金送还给他，但他最终未接受

C. 皇帝根据桑哥的反映，要忽剌忽耳与贺仁杰到朝廷说清钱粮管理的问题，他二人都主动承担责任，皇帝为之感慨，就不再追究这件事情了

D. 无论是对皇帝还是对出身低微、双目失明的妻子，贺仁杰的所作所为都无不妥。仁宗即位后，召请告老归乡的贺仁杰赴京，他却在应诏途中去世

答案：B

解析：B 项中“他最终未接受”错，原文“辞不许”的意思是贺仁杰推辞而皇帝不许，最终他收下了并拿回去告诉了他的母亲，然后将这笔钱财分给了宗族之人。

参考译文

贺仁杰，字宽甫，是京兆人。父亲贺贲，有才能和谋略，善于攻战，多次参军立功。曾经在废墟中盖房子，挖得白银七千五百两，他对妻子郑氏说：“俗话说：匹夫无故得千金，一定有不同寻常的灾祸。”当时世祖以皇太弟的身份奉命攻打云南，驻扎军队在六盘山，于是他拿五千两前去献给世祖。世祖说：“上天赐给你的，何必献给我！”他回答说：“殿下刚封到秦，金子出于秦地，这是上天拿来给殿下的，臣不敢私藏，愿意拿来帮助军队。”并且说他儿子贺仁杰可以任用的情况，世祖便将贺仁杰招进卫队。他所在军队的军帅气愤贺贲不先报告自己而独自献金，把贺贲投入监狱。世祖听说这事，十分愤怒，逮捕军帅要杀他，因为过去的功劳没有杀。贺仁杰跟随世祖，向南征讨云南，向北征讨乃颜，都变现出功劳成绩。后来和董文忠在宫中侍奉皇上，同心协力，知无不言，言无不从，对朝廷多有帮助，且话不外传，皇帝很喜爱敬重他。皇帝有一天召贺仁杰到床前，拿出白银，对他说：“这是你父亲在六盘山所献的，听说你母亲来了，可以拿回去用它赡养母亲。”他推辞，皇帝不允许，于是回家告诉母亲，全部散发给同族人。皇帝想要选民间的童女补充后宫；主管官吏购买东西，大多不是本地出产；山后盐业禁令，长期危害百姓，他都奏请免除。百姓为他建祠堂。上都留守空缺，宰相拟选了朝廷大臣十多个，皇上都不用，皇上回头看着贺仁杰说：“没有人能代替你。”单独授任正议大夫、上都留守。尚书省设立，桑哥掌权，报告说上都留守管理钱粮多失实。皇上召留守忽剌忽耳和贺仁杰当庭辩论，贺仁杰说：“臣是汉人，不能约束官吏制止奸私，致使钱粮多有损耗，是臣的罪。”忽剌忽耳说：“臣为长官，官印在臣手中，凡事没有不禀报我而施行的，是臣的罪。”皇上说：“有把官爵让给别人的，没有争着把过错归自己的。”就放下不再追究。贺仁杰任职五十多年，做留守的时间占一半，皇上春秋出行，往来供应，没有让皇上生过气。他妻子刘氏去世，皇上要为他娶贵族之女，他坚决推辞，而娶民间女子，不久妻子失明，夫妻相敬如初，没有娶妾。大德九年，贺仁杰七十二岁，请求退休，回家。后来成祖驾崩，仁宗入朝清除内乱，怀念世祖的旧臣，想有所咨询，召他去朝廷，走到樊桥去世。

（2007 年四川卷）

知识拓展（七）

楚欲亡（使……灭亡）齐，齐遣大夫晏子使楚。楚人欲说晏子，曰：“楚王无义，汝当亡（逃跑）去。”晏子不从，与楚王辩，曰：“齐亡（灭亡）于楚无益。”楚王亡（通“无”，没有）以应，遂存齐。

88　元史·卜天璋传

阅读提示

➢　语言建构与运用

1. 加点字为文段中重、难点字词。
2. 下加______为需要断句的文句。
3. 下加______为需要翻译的文句。

➢　文化传承与理解

1. 工部：官署名，为掌管营造工程事项的机关，六部之一，长官为工部尚书，别称冬官、大司空等。清光绪三十二年（1906 年），清政府在“筹备立宪”、改革官制时，将工部并入商部，改为农工商部。

2. 反狱：指谋反的案件。

正　文

卜天璋字君璋，洛阳人。幼颖悟，长负直气。读书史，识大体。

至元中，为南京府史。时河北饥民数万人集河上欲南徙有诏令民复业勿渡众汹汹不肯还天璋虑其生变，劝总管张国宝听其渡。国宝从之，遂以无事。

大德四年，为工部主事，蔚州有刘帅者，豪夺民产，吏不敢决，省檄天璋往讯之。帅服，田竟归民。

武宗时，迁宗正府郎中。尚书省立，迁刑部郎中。适盗贼充斥，时议犯者并家属咸服青衣巾，以别民伍。天璋曰：“赭衣塞路，秦弊也，尚足法耶？”相悟而止。有告诸侯王谋不轨者，敕天璋讯正之，赏赉优渥。尚书省臣得罪，仁宗召天璋入见，时兴圣太后在座，帝指曰：“此不贪贿卜天璋也。”因问今何官，天璋对曰：“臣待罪刑部郎中。”复问谁所荐者，对曰：“臣不才，误蒙擢用。”帝曰：“先朝以谢仲和为尚书，卿为郎中，皆朕荐也。汝宜奉职勿怠！”即以中书刑部印章付之。既视事入觐赐酒隆福宫及锦衣三袭后被命治反狱，帝顾左右曰："君璋，廉慎人也，必得其情。"

皇庆初，天璋为归德府知府，劭农兴学，复河渠，河患遂弭。升浙江廉访副使，到任阅月，以更田制，改授饶州路总管。天璋既至，听民自实，事无苛扰，民大悦，版籍为清。时省臣董田事，妄作威福，郡县争赂之，觊免谴。饶独无有，省臣衔之，将中以危法，求其罪无所得。县以饥告，天璋即发廪赈之，僚佐持不可，天璋曰："民饥如是，必俟得请而后赈，民且死矣。失申之责，吾独任之，不以累诸君也。"竟发藏以赈之，民赖全活。

（节选自《元史·卜天璋传》）

思　考

下列对原文有关内容的概括和分析，不正确的一项（　　）。

A. 卜天璋，洛阳人。父亲卜世昌原在金朝做官，元宪宗南征时，率领部下归附了元朝，后来，因统领从黄河以北迁至黄河以南的几千民众，举家迁到了汴梁

B. 任饶州路总管期间，卜天璋施政毫不扰民，深受百姓欢迎，境内清静肃然。河南按察副使程思廉，赏识他的才干和品德，提拔了他，他的声望更为世人瞩目

C. 卜天璋做官，一切从百姓的利益出发，毫不顾及个人的仕途前程。他曾经不听下属的劝阻，甘冒风险，自作主张发放官粮赈灾，百姓因此得以生存

D. 国难当头，年届八十的卜天璋，仍接受朝廷调遣，挺身赴任。辞官回家后把自己余下的俸禄都施予族人。其谥号中的"正"字，是对其品德的准确评价

答案：B

解析：B，河南按察副使程思廉提拔卜天璋，是卜天璋任饶州路总管之前。

参考译文

卜天璋，字君璋，洛阳人。卜天璋自幼聪颖，长大后正直，研读书史，懂得成败大体。

至元年间，出任河南府府史，当时黄河以北有饥民数万人，聚集在黄河上准备向南迁徙。皇帝下诏，令百姓恢复旧业，不得南渡，众人喧哗不肯归家。卜天璋顾虑发生变乱，劝总管张国宝听凭这些人渡河，张国宝接受了他的意见，才没有生出事端。

大德四年，任工部主事，蔚州有一名刘帅，强横地夺取他人产业，官吏不敢处理，中书省调卜天璋前去裁决。刘帅屈服，所夺回地又归于民。

武宗时，迁升为宗正府郎中。尚书省设立后，又迁升为刑部郎中。当时盗贼很多，有人建议，让罪犯及家属都穿青色的衣帽，用来区别于良民百姓。卜天璋说："穿着褐衣的犯人填满道路，这是秦代的弊政，何足效法！"丞相醒悟，制止了这种做法。有人报告诸侯中有人图谋不轨，皇帝责令卜天璋审讯处理，为此得到了优厚的奖赏赐予。尚书省臣获罪，元仁宗召卜天璋入宫晋见，当时兴圣太后也在座，仁宗指着他对太后说："这是不贪贿赂的卜天璋。"

于是太后问他现任什么官职，卜天璋回答说："臣下任刑部郎中。"又问是谁推荐的，回答说："臣下无才，误被皇帝擢升任用。"仁宗说："先朝任命谢仲和为尚书，爱卿为郎中，都是朕亲自推荐的。你们应尽忠职守，不得怠懈！"当即把中书刑部的大印交给了他。走马上任时，他入宫晋见，皇帝赐酒在隆福宫款待，并赐锦衣三套。后受命处理谋反的案件，仁宗看着左右大臣说："卜天璋是个清廉谨慎的人，一定会得到实情。"

皇庆初年，卜天璋任归德府知府，鼓励农耕，劝导学业，修复黄河渠道，黄河泛滥之患得以平息。升任浙江廉访副使，到任数月，因为更改田制，改任饶州路总管。卜天璋到任后，任凭百姓自报田产，施政毫不扰民，百姓欢悦，境内清静肃然。当时行中书省大臣负责更改田制之事，他们作威作福，州县官员争着贿赂他们，希望以此免受谴责。只有饶州路不送，中书省臣因此衔恨，要以严格的法令中伤卜天璋，但追查其罪状却毫无所得。属县报告发生饥荒，卜天璋当即发放官粮赈济，僚佐们都认为不能这样做，卜天璋说："百姓如此饥饿，若是向上面请求后再赈灾，百姓定会饿死的。如果有事前未申报的责任，我独自承担，不会连累各位。"终于发放官府存粮赈济，百姓因此得以免于饿死。

知识拓展（望）

三月之望（农历每月的十五），司马迁因李陵之事受刑，有望（抱怨，埋怨）辞。日夜望（盼望）友至。至，曰："此等君王，望（远远地看）之不似仁君。汝宜珍重。"迁发愤，遂著《史记》，有望（名望，声望）震于后世。

89　文宪集·李疑传

阅读提示

➢　语言建构与运用

1. 加点字为文段中重、难点字词。
2. 下加_____为需要断句的文句。
3. 下加_____为需要翻译的文句。

➢　文化传承与理解

1.《文宪集》：明代宋濂著。宋濂，字景濂，号潜溪，浦江（今浙江义乌）人，元末明初著名政治家、文学家、史学家、思想家，与高启、刘基并称为"明初诗文三大家"，又与章溢、刘基、叶琛并称为"浙东四先生"，被明太祖朱元璋誉为"开国文臣之首"，学者称其为太史公、宋龙门。

2. 闾巷：古时以二十五家为一闾，后来也称居民的区域为闾里、闾巷。泛指乡里民间，也代指平民。

3. 榻：古代狭长而较矮的床形坐具。后汉陈蕃为豫章太守，在郡不接宾客，唯名士徐孺子来则特设一榻，去则悬之，后遂谓礼遇宾客为“下榻”。

4. 殡：本义指停棺待葬，也指灵柩。后泛指殡葬。尸体收殓之后就要把灵柩送到埋葬的地方下葬，叫“出殡”，俗称“送葬”。

正　文

李疑者，居通济门外，闾巷子弟执业[①]造其家，得粟以自给。故贫甚，然独好周人急。金华范景淳吏吏部，得疾，无他子弟。人殆之，不肯舍。杖踵疑门，告曰：“我不幸被疾，人莫舍我。闻君义甚高，愿假榻。”疑许诺，延就坐，汛[②]室，具床褥炉灶居之，征医师视脉，躬为煮糜炼药，旦暮执手问所苦。既而疾滋甚，不能起，溲矢污衾席，臭秽不可近。疑日为刮摩浣涤，不少见颜面。景淳流涕曰：“我累君矣。恐不复生，无以报厚德，囊有黄白金四十余两，在故旅邸，愿自取之。”疑曰：“患难相恤，人理宜尔，何以报为！”景淳曰：“君脱不取，我死，恐为他人得，何益？”疑遂求其里人偕往，携而归，面发囊，志其数而封识之。数日，景淳竟死，疑出私财，买棺殡于城南聚宝山。举所封囊寄其里人家，往书召其二子至。及二子至，取囊按籍而还之。二子以半馈，却弗受，反赆以货，遣归。

平阳耿子廉械逮至京师，其妻孕将育，众拒门不纳，妻卧草中以号。疑问故归谓妇曰人孰无缓解安能以室庐自随哉且人命至重倘育而为风露所感则母子俱死吾宁舍之而受祸何忍死其母子？俾妇邀以归，产一男子。疑命妇事之如疑事景淳，逾月，始辞支去，不取其报。

人用是多疑名，士大夫咸喜与疑交。见疑者皆曰：“善士，善士！”疑读书为文亦可观，尝以儒举，辞不就，然其行最著。宋学士曰：吾与疑往来，识其为人，非有奇伟壮烈之姿也，而其所为事乃有古义勇风。语曰：举世混浊，清士乃见。吾伤流俗之嗜利也，传其事以劝焉。

（节选自《文宪集》）

【注】① 执业：指捧书求学，犹言受业。② 汛室：汛，洒水。汛室，指打扫房间。

思　考

下列对原文内容的理解和分析，不符合文意的一项是（　　）。

A. 李疑教书为业，生活清贫，却深明大义，急人之急，却不取回报

B. 范景淳深受感动，并且感恩图报，一定要把自己的钱财送给恩人

C. 李疑不顾自己可能受祸，坚持照顾一位孕妇，但此人却不知感恩

D. 文章作者有感于世俗的唯利是图，鼓励人们向善，因此写了本文

答案：C

解析：C 项中“不知感恩”于文中无据。

参考译文

李疑，居住在通济门外，同乡的年轻人去他家接受学业，他得到一些粮食来生活。因此自己十分贫困，但特别喜欢周济别人的急难。金华人范景淳在吏部当差，得了病，没有别的亲人。人们对他很冷漠，不收留他。范景淳拄着拐杖走到李疑门口，告诉李疑说：“我不幸患病，人们没有哪个收留我。听说您品德很高尚，希望能借给我一张床养病。”李疑答应了他，邀请他就座，打扫房间，安置了床褥炉灶，让他住在里面休息。李疑找来医生给他把脉，亲自给他煮粥熬药。从早到晚拉着他的手，问他的病痛。不久范景淳病情加重，不能起床，屎尿弄脏了床被，又脏又臭让人难以接近。李疑每天给他擦洗，没有一点厌恶的神情。范景淳流着眼泪说：“我连累你了。我恐怕活不下去了，没有办法报答您的大恩，行囊中有黄金白银四十多两，在过去住过的旅店里，希望你自己取来。”李疑说：“患难中互相救助，人情事理上应该如此，还要回报干什么？”范景淳说：“如果你不去取，我死后，恐怕被他人取走，这有什么好处呢？”李疑于是请邻人一起去，提着回来了。李疑当面打开行囊，记下数目封存起来作了标记。几天后范景淳最终死了，李疑拿自己的钱买棺材，把范景淳埋在城南聚宝山。将所有封存好的装有财物的行囊，存放到了他的邻人家里。李疑写信让他两个儿子来。等他的两个儿子来了，李疑取出行囊按账册归还给他们。他们拿出一半馈赠他，李疑推辞不接受，反而把自己的财物送给他们，让他们回去了。

平阳的耿子廉被抓捕的人用兵刃架着押解到了京城。此时，他的老婆怀孕即将生产，亲友却都关上大门不肯收容。他的妻子卧在草中大声哭泣。李疑见到了这一幕，问清楚了原委后，回到家中对妻子说：“谁没有个困难的时候呢？没有人能随身带着自家的房子四处行走，况且人命关天，如果在生育的时候受到了风寒，就很容易造成母子丧命。我宁可冒着连坐的风险收留他们，也不忍心眼看着她们母子死去。”于是，李疑让妻子将耿子廉的老婆带回家中，结果顺利地产下一个男婴。李疑让妻子照顾耿子廉的老婆就像自己照顾范景淳一样。过了一个多月，耿子廉的老婆才拜别他家。他不要耿子廉老婆的任何报酬。

因为这些事，大家都称赞李疑，名士大夫都喜欢与疑结交。凡是认识疑的人都称道：“好人啊，好人！”李疑读了一些书籍，文章也写得很好。李疑曾经凭借很好的儒学造诣中举却推辞不去做官，然而他高尚的品行最为人们所称道。宋学士说：“我和李疑有交往，了解他的为人。李疑没有魁伟雄壮的外表，可是他所做的事，却有真挚纯朴的仁义之风。俗话说：整个社会污浊，清廉的君子才显现出来。我为贪财好利的世俗之人而痛心，记载他的事迹来规劝世人。”

（2012 年北京卷）

知识拓展（悉）

齐有棋艺绝伦者，弈棋悉（全都）获胜。欲书《棋艺》，又恐不能悉（完全表达）其意，终弃之。

90 逊志斋集·詹鼎传

阅读提示

➢ 语言建构与运用

1. 加点字为文段中重、难点字词。
2. 下加_____为需要断句的文句。
3. 下加_____为需要翻译的文句。

➢ 文化传承与理解

1.《逊志斋集》：明方孝孺撰写的诗文集。该集成编于方氏生前，方氏殉节后，其诗文散失殆尽。70 多年后，临海人赵洪收集遗篇，得诗文 324 篇。方孝孺，浙江台州府宁海县人，明朝大臣、学者、文学家、散文家、思想家。因拒绝为发动“靖难之役”的燕王朱棣草拟即位诏书，被朱棣灭十族。

2. 万夫长：古代军队的官阶。从小到大依次为十夫长、百夫长、千夫长、万夫长、将军。十、百、千、万是指在这个官阶的长官所统领的士兵数目，但人数只是一个约数。

3. 行省制度：元世祖时，开始设置中书省。行省制，就是在中央设中书省总理全国政务，枢密院掌管军事，御史台负责监察；在地方设行中书省，行省设丞相一人，掌管全省军政大事。行省下设路、府、州、县。元朝在全国共设 10 个行省。

正 文

詹鼎字国器，台宁海人也。其家素贱，父鬻饼市中，而舍县之大家。大家惟吴氏最豪贵，舍其家，生鼎。鼎生六七年，不与市中儿嬉敖，独喜游学馆，听人读书，归，辄能言诸生所诵。吴氏爱之，谓其父令儿读书。鼎欣然，其父独不肯，骂曰：“吾故市人家，生子而能业，吾业不废足矣，奈何从儒生游也？”然鼎每自课习，夜坐饼灶下，诵不休。其父见其志不可夺，遣之读书。逾年，尽通其师所能，师辞之。时吴氏家延师儒，鼎就学，吴氏亦子育之，使学。未数年，吴氏子无能与鼎谈者。其师去，鼎遂为吴氏诸子师。

元末方国珍起海上，不能制，以重位授之。国珍开府[1]庆元，求士为己用。国珍闻鼎有才，以计擒之。鼎为所获，无奈，因为之尽力，为其府都事，有廉名。国珍弟平章事，有人犯法，属鼎治，鼎论如法。平章之妻受赇，请于鼎。持不可，曰：“今方氏欲举大谋，当用天下贤士，一心守法，曷使妇人得预事乎？”不许。妻怒，谮之，系鼎狱，半载乃释。

复起，为上虞制。上虞与伪吴王张士诚地相错，军吏贵臣甚众，以鼎儒生，不习边事，屡违约。鼎会众于庭，引一驿丞，责以不奉公，斩之。在庭者皆股栗，膝行请罪，膝屈久不能起，乃罢。后虽元帅、万夫长有所陈说，皆长跪以言，不敢举目视其面。鼎临事有才，简牍满前，须臾而决。

至正末，我兵临庆元城下，国珍惧，乘楼船遁于海。上怒，欲举兵诛之。莫为计，鼎为草表谢，辞甚恭而辩。上读表，曰："孰谓方氏无人哉？是可以活其命矣。"乃赦之，不问。更以国珍为右丞，鼎亦召至京师。

时河南行省缺郎中，吏部请命鼎为之。丞相曰："吾同事，以鼎才不可使外也。"待半岁，除留守都卫经历，改刑部郎中、刑部佐僚。未完，有司请除吏。丞相曰："刑部有詹鼎在，胜百辈。"其见称如此。鼎在刑部一以宽仁行法威声不起而人皆乐其不苛刻会大都督府受赂除军吏事发，诬鼎有赃。御史覆鼎，鼎言在留守时所养孤甥来省，恐有之，鼎诚不知。御史曰："法贵杀有名。"卒诛鼎，与百余人皆死。

（节选自《逊志斋集》，有删改）

【注】① 开府：古代指高级官员成立府署，选置僚属。

思　考

对原文有关内容的理解和分析，下列表述不正确的一项是（　　）。

A. 詹鼎出身微贱，从小酷爱学习，开始遭到父亲的反对，但苦学不辍，使父亲的态度发生改变，又得到与吴氏诸子一同从师的机会，后来成为吴氏诸子的老师

B. 詹鼎被方国珍用计擒获，不得已做了方国珍府都事。平章之妻受贿替人求情，詹鼎坚持秉公执法，后遭平章妻诬陷，身陷牢狱，半年后才被释放

C. 詹鼎在上虞时，军吏贵臣认为他不熟悉边防事务，多次违反纪律。为整肃纪律，詹鼎以不奉公的罪名杀了一名驿丞，使部属人人畏惧，从而树立了权威

D. 詹鼎曾任上虞制、河南行省郎中、留守都卫经历、刑部郎中、刑部佐僚等职。他在刑部任职时，适逢大都督府受贿案败露，被人诬陷贪赃，后被处死

答案：D

解析：文章最后一段"时河南行省缺郎中，吏部请命鼎为之"，但是"丞相曰：'……不可使外也。'"可知，丞相没有同意吏部的申请，所以詹鼎没有担任河南行省郎中。

参考译文

詹鼎，字国器。台州宁海人。他的家族向来贫穷，父亲在街市卖饼为业，租本县有钱人家的屋子居住。有钱人家中只有吴氏最富裕显贵，租住在吴家时，生了詹鼎。詹鼎六七岁时，

不喜欢与街市儿童嬉戏游玩，唯独喜爱上学馆听人读书，回家后就能说出学生们所诵的内容。吴氏爱其聪敏，劝詹鼎的父亲让詹鼎读书，詹鼎非常高兴，但他的父亲不答应，骂道："我们本来就是做买卖的人家，生了儿子能够从事这行手艺，我的手艺不废弃就足够了，为什么要跟读书人交往呢？"然而詹鼎常常自己认真学习，夜晚常在饼灶之下捧书诵读不止。他的父亲见他的志向不能改变，就让他入学读书。一年之后，把他老师所能教的都学会了，老师告辞离开了。当时吴氏邀请了儒学老师教授他的孩子，詹鼎就从学于吴家，吴氏同样像对自己的孩子一样教育他，让他学习。没过几年，吴氏子弟无人能和詹鼎谈论学问。他们的老师辞别离开了，于是詹鼎就成为吴氏孩子们的老师。

元末，方国珍起兵海上，朝廷不能制住他，把高官授予他。方国珍在庆元成立府署，选置有才能的人为自己所用。方国珍听说詹鼎有才能，用计谋擒获了他。詹鼎被抓住后，没有办法，于是为他尽心尽力做事，作了庆元府都事，有廉洁的名声。方国珍的弟弟任平章事的时候，有人违反法律，方国珍把他交给詹鼎审理，詹鼎按照法律来判决。平章事的妻子收受贿赂，向詹鼎求情，詹鼎坚持不同意，说："现在方家想要做大事，应该用天下贤能的人，应该完全遵守法令，怎么能让妇人干预政事呢？"不答应，平章事之妻非常恼怒，诬告他，把詹鼎关押入狱，半年后才释放。

詹鼎又被重新作用，任命为上虞制。上虞与伪吴王张士诚所占地相互交错，军吏贵臣很多，认为詹鼎是一介书生，不熟悉军旅事情，多次违反约定。詹鼎在庭院中会见众人，拉来一位驿丞，用不奉公守法责问追究他，斩了他。在庭内的人都双腿打战，跪着上前请罪，以致膝盖跪了很久无法站起来，詹鼎才罢休。后来即使是元帅、万夫长有事禀报，都是跪着说话，不敢抬头看着詹鼎的脸。詹鼎处理事情很有才能，文书摆满眼前，他一会儿就处理完。

元至正末年，我军兵临庆元城下。方国珍万分恐惧，乘船逃到海上去了。皇上大怒，想要派水兵诛杀他。（方国珍）走投无路，詹鼎代方国珍草拟了奏表谢罪，言辞谦卑恭敬但句句在理。皇上读完奏表后叹道："谁说方氏手下没有能人啊，这就可以让他活命了。"就赦免了方国珍，不再问他的罪。并且还任命方国珍为右丞，詹鼎也被召至京师。

当时河南行省郎中一职空缺，吏部请求任命詹鼎担任这一职务。丞相说："我与他共事，凭借詹鼎这样的才能不应该派往外地。"过了半年后，被任命为留守都卫经历，改任刑部郎中、刑部佐寮。任职未到期，负责衙门请求任命官职。丞相说："刑部有詹鼎在，胜过许多人。"他被人称赞就像这样。詹鼎在刑部，一向以宽大仁厚执行法令，没有威名，人们都高兴他不苛刻。碰到大都督府受贿任命官吏。事情败露，诬陷詹鼎收受了赃款。御史审问詹鼎，詹鼎说在留守时他所收养的外甥来行省时，可能有受贿的事，詹鼎实在不知情。御史说："执行法令贵在杀有名气的人。"最终处死了詹鼎，与一百余人都死了。

（2014 年山东卷）

知识拓展（阳）

暮时，斜阳（太阳，阳光）横照，大雁长飞，声断衡阳之浦。衡阳以其乃衡水之阳（指水的北面）而得名。

91 震川先生集·张自新传

阅读提示

➢ 语言建构与运用

1. 加点字为文段中重、难点字词。
2. 下加____为需要断句的文句。
3. 下加____为需要翻译的文句。

➢ 文化传承与理解

1.《震川先生集》：明代散文家归有光的作品集，共40卷。归有光，字熙甫，又字开甫，别号震川，又号项脊生，世称“震川先生”。归有光崇尚唐宋古文，其散文风格朴实，感情真挚，是明代“唐宋派”代表作家，被称为“今之欧阳修”，后人称赞其散文为“明文第一”。与唐顺之、王慎中并称为“嘉靖三大家”。

2. 髫龀：髫谓儿童下垂之发，龀谓儿童换牙。故髫龀代谓幼年。

3. 里长：又称里正、里君、里尹、里宰、里有司等，是中国春秋战国时的一里之长，唐代称里正，明代改名里长。最早春秋时，已有里正一职，负责掌管户口、赋役之事。唐朝亦有里正一职，以百户为一里，五里为一乡，每里置里正一人。宋初以里正与户长、乡书手共同督税，再以里正为衙前，故又称“里正衙前”。明代改名里长，并以110户为一里。

正 文

张自新，初名鸿，字子宾，苏州昆山人。自新少读书，敏慧绝出。古经中疑义，群子弟屹屹[①]未有所得，自新随口而应，若素了者。性方简，无文饰。见之者莫不讪笑，目为乡里人。同舍生夜读，倦睡去，自新以灯檠投之，油污满几，正色切责，若老师然。髫龀丧父，家计不能支。母曰：“吾见人家读书，期望青紫[②]，万不得一。且命已至此，何以为书？”自新涕泣长跪，曰：“亡父以此命鸿，且死，未闻有他语，鸿何敢忘？且鸿宁以衣食忧吾母耶？”与其兄耕田度日，带笠荷锄，面色黧黑。夜归，则正襟危坐，啸歌古人，飘飘然若在世外，不知贫贱之为戚也。

兄为里长，里多逃亡，输纳无所出。每岁终，官府催科，搒掠无完肤。自新辄诣县自代，而匿其兄他所。县吏怪其意气。方授杖，辄止之，曰：“而何人者？”自新曰：“里长，实书生也。”试之文，立就，慰而免之。

自新视豪势眇然不为意。吴中子弟多轻儇[③]，冶鲜好衣服，相聚集，以亵语戏笑，自新一切不省，与之语，不答。议论古今，意气慷慨。酒酣，大声曰：“宰天下竟何如？”目直上视，气勃勃若怒，群儿至欲殴之。补学官弟子员学官索贽金甚急自新实无所出数召笞辱意忽忽不乐欲弃去俄得疾卒。

归子曰：余与自新游最久，见其面斥人过，使人无所容。俦人广坐间，出一语未尝视人颜色。笑骂纷集，殊不为意。其自信如此。以自新之才，使之有所用，必有以自见者。沦没至此，天可问邪？余悲自新之死，为之叙列其事。

（节选自《震川先生集》）

【注】①屹屹：同“矻矻”，勤奋不懈的样子。②青紫：古代公卿绶带之色，这里指高官显爵。③轻儇：轻佻，不庄重。

思　考

下面对文章的分析和概括，不正确的一项是（　　）。

A. 童年丧父的张自新没有因母亲的看法而放弃学习，坚持耕读，啸歌古人，悠然自得

B. 张自新对吴中子弟的亵语戏笑不以为意，也不理解，所以无法与他们交流

C. 作者对张自新的坎坷经历和怀才不遇深有感慨，痛惜他的病故，写了这篇传

D. 文中选取张自新读书敏慧、耕读奉母等几件事来塑造人物，选材典型，形象饱满

答案：B

解析：文中“与之语，不答”不是无法与他们交流，是不愿也不屑与他们交流。

参考译文

张自新，原名鸿，字子宾，苏州昆山人。自新年少读书，聪明绝伦。古经中有疑惑难解之处，学友们费尽心力而无所获，自新随口而答，仿佛很平常很熟识的一样。他性格方正诚实，没有丝毫的矫饰，看见他的人没有不讥讽的，把他看作是乡下人。同舍的书生晚间读书，疲倦而睡去，自新用灯架扔他（以提醒他），油污溅满桌子，他严肃恳切地提出批评，仿佛老师一样。幼年丧父，家计不能支撑，母亲说：“我看见人家读书，期望做大官，一万人中都没有一个。况且我们家命运已经到了这种地步，还为什么读书呢？”自新哭泣、长跪，说：“亡父用这来嘱咐我，在他将离人世时，没有听他说别的话，我怎么敢忘却呢？况且我难道会因为衣食的缘故而使母亲忧劳吗？”他和他的兄长耕田度日，戴着斗笠扛着锄头，脸色黧黑。晚间归来，就正襟危坐，吟咏古人的诗文，飘飘然仿佛处在尘世之外，不知道贫贱是一种悲戚了。

他的兄长是里长，乡里多有逃亡之人，租税没办法收齐。每到年终，官府催交租税，把他的兄长拷打得体无完肤。自新就到县衙代哥哥受刑，而把哥哥藏匿到别的地方去。县吏为其意气而感到奇怪，刚要施与杖刑，县吏就阻止了，问：“你是什么人？”自新说：“我是里长，实际上是一介书生。”县吏拿文章来考他，自新马上完成，县吏感到快慰而让他免于受责罚。

自新看那些权豪势要之人，淡然不放在心上。吴中子弟大多轻薄浮华，穿着光鲜华丽的衣服，聚集到一处，用猥亵的语言开玩笑，自新对这一切都不理会。他们和他谈话，他也不屑于回答。谈论古今之事，意气慷慨。酒喝到酣畅时，他大声说："主宰天下怎么样呢？"眼睛往上看，神气勃勃仿佛发怒一样，那些年轻人想要殴打他。他被补授为秀才，学官向他索要礼金很是急迫。自新确实拿不出礼金，屡次遭受鞭笞的侮辱，心里怏怏不乐，想放弃而去，不久得病而死。

归子说：我和自新交游最久，看见他当面斥责别人过错，使人无容身之处。大庭广众之下，他讲一句话，不曾看人家的脸色。即便笑骂纷纷扬扬，他也很不放在心上。他是这样的自信。凭借自新的才华，如果让他有所施展，一定会有看得见的成绩。他沉沦埋没到这种地步，天意可探问吗？我悲悼自新的死，为此叙述他的事迹。

（2009 年福建卷）

知识拓展（微）

李密身份微（卑下）贱，为敌国俘臣，为避害，微（秘密地）居僻远之地。晋武帝仍诏其出仕，密以祖母年老志气日微（微弱）辞，且曰："微（没有）祖母，不能成人。"一篇《陈情表》，辞微（含蓄）而旨意深远。

92　临川汤先生传

阅读提示

➢　语言建构与运用

1. 加点字为文段中重、难点字词。
2. 下加_____为需要断句的文句。
3. 下加_____为需要翻译的文句。

➢　文化传承与理解

1.《临川汤先生传》：明代文学家邹迪光创作的一篇散文。邹迪光，明直隶无锡人，字彦吉，号愚谷，万历二年（1574 年）进士，授工部主事，官湖广提学副使。万历十七年（1589 年）罢归，在惠山下筑愚公谷，多与文士觞咏其间，极园亭歌舞之胜。工诗文，擅山林画，著《石语斋集》《文府滑稽》等。

2. 弱冠：男子 20 岁称弱冠。这时行冠礼，即戴上表示已成人的帽子，以示成年，但体犹未壮，还比较年少，故称"弱"。

3. 蹀躞：小步行走，行进艰难的样子。也指佩带的饰物名。

正　文

先生名显祖，字义仍，别号若士。豫章之临川人。生而颖异不群。体玉立，眉目朗秀。见者啧啧曰："汤氏宁馨儿。"五岁能属对。试之即应，又试之又应，立课数对无难色。十三岁，就督学公试，补邑弟子员。每试必雄其曹偶。庚午举于乡，年犹弱冠耳。见者益复啧啧曰："此儿汗血，可致千里，非仅仅蹀躞康庄也者。"

丁丑会试，江陵公属其私人啖以巍甲而不应，曰："吾不敢从处女子失身也。"公虽一老孝廉乎，而名益鹊起，海内之人益以得望见汤先生为幸。至癸未举进士，而江陵物故矣。诸所为附薰炙者，骎且澌没矣。公乃自叹曰："假令予以依附起，不以依附败乎？"而时相蒲州苏州两公其子皆中进士皆公同门友也意欲要之人幕酬以馆选而公率不应亦如其所以拒江陵时者

以乐留都山川，乞得南太常博士。至则闭门距跃，绝不怀半刺津上。掷书万卷，作蠹鱼其中。每至丙夜，声琅琅不辍。家人笑之："老博士何以书为？"曰："吾读吾书，不问博士与不博士也。"寻以博士转南祠部郎。部虽无所事事，而公奉职毖慎，谓两政府进私人而塞言者路，抗疏论之，谪粤之徐闻尉。居久之，转遂昌令。又以矿税事多所跖戾，计偕之日，便向吏部堂告归。虽主爵留之，典选留之，御史大夫留之，而公浩然长往，神武之冠竟不可挽矣。

居家，中丞惠文，郡国守令以下，干旄往往充斥巷左，而多不延接。即有时事，非公愤不及齿颊。人劝之请托，曰："吾不能以面皮口舌博钱刀，为所不知后人计。"指床上书示之："有此不贫矣。"公于书无所不读，而尤攻《文选》一书，到掩卷而诵，不讹只字。于诗若文无所不比拟，而尤精西京六朝青莲少陵氏。公又以其绪余为传奇，若《紫箫》《还魂》诸剧，实驾元人而上。每谱一曲，令小史当歌，而自为之和，声振寥廓。识者谓神仙中人云。

公与予约游具区灵岩虎丘诸山川，而不能办三月粮，逡巡中辍。然不自言贫，人亦不尽知公贫。公非自信其心者耶？予虽为之执鞭，所忻慕焉。

（节选自《汤显祖诗文集》附录）

思　考

下列对原文有关内容的概括和分析，不正确的一项是（　　）。

A. 汤显祖持身端洁，拒绝了张居正的利诱，海内人士都以结识他为荣幸

B. 因为上书批评当权者徇私情、塞言路，汤显祖被贬官至广东，做了徐闻尉

C. 汤显祖辞官回家后，当地官员争相与他交往，而汤显祖不为私事开口求人

D. 汤显祖与邹迪光相约三月份到江南一带游玩，但没准备好粮食，因而作罢

答案：D

解析：D 项中“相约三月份”的说法错误。原文为“不能办三月粮”，意思是不能准备三个月的粮食，说明汤显祖家贫。

参考译文

先生名显祖，字义仍，别号若士。江西临川人。从小聪慧过人，卓尔不群。体格挺拔，眉清目秀。见到他的人称赞说：“汤显祖真是个好孩子啊！”五岁就能写文对诗。每次出题考他，他立即就能回答，再考他还是立即回答。几次按标准来考核都能应对自如，面无难色。十三岁时，参加督学的公开考试，补录为邑县的弟子员。每次考试一定在同行中称雄。庚午年在乡试中中举，年龄才二十岁而已。见到他的人越发啧啧称赞道：“这个年轻人（好比）是汗血宝马，能日行千里，不是那种只能在大路上小步行走的马。”

丁丑年会试，江陵公张居正托付他的亲信用必会让汤显祖名居高第来引诱他，但他没有答应。（汤显祖）说：“我不敢像女子一样失身。”汤公虽然是一个年老的孝廉，但自此更加声名鹊起，天下之人更加以能够亲眼看见汤先生为荣幸。到癸未年考中进士，此时张居正已经去世。那些趋附张居正的人，逐渐消失湮灭。汤公自叹说：“假使我因依附权贵起家，不也会因依附权贵而颓败吗？”当时的宰相张四维、申时行，他们的儿子都中了进士，都是汤公的同门学友。他们想要邀请他入为幕僚，用选他任馆职来酬报他，汤公全都没有答应，也正像他拒绝江陵公时的方式一样。

因喜爱旧都的山川美景，请求任南太常博士。到了那里，闭门谢客，足不出户，绝不会怀存半张名刺去问候当地官员。投书万卷，把自己当作侵蚀书籍的小虫置身其中。每至三更，读书声琅琅不断。家人笑着说：“老博士为什么还大声读书？”（汤显祖）回答说：“我读我的书，不管是不是博士。”不久以博士身份转任南祠部郎。部中虽然没有什么事情要做，但汤公奉行职责小心谨慎，认为当权者徇私情、阻塞言路，上书对此予以批评，于是被贬为粤州的徐闻尉。过了很久，转任遂昌县令。又因矿税之事多有谬误，到与计吏一同上京之时，就向吏部堂请求回去。虽然主爵挽留他，典选挽留他，御史大夫挽留他，但汤公刚正大气，义无反顾，英明威武冠绝一时，最终不能挽留他。

住在家中，中丞惠文、郡国守令以下多来拜访，仪仗常常布满小巷，但汤公多不迎接。即使有政事，除非是让公众愤怒的事，否则不会谈论。有人劝他以私事相托，他说：“我不能凭借脸面和话语博取钱财，要为不认识的后人考虑。”指着床上的书给他们看：“有它们就不贫穷。”汤公对书无所不读，特别攻读《文选》一书，以至于合上书诵读，不错一字。诗文无所不模拟创作，尤其精通汉代六朝及唐代李白杜甫的诗文。除此之外，汤公还进行戏曲创作，像《紫萧》《还魂》众剧本，实在是超越元代人。每谱成一曲，令小史在他面前歌唱，自己为之唱和，声音震荡长空。认识他的人认为他是神仙中人。

汤公与我约定一同游览太湖灵岩虎丘众山川，却不能置办三个月的干粮，迟疑徘徊而中止。但他自己不说穷，别人也不都知道他穷。汤公不正是信从自己内心的人吗？我即使为他执鞭驾马，也是乐意和向往的。

（2019 年江苏卷）

知识拓展（坐）

宋人外出，常停车，坐（因为）爱美景。一日，出门见客，至其家，见一人南向坐（古人席地而坐，两膝着席，臀部压在脚后跟上），财物散于坐（通“座”，座位）中，顷之，官兵至，逮之，因其坐（犯……罪）盗。

93　白苏斋类集·外大母赵太夫人行状

阅读提示

➢　语言建构与运用

1. 加点字为文段中重、难点字词。
2. 下加_____为需要断句的文句。
3. 下加_____为需要翻译的文句。

➢　文化传承与理解

1.《白苏斋类集》：袁宏道的诗文集。袁宏道，字伯修，明代文学家。在复古派极盛一时的情况下，他独推白居易、苏轼，成为“公安派”的代表人物之一。他的诗文创作无人云亦云之作，多是有感而发、率真自然之作。

2. 委禽：即纳采。古代结婚礼仪（即“六礼”：纳采、问名、纳吉、纳征、请期、亲迎）中，除纳征外，其他五礼，男方都要向女方送上雁作为贽礼，所以称“纳采”为“委禽”。

3. 舅姑：“舅”特指丈夫或妻子的父亲（岳父或公公），而“姑”特指丈夫或妻子的母亲（岳母或婆婆）。因为古代两个通婚的氏族，彼此嫁女，实际上是姑舅结亲。

4. 领乡书：周制，乡学三年大比，乡老与乡大夫荐乡中贤能之书于王，谓之“乡书”或“乡老书”，后世科举因以“乡书”代指乡试中式。

正　文

天乎，天乎！何乃遽以吾外大母逝耶！悲哉！不肖宗道，稚年丧母，外大母每见不肖，辄泪涔涔下，且泣且拊曰：“儿饥否？将无寒乎？”辄取衣食衣食之。故不肖即茕然弱子乎，无殊乎在母膝下也。今壮矣，而外大母何在耶？悲哉，悲哉！

太夫人姓赵氏，其先江陵人，景泰间徙公安，遂占籍。四传为处士文深，赠中宪东谷公与处士同里闬，雅相欢也，因悉太夫人勤慎状，曰：“是真我家妇。”遂命方伯公委禽焉。赠中宪公性嗜饮，日偕诸酒人游，顾以生计萧疏，不无阻酣畅也。自有妇卜太夫人，而甘滑盈儿，取办咄嗟。诸故酒人惊相语："前从夫夫饮，且少鲑菜耳，今何突致此衎衎者？"遍视其困簏而索然若故，然后乃知太夫人啬腹龟手适舅姑，心力竭矣。无何，姑钱恭人婴疾且亟，则尽斥鳌珥授方伯公，俾迎医，医无问遐近。恭人不食，外大母亦绝啖。恭人不起，而太夫人哀可知也。即逮今五十余年，而语及辄涕。居尝语子吾今裕故能施耳不若先姑贫而好施也若所以有兹日微先姑之德不及此子孙无忘先姑哉

乙卯，方伯公领乡书，丙辰成进士，己未官比部郎。太夫人相从京师，为置侧室高，礼训慈育，闺内穆如。居四年，不置一鲜丽服。丙寅，方伯公佥宪江西，时长宪者喜敲扑，公庭号楚声不绝。太夫人闻之，戚然曰："彼盛怒易解耳，而生命难续，且若之何以人灼骨之痛，博己一快也？"方伯公为之改容曰："请佩此言当韦。"戊寅，方伯公以大参备兵通、泰，寻由河工超迁河南右辖。未几，转左。日夜期会簿书间，力渐耗。太夫人时时风方伯公："且休矣！即不能爇琴燔鹤以饱，夫岂其无双田之毛、东湖之水？"方伯公曰："所谓拂衣者难妻孥也，汝若是又奚难！"而癸未需次调补，竟请告归，从太夫人意也。居尝语诸子曰："尔父累俸，稍拓田庐，然不尽与尔曹，而推以赡族，亦惟是念祖父之余，不可专食也。尔当识此意附谱后，绝孙曾他肠，令吾族人得世世食此土，不亦美乎！"其平居语识大义类若此。

不肖宗道，甥也，义不敢饰吾外大母之行，然亦不敢隐也。惟慨惠之铭，以肉百年骨，则家舅氏厚幸，宗道厚幸。

（节选自《白苏斋类集》）

思　考

下列对原文有关内容的概括和分析，不正确的一项是（　　）。

A. 袁宗道很小就失去了母亲，幸赖外祖母的呵护，母爱的缺失得到了一定程度的弥补

B. 赵太夫人当年待字闺中时，烧得一手好菜，父亲的好友十分欣赏，命其子前来求亲

C. 袁宗道的外祖父在河南做官时，因于公务繁杂，后顺从妻子的意愿而选择了辞官归里

D. 作为外孙，撰写外祖母的行状，袁宗道既不敢虚美外祖母，也不愿隐瞒外祖母的美德

答案：B

解析：B 项中"赵太夫人当年待字闺中时，烧得一手好菜，父亲的好友十分欣赏"说法有误。原文中说"因悉太夫人勤慎状，曰：'是真我家妇。'遂命方伯公委禽焉"，所以提亲下聘礼的原因应是清楚赵太夫人勤勉谨慎的人品。

参考译文

天啊，天啊！为什么这么快让我的外祖母去世啊！我太伤心啊！不孝孙宗道，幼年丧母，外大母每每见到我，总是泪水止不住地流，一边流泪还一边抚摸着我说："孩子饿吗？感觉冷

吗？”就取来衣服给我穿上并喂我食物。所以我即使是孤单一身的幼儿，也和在母亲膝下成长没有差别。如今我已长大成人，可外祖母在哪里啊？悲伤啊，悲伤啊！

太夫人姓赵，她的先祖是江陵人，景泰年间搬迁到公安县，于是在此入籍定居。四方传言先祖是处士为人思虑周密，赠中宪东谷公与处士住同一里巷，平素相交甚欢，因此详尽地知道太夫人勤勉谨慎的情状，说：“这实在就是我家的儿媳。”于是命方伯公前去下聘礼提亲。赠中宪公生性好饮，每日和诸酒友一起饮酒交游，不过因生活状况不景气，不免会影响到他酣畅地饮酒。自从选择太夫人做儿媳，鲜美柔滑的食物摆满几案，置备迅速。那些原来的酒友吃惊地互相说：“先前同那人饮酒，还很少有菜肴，如今为何突然就饮食和乐了呢？”于是看遍他家谷仓及箱子却像原来一样空乏，这之后才知道是太夫人饿着肚子冒着寒冷去到公婆处，尽心竭力地侍候。不久，婆婆钱恭人患病且日趋严重，太夫人就拿出所有的首饰交给方伯公，让他去请医生，不管医生是远是近。钱恭人不吃东西，外大母也跟着不吃。钱恭人卧床不起，太夫人内心的哀伤可想而知啊。这些事到如今已有五十多年，但提到这些还总是落泪。平素家居时曾告诉儿子说：“我们如今生活富足了，所以能乐善好施罢了，不像她老人家虽贫穷却好施。你们之所以有今天，如果没有她老人家的品德不能达到今天的地步，你们做子孙的不要忘记她呀！”

乙卯年，方伯公考取得乡试中式，丙辰年成为进士，己未年便官至比部郎。太夫人跟从着来到京师，为其纳妾高氏，教导抚育子女，家中和美。四年里，没有置办过一件鲜明艳丽服饰。丙寅年，方伯公任江西佥宪，当时的长官喜欢用刑，公庭上哀嚎声不断。太夫人听到了，面带忧伤地说：“他们的怒气很容易消解，但受刑人的生命却难以延续，况且怎么能用别人的灼骨之痛，来博取自己的一时之快呢？”方伯公听后为之动容说：“请随时拿这话在违背它时提醒我。”戊寅年，方伯公以布政使司参政的身份署理驻守通、泰的军队政事，不久由河工越级升迁为河南右辖。不久，转任河南左辖。日夜置身文书簿册中，精力逐渐耗损。太夫人常常劝告方伯公：“该要休息了！当下不能焚琴煮鹤（这里指糟蹋身体）来求温饱，你难道没有到田里种庄稼、喝东湖水的打算？”方伯公曰：“都说隐居者主要是以妻儿为难，你如果这样又为难什么呢！”癸未年需依官员等第调任官职，最终请求告老回乡，顺从了太夫人的意愿。平日曾对儿子们说：“你们的父亲多年享受俸禄，稍微扩充了家里的田地房屋，但这些不会全给你们，而要推让来赡养整个家族的人，也只有这样除顾念你们祖父之外，也让你们明白不可以独自享有这些。你们要把这个意思记在家谱中，杜绝后世子孙的其他念想，让我们族人能够世世代代依靠这些土地生活，不也很好嘛！”她平素家居的话语就像这样识大体。

不肖孙儿宗道，是太夫人的外孙，从大义上讲不敢虚美外祖母的行为，然而也不愿隐瞒外祖母的美德。只有不吝啬地把她的事迹用文字记下来，使她的精神长存，就是舅父家的大幸，也是宗道的大幸。

（2020 年江苏卷）

知识拓展（要）

齐人好细要（人体的腰部），一肥女欲觅良方，母拒之，则以死要（要挟，威胁）之。无可奈何，遂与医要（相约）于茶肆，肥女喜，要（通“邀”，邀请）其友俱，医治之。肥女记其提要（要领，关键），终要（概括，总结）其法以广之。

94　小山类稿·张祖传

阅读提示

➢　语言建构与运用

1. 加点字为文段中重、难点字词。
2. 下加____为需要断句的文句。
3. 下加____为需要翻译的文句。

➢　文化传承与理解

1.《小山类稿》：明代张岳撰，收有奏议、书、序、刻石、祝文、祭文、墓志铭、神道碑、墓碣、传、杂著、志论、论、策、赋和诗等类作品。

2. 按察司：官名，提刑按察使司的简称，是元朝、明朝、清朝三代设立在省一级的司法机构，主管一省的刑名、诉讼事务，同时也是中央监察机关都察院在地方的分支机构，对地方官员行使监察权。

3. 儒业：指儒学或读书应举之业，还可指以儒学为业。

正　文

张祖字彦宗，以字行。十三岁，父祖继殁，独奉母以居。

洪武改元，闽中法令严核，绳吏之法尤峻。惮应役者邀祖斩右大指以自黜。祖疑之，入白母。母曰："法可避也，指斩不可复续，盍去诸？"遂避匿。未几，斩指事觉，诏逮捕戍边。犯者言张某始与某辈约如此。逮久弗获。会天变肆赦，乃归。室中空虚，至系马槛牛，毁斗桶为薪。念非力学无以树门户，于是决意习儒业。是时，诏民田八顷以上家，择子若[①]孙一人为吏。县檄至祖挥之弗受执卷奋曰吾而吏耶令白按察司，复檄祖往，固弗受如县。使者熟视之，曰："君，我辈中人也，勿辱于县。"遂挟以去。

祖既通儒术，兼晓九章算法。时方行方田[②]令，即以其事属之。文案盈几，祖精勤不舍，昼夜栉理而错画之，皆有绪可按据。

建文时，祖为吏部吏。未几，云南布政张公紞召入为尚书，于属吏多所更易，独言张某老成，守法不易也。时帝方与方孝孺辈讲求古治，经济之事多变太祖旧章，章奏日下吏部。祖密言于紞曰："帝起布衣有天下立法创制规模远矣为治当责实效。今法制已定，日有变更，未必胜于旧，徒使异议者以为口实，盍先其急者？"紞深然之，而夺于群议，不能用。会添设京卫知事一员，诏吏部选可者。紞曰："无逾祖矣。"授留守知事。

及靖难师渡江，祖为安吉县丞。紞被谴自经[③]，舁尸归，属吏无敢往视，祖独往经理其殡。殡毕，哭奠而去。时人义之。

安吉在万山中，向多逋民[④]，隐田不以自实，财赋甚少。祖至，清勤自持，敬礼贤士大夫，与讲究磨砺。在职九年，稽核财赋，修筑陂塘圩岸，不可胜计。逋民隐田者令以占籍[⑤]输税，免其罪。声称著闻，以最荐升湖广按察司经历。行至吴桥卒，惟一子扶丧归。

（节选自《小山类稿》）

【注】①若：或者。②方田：指方田均税法。③紞被谴自经：朱棣登位，张公紞被解除职务后自杀。④逋民：逃到本地的百姓。⑤占籍：自外地迁来的成为有户籍的当地居民。

思　考

下列对原文内容的概括与分析，不正确的一项是（　　）。

A. 张祖为逃避服役而断指出走，遇赦后见家境衰败，于是决定发愤读书以振兴家门

B. 建文年间张祖在吏部做小吏，上司张公紞非常赏识他，认为他办事老成，笃守法令

C. 吏部尚书张公紞自杀后，属吏中只有张祖敢出面料理丧事，当时的人认为他有情有义

D. 张祖任安吉县丞九年，因政绩卓著，考核获得最高等级，被推荐升任湖广按察司经历

答案：A

解析：据原文，母亲劝他："法律可以逃避，斩掉的手指却再也长不出来了，为什么不逃跑呢？"于是张祖就逃跑躲起来了。由此可知，张祖并没有真的斩去手指，A选项错误。

参考译文

张祖，字彦宗，以字为名被世人所知。十三岁时，父亲、祖父相继去世，独自侍养母亲一起居住。

洪武元年，闽中的法令严酷，约束官吏的法令尤甚。有害怕被征召劳役的人来约张祖一起斩断右手大拇指来免除劳役。张祖疑虑拿不定主意，回家告诉了母亲，母亲说："法令可以逃避，手指斩断后就不能再连上，何不逃离呢？"于是逃跑藏匿起来。不久，斩断指头的事被发现，诏令逮捕发配去戍边。犯罪的人说张祖开始与自己相约这样做的。追捕张祖很久没有抓到。正赶上新皇即位大赦天下，就回来了。家中一无所有，以至于变成马厩牛圈，毁木斗桶做薪柴。张祖想不努力学习就不能振兴门户，于是决心学习儒学。这时，皇帝下诏有八顷田以上的人家，选出一个儿子或孙子为小吏。县里文书送到，张祖拒不接受，手拿经书愤愤地说："我是做小吏的人吗？"县令报告了按察司，按察司再发文让张祖前去，张祖像对待县里一样坚决不接受。使者仔细地看了看他，说："您是我们这一类的人，不要在县里受委屈。"于是带他一起离开了。

张祖已经通晓儒学，又明晓九章算法。当时正推行方田均税法，就把这件事交付给他。文书满几案，张祖兢兢业业，废寝忘食分类梳理、安排、谋划，事情做的有条有理、有据可查。

建文帝时，张祖为吏部小吏。不长时间，云南布政使张公紞被召入为吏部尚书，于是下属官吏很多都更换了，唯独说张祖办事老成、守法度而没有更换。当时建文皇帝正与方孝孺等人讲求古法治国，治理国家的事很多都改变了太祖的旧制度，变法章奏每天都传到吏部。张祖暗中对张公紞说："高皇帝起于平民，据有天下，创立新法制度，规模很大。治理国家应追求实效。现在法制已定，每天都有变更，未必胜于旧法，只能给有不同意见的人提供借口，何必这么急着改变呢？"张公紞认为他说得很对，但因群议太盛，没有采用。恰逢（要）增设一位京卫知事，皇帝下令吏部挑选合适的人。张公紞说："没有谁能超过张祖。"授张祖为留守知事。

等到靖难之师渡江成功后，张祖做安吉县丞。张公紞被解除职务自杀，尸体抬回家，属吏没有敢去探视的，只有张祖前往帮助料理丧事。出殡完毕，哭着祭奠后离开，当时的人认为他有情有义。

安吉多山，向来多逃到本地的百姓，隐藏田地不能如实上报，收上的财赋很少。张祖到任后，清廉勤勉自守，尊敬礼待贤士大夫，与他们协商探讨。在职九年，稽查核实财赋，修筑池塘堤岸，不可胜数。逃到本地的百姓隐藏田地的令他们登记户籍交税，免其罪过，声名卓著远扬，因考核等级最高被推荐升任湖广按察司经历。上任行经吴桥时去世，只有一个儿子扶丧归家。

（2014年福建卷）

知识拓展（宜）

橘生于淮南则为橘，生于淮北则为枳，因淮南之地宜（适宜）橘生长也。是故，橘宜（应当）植于淮南。

95 张岱家传

阅读提示

➢ 语言建构与运用

1. 加点字为文段中重、难点字词。
2. 下加_____为需要断句的文句。
3. 下加_____为需要翻译的文句。

➢ 文化传承与理解

1. 张岱：字宗子，号陶庵，晚年号六休居士，浙江山阴（今浙江绍兴）人，明清之际史学家、文学家。明亡后，避兵灾于剡中，于兵灾结束后隐居四明山中，坚守贫困，潜心著述，著有《陶庵梦忆》和《石匮书》等。史学上，张岱与谈迁、万斯同、查继佐并称“浙东四大史家”；文学创作上，张岱以小品文见长，以“小品圣手”名世。

2. 捐馆：捐馆是对死的委婉说法。“捐”指放弃，“馆”指官邸，合起来意为放弃自己的官邸，一般是指官员去世。亦省作“捐舍”。

3. 洗卷：品味揣摩试卷。

4. 丹铅：古人点评校对文字时所使用的丹砂和铅粉，后泛指点评、校对。

正 文

祖讳汝霖，号雨若。幼好古学，博览群书。少不肯临池学书，字丑拙，试有司，辄不利。遂输粟入太学，淹蹇二十年。文恭[①]捐馆，家难渐至。大父读书龙光楼，辍其梯，轴轳传食，不下楼者三年。江西邓文洁公至越，吊文恭。文恭墓木已拱，攀条泫然，悲咽而去。大父送之邮亭，文洁对大父邑邑不乐，盖文洁中忌者言，言大父近开酒肆，不事文墨久矣，故见大父辄唏嘘。是日将别，顾大父曰：“汝则已矣，还教子读书，以期不坠先业。”大父泣曰：“侄命蹇，特耕而不获耳，藨蓘[②]尚不敢不勤。”文洁曰：“有是乎？吾且面试子。”乃拈“六十而耳顺”题，大父走笔成，文不加点。文洁惊喜，击节曰：“子文当名世，何止科名？阳和子其不死矣！”

甲午正月朔，即入南都，读书鸡鸣山，书夜不辍，病目眚，下帏静坐者三月。友人以经书题相商，入耳文立就，后有言及者，辄塞耳不敢听。入闱，日未午，即完牍，牍落一老教谕房。其所取牍上大主考九我李公詈不佳令再上上之不佳又上至四至五房牍且尽已。教谕忿恚而泣，公简其牍少七卷，问教谕，教谕曰：“七卷大不通，留作笑资耳。”公曰：“亟取若笑资来！”公一见，抚掌称大妙，洗卷更置丹铅。《易经》以大父拟元，龚三益次之，其余悉置高等。

乙未，成进士，授清江令，调广昌，僚宷多名下士。贞父黄先生善谑弄，易大父为纨绔子。巡方下疑狱，令五县会鞫之，贞父语同寅曰：“爰书例应属我，我勿受，诸君亦勿受，吾将以困张广昌。”大父知其意，勿固辞，走笔数千言，皆引经据典，断案如老吏，贞父歙然张口，称“奇才！奇才！”遂于大父定交，称莫逆。满六载，考卓异第一。

（节选自张岱《家传》）

【注】① 文恭：张元汴，号阳和，谥文恭，张汝霖的父亲，张岱的曾祖父。② 藨蓘：耕耘。

思　考

下列对原文有关内容的概括和分析，不正确的一项是（　　）。

A. 张汝霖早年虽博览群书，但在科举方面并不顺利，直至他父亲去世都没有考取功名

B. 邓文洁公听信别人的传言，认为张汝霖已难以造就，后通过当面测试才改变了看法

C. 张汝霖参加科考时差点因老教谕的昏聩而名落孙山，幸亏主考官的慧眼才榜上有名

D. 黄贞父断案时遇到难题，无法解决，张汝霖下笔千言，精准断案，黄称赞他为奇才

答案：D

解析：黄贞父并非“遇到难题，无法解决”，而是有意想难住祖父。

参考译文

我祖父的名字叫张汝霖，号雨若，从小就喜欢学习古文，博览群书。小时候他不愿意临摹书法家的书法，因此字写得很丑，因而在去官衙考试时，总是不能被录取。于是就捐纳财货买了个上太学的资格，仕途坎坷二十年。我曾祖父去世后，家境一天天困难。我祖父在家中龙光楼读书，去掉下楼的梯子，用吊车将食物送上楼去，曾经三年没有下楼。江西邓文洁先生到越地来悼念我曾祖父，曾祖父坟旁的树都已经长大了，邓先生抚摸着树枝泪流满面，哭啼着离开。曾祖父送他到邮亭，邓文洁对祖父很不高兴，原来是他听信了别人说的坏话，说我的祖父近日开了一家酒店，好久都没有写文章了，所以看见我祖父就连声叹气。那天邓文洁要走了，回头对祖父说：“你就算了吧！回去后教育儿子读书吧，希望他们能保住你先人的事业。”祖父哭着说：“侄儿的命运不好，只是耕耘而没有收获啊，但是耕耘还是不敢不勤奋的。”邓文洁说：“有这种情形吗？我将要当面考考你。”就顺手拈取了“六十而耳顺”这个题目让祖父写文章，祖父提笔就写，文不加点，一挥而就。邓文洁又惊又喜，鼓掌说：“你的文章会在社会上出名，岂止是在考场上考取功名？你父亲可以不死了吧！”

甲午年正月三十，祖父就到了南都，在鸡鸣山读书，一直到深夜都还手不释卷，因而害了眼病，在考试院静坐了三个月。朋友用经书中的考题彼此商量，（考题）一传入他耳中文章马上就形成了，后来再有谈到（考题）的，他就堵住耳朵不敢听了。进入考场后，时间还没到中午，就完成了文章。他的答卷落到了一个老教谕的手中。这位老教谕把他所选取的文章上呈给大主考李九我先生，李先生看了大骂这位老教谕，命令他重选送上来，送上来又不是好的文章，以致送了三四次，试卷差不多快要送完了。老教谕气愤得哭了，李九我先生翻检试卷少了七份，询问老教谕，老教谕说：“这七份试卷文理极其不通，我把它们留下来作为笑料罢了。”李先生说：“赶快把这些你认为是笑料的试卷拿来！”李先生一见我祖父的文章，鼓掌称赞很妙，把卷子重新用红笔批阅一遍。《易经》一科打算把祖父的文章作为第一名，龚三益第二，其余的五篇全部放置在高等。

乙未年，祖父考中进士，被授以清江县令，又被调到广昌，僚属大多是有名的人。黄贞父先生喜欢开玩笑戏弄人，认为我祖父是纨绔子弟而看不起他。刚好巡抚布置一件疑难案件，让五个县的县令会同审理。黄贞父对同事们说：“按照惯例这个案件应该交给我办，我不接受，

大家也不要接受，我准备用这个案件来难倒张广昌。”我祖父知道他的心意，就并没一再推辞，拿起笔写了好几千字，判案子就像很有经验的老年官吏。黄贞父吃惊地张开嘴，称赞祖父是“奇才！奇才！”黄贞父就决定同我祖父建立朋友关系，并成为莫逆之交。祖父做官满了六年，考察评比名列第一名。

（2016 年江苏卷）

知识拓展（遗）

赵国因遗（遗留，留下）策，揽人才，闻廉颇虽老而欲效力于国。乃使人问，使者回曰廉颇一饭而三遗〔排泄（大小便）〕矣。赵王厚遗（给予，馈赠）廉颇以遣之。廉颇以为赵王小施而大遗（遗弃）。

96　明史·熊鼎传

阅读提示

➢　语言建构与运用

1. 加点字为文段中重、难点字词。
2. 下加_____为需要断句的文句。
3. 下加_____为需要翻译的文句。

➢　文化传承与理解

1.《明史》：“二十四史”的最后一部，纪传体断代史，共 332 卷，包括本纪 24 卷，志 75 卷，列传 220 卷，表 13 卷；记载了自明太祖朱元璋洪武元年（1368 年）至明思宗朱由检崇祯十七年（1644 年）276 年间的历史。在“二十四史”中，《明史》以编纂得体、材料翔实、叙事稳妥、行文简洁为史家所称道，是一部水平较高的史书。这反映出编者对史料的考订、运用，对史事的贯通，对语言的驾驭能力都达到较高的水平。

2. 起居注：我国古代记录帝王的言行录，传说最早的起居注是汉武帝时的《禁中起居注》。后设为官职。明初曾专设起居注，后渐废。

正　文

熊鼎字伯颖，临川人。元末举于乡，长龙溪书院。江西寇乱，鼎结乡兵自守。陈友谅屡胁之，不应。邓愈镇江西，数延见，奇其才，荐之。太祖欲官之，以亲老辞，乃留愈幕府赞军事。母丧除，召至京师，授德清县丞。松江民钱鹤皋反，邻郡大惊，鼎镇之以静。迁起居注，承诏搜括故事可惩戒者，书新宫壁间。舍人耿忠使广信还，奏郡县官违法状，帝遣御史廉之。而时已颁赦书，丞相李善长再谏不纳，鼎偕给事中尹正进曰："朝廷布大信于四方，复以细故烦御史，失信，且亵威。"帝默然久之，乃不遣御史。洪武改元，新设浙江按察司，以鼎为佥事，分部台、温。台、温自方氏窃据，伪官悍将二百人，暴横甚。鼎尽迁之江、淮间，民始安。平阳知州梅镒坐赃，辨不已，民数百咸诉知州无罪。鼎将听之吏白鼎释知州如故出何鼎叹曰法以诛罪吾敢畏谴诛无罪人乎释镒以情闻报如其奏。宁海民陈德仲支解黎异，异妻屡诉不得直。鼎乃逮德仲，鞫实，立正其罪。是秋，山东初定，设按察司，复以鼎为佥事。鼎至，奏罢不职有司数十辈，列部肃清。鼎欲稽官吏利弊，乃令郡县各置二历，日书所治讼狱钱粟事，一留郡县，一上宪府，递更易，按历钩考之，莫敢隐者。八年，西部朵儿只班率部落内附，改鼎岐宁卫经历。既至，知寇伪降，密疏论之。帝遣使慰劳，赐裘帽，复遣中使赵成召鼎。鼎既行，寇果叛，胁鼎北还。鼎责以大义，骂之，遂与成及知事杜寅俱被杀。

（节选自《明史·熊鼎传》）

思　考

下列对原文有关内容的概括和分析，不正确的一项是（　　）。

A. 熊鼎卓有才能，处变不惊。他深受邓愈器重，留在邓手下任职；为母亲守孝后担任德清县丞，其时松江有人叛乱，邻郡惊恐，他冷静地控制了本县局面。

B. 熊鼎思虑周详，维护朝廷威信。广信郡县官员违法，皇上已颁发赦令，此时又要查究；熊鼎认为朝廷应当取信天下，不应为小事出尔反尔，皇上这才作罢。

C. 熊鼎治政有方，坚持依法办事。分管台、温事务时，他迁走凶恶残暴的官将，百姓方才安定；平阳知州梅镒被诬贪污行贿，他听从民意，依法予以释放。

D. 熊鼎面对威逼，表现出凛然正气。朵儿只班率部投靠朝廷，熊鼎察觉其中有诈，不久叛寇果然作乱，并胁迫他北还，他维护正义，责骂叛寇，最终被杀。

答案：C

解析：C 项中熊鼎不害怕被惩罚而依照实情释放了梅镒，并将此上报给皇上，而不是依法释放。

参考译文

熊鼎，字伯颖，临川人。元末时乡试中举，执掌龙溪书院。江西发生寇乱，熊鼎集结乡兵自守。陈友谅多次胁迫他投降，他不理睬。邓愈镇抚江西，多次召请他来相见，惊异于他的才华，向皇上推荐。太祖要授给他官职，他说母亲年老需要赡养，推辞了，于是留在邓愈的将军府中，参与辅佐军事。母亲死后守孝期满，皇帝召他到京城，授官德清县丞。后松江平民钱鹤皋反叛，邻近地区大为惊扰，熊鼎镇抚他们而恢复平静。升任起居注，奉诏搜求可引以为戒的旧事例，写在新宫殿的墙壁上。舍人耿忠出使广信回来，将郡县官员违法的情况上奏皇帝，皇帝要派御史去察访。而当时已经颁发大赦令，丞相李善长两次进谏暂时不派御史，皇帝不听。熊鼎偕同给事中尹正进言说：“朝廷广布信用于四方，又因小事派出御史，会失去信用，而且亵渎天威。”皇帝沉默了好久，终于没有派御史去。洪武元年，新设浙江按察司，熊鼎任佥事，分管台州、温州。台州、温州自从被方氏窃据以后，伪官悍将两百人，非常凶暴。熊鼎将他们全部迁到长江和淮河之间，百姓才安定下来。平阳知州梅镒犯贪赃罪，不停地分辩，几百个平民都申诉知州无罪。熊鼎打算听从民意，有一个小吏禀告道：“如果释放了知州，问起我们徇私故纵罪来怎么办？”熊鼎叹气说：“法律是用来诛杀罪人的，我敢因为怕被责罚，而诛杀无辜吗！”释放了梅镒，将情况上奏皇帝，皇帝回复照此执行。宁海平民陈德仲肢解了黎异，黎异的妻子多次投诉不得申冤。熊鼎就逮捕了陈德仲，审讯得知实情，立刻就治了他的罪。这年秋天，山东刚刚平定，皇帝设置了按察司，又叫熊鼎做佥事。熊鼎到任，奏请罢免不称职的官员数十人，各个部门安定清平。熊鼎要考查官吏的好坏，于是命令郡县各备两份日历，每天记下所处理的诉讼钱粮诸事，一份留在郡县，一份上报御史台，递相更换，按日历查考，下面的官吏没有敢隐瞒的。八年，西部的朵儿只班率领部落来归附，调熊鼎为岐宁卫经历。到了那里，发觉敌寇是假投降，他悄悄地将情况详加论列，报告皇帝。皇帝派遣使者慰劳，赐给裘皮衣服和帽子，又派中使赵成宣召熊鼎。熊鼎动身后，敌寇果然反叛，胁迫熊鼎折回北方。熊鼎对他们申明大义，斥骂他们，于是与赵成和知事杜寅都被杀。

（2011 年全国Ⅱ卷）

知识拓展（徐）

城北徐（姓）公儒雅，一日游沙湖，有清风徐（慢慢）来，神清目爽。

97 明史·花云传

阅读提示

➢ 语言建构与运用

1. 加点字为文段中重、难点字词。
2. 下加____为需要断句的文句。
3. 下加____为需要翻译的文句。

➢ 文化传承与理解

1. 枢密院：唐至元的最高军事机构，唐始设枢密使，掌文书，以宦官任之。后唐改称枢密院，枢密使辅佐宰相，分掌军政。宋设枢密院与“中书”分掌军政大权，号称“二府”。辽代按南北面官设北枢密院和南枢密院。元代，枢密院主管军事机密事务、边地防务，并兼禁军。

2. 祠堂：祠是为纪念伟人名士而修建的供舍。这点与庙有些相似，因此也常常把同族子孙祭祀祖先的处所叫“祠堂”。祠堂最早出现于汉代。东汉末，社会上兴起建祠以抬高家族门第之风，甚至活人也为自己修建“生祠”。

3 贞烈夫人：谓刚正有志节。古代朝廷用以作为赐予守节不辱的刚强女子的称号。

正 文

花云，怀远人。貌伟而黑，骁勇绝伦。至正十三年，杖剑谒太祖于临濠。奇其才，俾将兵略地，所至辄克。太祖将取滁州，率数骑前行，云从。猝遇贼数千，云翼太祖，拔剑跃马冲阵而进。贼惊曰：“此黑将军勇甚，不可当其锋。”兵至，遂克滁州。太祖渡江，云先济。既克太平，以忠勇宿卫左右。擢总管，徇镇江、丹阳、丹徒、金坛，皆克之。过马驮沙，剧盗数百遮道索战。云且行且斗三日夜，皆擒杀之。太祖立行枢密院于太平，擢云院判。命趋宁国，兵陷山泽中八日，群盗相结梗道。云操矛鼓噪出入，斩首千百计，身不中一矢。还驻太平，陈友谅以舟师来寇。云与元帅朱文逊结阵迎战，文逊战死。贼攻三日不得入，以巨舟乘涨，缘舟尾攀堞而上。城陷贼缚云云奋身大呼缚尽裂起夺守者刀杀五六人骂曰贼非吾主敌盍趣降!”贼怒，碎其首，缚诸樯丛射之，骂贼不少变，至死声犹壮，年三十有九。太祖即吴王位，追封云东丘郡侯，立忠臣祠祀之。方战急，云妻郜祭家庙，挈三岁儿，泣语家人曰：“城破，吾夫必死，吾义不独存，然不可使花氏无后，若等善抚之。”云被执，郜赴水死。侍儿孙瘗毕，抱儿行，被掠至九江。孙夜投渔家，脱簪珥属养之。及汉兵败，孙复窃儿走渡江，遇偾军[①]夺舟弃江中，浮断木入苇洲，采莲实哺儿，七日不死。逾年达太祖所。孙抱儿拜泣，太祖亦泣，置儿膝上，曰：“将种也。”赐儿名炜。其五世孙请于世宗，赠郜贞烈夫人，孙安人，立祠致祭。

（节选自《明史·花云传》）

【注】① 偾军：溃败的军队。

思 考

下列对原文有关内容的概括和分析，不正确的一项是（　　）。

A. 花云勇猛超群，他的才能深受太祖赏识。至正十三年他拜见太祖，曾在遇险时挺身而出使太祖免于难；此后又多次带兵打仗，建立显赫战功，得到太祖提拔。

B. 花云与贼寇奋力抗争，至死不屈。花云驻守太平时，陈友谅率水师攻破城池，元帅朱文逊战死，他被俘；花云临危不惧，在被杀的当口，仍高声痛骂贼寇。

C. 花云的妻子决心为丈夫殉节。花云妻子看到战况紧急，知道丈夫生命危险，表示自己决不独活，将三岁的儿子托付给家中仆人；花云被俘后，妻子投水而死。

D. 花云的儿子花炜历尽艰险后安全存活。花云妻子死后，侍儿抱起花炜逃命，被掠至九江，侍儿将他托养在渔家，后来又带他渡江，一年多后才来到太祖身边。

答案：B

解析：局原文，元帅朱文逊战死在前，城池被攻破在后。

参考译文

花云，是怀远人。身材魁梧，皮肤黝黑，勇猛无比。至正十三年，他提着剑到临濠拜谒太祖。太祖认为他是奇才，命令他带兵攻占城邑，所到之处总能攻克。太祖打算攻取滁州，带领几个骑兵在前行走，花云也在随从前往。突然遇到数千个贼兵，花云掩护太祖，拔剑跃马冲入敌阵。贼兵大惊说："这个黑将军勇猛非凡，不可抵挡他的锋芒。"（后来太祖的）大军到达，于是攻克了滁州。太祖带部队渡长江，花云最先渡过去。攻克太平以后，因为花云的忠勇，太祖让他做了身边的警卫。被提升为总管，领兵征战于镇江、丹阳、丹徒和金坛，都攻打下来了。经过马驮沙时，遇到凶悍的强盗数百名拦路挑战，花云边打边行军，接连战斗了三天三夜，将强盗全部擒杀。太祖在太平设立行枢密院，提拔花云做院判。花云奉命赶赴宁国，部队陷在山泽中达八天之久，众多强盗结伙阻拦。花云手持长矛，呐喊着出入敌阵，杀敌千百人，而自己没中一箭。花云回军后驻扎在太平。陈友谅带着水军来攻城。花云与元帅朱文逊结阵迎战，朱文逊战死。贼寇进攻三天不得入城，利用大船趁着涨水，沿着船尾攀爬城墙的垛口上去。城被攻陷，贼兵捆绑了花云。花云身体一振，大吼一声，绳索全部绷断，他趁机夺走了看守的刀，砍死了五六个人，骂道："贼兵本来就不是我主公的敌手，为何不快点投降！"敌人大怒，打碎了他的脑袋，把他绑在桅杆上，用乱箭射他。花云仍大骂不改变，至死声音还很雄壮，时年三十九岁。太祖做了吴王后，追封花云为东丘郡侯，建立忠臣祠祭祀他。当战事正紧急的时候，花云的妻子郜氏祭告家庙，牵着三岁的儿子，哭着对家人说："城一旦被攻破，我丈夫必死无疑。我为了道义不能独自活在世上，但是不可使花家断了后嗣，你们好好把他抚养大吧。"花云被俘之后，郜氏投水而死。侍儿孙氏埋葬了她，抱着孩子离开，路上被人劫掠到九江。孙氏连夜找到一户渔民，摘下簪子耳环托他们代养小孩。等到汉兵战败，孙氏回来窃走了小孩，逃跑渡长江。遇上败军抢走船只把他们丢弃在江中，靠着断木漂浮进入芦苇洲中，采摘莲子喂养小儿，七天都未死去。历经一年到达太祖那里。孙氏抱着小孩拜见太祖，泣不成声，太祖也流泪，把孩子抱到膝上，说："大将的后代啊。"太祖赐小孩名炜。他的五世孙请求世宗，追赠郜氏为贞烈夫人，孙氏为安人，立祠堂祭奠。

（2010 年新课标全国卷）

知识拓展（谢）

暮春花谢（凋落），杜牧游，遇山民。邀其至家，牧谢（拒绝）之。固请，牧怪之。述其意，牧方知其好意，遂谢（道歉，谢罪）。至其家，山民礼遇之，牧谢（感谢）其款待。旦日，牧谢（辞别）而出，叹曰："多谢（告诫）世人，善者多矣。"

98 明史·韩文传

阅读提示

➢ 语言建构与运用

1. 加点字为文段中重、难点字词。
2. 下加_____为需要断句的文句。
3. 下加_____为需要翻译的文句。

➢ 文化传承与理解

1. 敕：皇帝、帝王自上命下之词。汉时凡尊长或官长告诫子孙或僚属，皆称敕。南北朝以后专指皇帝诏书。
2. 帑：在古时指（政）府库的钱财。公帑是指政府在面向公共项目时使用的资金。

正 文

韩文字贯道，成化二年举进士，除工科给事中，出为湖广右参议。中贵督太和山，干没公费。文力遏之，以其羡易粟万石，备振贷。九溪土酋与邻境争地相攻，文往谕，皆服。弘治十六年拜南京兵部尚书。岁侵，米价翔踊。文请预发军饷三月，户部难之。文曰："救荒如救焚，有罪，吾自当之。"乃发廪十六万石，米价为平。明年召拜户部尚书。文凝厚雍粹，居常抑抑。至临大事，刚断无所挠。武宗即位，赏赉及山陵、大婚诸费，需银百八十万两有奇，部帑不给。文请先发承运库，诏不许。文言："帑藏虚，赏赉自京边军士外，请分别给银钞，稍益以内库及内府钱，并暂借勋戚赐庄田税，而敕承运库内官核所积金银，著之籍。且尽罢诸不急费。"旧制，监局、仓库内官不过二三人，后渐添注，或一仓十余人，文力请裁汰。淳安公主赐田三百顷，复欲夺任丘民业，文力争乃止。文司国计二年，力遏权幸，权幸深疾之。

而是时青宫旧奄刘瑾等八人号“八虎”日导帝狗马鹰兔歌舞角抵不亲万几文每退朝对僚属语及辄泣下郎中李梦阳进曰：“公诚及此时率大臣固争，去‘八虎’易易耳。”文捋须昂肩，毅然改容曰：“善。纵事勿济，吾年足死矣，不死不足报国。”即偕诸大臣伏阙上疏，疏入，帝惊泣不食。瑾等大惧。瑾恨文甚，日令人伺文过。逾月，有以伪银输内库者，遂以为文罪。诏降一级致仕，瑾恨未已，坐以遗失部籍，逮文下诏狱。数月始释，罚米千石输大同。寻复罚米者再，家业荡然。瑾诛，复官，致仕。嘉靖五年卒，年八十有六。

（节选自《明史·韩文传》）

思　考

下列对原文的概括和分析，不正确的一项是（　　）。

A. 韩文为官清正，关注民众生活，他在湖广，妥善处理九溪土酋与临境争地一事；担任南京兵部尚书时，年成歉收，他开仓取粮十六万石，平抑米价。

B. 韩文刚正不屈，敢于奏议国事，武宗继位，诸项费用供给不足，他不顾非议，一再提出自己看法；有关机构冗员渐增，他援引成例，着手压缩编制。

C. 韩文疾恶如仇，尽力遏制权幸，宦官刘瑾等每日引诱皇上沉溺于声色狗马，不理政事，他采用李梦阳的建议，冒死谏诤，打击了刘瑾等的嚣张气焰。

D. 韩文刚者易折，饱受政敌陷害，刘瑾以遗失部籍作为罪名，逮捕韩文，释放后又两次罚米，使他倾家荡产；直到刘瑾被诛后，韩文才复官而后退休。

答案：B

解析：B 项错误为：无中生有。

参考译文

韩文，字贯道，成化二年考取进士，被任命为工科给事中，（又）外调为湖广右参议。有权势的太监督管太和山时，侵吞公款。韩文竭力阻止他，用那些多余的钱换了一万石粮食，以备赈灾借贷之用。九溪土酋与相邻的部落因争地盘而互相攻打，韩文前往调解，都很服他。弘治十六年被授予南京兵部尚书。时遇荒年，米价飞涨。韩文请求预支三个月的军饷，户部感到这件事很为难。韩文说：“救荒如同救火，如果有罪，我自己承担。”于是打开粮仓发放十六万石（米），米价才平稳下来。第二年皇帝下诏任命他为户部尚书。韩文稳重敦厚、和蔼纯朴，平日里一副小心谨慎的样子。（但）面对大事的时候，刚毅决断没有什么能阻挠他。武宗登基的时候，赏赐以及为先帝发丧、大婚各项费用共需一百八十多万两。府库不够用。韩文请求先从承运库拿。皇帝下诏不允许。韩文说：“国库空虚，赏赐从京城到边疆的军士，请有区别地给予银钞，逐渐增加内库以及内府的钱，并且暂时借那些有功勋的皇亲国戚们的庄田税，然后下命令把承运库内经官方核实的存储的金银，登记在册。而且还要免除所有不属于急需的费用。”旧的制度，监局、仓库内官不超过两三个人，后来渐渐增加，有的一个仓库就有十多个内官。韩文大力请求裁减。淳安公主受赐田地三百顷，还想夺取任丘百姓的产业。韩文竭力争取才制止。韩文掌管户部两年，有力地遏制了弄权者和恃宠者。权贵和宠臣很痛恨他。而在此时，东宫随侍的老宦官刘瑾等八个人号称“八虎”，每天带着皇帝逐狗跑马，放鹰猎兔，沉迷歌舞，纵情角力的游戏，不处理政务。韩文每次退朝时对同僚说起（这些）都会流泪。郎中李梦阳进言说：“您如果能趁这个时候率领大臣们坚决抗争，除去八虎很容易。”韩文捋着胡子，挺起肩膀，毅然正色说道：“好，纵然事情不成，我这个年龄死也值得了，不死不足以报效国家。”即刻便偕同各位大臣伏跪在宫殿下。呈上奏折，奏折到了皇帝手里，皇帝吃惊哭泣得吃不下饭。刘瑾等人非常害怕。刘瑾更加忌恨韩文，每天派人窥伺韩文的过错。一个月后，出了个把假银子运到内库的人，于是把这作为韩文的罪过。皇帝下诏降官一级并令他退休。刘瑾的恨还没有消除。（韩文）又因丢失部籍获罪。（刘瑾）逮捕韩文关进诏狱。几个月后才释放，还罚了他千石大米运到大同。不久又两次被罚米，家中产业荡然无存。刘瑾被诛杀后，韩文恢复官职，后退休。嘉靖五年逝世，享年八十六岁。

（2014年新课标Ⅱ卷）

知识拓展（行）

苏武行（品行）正德高，行（践行）古道，帝令其出使胡地，行（出发）前，设宴属托。途遇商队，其人魁格有形，如行（古代军制单位）伍之人，乃盗也。盗感其德，遂随行（行走）相护。

99 明史·李东阳传

阅读提示

➢ 语言建构与运用

1. 加点字为文段中重、难点字词。
2. 下加______为需要断句的文句。
3. 下加______为需要翻译的文句。

➢ 文化传承与理解

1. 进士：古代科举殿试及第者之称谓。明清科举考试分三级进行，其中殿试一般每三年进行一次。

2. 闾阎：原指古代里巷内外的门，后泛指平民百姓。

正 文

李东阳字宾之，茶陵人，以戍籍居京师。四岁能作径尺书，景帝召试之，甚喜，抱置膝上，赐果钞。后两召讲《尚书》大义，称旨，命入京学。天顺八年，年十八，成进士，选庶吉士，授编修。累迁侍讲学士，充东宫讲官。

弘治五年，旱灾求言。东阳条摘《孟子》七篇大义，附以时政得失，累数千言，上之。帝称善。十七年，重建阙里庙成，奉命往祭。还，上疏言：臣奉使遄行，适遇亢旱。天津一路，夏麦已枯，秋禾未种，挽舟者无完衣，荷锄者有菜色。盗贼纵横，青州尤甚。南来人言，江南、浙东流亡载道，户口消耗，军伍空虚，库无旬日之储，官缺累岁之俸。东南财赋所出，一岁之饥已至于此；北地呰窳[①]，素无积聚，今秋再歉，何以堪之。事变之生，恐不可测。臣自非经过其地，则虽久处官曹，日理章疏，犹不得其详，况陛下高居九重之上耶？臣访之道路，皆言冗食太众，国用无经，差役频烦，科派重叠。京城土木繁兴，供役军士财力交殚，每遇班操，宁死不赴。势家巨族，田连郡县，犹请乞不已。亲王之藩，供亿至二三十万。游手之徒，托名皇亲仆从，每于关津都会大张市肆，网罗商税。国家建都于北仰给东南商贾惊散大非细故更有织造内官纵群小掊击闸河官吏莫不奔骇鬻贩穷民所在骚然此又臣所目击者。夫闾阎之情，郡县不得而知也；郡县之情，庙堂不得而知也；庙堂之情，九重亦不得而知也；始于容隐，成于蒙蔽。容隐之端甚小，蒙蔽之祸甚深。臣在山东，伏闻陛下以灾异屡见，敕群臣尽言无讳。然诏旨频降，章疏毕陈，而事关内廷、贵戚者，动为掣肘，累岁经时，俱见遏罢。诚恐今日所言，又为虚文。乞取从前内外条奏，详加采择，断在必行。

帝嘉叹，悉付所司。是时，帝数召阁臣面议政事。东阳与首辅刘健等竭心献纳，时政阙失必尽言极谏。东阳工古文，阁中疏草多属之。疏出，天下传诵。

（节选自《明史·李东阳传》）

【注】① 呰窳（zǐ yǔ）：疏懒。

思 考

下列对原文有关内容的分析和概括，不准确的一项是（　　）。

A. 李东阳幼时聪明颖悟，擅书法，深得皇上喜爱。十八岁中进士后进入仕途，不断得到升迁

B. 弘治十七年，李东阳给皇帝上疏，描述的奉命往祭途中所见所闻的严重灾情，令人触目惊心；同时，他也表达了自己的担忧

C. 李东阳一路上听取了各种意见，认为产生灾异的根源在于势家巨族、亲王贵戚、内廷

官员互相勾结，危害百姓

D. 为了革除蒙蔽之祸，李东阳请求皇上将以前的各种建议详细地加以整理并择善实施

答案：C

解析：据文义，灾异的根源在于层层蒙蔽，在上位的不明真相。

参考译文

李东阳，字宾之，茶陵人，凭着戍籍居住在京城。四岁能写直径一尺的大字，景帝召见考核他，非常喜欢，抱来放在膝上，赐予果品钱钞。后来两次奉诏讲解《尚书》大义，符合皇帝心意，奉诏命进京学习。天顺八年，十八岁，成为进士，被选为庶吉士，授编修官一职。多次升迁至侍讲学士，担任东宫讲官。

弘治五年，朝廷因旱灾征求意见。李东阳摘录《孟子》七篇大义，附以时政得失，累计数千字，把它呈献给朝廷。皇帝称赞写得好。十七年，重建阙里庙成，他奉命前往祭祀。回来后上书说：臣奉命急行，恰好遇到大旱。天津一带，夏天的麦苗已枯，秋天的庄稼没有种，拉船的人没有完整的衣裳，扛锄头的面有饥色。盗贼遍地，青州更加厉害。南方来的人说，江南、浙东流亡的人满路都是，人口减少，军队空虚，仓库没有十天的存粮，官员们被拖欠几年的薪俸。东南地区是朝廷财赋出产的地方，一年的饥荒就已经达到了这个地步；北方地区贫弱，向来没有积蓄，今年秋天再次歉收，怎么经受得起！事变的发生，恐怕不能预料。臣如果不是经过那个地方，即使久处官府，每天处理公文，还是不能够掌握其详细情况，何况陛下深居皇宫呢？臣在道路上询问其中缘由，百姓都说吃闲饭的人太多，国家费用无度，徭役频繁，赋税重叠。京城土木兴建频繁，服兵役财物与气力都耗尽了，每次轮到上京城操练，都宁死不去。权势之家、豪门大族，田产跨郡接县，还在不停地请求不纳赋税。亲王的封国，供给达到二三十万。游手好闲之徒，托名皇亲仆从，常常在水陆要冲和都会之地大开店铺，搜刮商税。国家在北方建都，仰仗东南地区供给，商人惊散，绝非小事。更有织造内官，纵容群小打人，闸河官吏没有不惊骇奔逃的，商贩和穷困的老百姓到处骚动不安，这又是臣亲自看到的。民间的情况，郡县不了解；郡县的情况，朝廷不了解；朝廷的情况，深宫中的皇帝不了解。从包庇隐瞒开始，发展到蒙蔽。包庇隐瞒的祸患小，被蒙蔽之后祸患就很严重了。臣在山东，听说陛下因多次出现灾异，敕令群臣畅所欲言，不要隐讳。虽然诏令多次下发，奏章也都上陈了，而事情关涉内廷、贵戚的，动不动就被牵制、阻挠，长年累月，都被遏制罢除了。臣实在担心，今天所说，又成为空文。请求选取从前朝廷内外的分条陈述的奏章，详细加以选择采纳，果断地施行。

皇帝赞赏感叹其言，都交给有关部门去办理。这时，皇帝多次召集阁臣当面商议政事。李东阳与首辅刘健等尽心进献忠言供皇帝采纳，对于时政的阙失必定尽力劝谏。李东阳精于古文，内阁中奏章多交托给他草拟。奏疏发出，天下传诵。

（2007 年重庆卷）

知识拓展（相）

韩愈少时，乡人相（观察）其貌，以为福禄之相（形貌，状貌）。后赴京赶考，途遇一孤苦者，愈乃悉赠其财。其人曰："汝当富贵，达时莫相（用在动词前，表动作偏指一方）忘。"韩愈赴京考中，此后竭力相（辅佐，帮助）君王。

100　明史·傅珪传

阅读提示

➢ 语言建构与运用

1. 加点字为文段中重、难点字词。
2. 下加～～～为需要断句的文句。
3. 下加____为需要翻译的文句。

➢ 文化传承与理解

1. 牙牌：① 象牙或骨角制的记事签牌。② 象牙腰牌，宋元以后为官员身份证，因多系象牙兽骨制成，故名。其上书写官员官衔、履历。始见于宋。明朝正式定制，分为五种：公、侯、伯曰"勋"，驸马都尉曰"亲"，文官曰"文"，武官曰"武"，教坊曰"乐"。③ 骨牌，一种赌具。④ 行酒令用的筹签。

2. 中旨：皇帝的诏谕；皇帝自宫廷发出亲笔命令或诏令而不正常通过中书门下等机构，直接交付有关机构执行；符合君主的意旨。

正　文

傅珪字邦瑞，清苑人。成化二十三年进士。改庶吉士。弘治中，授编修，寻兼司经局校书。与修《大明会典》成，迁左中允。武宗立，以东宫恩，进左谕德，充讲官，纂修《孝宗实录》。时词臣不附刘瑾，瑾恶之。谓《会典》成于刘健等多所糜费镌与修者官降珪修撰俄以《实录》成进左中允再迁翰林学士历吏部左右侍郎。正德六年，代费宏为礼部尚书。礼部事视他部为简，自珪数有执争，章奏遂多。帝好佛，自称"大庆法王"。番僧乞田百顷为法王下院，中旨下部，称大庆法王与圣旨并。珪佯不知，执奏："孰为大庆法王？敢与至尊并书，大不敬。"诏勿问，田亦竟止。珪居闲类木讷者。及当大事，毅然执持，人不能夺，卒以此忤权幸去。

教坊司臧贤请易牙牌，制如朝士，又请改铸方印。珪格不行。贤日夜腾谤于诸阉间，冀去珪。御史张羽奏云南灾。珪因极言四方灾变可畏。八年五月，复奏四月灾，因言："春秋二百四十二年，灾变六十九事。今自去秋来，地震天鸣，雹降星殒，龙虎出见，地裂山崩，凡四十有二，而水旱不与焉，灾未有若是甚者。"极陈时弊十事，语多斥权幸，权幸益深嫉之。会户部尚书孙交亦以守正见忤，遂矫旨令二人致仕。两京言官交章请留，不听。珪归三年，御史卢雍称珪在位有古大臣风，家无储蓄，日给为累，乞颁月廪、岁隶，以示优礼。又谓珪刚直忠谠，当起用。吏部请如雍言，不报。而珪适卒，年五十七。嘉靖元年录先朝守正大臣，追赠太子少保，谥文毅。

（节选自《明史·傅珪传》）

思　考

下列对原文有关内容的概括和分析，不正确的一项是（　　）。

A. 傅珪进入仕途，参与纂修文献。弘治年间，他兼任司经局校书，参与编修《大明会典》得以升职；武宗继位，他进位左谕德，充讲官，修撰《孝宗实录》

B. 傅珪任职礼部，劝谏讲究策略。他担任礼部尚书时，由于屡有争端，上奏增多；番僧因帝好佛求地百顷，他佯作不知皇上自称大庆法王，不理会给地的事

C. 傅珪守正不阿，反遭诬蔑报复。每遇大事，他都能坚持己见，不肯随意改易，因而触怒许多人；后因得罪权贵被迫退休，虽有言官请留，他仍坚持离职

D. 傅珪为官清廉，死后受到好评。御史卢雍称赞他在位时有古代大臣风范，归乡后家无积蓄，艰难度日；嘉靖元年，他被列为先朝守正大臣，追谥为文毅

答案：C

解析：原文为"两京言官交章请留，不听"中"不听"指的是朝廷，不是傅珪。

参考译文

傅珪，字邦瑞，清苑人。成化二十三年进士。改任庶吉士。弘治年中，授予编修一职，不久兼任司经局校书。参与编修《大明会典》完成，迁任左中允。武宗即位，因为东宫恩赐，升任左谕德，充当为皇帝经筵进讲的官员，编修《孝宗实录》。当时文学侍从不攀附刘瑾，刘瑾很憎恨他们。说《大明会典》在刘健等人手中完成，耗费很多，削减参与编修者的官职，降傅珪为修撰。不久因为《孝宗实录》编成，升任左中允，再升翰林学士，历任吏部左右侍郎。正德六年代替费宏担任礼部尚书。礼部的事务与其他各部比较相对简单，但从傅珪开始多次直言规劝，章奏就多了起来。皇帝喜好佛，自称"大庆法王"。西域僧人求百顷田地作法王下院，皇帝的亲笔命令下到部里，将"大庆法王"与圣旨同署。傅珪假装不知道，执意上奏说："谁是大庆法王，敢与皇帝并列，是对皇帝大不敬。"皇帝下诏不过问，求田之事也最终停止。傅珪闲居时类似木讷不会说话的人，遇到大事时，毅然坚守自己的意见，他人不能

改变，最终因为这忤逆权贵佞臣而离职。教坊司乐官臧贤请求换牙牌，式样要做得像朝廷官员的一样，又请求重新铸造他自己的方印，因傅珪的阻止没有做成。臧贤日夜不停地在阉党面前诽谤傅珪，盼望着除去傅珪。御史张羽奏报云南灾情，傅珪趁此竭力陈说四方灾害可怕。正德八年五月，再次奏报四月灾情，傅珪进言说："春秋二百四十二年，灾害六十九次。现今从去年秋天以来，地震雷鸣，天降冰雹，辰星坠落，龙虎出现，地裂山崩，总共四十二次，加之水涝旱灾不断，灾害没有像这样严重的。"极力奏陈其时社会弊病十件事，话语多指斥受宠的权贵，权贵愈加痛恨他。恰逢户部尚书孙交也因为恪守正道被欺凌，阉党就假托帝王诏命令二人退休。长安和洛阳监官和谏官交互向皇帝上书请求二人留任，皇帝不听。傅珪归家三年，御史卢雍称赞傅珪在位有古大臣风范，家里没有积蓄，每天为吃饭发愁，请求每月给他发放禄米和每年给他提供仆人，以表示朝廷对官员的优待。又认为傅珪刚正忠实，敢于直言，应当起用，吏部按照卢雍的话上奏，没有回复。而傅珪这时刚好去世，终年五十七岁。嘉靖元年录入先朝守正大臣，追赠太子少保，谥号文毅。

（2016 年全国Ⅲ卷）

知识拓展（信）

楚王信（信任）屈原，屈原以为美言不信（真实），故每谏必以信（实情）。子兰嫉之，馋之，屈原遂见逐。屈原以为楚王未信（守信用），欲投汨罗江，信（随意）手以佩环为信（信物），俾人闻王，仍冀王信（通"伸"，伸张）大义于天下。

101 明史·罗洪先传

阅读提示

➢ 语言建构与运用

1. 加点字为文段中重、难点字词。
2. 下加_____为需要断句的文句。
3. 下加_____为需要翻译的文句。

➢ 文化传承与理解

1. 朝正：也称贺正，元会。指大臣在新年向皇帝拜贺。据传，周代每逢新年，诸侯要向周天子"朝正"，即朝贺新年。

正　文

罗洪先，字达夫，吉水人。父循，进士。历兵部武选郎中。会考选武职，有指挥二十余人素出刘瑾门，循罢其管事。瑾怒骂尚书王敞，敞惧，归部趣易奏。循故迟之，数日瑾败，敞乃谢循。循历知镇江淮安二府徐州兵备副使咸有声洪先幼慕罗伦为人年十五读王守仁《传习录》好之欲往受业循不可而止。乃师事同邑李中，传其学。

嘉靖八年，举进士第一，授修撰，即请告归。外舅太仆卿曾直喜曰："幸吾婿成大名。"洪先曰："儒者事业有大于此者。此三年一人，安足喜也？"洪先事亲孝。父每肃客，洪先冠带行酒、拂席、授几甚恭。居二年，诏劾请告逾期者，乃赴官。寻遭父丧，苫块蔬食，不入室者三年。继遭母忧，亦如之。

十八年，简宫僚，召拜春坊左赞善。明年冬，与司谏唐顺之、校书赵时春疏请来岁朝正后，皇太子出御文华殿，受群臣朝贺。时帝数称疾不视朝，讳言储贰临朝事，见洪先等疏，大怒曰："是料朕必不起也。"降手诏百余言切责之，遂除三人名。洪先归，益寻求守仁学。甘淡泊，炼寒暑，跃马挽强，考图观史，自天文、地志、礼乐、典章、河渠、边塞、战阵攻守，下逮阴阳、算数，靡不精究。至人才、吏事、国计、民情，悉加意谘访。曰："苟当其任，皆吾事也。"邑田赋多宿弊，请所司均之，所司即以属。洪先精心体察，弊顿除。岁饥，移书郡邑，得粟数十石，率友人躬振给。流寇入吉安，主者失措，为画策战守，寇引去。素与顺之友善，顺之应召，欲挽之出，严嵩以同乡故，拟假边才起用，皆力辞。

初，告归，过仪真，同年生主事项乔为分司。有富人坐死，行万金求为地，洪先拒不听。乔微讽之，厉声曰："君不闻志士不忘在沟壑耶？"江涨，坏其室，巡抚马森欲为营之，固辞不可。隆庆初卒，赠光禄少卿，谥文庄。

（节选自《明史·罗洪先传》）

思　考

下列对原文有关内容的概括和分析，不正确的一项是（　　）。

A. 罗洪先志向远大。他幼年仰慕罗伦的为人，后又想拜王守仁为师，因父亲没有同意才罢休；他认为考中进士并不值得炫耀，认为儒学之士的事业应该更大

B. 罗洪先范言敢谏。皇帝常常称病不上朝，罗洪先与司谏唐顺之、校书赵时春在皇帝非常忌讳太子临朝时，依然敢于上疏请求皇帝让位，让太子接受群臣朝贺

C. 罗洪先心忧国民。他留心察访人才、吏事、国计、民情，发现田赋弊端，请求均衡处理并使积弊消除；流寇侵入吉安，他献策战守并使盗贼退兵离去

D. 罗洪先正直淡泊。他拒不同意犯罪富人拿钱请求免死的行为；因江水上涨，屋子被毁，他坚决推辞巡抚马森为其营造房屋的好意

答案：B

解析：B 项中“上疏请求皇帝让位”错，原文只是请求太子接受朝贺。

参考译文

罗洪先，字达夫，吉水人。父亲罗循，是进士。历任兵部武选郎中。恰逢考核选拔武官，有二十多个指挥平素出自刘瑾门下，罗循罢除其管事。刘瑾愤怒地骂尚书王敞，王敞害怕，回到兵部催促罗循改变奏折。罗循故意拖延，几天后刘瑾倒台，王敞于是向罗循道歉。罗循历任镇江、淮安两府的知府和徐州兵备副使，都有治政的名声。罗洪先幼年仰慕罗伦的为人。十五岁时，读王守仁的《传习录》，喜欢上它，想前往拜师求学，罗循没有同意而罢休。于是拜同乡的李中为师，传承李中的学说。

嘉靖八年，考中进士第一名，授官修撰，马上请求回家。岳父太仆卿曾直高兴地说：“有幸我的女婿成就了大名声。”罗洪先说：“儒学之士的事业有比此更大的。状元三年就有一个，哪里值得高兴？”罗洪先侍奉双亲很孝顺。父亲每次恭敬地迎接客人，罗洪先都穿上礼服依次给客人斟酒、拂扫座席、端授茶几，非常恭敬。过了两年，下诏弹劾请假超过期限的官员，他才去任职。不久遭遇父亲的丧事，他睡在草荐上，头枕着土块，吃素食，三年没有回家中。接着又遇上母亲的丧事，也如此守丧。

十八年，选拔东宫的官员，召任春坊左赞善。第二年冬天，与司谏唐顺之、校书赵时春上疏请求来年朝贺新年后，皇太子出宫临文华殿，接受群臣朝贺。当时皇帝多次声称有病不上朝，忌讳臣子说让太子临朝的事，见到罗洪先等人的奏疏，非常愤怒地说：“这是料定朕的病必定不能好了。”降下亲手写的一百多字的诏令责备他们，于是削除三人的名籍。罗洪先回到家中，更加寻求王守仁的学问。甘于淡泊，寒冬酷暑坚持锻炼，策马腾跃，拉引强弓，查考地图，翻阅史书，从天文、地理、礼乐、典章、河渠、边塞、打仗的阵法和攻守方式，下至阴阳、算数，无不精心研究。至于人才、吏治之事、国家大计、百姓的情况，都用心咨询访问。说：“如果身在其位，都是我的事。”县里的田赋有很多积弊，他请求有关部门更改，有关部门就交托他来处理。罗洪先细心考察，积弊马上除去。收成不好，他转交书信到郡县，得到粮食几十石，亲率朋友拿去赈济灾民。流窜的盗贼进入吉安，主事官惊慌失措。罗洪先为他出谋划策迎战守卫，盗贼退兵离去。他向来与唐顺之交好。唐顺之应召入朝，想约请他出山，严嵩因是同乡的缘故，打算假托治理边疆的人才起用他，他都极力推辞。

当初，请假回家，经过仪真，同年考中进士现任主事的项乔在盐运司任职，分管仪真。有富人犯罪定为死罪，用一万两银子请求为自己开脱罪名，罗洪先拒不同意。项乔暗示劝告，他严厉地说：“您没听说有志之士不忘记身处沟壑吗？”江水上涨，毁坏了他的屋子，巡抚马森想为他营造，他坚决推辞不同意。隆庆初年去世，赠官光禄少卿，谥号文庄。

知识拓展（幸）

沛公未遇秦主力，遂先入咸阳，幸（幸运）甚。且财物无所取，妇女无所幸（宠幸），志不在小。项王欲击沛公，幸（幸亏）项伯往告张良。项王邀沛公赴宴，趁其无备欲杀之，沛公幸（侥幸）得脱。

102 明史·陈登云传

阅读提示

➢ 语言建构与运用

1. 加点字为文段中重、难点字词。
2. 下加______为需要断句的文句。
3. 下加_____为需要翻译的文句

➢ 文化传承与理解

1. 疏：《文心雕龙·章表》：“章以谢恩，奏以按劾，表以陈情，议以执异。”这四种文体是由书发展而来，到了汉代才固定下来，都是臣子写给君主的呈文的四种不同名称。章是臣子用来谢恩的文体。奏是臣子用来弹劾官吏的文体。表是臣子用来陈诉个人钟情的文体。议是臣子发表个人见解的文体。

2. 朝右：朝廷中的大官员。关于左右的尊卑，年代不同，左右尊卑也不同。古代等级制度严格，左右为区别尊卑高下的标志之一，普遍实行于各种礼仪之中。由于君主受臣子朝见时，南面而坐，左东右西，臣子北面而立，左西右东，朝臣依官位由尊至卑一字排开，若官位高者有东，卑者在西，则尊右贱左；反是，则尊左贱右。各代情况不一，考核史籍，情况如下：夏商周时，朝官尊左，燕饮、凶事、兵事尊右；战国时朝官尊左，军中尊右；秦尊左；汉尊右；六朝朝官尊左，燕饮尊右；唐宋明清尊左；元尊右。一般在喜庆活动中，以左为贵；在凶伤吊唁中，以右为尊。

3. 储贰：指太子。意思是储存的君主，待后的君王。

正 文

陈登云字从龙，唐山人，万历五年进士，除鄢陵知县，征授御史，出按辽东，疏陈安攘十策，又请速首功之赏。改巡山西。还朝，会廷臣方争建储。登云谓议不早决，由贵妃家阴沮之。十六年六月遂因灾异抗疏，劾妃父郑承宪，言：“承宪怀祸藏奸窥觊储贰且广结术士之流曩陛下重惩科场冒籍承宪妻每扬言事由己发用以恐喝勋贵簧鼓朝绅不但惠安遭其虐焰，即中宫与太后家亦谨避其锋矣，陛下享国久长，自由敬德所致，而承宪每对人言，以为不立东宫之效。干扰盛典，蓄隐邪谋，他日何所不至？”疏入，贵妃、承宪皆怒，同列亦为登云危，帝竟留中不下。久之，疏论吏部尚书陆光祖，又论贬四川提学副使冯时可，论罢应天巡抚李涞、顺天巡抚王致祥，又论礼部侍郎韩世能、尚书罗万化、南京太仆卿徐用检，朝右皆惮之。

时方考选科道，登云因疏言：“近岁言官，壬午以前怵于威，则摧刚为柔；壬午以后昵于情，则化直为佞。其间岂无刚直之人，而弗胜龃龉，多不能安其身。二十年来，以刚直擢京卿者百止一二耳。背公植党，遂嗜乞怜，如所谓‘七豺’‘八狗’者，言路顾居其半。夫台谏为天下持是非，而使人贱辱至此，安望其抗颜直绳，为国家锄大奸、歼巨蠹哉！与其误用而斥之，不若慎于始进。”因条数事以献。出按河南。岁大饥，人相食。副使崔应麟见民啖泽中雁矢，囊示登云，登云即进之于朝。帝立遣寺丞钟化民赍帑金振之。登云巡方者三，风裁峻厉。以久次当擢京卿，累寝不下，遂移疾归。寻卒。

（节选自《明史·陈登云传》）

思　考

下列对原文有关内容的概括和分析，不正确的一项是（　　）。

A. 陈登云不畏权贵，弹劾贵妃之父。他出于对朝廷的忠心，即便对郑承宪这样的国戚，也大胆揭发对方为非作歹，包藏祸心，幸而皇上并未因此发怒

B. 陈登云敢于直言，检举多名重臣。他在朝既久，发现诸多问题，于是奏告一干大臣，其中有些人因此遭到贬职或罢免，以至朝廷大官们都很畏惧他

C. 陈登云上疏指出，选才慎于始进。他认为二十年来，刚直者很少被提拔进京，在朝者却背公结党，谄媚权贵，与其误用后罢免，不如进用时慎重

D. 陈登云关心百姓，奏请救助灾区。在他巡视河南期间，当地年成歉收，百姓相食，他向朝廷呈告灾情，皇上当即派遣寺丞锺化民筹措钱款赈济灾民

答案：D

解析：D 项中“皇上当即派遣寺丞钟化民筹措钱款赈济灾民”错误，是派遣钟化民拿国库里的钱赈济灾民。

参考译文

陈登云，字从龙，唐山人。万历五年进士，授职鄢陵知县。政绩最好，升为御史。出按辽东，上疏陈明安定边境的十条对策，又请求加速建立首功的赏赐制度。后改为山西巡抚。回到京城，恰好朝廷大臣正在争论立储君的事。陈登云认为朝议迟迟不能决定，是贵妃家人暗中捣鬼。万历十六年六月，因发生灾害上疏弹劾贵妃父亲郑承宪，说：“郑承宪包藏祸心，觊觎储君。天天与宦官往来，商量对策，而且广泛交结山人、术士、道士、和尚之流。当初陛下重惩科场冒名顶替之人，郑承宪的妻子每每扬言事情是自己揭发的，用来恐吓勋贵，以巧言惑动朝廷人士。不但惠安遭到他们算计，即使中宫与太后家也谨慎避开他们的锋芒。陛下统治国家已很久了，这是惠政的结果，而郑承宪每次对人说，认为是不立太子的结果。干扰盛典，蓄意隐藏邪谋，以后有什么事他干不出来呢？”奏疏呈上，贵妃、郑承宪都十分生气，同僚也为陈登云担忧，但皇上把奏疏留下了。

很久以后，他又上疏弹劾吏部尚书陆光祖、四川提学副使冯时可、应天巡抚李涞、顺天巡抚王致祥、礼部侍郎韩世能、尚书罗万化、南京太仆卿徐用检。朝廷的大臣都很怕他。当时，正好考选科道，陈登云因而上疏说："近来的御史官，壬午以前害怕淫威，刚正的被摧折成柔弱之辈；壬午以后拘于情面，正直的变成谄媚之徒。其间难道没有刚正的人吗，但禁受不住排挤倾轧，没有安身的地方。二十年来，以正直提升为京官的只有一二个人。背着皇上，培植党羽，摇尾乞怜，像所谓'七豺''八狗'，言官占了一半。谏官是为天下评判是非的，而被人践踏到这种地步，怎能希望他不顾情面，正直地处理事情，为国除掉奸人、消灭败类呢！与其因误用而贬退，不如谨慎地考察人选。"因而条陈数件事献给皇上。出任河南巡按。那年发生大饥荒，人吃人。副使崔应麟看见百姓吃湖中的雁屎，便装袋中拿来给陈登云看，陈登云便送到朝廷。皇上立即派遣寺丞钟化民分发库银赈恤百姓。陈登云三次巡视地方，执政严厉，按规定应当提升为京官，屡次被朝廷压下，于是他称病归家。不久之后就死了。

（2016年全国Ⅱ卷）

知识拓展（兴）

刘邦兴（发动）兵伐秦，后刘邦王，大汉兴（兴盛）。政通人和，兴（兴办）教育，百业兴（兴起）焉。

103　明史·左光斗传

阅读提示

➢　语言建构与运用

1. 加点字为文段中重、难点字词。
2. 下加_____为需要断句的文句。
3. 下加_____为需要翻译的文句。

➢　文化传承与理解

1. 辇下：又称为辇毂下，意思是在皇帝的车驾之下，常常用作京都的代称。
2. 屯田：汉以后历代政府利用兵士在驻扎的地区种地，或者招募农民种地的一种措施。
3. 追比：旧时地方官严逼限期交税、交差或交代问题，过期以杖责、监禁等方式继续追逼。

正 文

左光斗，字遗直，桐城人。万历三十五年进士。除中书舍人。选授御史，巡视中城。捕治吏部豪恶吏，获假印七十余，假官一百余人，辇下震悚。出理屯田，因条上三因十四议，诏悉允行。水利大兴，北人始知艺稻。邹元标尝曰："三十年前，都人不知稻草何物，今所在皆稻，种水田利也。"阉人刘朝称东宫令旨，索戚畹废庄。光斗不启封还之，曰："尺土皆殿下有，今日安敢私受。"阉人愤而去。杨涟劾魏忠贤，光斗与其谋，又与攀龙共发崔呈秀赃私，忠贤暨其党咸怒。及忠贤逐南星攀龙大中次将及涟光斗光斗愤甚草奏劾忠贤及魏广微三十二斩罪拟十一月二日上之先遣妻子南还。忠贤诇知，先二日假会推事与涟俱削籍。群小恨不已，复构文言狱，入光斗名，遣使往逮。父老子弟拥马首号哭，声震原野，缇骑亦为雪涕。至则下诏狱酷讯。许显纯诬以受杨镐、熊廷弼贿，涟等初不承，已而恐以不承为酷刑所毙，冀下法司，得少缓死为后图。诸人俱自诬服，光斗坐赃二万。忠贤乃矫旨，仍令显纯五日一追比，不下法司，诸人始悔失计。容城孙奇逢者，节侠士也，与定兴鹿正以光斗有德于畿辅，倡议醵金，诸生争应之。得金数千，谋代输，缓其狱，而光斗与涟已同日为狱卒所毙，时五年七月二十有六日也，年五十一。光斗既死，赃犹未竟。忠贤令抚按严追，系其群从十四人。长兄光霁坐累死，母以哭子死。都御史周应秋犹以所司承追不力，疏趣之，由是诸人家族尽破。忠贤既诛，赠光斗右都御史，录其一子。已，再赠太子少保。福王时，追谥忠毅。

（节选自《明史·左光斗传》）

思 考

下列对原文有关内容的概括和分析，不正确的一项是（　　）。

A. 左光斗为人刚直，大力整肃吏治。他的字为遗直，正与他的性格相符；他担任御史时，捕治吏部恶吏，起获假印，揭露假官，引起极大震动

B. 左光斗勤于政事，反对无理要求，他的建议得以施行，水利大兴，百姓得利，刘朝以东宫名义索取戚畹废庄，他将信件原封返还，坚决拒绝

C. 左光斗揭露赃私，受到小人陷害，他与人弹劾魏忠贤，揭发崔呈秀，引起魏忠贤及其党羽的愤恨，魏以先发制人的手段，绕过法司，害死光斗

D. 左光斗饱受迫害，死后得以平反。他家中受到株连，母亲、兄长以及同宗群从十余人被迫害致死。直到魏忠贤被诛，他才受到追赠，谥为忠毅

答案：D

解析：D 项中"母亲、兄长以及同宗群从十余人被迫害致死"说法有误。"同宗群从"是被关押，其母是因哭子而死。

参考译文

左斗光，字遗直，桐城人。万历三十五年考中进士。后来升为中书舍人。被选拔授予御使，负责巡视中城。其间收捕处理了吏部的一些凶悍作恶的官吏，收缴假印七十多枚，假官一百多人，整个京城都为之震动惊悚。出京管理屯田，于是分条上疏共陈述三因十四条建议，皇上下诏全部应允施行，因而水利大兴，北方人开始懂得种植水稻。邹元标曾经说："三十年前，京都人不知道稻草为何物，如今所处的地方都是水稻，这是种植水田的好处啊！"阉人刘朝称东宫有旨，索要供外戚聚居的土地。光斗没有将懿旨拆封并还给刘朝，说："每一尺土地都归殿下所有，今日怎敢私自授予。"阉人愤然离开。杨涟弹劾魏忠贤，左光斗和他一起谋划，又和高攀龙一起揭发崔呈秀贪赃。魏中贤和他的党羽都对他非常怨恨。等魏忠贤驱逐了赵南星、高攀龙、魏大中以后，接着将驱逐杨涟、左光斗。左光斗很气愤，草拟奏疏，弹劾魏忠贤和魏广微有三十二条当斩罪，准备十一月二日奏上，预先将妻子儿女遣还原籍。魏忠贤侦知，提前两天将他和杨涟二人一起免职。奸邪小人还不解恨，又制造汪文言案，将左光斗的名字挂上，派差役前往逮治。父老乡亲抱着马头号哭，声震原野，差役也为之流泪。到京后，左光斗被关入诏狱，严刑拷问。许显纯诬蔑他们收受杨镐和熊廷弼的贿赂，杨涟等人起初不承认，后来害怕不承认就会被严刑拷打而死，希望被送往掌司法刑狱的官署，能够稍微延缓死期，好为以后澄清真相进行谋划。于是他们都承认了那些莫须有的罪名。左光斗也虚担了收受贿银二万两的罪名。魏忠贤于是假借圣旨，仍命许显纯每过五天就追赃拷打一次，不交给法司，杨涟等人这才后悔自己失算了。容城人孙奇逢，是一个节义侠气之士，和定兴人鹿正一起，认为光斗为官时对京城附近地区的人民有恩德，倡议为他们凑齐钱款，人们争相响应。共捐得数千两银子，商量要代他们缴纳罚金，来缓解他们的讼事，但左光斗已经与杨涟在同一天被狱卒杀害，当时是天启五年七月二十六日，左光斗享年五十一岁。左光斗死后，赃物追查还未结束。魏忠贤命令抚按严厉追缴，拘捕光斗同族兄弟子侄十四人。长兄左光霁因被牵连治罪而死，母亲因哭泣儿子悲伤而死。都御史周应秋还认为主管官员追查不力，上疏催促他们力办，因此最终使他们家破人亡。魏忠贤被杀后，朝廷追赐左光斗为右都御使，录用了他的一个儿子。其后，又追赠他为太子少保。福王时，追加谥号为"忠毅"。

（2020 新课标全国 I 卷）

知识拓展（许）

大铁锥，不知何许（地方，处所）人也。身背铁锥，长丈许（表约数，上下）。赴京城，路见一村井水清如许（这样，如此），欲饮之，村人不许（答应，允许），怒而去。

104 明史·卢象昇传

阅读提示

➢ 语言建构与运用

1. 加点字为文段中重、难点字词。
2. 下加____为需要断句的文句。
3. 下加____为需要翻译的文句。

➢ 文化传承与理解

1. 尚方剑：尚方（也作上方），掌管制造供应御用器物的官署，秦已有之，汉负盛名。尚方剑，即皇帝御用的宝剑。持有皇帝所赐尚方宝剑的大臣，具有先斩后奏的权力。

正 文

卢象昇，宜兴人。象昇虽文士，善射，娴将略。（崇祯）六年，贼流入畿辅，据西山，象昇击却之。贼走还西山，围冷水村，象昇设伏大破之。象昇每临阵，身先士卒，与贼格斗，刃及鞍勿顾，失马即步战。逐贼危崖，一贼自巅射中象昇额，象昇提刀战益疾。贼骇走，相戒曰："卢廉使遇即死，不可犯。"

（十年）九月，清兵驻于牛兰。召宣、大、山西三总兵杨国柱、王朴、虎大威入卫。赐象昇尚方剑，督天下援兵。象昇麻衣草履，誓师及郊。当是时，嗣昌、起潜①主和议。象昇闻之，顿足叹曰："予受国恩，恨不得死所，有如万分一不幸，宁捐躯断脰耳。"决策议战，然事多为嗣昌、起潜挠。疏请分兵，则议宣、大、山西三帅属象昇，关、宁诸路属起潜。象昇名督天下兵，实不及二万。次顺义。

清兵南下，三路出师……象昇提残卒，宿三宫野外。十二月十一日，进师至贾庄。起潜拥关、宁兵在鸡泽，距贾庄五十里，象昇遣廷麟往乞援，不应。师至蒿水桥，遇清兵。

象昇将中军，大威帅左，国柱帅右，遂战。旦日，骑数万环之三匝。象昇麾兵疾战，呼声动天，自辰迄未，炮尽矢穷。奋身斗，后骑皆进，手击杀数十人，身中四矢三刃，遂仆。杨陆凯惧众之残其尸而伏其上，背负二十四矢以死。一军尽覆。

侯弘文，奇士也，散家财，募滇军随象昇讨贼。弘文率募兵至楚，巡抚王梦尹以扰驿闻。象昇上疏救，不得，弘文卒遣戍。天下由是惜弘文而多象昇。

赞曰：危乱之世未尝乏才顾往往不尽其用用矣或掣其肘而驱之必死若是者人实为之要之亦天意也。

（节选自《明史·卢象昇传》，有删改）

【注】① 嗣昌、起潜：指杨嗣昌、高起潜。

思　考

下列对原文有关内容的分析和概括，不正确的一项是（　　）。

A. 卢象昇作战总是勇往直前，甚至身负重伤也斗志不减，令贼寇闻风丧胆

B. 杨嗣昌、高起潜主张同清军和谈，卢象昇反对这种妥协行为，决心以死报效国家

C. 卢象昇陷入清军的重围之中，仍然奋勇杀敌，体现了大无畏的英雄气概

D. 侯弘文追随卢象昇讨伐贼寇，在驿站受到围攻，卢象昇赶去救援，但未成功

答案：D

解析：D 项中“在驿站受到围攻，卢象昇赶去救援”错误，原文为“巡抚王梦尹以扰驿闻。象昇上疏救，不得”，可见侯弘文没有在驿站受到围攻，卢象昇也没有赶去救援。

参考译文

卢象昇，（浙江）宜兴人。象昇虽然是个读书人，但善于射箭，熟悉用兵的谋略。（崇祯）六年，贼寇流窜到京城郊区，占据西山，象昇击退了他们。（后来）贼寇逃回西山，围攻冷水村，象昇设下埋伏，大败贼寇。象昇每次到战场，（总是）身先士卒，与贼寇格斗，（即便）敌人的刀锋触及马鞍也不顾，丢失马匹就步战。（有一次）追赶贼寇到悬崖，一个贼寇从山顶射中象昇的额头，象昇提刀战斗更加迅猛。贼寇惊骇逃走，互相告诫说：“遇到卢廉使（象昇）就会死，不可侵犯他。”

（崇祯十年）九月，清兵驻扎在牛兰。（皇上）征召宣、大、山西三个总兵杨国柱、王朴、虎大威入京护卫。赐给象昇尚方宝剑，督率天下的援兵。象昇穿着麻衣草鞋，到郊外誓师。当时，杨嗣昌、高起潜主张议和。象昇知道了（这事），顿脚叹息说：“我受国家的恩惠，只恨不能死得其所，假如万一发生不幸，宁可捐躯断头。”朝廷决定迎战，然而事情多为杨嗣昌、高起潜所阻挠（破坏）。上奏章请求分别领兵，朝廷议定宣、大、山西三大帅归属象昇，关、宁各路归属起潜。象昇名义上总督天下的军队，实际上不到两万人马。驻扎在顺义。

清兵南下，分三路出兵……象昇带领残余的士兵，驻宿在三宫野外。十二月十一日，进军到贾庄。起潜带领关、宁的部队在鸡泽，距离贾庄不到五十里，象昇派廷麟前往求援，（起潜）不答应。（象昇的）部队到蒿水桥，遇到清兵。

象昇率领中军，大威统率左军，国柱统率右军，于是交战。第二天清晨，被（敌人的）骑兵数万包围了三圈。象昇指挥士兵激战，呼喊声震动天空，自辰时到未时，炮箭穷尽。象

昇亲自奋勇格斗，后面的骑兵都跟随前进，（象昇）亲手击杀数十人，身上中了四箭三刀才倒下。杨陆凯害怕敌众伤残他的尸体而伏在上面，背上中了二十四箭死去。全军覆没。

侯弘文，是个奇人，散尽家中的财产，招募滇军跟随象昇讨伐贼寇。侯弘文率领招募的士兵到楚，巡抚王梦尹以骚扰驿站上报。象昇上疏救援，没有成功，弘文最终被发配戍守。天下的人因此惋惜弘文而推重象昇。

赞曰：危亡混乱的时代，并不是缺乏人才，只是往往不能充分发挥他们的作用。即使他们被任用，有的人就开始阻碍他们做事甚至一定要逼死他们。像这样的情况，实在是人为的。总的说来，也是天意。

（2015 高考广东卷）

知识拓展（修）

王羲之修（身高）七尺有余，常修（施行）文德。居所有崇山峻岭，又有茂林修（高，大）竹。兰亭破，遂修（修理）葺，后霖雨，亭倒，乃重修（修建），又以名联修（修饰，装饰）之。聚友人于兰亭，叹修（长）短随化，将其作辑集，并为序。

105　魏叔子文集·卖酒者传

阅读提示

➢　语言建构与运用

1. 加点字为文段中重、难点字词。
2. 下加_____为需要断句的文句。
3. 下加_____为需要翻译的文句。

➢　文化传承与理解

1.《魏叔子文集》：明末清初魏禧的诗文集。魏禧，字冰叔，明末清初著名的散文家，与侯朝宗、汪琬合称“明末清初散文三大家”。魏禧论文主张经世致用，他长于策、论等以广大胸怀而谋天下之事的文体。其文多颂扬民族气节人事，表现出浓烈的民族意识。

2. 五行：指木、火、土、金、水。五行是中国古代的一种物质观，多用于哲学、中医学和占卜方面。古人认为大自然由五种要素所构成，五个要素的盛衰，使得大自然产生变化，不但使宇宙万物循环不已，同时也影响到人的命运。

3. 更衣：此处指更换衣服，古时也可代指上厕所或借指宫女等。

正 文

万安县有卖酒者，以善酿致富。平生不欺人，或遣童婢沽，必问："汝能饮酒否？"或倾跌破瓶缶，辄家取瓶，更注酒，使持以归。由是远近称长者。

里中有数聚饮平事[1]不得决者，相对咨嗟。卖酒者问曰："诸君何为数聚饮相咨嗟也？"聚饮者曰："吾侪保甲贷乙金，甲逾期不肯偿，将讼，讼则破家，事连吾侪，数姓人不得休矣！"卖酒者曰："几何数？"曰："子母[2]四百金。"卖酒者曰："何忧为？"立出四百金偿之，不责券[3]。

客有橐重资于途甚雪不能行闻卖酒者长者趋寄宿雪连日卖酒者日呼客同博以赢钱买酒肉相饮啖。客多负，私怏怏曰："卖酒者乃不长者耶？然吾已负，且大饮啖，酬吾金也。"雪霁，客偿博所负行。卖酒者笑曰："主人乃取客钱买酒肉耶？天寒甚，不名博，客将不肯大饮啖。"尽取所偿负还之。

术者谈五行[4]，决卖酒者宜死。将及期，置酒，召所买田宅主毕至，曰："吾往买若田宅，若中心愿之乎？价毋亏乎？"欲赎者视券，价不足者，追偿以金。又召诸子贷者曰："汝贷金若干，子母若干矣。"能偿者捐其息，贫者立券还之。曰："毋使我子孙患苦汝也！"及期，卖酒者大会戚友，沐棺更衣待死。卖酒者颜色阳阳如平时，戚友相候视，至夜分，乃散去。其后，卖酒者活更七年。

魏子曰：吾闻卖酒者好博，无事则与其三子终日博，喧争无家人礼。或问之，曰："儿辈嬉，否则博他人家，败吾产矣。"嗟乎！卖酒者匪唯长者，抑亦智士哉！

（节选自《魏叔子文集》）

【注】① 平事：评议事情。② 子母：利息和本金。③ 责券：求取借据。④ 谈五行：以五行之术测算命运。

思 考

下列对原文有关内容分析和概括，不正确的一项是（　　）。

A. 卖酒者凭借精湛的酿酒技术而致富，做生意时诚信厚道、热心助人，他的良好品格赢得了人们的广泛尊敬

B. 在酒店聚饮的乡里数姓人家，为甲、乙二人的借贷官司所牵连，卖酒者急人所急，为乡亲仗义疏财，慷慨解囊

C. 在术者断决的死期将至之时，卖酒者神情自若地处理自己的后事，他尽量让利于债务人，使他们将来免受债务困扰，表现了良好的德行风范和心理素质

D. 本文构思新颖，不落俗套，作者没有着力叙述卖酒者如何经营谋生，发家致富，而是突出写他为人排忧解难，以表现他慷慨助人、乐善好施的长者风范

答案：B

解析：B 项中“为甲、乙二人的借贷官司所牵连”错，据原文应该是“如果被起诉”，才会被牵连。

参考译文

万安县有个卖酒者，凭借精湛的酿酒技术而致富。一生从不欺骗别人。如果遇见被（主人）派来买酒的奴仆、婢女，一定问：“你能饮酒吗？”有时遇到（奴仆、婢女）走路不稳跌倒摔破了装酒的器皿，总是从自己家拿出瓶子，重新装好酒，让（奴仆、婢女）拿着回去。因此，远近的人都称赞他是有德行的人。

乡里有人多次聚在一块儿饮酒，评议事情不能决断，相互叹息，大多脸色难看。卖酒者询问道：“诸位为什么多次聚在一块儿饮酒，评议事情不能决断，相互叹息呢？”聚在一起喝酒的人说：“我们为某甲向某乙借贷提供了担保，某甲超过期限不肯还贷，将要被起诉，如果被起诉就会倾家荡产，事情也就会牵连到我们，我们几家人就不能够安宁了！”卖酒者询问：“你们担保了多少钱？”聚在一起喝酒的人回答：“本息一共四百两。”卖酒者说：“这有什么值得发愁的呢？”立即拿出四百两帮他们偿还贷款，还不求取借据。

有个用口袋背着很多东西在路上行走的外乡人，遇着了大雪，不能继续前行。听说卖酒者是有德行的人，赶紧到他家寄宿。雪一连下了几天，卖酒者每天叫客人同自己赌博，并把赢来的钱拿来买酒一同吃喝。客人大多数时候都赌输了，私下不高兴地说：“卖酒者难道不是有德行的人？然而我已经赌输了，暂且大吃大喝，酬报从我这赢的钱。”雪停之后，客人偿还了赌博所输的钱准备出发。卖酒者笑着说：“哪里有主人竟要客人的钱买酒肉的道理？天气非常寒冷，不以博弈为名，客人（您）必然不肯大吃大喝。”卖酒者把从客人那赢来的钱如数还给了他。

有个方术之士谈论五行，判定卖酒者将死。方术之士判定的死期将到之时，他摆下酒宴，把他购置的田地屋舍的主人一起召来，说：“我以往买你们的田地屋舍，你们心中愿意吗？价格没有吃亏吧？”想要赎回的人按照当初契约的价格赎回，价格不公道的，拿现金追补。又把向他借贷的人一起召来说：“你们借贷了资金若干，本息若干。”如果有人能偿还，不要他们还利息；如果是贫困的人，立即把借据给他们（不要他们偿还了），并且说：“不要让我的子孙为追索借贷让你们受苦了！”到方术之士判定的死期，卖酒者聚集众多亲戚朋友，整治棺材，更换服装等待死亡。卖酒者的脸色和平时一样明亮，亲戚朋友都来看望他，等到半夜才散去。这以后，卖酒者又活了七年。

魏先生说：我听说卖酒者喜好赌博，没事就和自己的三个儿子终日赌博，争执起来没有家人之间的礼节。有人问他，他说：“儿子们好玩耍，不这样他们就会与别人赌博，败坏我的家产了。”唉！卖酒者不仅是有德行的人，而且是有智慧的人啊！

（2009 年江西卷）

知识拓展（致）

齐王欲致（招纳，引来）天下之士，致（送给）千金于晏子。晏子致（表达）诚天下豪杰。一豪杰自小家贫，无从致（得到）书以观，然颇有奇思妙想，尤致（最，极）思于天文阴阳历算，为晏子所感，造之，相谈甚欢，方觉其致（情趣，意志）一也。

106　魏叔子文集·文学徐君家传

阅读提示

➢ 语言建构与运用

1. 加点字为文段中重、难点字词。
2. 下加﹏﹏为需要断句的文句。
3. 下加____为需要翻译的文句。

➢ 文化传承与理解

1. 啸：一种歌吟方式。啸不承担切实的内容，不遵守既定的格式，只随心所欲地吐露出一派风致、一腔心曲，因此特别适合乱世名士。
2. 游侠：泛指古代称豪爽好交游、轻生重义、勇于排难解纷的人。

正　文

徐君讳谦尊，字玄初，吴县附学生①。君天资英敏，读书观大略，慕古侠烈之士，好施与，矜然诺。里有争，必造门征曲直，君一言折之。家既落，君委曲以奉甘旨，故乡望公② 得与二三故旧歌啸山水间二十余年。一切徭役皆身经理之，不以科兄弟。君之伯性刚下，君事之弥谨。季读书，君不以贫故竭力佽助。

明末赋役重，首事者往往破家，君条利弊上巡抚张公，公览而击节曰："此真读书人。"于是广义田以资通区，置役田给诸甲，至今犹食其利焉。崇祯末旱蝗相仍民殣于道路君岁减廪食以资乡里又劝助有力之家全活甚众。妻兄弟有老而独者养之二十年，没葬而岁祀之。君友黄某父子死非所，遗二寡妇一女，君悉心护之，以其女字君从子，故黄氏终身不知有孤寡之苦。黄之姻某喜豪举，忽罹大祸，君营救之为破家。其教子以亲贤友善为第一务。鼎革③ 初，州郡望人义士多辟地邓尉山、太湖中，君为谋舍馆、资饮饩不倦，不复以利害嫌疑介意。而乙酉丙戌间，群盗大起。君以身保障一方，每闻盗则挺身出，纠里中壮士为守御。贼大恨，卒杀公。乡里人皆唏嘘流涕曰："斯人死，我辈无所恃矣。"

或曰：君古游侠之流也。魏禧曰：游侠士以好义乱国，君以好义庇民，此其不同也。世之盛也，上洁己砺治以利其下，下尽职以供其上，上下相安，而盗贼不作。其衰也，大吏贪纵武威以督其下，小吏朘削百姓，自奉以奉上，细民无所依倚。当是时，千家之乡，百室之聚，苟有巨室魁士，好义轻财利，能缓急一方者，则穷民饥寒有所资，大兵大寇有所恃，不肯失身遽为盗贼。又或畏威怀德，不敢为非，不忍负其人。故乡邑有好义士，足以补朝廷之治，救宰相有司之失，而有功于生民。若徐君者，其庶几于是者与？嗟乎，是非独为徐氏言之也。

（节选自《魏叔子文集》）

【注】① 附学生：明清科举生员名称之一。② 乡望公：对徐谦尊父亲的尊称。③ 鼎革：指改朝换代。

思　考

下列对本文的理解与分析，不正确的一项是（　　）。

A. 家境中落后，徐谦尊悉心奉养父亲，想方设法维持家庭生计，极尽孝悌之义

B. 徐谦尊为人重义轻财，亲贤友善。明亡后，他资助州郡中有名望的忠义之士，不计个人利害

C. 作者认为，徐谦尊在群盗大起之际，冒着生命危险保护一方百姓，最终被害，是值得敬佩的游侠士

D. 文章选用多个典型事例，有叙有议，肯定了徐谦尊这类人在乱世中对国家的积极作用

答案：C

解析：C 项中说作者认为徐谦尊“是值得敬佩的游侠士”与原文不符，原文说有人认为徐谦尊是游侠士，而作者认为他和游侠士不同。

参考译文

徐君名谦尊，字玄初，是吴县的附学生。他天资聪慧，读书只看大致的意思，仰慕古代的豪侠忠烈之士，乐善好施，一诺千金。乡里人有争执，一定亲自到他那里争辩是非曲直，他一句话就可以令这些人折服。家道衰落之后，他委屈自己把好吃的东西都用来奉养父母，所以他的父亲能够与两三个旧友流连山水之间二十多年。所有徭役赋税他都自己料理，不把它们分摊给兄弟。他的哥哥性格刚直急躁，徐谦尊侍奉他更加谨慎。他弟弟读书时，他不因为自己贫困而倾全力资助弟弟。

明朝末年赋税劳役繁重，首当其冲者往往会因此破产，徐谦尊分条陈述利弊，呈报巡抚张公，张公看了击节赞叹说：“这是真正的读书人。”于是大面积开辟义田来资助通区，并且

设一些役田分给众多农户，那里的人至今还享受着这一好处。崇祯末年，旱灾与蝗灾接踵而至，老百姓饿死在道路上，徐谦尊每年减少官府供应给自己的粮食来资助乡里，又劝那些有能力的人家（去帮助别人），得以保全存活下来的人非常多。他妻子的兄弟中有一个年老而独身的人，徐谦尊奉养了他二十年，（他）死了之后（徐谦尊）把他安葬并每年按时祭祀。徐谦尊的朋友黄氏父子客死异乡之后，遗留下两个寡妇和一个女儿，徐谦尊细心地照顾她们，把黄家的女儿嫁给了自己的侄子，所以黄氏终身没有感觉到孤寡的痛苦。黄氏的一个姻亲因为喜欢豪放之举，忽然遭受大的祸患，徐谦尊全力营救他以致家道中落。徐谦尊教育子女时把亲近贤能广结友善看得最重要。改朝换代之初，州郡中有名望、有正义感的人大都争相在邓尉山、太湖中开辟田地，徐谦尊为他们筹划建设舍馆资助饮食而不倦怠，也不把自己的利害得失和嫌疑放在心里。然而乙酉丙戌年间，各地盗贼大量出现。徐谦尊用自己的力量保障了一方平安，每次听说有盗贼出现就挺身而出，聚集乡里的青年男子作为防守抵御的力量。盗贼们非常痛恨他，最终把徐谦尊给杀害了。乡里的百姓都哀叹流泪说："这个人死了，我们这些人没有可依靠的了。"

有人说：徐谦尊是古代游侠之士一类的人。魏禧说：游侠之士因为崇尚道义而扰乱国家，但徐谦尊是因为崇尚道义而护佑百姓，这方面他们是不相同的。社会昌盛的时候，上面的官员洁身自好，加强管理来为下面的人谋利益，下面的人也竭尽所能供奉他的上司，上下相安无事，因而盗贼没有出现。当社会衰落的时候，大的官员贪恋权力，用武力威慑来督责自己的属下，小的官吏则盘剥百姓，把剥削来的东西献给上级，老百姓没有什么可依靠的。在这个时候，有一千户人家的乡里，或者有百十户聚集在一起的村落中，如果在大户族的杰出人士之中，有喜欢侠义轻视钱财，能缓解一方危急的人，那么处于饥寒中的穷苦百姓就会有所资助，兵士强盗就有所忌惮，不愿意失去操守而然变成盗贼。又有的人敬畏威望，心怀道德，不敢为非作歹，不忍辜负别人。因此地方上有崇尚道义的人，完全可以用来弥补朝廷治理的不足，补救宰相等大小官吏的过失，从而对百姓有功。像徐谦尊这样的人，大概就是这样的人吧！唉，这并不是只为徐谦尊写的啊！

（2014 年天津卷）

知识拓展（质）

屈原借《离骚》"唯昭质（本质）其犹未亏"表忠，而秦使离间计，令人厚币委质（通"贽"，见面礼）事楚，使楚太子赴秦为质（人质）。屈原力谏，而子兰肉袒伏斧质（杀人时做垫用的砧板）请罪于楚王，谗之。楚王怒，质（质问）屈原，后逐之汨罗。此地有蛇，黑质（质地，底子）而白章，屈原以之为药，解百姓之苦。

107　尧峰文钞·申甫传

阅读提示

➢　语言建构与运用

1. 加点字为文段中重、难点字词。
2. 下加____为需要断句的文句。
3. 下加____为需要翻译的文句。

➢　文化传承与理解

1.《尧峰文钞》：清人汪琬的诗文作品集，共50卷。汪琬，字苕文，晚号尧峰。长洲（今江苏苏州）人，清初官吏、学者、散文家，与侯方域、魏禧合称明末清初散文“三大家”。

2. 食客：指进食的客人。古代寄食在贵族官僚家里为主人谋划、奔走的人士。

3. 庶吉士：亦称庶常，其名称源自《书经·立政》篇中“庶常吉士”之语，是中国明、清两朝时翰林院内的短期职位。由通过科举考试中进士的人当中选择有潜质者担任，负责起草诏书，为皇帝讲解经籍，是明内阁辅臣的重要来源之一。

正　文

申甫，云南人，任侠有口辨。为童子时，常系鼠婴[①]于途。有道人过之，教甫为戏。遂命拾道旁瓦石，四布于地，投鼠其中，鼠数奔突不能出。已而诱狸至，狸欲取鼠，亦讫不能入，狸鼠相拒者良久。道人乃耳语甫曰：“此所谓八阵图也，童子亦欲学之乎？”甫时尚幼，不解其语，即应曰：“不愿也。”道人遂去。

明天启初，甫方为浮屠，往来河南山东间，无所得。入嵩山，复遇故童子时所见道人，乞其术，师事之。道人濒行，投以一卷书，遽别去，不知所之。启视其书，皆古兵法，且言车战甚具。甫遂留山中，习之逾年，不复为浮屠学矣。

已而瘗[②]其书嵩山下，出游颍州，客州人刘翁廷传所。刘翁，故颍州大侠也，门下食客数百人，皆好言兵，然无一人及甫者。刘翁资遣甫之京师。甫数以其术干诸公卿，常不见听信。愍帝即位，北兵自大安口入，遽薄京师，九门皆昼闭。于是庶吉士刘公之纶、金公声知事急，遂言甫于朝。愍帝召致便殿，劳以温旨，甫感泣，叩首殿墀下，呼曰：“臣不才，愿以死自效。”遂立授刘公为协理戎政兵部右侍郎，金公以御史为参军，而甫为京营副总兵，然实无兵予甫，听其召募。越三日募卒稍集率皆市中窭[③]人子不知操兵者而甫所授术又长于用车卒不能办。方择日部署其众，未暇战也。当是时，权贵人俱不习兵，与刘公、金公数相左，又忌甫以白衣超用，谋先委之当敌，日夜下兵符，促甫使战，而会武经略满桂败殁于安定门外。满桂者，故大同总兵官，宿将知名者也，以赴援至京师，愍帝方倚重之。既败，京师震恐。甫不得已，痛哭，夜引其众缒城出，未至卢沟桥，众窜亡略尽。甫亲搏战，中飞矢数十，遂见杀。于是权贵人争咎甫，而讥刘公、金公不知人。及北兵引归，竟无理甫死者。距甫死数日，刘公复八路出师，趋遵化，独帅麾下营娘娘山，遇伏发，督将士殊死战，逾一昼夜，诸路援兵不至，亦死之。

（节选自《尧峰文钞》，有删改）

【注】① 婜（xī）：嬉戏。② 瘗（yì）：埋葬。③ 窭（jù）：贫穷。

思　考

下列对原文有关内容的理解和分析，不正确的一项是（　　）。

A. 申甫小时候曾路遇一位道人，道人通过狸鼠的游戏向申甫展示了八阵图的神奇，并打算传授给他。但由于年幼无知，申甫不愿意学习

B. 申甫学佛不成而改学道人所传兵书。颍州大侠刘廷传的数百门客虽然喜欢谈论兵法，却都赶不上申甫，申甫因此得到了刘廷传的赏识

C. 申甫到京师后屡遭挫折，后得到刘之纶、金声等人的举荐，被皇帝召见后授予京营副总兵的官职，申甫非常感动，表示誓死为国效力

D. 在满桂兵败、朝廷遭遇危难之时，申甫亲自带兵上阵杀敌，身中数十箭，为国捐躯，最后却没有得到朝廷公正的待遇，令人叹惋

答案：C

解析：依原文，C 项中“申甫非常感动，表示誓死为国效力”在前，授予官职在后。

参考译文

申甫，云南人，好为行侠仗义之事，口才很好。他还是小孩子的时候，曾在路上用绳子系着一只老鼠玩耍。有一个道人路过此地，就教申甫戏耍老鼠。他叫申甫从路边捡来几块石头，四散摆放在地上，把老鼠放到四散的石块之中，老鼠多次奔逃，都逃不出去。不久，一只狸猫被吸引过来，狸猫想抓老鼠，也始终无法进入石阵，狸猫和老鼠相持了很长一段时间。道人于是在申甫的耳旁悄悄地说：“这就是人们所说的八阵图，小孩子你想学吗？”申甫此时还小，不懂道人的话，当即回答说：“不想学。”道人就走了。

明代天启初年，当时申甫已经做了和尚，在河南、山东一带来往，没什么收获。他来到嵩山，又遇见自己小时候见到的道人，就要求学习道人的本领，用对待师长的礼节侍奉他。道人临走时，丢给他一卷书，就告别而去，不知到哪里去了。申甫打开这卷书，看到书里讲的都是古代的兵法，而且对车战的介绍非常具体。申甫就留在嵩山，学习了一年多，不再钻研佛学了。

不久，申甫把兵书埋在嵩山下，前往颍州，在颍州人刘廷传处，做了他的门客。刘廷传，原先是颍州的大侠，门下有几百名食客，都喜欢谈论兵法，然而没有一人能比得上申甫。刘廷传资助申甫，让他前往京城。申甫多次拜见朝廷公卿，向他们介绍自己学到的兵法，然而始终没有人相信他的话。明愍帝即位，元兵从大安口入侵，很快逼近了京城，京城的九道城门白天都关闭了。在这种情况下，庶吉士刘之纶、金声知道形势紧迫，就向朝廷推荐申甫。明愍帝在便殿召见申甫，用温和恳切的言语慰劳他，申甫感激涕零，在便殿的台阶下磕头，大声呼喊："我没有什么才能，愿意以死效忠陛下。"愍帝就当即授刘之纶为协理戎政兵部右侍郎，金声以御史的身份任参军，而申甫任京营副总兵，然而实际上没有给申甫一兵一卒，只是让他自己去招募士兵。过了三天，只招募到少量的兵员，都是城里的穷人，不知道怎么使用兵器，而申甫学到的兵法又擅长车战，终究不能操练。申甫正要选个日子部署军队，没有时间备战。这个时候，朝廷里的权贵们都不熟悉兵法，与刘、金二人的很多意见不一致，又妒忌申甫本来是个百姓，却得到越级任用，就出主意让他先出头去抵挡敌人。他们不分白天黑夜地送来兵符，催促申甫出城迎战，而正逢经略武满桂在安定门外战败身亡。满桂，原先是大同总兵官，是知名的老将，因为支援朝廷赶往京城，明愍帝正倚重于他。满桂兵败以后，京城朝野震惊，恐慌的情绪弥漫全城。在这种情况下，申甫不得已，痛哭着趁夜里带着手下的士兵用绳子吊下城墙，出了城，还没到卢沟桥，士兵就逃得所剩无几了。申甫亲自迎战，中了数十箭，就这样被杀了。败后，权贵们争相把责任推给申甫，而且嘲讽刘、金二人不了解人。等到清兵撤退后，竟然没人理会申甫战死这件事。距离申甫死后几天，刘之纶又分八路出兵，赶往遵化，独自率领部下在娘娘山安营扎寨，遇见伏兵袭击，刘之纶监督将士拼死迎战，打了一天一夜，各路援兵没有赶到，刘之纶也战死了。

（2010年山东卷）

知识拓展（易）

赵得和氏璧，秦王欲以城易（换，交换）璧，蔺相如曰："秦城不予，璧不可易（容易，轻易）得。"秦王怒，左右欲刃相如，相如面不易（变，改变）色，应对自如，令秦王不易（轻视）相如。终完璧归赵。

108　书沈通明事

阅读提示

➢　语言建构与运用

1. 加点字为文段中重、难点字词。

2. 下加______为需要断句的文句。
3. 下加_____为需要翻译的文句。

➢ 文化传承与理解

1. 浮屠：亦作浮图、休屠，为梵语音译，古人因称佛教徒为浮屠，佛教为浮屠道。后并称佛塔为浮屠。此处指和尚。

2. 赦：宽免罪过。在中国漫长的封建统治历史上，皇帝即位、改年号、册皇后、立太子、平叛乱、开疆土、遇灾异、有疾病都能成为赦免的理由。

正 文

淮安沈通明，尝为前明总兵官。任侠轻财，士大夫皆称之。顺治二年，先是有巡抚田仰者，素习通明之为人，加礼遇焉；至是见明将亡，遂属其家通明，而身自浮海去。通明匿仰妻子他所。

会清军渡淮，购仰妻子急，踪迹至通明家。是时通明杜门久矣。捕者围其居，通明走入寝门，饮酒数斗，裂束帛缚其爱妾，负之背，牵骑手弓矢以出，大呼曰："若辈亦知沈将军耶！"遂注矢拟捕者，皆逡巡引却。通明疾驰，与爱妾俱得脱。赁居苏州，变姓名，卖卜以自活。未几爱妾死，意不自聊，祝发为浮屠。已，复弃浮屠服，北访故人于邓州。

通明故魁垒丈夫也，美须髯，以饮酒自豪。每醉辄歌呼邓州市上，一市皆以为狂。彭公子篯，其州人也，素有声望于江淮间，方罢巡抚家居，独闻而异之。侦得通明所在，徒步往与之语，通明默不应。已询知为彭巡抚，乃大喜吐实。公捉其手曰："君状貌稍异，必将有物色之者，非我其孰为鲁朱家耶？"引与俱归，日夜与通明纵酒甚欢。居久之，遇赦始得出。

通明少以勇力闻尝与贼战贼射之洞胸通明即拔矢裂甲裳裹其创往逐射者竟杀其人而还一军皆壮之。今且年八十余，膂力稍衰矣，饮酒犹不减少时，任侠自喜，亦如故也。

夫明季战争之际，四方奇才辈出，如通明之属，率倜傥非常之人，此皆予之所习闻也。其他流落湮没，为余所不及闻而不得载笔以纪者，又不知几何人。然而卒无补于明之亡也，何与？当此之时，或有其人而不用，或用之而不尽。至于庙堂秉事之臣，非淫邪朋比即怀禄耽宠之流。当其有事，不独掣若人之肘也，必从而加媒孽焉。及一旦偾决溃裂，束手无策，则概诬天下以乏才。呜呼！其真乏才也耶？

（节选自汪琬《书沈通明事》）

思 考

下列对原文有关内容的分析和概括，不正确的一项是（　　）。

A. 沈通明原为明末军官，为人仗义轻财，年轻时以勇猛闻名，八十多岁时酒量仍不减当

年，还像过去一样以行侠自豪

B. 入清以后，沈通明闭门不出，后来移居苏州，改名换姓，靠给人算命维持生活，后出家为僧，不久还俗，北上邓州寻访故人

C. 彭子篯注意到沈通明在邓州的异常行为，前去察看，但两人一见如故，相处很好，于是彭子篯免除了他的罪责，将他释放

D. 作者认为明末像沈通明那样的人才得不到重用，而朝廷中掌权的大臣都是些心术不正、结党营私、追名逐利的小人

答案：C

解析：C 项中“免除了他的罪责，将他释放”无中生有，沈通明后来是遇到大赦才免罪。

参考译文

淮安的沈通明，曾经做过前明朝的总兵官。他行侠仗义，重义轻财，士大夫都称道他。顺治二年，先前有个巡抚叫田仰的人，一向知道沈通明的为人，很是礼待他，等看到明朝大势已去即将灭亡，于是就把家人托付给沈通明，而自己浮海远去。沈通明藏匿田仰的妻子和孩子到其他地方。

恰逢清军渡淮河，紧急悬赏捉拿田仰的妻子儿女，追踪觅迹直到沈通明家。当时沈通明已经不出门很长时间了。围捕的人包围了沈通明的住所，沈通明来到卧室，饮酒几碗，撕裂束帛缚上他的爱妾，背在背上，拿上骑手的弓箭出门，大叫道：“你们也知道沈将军吗！”于是上箭对准围捕的人，围捕的人都左右躲闪后退。沈通明迅速地跑开，和他的爱妾都得以脱险。租赁房屋定居到苏州，改变姓名，以算命糊口。不久爱妾死了，很是无聊，削发为和尚。后来，又脱去僧服，去北方邓州拜访老朋友。

沈通明，是个身材高大的大丈夫，有漂亮的胡须，把饮酒作为豪爽的事情。每次喝醉之后就在邓州的街市上大呼小叫，全街上的人都认为他是个狂人。彭公子篯，邓州人，向来在江淮间有声望，刚刚不做巡抚待在家里，唯独他（彭子篯）听到这件事而感到惊奇。了解到沈通明的住址，徒步前往和他交谈，沈通明默不作声。等知道是彭巡抚，才非常高兴地如实相告。彭公抓住他的手说：“先生的状貌与一般人不太一样，一定有寻找（追杀）您的，不是我的话还有谁能够作鲁国的朱家呢？（汉初鲁地的朱家保护项羽的得力部下季布，意即欲效法之而保护沈通明）”带着沈通明一起回家，日夜与沈通明纵酒，非常高兴。住了很长时间，遇大赦才得以外出。

沈通明年少时以勇力著名，曾经和强盗决斗，强盗用箭射中他的胸部，沈通明即拔出箭，撕开甲裳裹好他的创口，去追逐开弓的强盗，最后杀了那人才回来，一军将士都钦佩他。如今年已八十多岁，体力稍衰减了，饮酒还不减少时，任侠自喜，还像过去一样。

明朝末年正当战争的时候，四方奇才辈出，像沈通明这样的人，全都是倜傥非常之人，这都是我向来所听到的。其他流落淹没，不被我所听到而不能够记载下来的，又不知有多少人。然而最终对明朝的灭亡没有起到补救作用，为什么（什么原因）呢？在这个时候，或有这样的人而不被重用，或任用他们而不能够用尽他们的才能。至于朝堂主持事务的大臣，不

是淫荡邪恶相互勾结，就是拿着俸禄沉溺宠信之流。当天下一旦有事，这些奸臣不仅拉别人胳膊，干扰别人，一定还要添油加醋，落井下石。等到一旦大势已去，束手无策，就会一律诬称天下没有贤能的人才。哎！难道是真的天下没有贤才吗？

（2009年江苏卷）

知识拓展（阴）

一日，天阴（阴天），一农夫于山阴（指山的北面）砍柴，其间阴（冷，寒冷）风阵阵，农夫欲还家，忽见一恶狼，农夫于林中阴（暗中）窥之，后以肉为饵，诱其入一暗穴，以柴薪堵于洞口，遂还。

109　王士祯先祖事略

阅读提示

➢ 语言建构与运用

1. 加点字为文段中重、难点字词。
2. 下加_____为需要断句的文句。
3. 下加_____为需要翻译的文句。

➢ 文化传承与理解

1. 教授：学官名。教授之名始于宋代，为讲解经义、掌管课试的一种文职官员。
2. 服阕：古代服丧期满除去丧服。也作释服，服除。

正　文

山人名士祯，姓王氏，字子真，青州诸城人。

始祖讳贵，迁济南新城，著籍焉，称琅琊公。后避居新城之曹村，为某大姓佣作。一日大风晦暝，有一女子从空而堕，良久既霁，公于尘坌中得之。云即诸城县初氏女也。晨起取火，不觉至此。时公方鳏居，女子年十八九。主人以为天作之合，遂令谐伉俪焉。

二世祖讳伍，有善行，称善人公。琅琊公五子，善人最少，性醇谨，事父母诸兄，皆得其欢心。尤好施予，岁时勤力，治家人产，计口给食，余悉以赈乡里贫乏者。门前植槐一株，枝叶扶疏，时作糜哺饿者于其下。诸饿者以次受糜，纺其笠于槐，累累如也。乡人呼之曰“王菩萨”，而称其家曰“大槐王氏”。

三世祖讳麟，明经，官颍川王府教授，称颍川公。颍川为善人次子，生而警颖强记，于书无所不睹。十四补博士弟子员每试辄冠其群数困棘闱随例应里选官永平郡司训劝学兴行为多士式最后迁教授颍川王府既至疾作期年而卒。志传称公内廉行修，人伦醇备。事大父琅琊公至孝，遇诸兄弟，门以内蒸蒸如也。

高祖讳重光，字廷宣。颍川公卒，哀毁如礼。服阕，除户部。当事以其能，晋秩佥事。守云中，强直奉法，军民赖之。寻晋参议。守上谷，条上谷机宜十二事，悉中窾要。以忤当事意，调贵阳。丁巳，肃皇新三殿，求大木，取办贵竹。公至，彝人争以所知异木走报公。公深入其阻，冲风瘴疠，勤事以死。事闻，特加恩恤，赐祭葬。壬戌秋，三殿告成，以公前绩诏赠太仆寺少卿。公性孝友，为颍川公次子，方龀而母沈安人亡。三事继母常、岳、卢，如所生。两弟早夭，抚其遗孤，不殊己子。居乡，恂恂退让，君子也。遇事慷慨，不避艰险。及卒，无一语及家事。世庙谕祭文，有“忠勤报国”之褒，故称忠勤公焉。

（节选自《渔洋山人自撰年谱》，有删改）

思　考

下列对原文有关内容的分析和概括，不正确的一项是（　　）。

A. 琅琊公的婚姻颇有传奇色彩，夫人初氏从天而降，主人认为是天赐良缘，于是令其结为夫妻

B. 善人公生活简朴，乐善好施，人称“王菩萨”，在琅琊公五个儿子中排行第五，故名王伍

C. 颍川公聪敏好学，博览群书，为官即赴颍川王府任教授，刚到任就患病，一年后去世

D. 忠勤公忠孝双全，在上司面前敢于提出不同意见，在家乡父老面前则温文尔雅，恭敬而有礼貌

答案：C

解析：C 项不合文义。颍川公是最后才为教授。

参考译文

我名叫士祯，姓王，字子真，青州诸城人。

始祖名叫王贵，迁济南新城，在此落籍，世称琅琊公。后来避乱居住在新城的曹村，给某大姓人家做佣人。有一天刮起大风，天空昏暗，一女子从天而降，过了好一阵儿风停了，天空明朗，始祖在尘土中看到她。她自称是诸城县姓初的女子。早晨起来取火，不知不觉来到这个地方。当时始祖正独身，女子十八九岁。主人认为是天赐良缘，就叫他们结为夫妻。

二世祖名叫王伍，有善良德行，人们称他“善人公”。琅琊公有五个儿子，善人公最小，

他生性淳朴谨慎，对待父母和几个兄长都能得他们欢心，他尤其喜欢施舍，平时勤劳操持家务，经营家人产业。家人定量供给粮食，剩余的全拿来救济乡里贫困的人。家门前种有一棵槐树，枝繁叶茂，（善人公）时常在下面煮粥给饥饿的人吃，饥饿的人按次序得到粥。（受粥之人）把斗笠悬挂在槐树上，树上重重叠叠都挂满了。乡里人称呼他叫“王菩萨”，而称呼他家叫“大槐王氏”。

三世祖名叫王麟明，官至颍川王府教授，世人称颍川公。颍川公是善人公的第二儿子，生来机警聪明，记忆力强，对书籍没有不读的。十四岁补博士弟子员，每次考试总是得第一。后来屡试不第，按惯例参加地方官推举选拔，官至永平郡司训，他勉励人们学习并努力实行，成为许多士人的榜样。最后升任颍川王府教授。到任后，疾病发作，一年后去世。志传上称他为品行端正。他长幼尊卑分得极细，对祖父琅琊公最孝顺，遇到哥哥兄弟们很亲近，纯朴宽厚。

高祖名叫王重光，字廷宣。颍川公去世后，他尊奉礼节十分哀伤，服丧期满升任户部员外郎。朝廷因为他能干，晋升为佥事，驻守云中。他刚强耿直，奉公守法，军队百姓都信赖他。不久升为参议，驻守上谷。上奏朝廷谈上谷应做十二件事，全部切中要害。因为违背了上司的意图，调任贵阳。丁巳年，皇帝新建三大殿，要用大木料，在贵州一带采办。他到后，彝人争着跑去把所知道的奇异树木告诉他。他深入险要的地方，冒着寒风瘴疠，劳累过度而死。皇上听说后，特地加以抚恤，赐祭文厚葬他。

壬戌年秋天，三殿落成，因为他先前的功绩，皇上下诏追赠太仆寺少卿。他天性孝顺父母，友爱兄弟，是颍川公的第二儿子，换牙时母亲沈安人就去世了。奉养三个继母常氏、岳氏、卢氏，像对亲生母亲一样。两个弟弟早亡，抚养他们的孩子，和自己孩子一样。在乡里，为人谨慎谦让，是君子啊。遇到事情豪爽正直，不避艰险。到去世时，没有一句话说到家事。祠堂祭文，有皇帝“忠勤报国”的褒奖，所以称为忠勤公啊。

（2007年湖北卷）

知识拓展（贻）

自唐以来，从师之风不盛，阿谀之风而兴，韩愈以为此贻（遗留）害无穷，遂作《师说》以贻（赠送，给予）李蟠，嘉其好学。

110　御史梁皙次先生传

阅读提示

➢ 语言建构与运用

1. 加点字为文段中重、难点字词。

2. 下加____为需要断句的文句。
3. 下加____为需要翻译的文句。

➢ 文化传承与理解

1.《御史梁皙次先生传》：王士祯所撰。王士祯，清代著名诗人、诗词理论家、文坛领袖，他的一生是文政兼从的一生。他在实践“神韵说”取得卓著诗文成就的同时，还能突破正统文坛和文人偏见，重视和高度评价小说、戏曲、民歌等通俗文学文体。

2. 乡试：中国古代科举考试之一。唐宋时称“乡贡”“解试”。由各地州、府主持考试本地人，一般在八月举行，故又称“秋闱”。

3. 台省：唐高宗时以尚书省为中台，门下省为东台，中书省为西台，总称为台省，亦有合“三省”及御史台称台省者。

4. 三藏十二部：三藏是指佛教的经、律、论三藏。十二部是指佛说经依其叙述形式与内容分成的十二种类别，亦称十二分教。

5. 茶马：茶马互市起源于唐宋，是中国西部历史上汉藏民族间一种传统的以茶易马或以马换茶为中心内容的贸易往来形式。

正　文

先生姓梁氏，讳熙，字曰缉，皙次其别号也。先生生世族，幼不喜纨绔之习，读书好古，视声利篾如也。于诗嗜陶渊明，少得句云：“明月生东隅，清辉照北床。”长老诧异。十三岁补诸生第一，文名籍甚。

举顺治三年乡试，又十年成进士。出知西安之咸宁，誓于神，不以一钱自污。视民如子，治行冠三辅。官咸宁半载，入为云南道监察御史。

是时世祖章皇帝方重言路台省官皆矫尾厉角务毛挚搏击有名高先生独淡泊宁静下直辄焚香扫地宴坐终日如退院僧。暇及与其友汪婉、刘体仁、董文骥、王世禛辈出游丰台、草桥诸圣地，或会食浮屠、老子之宫。诸子酒酣耳热，辩难蜂起，各负气不肯相下。先生默坐，或微笑不发一语。偶出一语，则人人自失，觉我言为烦。先生固耽内典①，于三藏十二部之书无不研究，而于《楞严》尤了悟初因证果大旨。每过其居邸，绳床药灶外，惟经论数卷而已。

先生巡视茶马于秦，不名一钱。或以为言，则笑曰：“吾筹之熟矣。居官而谋利，为子孙计耳。子孙不肖而居厚实，三蠹将至：曰盗贼，曰博徒，曰倡优。吾惧夫三蠹之为子孙忧也，故不敢也。”

在京师，日怀归田之思，属长洲文点画《江村读书图》以见志，予辈皆为赋诗。未几，谢病归。淄川高侍郎念东赠诗云：“燕台襆被亲相送，一个嵩丘行脚僧。”盖纪实云。归田后，尤孤介自持，不接当事。同年王中丞巡抚河南，馈问亟至，一无所受。答书曰：“生有癖性，酷爱古帖，亦昔人玩龙团、饮廷珪墨之意也。闻宋仲温书《兰亭十三跋》摹于松江府亭，赵子昂书《铁佛畧钟铭》在鹤沙报恩忏院，倘各损惠一通，敬拜赐矣。”其雅操如此。先生于古文不多作，其有作，必合古人矩度，而于禅悦文字尤善。

先生生明启壬戌，卒康熙壬申，年七十一。

（节选自《广清碑传集》）

【注】① 内典：佛经。

思 考

下列对原文有关内容的概括和分析，不正确的一项是（　　）。

A. 梁熙年少时本性纯净，才思过人。他出身世家而无富贵习气，把名利看得很轻；读书好古，能诗善文，很早就有诗才和文名

B. 梁熙任职时清正爱民，行事低调。他在任期间能够廉洁自守，视民如子，政绩斐然；因不愿突出自己而没有得到皇帝的赏识

C. 梁熙恬淡好静，不恋官场。他在朋友聚谈时经常默坐其间，含笑不语，在京做官时总想辞去官职，去享受清静的读书生活

D. 梁熙深研佛典，志愿清雅，对某些佛经要义体悟得特别透彻；酷爱古帖，还对一些书法名作的情况颇为熟悉

答案：B

解析：B 项中“因不愿突出自己而没有得到皇帝的赏识”错，是因为“世祖章皇帝方重言路”，而先生“独淡泊宁静”。

参考译文

先生姓梁，名熙，字缉，皙次是他的别号。先生出生于一个世家大族，年幼时就不喜欢富贵子弟的习气，爱读古书，名声与利益毫不看重。在诗歌方面，特别喜欢陶渊明，年少时就写有诗句：“明月生东隅，清辉照北床。”老人们很诧异。十三岁以第一名的成绩成为县学生员，文才的名声很大。

顺治三年参加乡试考中举人，顺治十年又考中进士。到西安的咸宁担任知县，在神面前发誓，不因为一文钱的原因来玷污了自己的名声。对待百姓就如家人，政绩在西安府所辖地区最好。在咸宁任职半年，就到云南道担任监察御史。

这时，世祖章皇帝正重视地方官员向朝廷进言途径的开放，台省的官员个个都逞强好胜、趾高气扬，往往表现得严酷凶悍，来博取高的名声。唯独先生淡泊宁静，在宫中当值结束，回家就过着清闲幽静的隐逸生活，整日平静地坐着，就如一个离开寺院的僧人。有闲暇就和他的好友汪婉、刘体仁、董文骥、王世禛等人到丰台、草桥一些圣地去游玩，有时在寺庙、道观相聚宴饮。众人酒兴正浓时，辩驳问难纷然并起，人人凭恃意气不肯服输。只有先生默

默地坐着，或微笑着不说一句话。偶尔说一句，大家就觉得自己不足而若有所失，觉得自己说的不得要领。先生本来就沉迷于佛经，对三藏十二部的书没有不研究的，对《楞严》尤其明了“悟、初、因、证、果”的要义。每次经过他的住处，除了绳床、药灶外，只有几卷经论罢了。

先生到秦地任茶马司巡视，极其贫困。有人向他建言（牟取钱财），他却笑着说：“我已经仔细考虑过了。做官谋取利益，是替子孙打算罢了。如果子孙没出息，而又为他们积聚了富裕的财物，三种坏事就会随之而来：一是小偷强盗，二是赌徒，三是娼妓及优伶。我担心这三蠹成为子孙后代的祸患，所以不敢啊。”

在京师，每天都怀有辞官回乡的想法，就嘱托长洲的文点画了一幅《江村读书图》来表达自己的志向，我们这些人都为图画写诗。不久，他就称病回到家乡。淄川高念东侍郎赠给他一首诗，说：“燕台襆被亲相送，一个嵩丘行脚僧。”大概说的是实情吧。回归家乡后，更加耿直方正，固守自我，不和当权的人来往。同榜录取的王中丞到河南担任巡抚，多次送去礼物，一件都不接受。回信说：“我一生的癖好就是酷爱古代的碑帖，和古人品尝龙团茶、享用廷珪墨的意思是一样的。听说宋仲温书写的《兰亭十三跋》的摹本在松江府亭，赵子昂书写的《铁佛寨钟铭》在鹤沙报恩忏院，如果能各自馈赠一件，我将非常感谢。”他高尚的操守就像这样。先生对古文不多写，如果有写的，一定符合古人的规矩法度。而那些写“禅悦”的文章更好。

先生生于明朝天启壬戌年，死于康熙壬申年，享年七十一岁。

（2015 年安徽卷）

知识拓展（左）

白居易居于僻地，其家左（左边）右种梧桐。后诗名大震，乡绅引车骑迎之，虚左（左边的位置，上位），延上坐。皇上闻之，令左右（与“右”合用，指身边侍候的人，近臣）召其进京，欲以重用。

111　聊斋志异·张诚

阅读提示

➢　语言建构与运用

1. 加点字为文段中重、难点字词。
2. 下加_____为需要断句的文句。
3. 下加____为需要翻译的文句。

➢ 文化传承与理解

1.《聊斋志异》：简称《聊斋》，俗名《鬼狐传》，是中国清代小说家蒲松龄创作的文言短篇小说集。全书共有短篇小说 491 篇。它们或者揭露封建统治的黑暗，或者抨击科举制度的腐朽，或者反抗封建礼教的束缚，具有丰富深刻的思想内容。

2. 移时：一会，历一段时间（一般其时间不长）。

正 文

豫人张氏者，其先齐人。明末齐大乱，妻为北兵掠去。张常客豫，遂家焉。娶于豫，生子讷。无何，妻卒，又娶继室牛氏，生子诚。牛氏悍甚，每嫉讷，奴畜之，啖以恶食。且使之樵，日责柴一肩，无则挞楚诟谇，不可堪。隐蓄甘脆饵诚，使从塾师读。

诚渐长，性孝友，不忍兄劬[①]。阴劝母，母弗听。一日，讷入山樵，未终，值大风雨，避身岩下。雨止而日已暮。腹中大馁，遂负薪归。母验之少，怒不与食。饥火烧心，入室僵卧。诚自塾中归，见讷嗒然，问："病乎？"曰："饿耳。"问其故，以情告。诚愀然便去。移时，怀饼来食兄。兄问其所自来，曰："余窃面倩邻妇为者，但食勿言也。"讷食之，嘱曰："后勿复然，事发累弟。且日一啖，饥当不死。"诚曰："兄故弱，恶能多樵！"次日食后，窃赴山，至兄樵处。兄见之，惊问："将何作？"答曰："将助采樵。"问："谁之使？"曰："我自来耳。"兄曰："无论弟不能樵，纵或能之，且犹不可。"于是速归之。诚不听，以手足断柴助兄，且曰："明日当以斧来。"兄近止之，见其指已破，履已穿，悲曰："汝不速归，我即以斧自刭死！"诚乃归。兄送之半途，方回复樵。既归，诣塾嘱其师曰："吾弟年幼，宜闲之。山中虎狼恶。"师曰："午前不知何往，业夏[②]楚之。"归谓诚曰："不听吾言，遭师责矣！"诚笑曰："无之。"明日，怀斧又去。兄骇曰："我固谓子勿来，何复尔？"诚弗应，刈薪且急，汗交颐不少休。约足一束，不辞而还。师笞之，乃实告焉。师叹其贤，遂不之禁。兄屡止之，终不听。

一日，与数人樵山中，欻[③]有虎至，众惧而伏。虎竟衔诚去虎负人行缓为讷追及讷力斧之中胯虎负痛狂奔莫可寻逐痛哭而返众慰解之，哭益悲，曰："吾弟，非犹夫人之弟。况为我死，我何生焉！"遂以斧自刎其项。众急救之，入肉者已寸许，血溢如涌，眩瞀殒绝。众骇，裂其衣而束之，群扶以归。母哭骂曰："汝杀吾儿，欲劙[④]颈以塞责耶！"讷呻云："母勿烦恼，弟死，我定不生！"置榻上，创痛不能眠，惟昼夜倚壁而哭。父恐其亦死，时就榻少哺之，牛辄诟责。讷遂不食，三日而毙。

（节选自《聊斋志异》，有改动）

【注】① 劬（qú）：劳苦。② 夏：亦作"榎"，木名。③ 欻（xū）：忽然。④ 劙（lí）：割。

思 考

下列对原文有关内容的理解和分析，不正确的一项是（　　）。

A. 张氏的妻子被北方的兵士掠走后，他在河南又先后娶了两位妻子。牛氏经常虐待张讷，对张诚却疼爱有加

B. 张讷由于大风雨没有砍下足够的柴，牛氏就不给他饭吃，张诚知道后从邻居家偷了面做成饼给张讷吃

C. 张诚偷偷上山帮张讷砍柴，遭到了私塾先生两次责罚，张讷也多次劝阻张诚，但张诚始终不听

D. 张诚被老虎叼走后，张讷自杀，被人救起，回家后受到继母责骂，加之心情悲痛，绝食三日而死

答案：B

解析：B 项中“从邻居家偷了面做成饼给张讷吃”有误，应是张诚从自己家里偷了面粉，请邻居家的妇女烙成饼给张讷吃。

参考译文

河南人张某，他的先祖是山东人。明朝末年，山东发生叛乱。张某的妻子被北方兵抓走了。张某经常客居河南，就在那里安了家。他在河南娶妻，生了个儿子，叫张讷。不久，第二个妻子死了，张某又娶牛氏做继室，生了儿子张诚。牛氏性情很凶悍，总是嫉恨张讷，把他当奴仆养活，拿最差的饭菜给他吃，并且要他每天砍一担柴，完不成任务就鞭打责骂他，叫人难以忍受。牛氏总是把好吃的东西藏起来给张诚吃，并且让他到私塾读书。

张诚一天天长大了。他本性孝敬父母，友爱兄长，不忍心看着哥哥辛苦，私下劝告母亲，母亲却不听他的话。有一天，张讷上山砍柴，还没砍够一担柴，遇到大风雨，他跑到岩石下躲雨。等到雨停时，天色已晚，肚子已经饿得很，就背着砍下的柴回家。继母查看他砍的柴不够，就发怒不给他饭吃。张讷饿得心疼，进房无力地躺在床上。张诚从私塾回来，见哥哥有气无力的样子，就问他：“你生病了么？”哥哥说：“我只是太饿了。”张诚问哥哥缘故，张讷便把实情说了一遍。张诚听了后很难过地离开了。过了一会儿，他怀里藏着饼来给哥哥吃。哥哥问他饼是从哪里来的，他说：“我从家里偷了些面粉，请邻居家的妇女做的。你只管吃，不要说出去。”张讷吃了饼，嘱咐弟弟说：“你以后不要再这样做了，事情被发现，将连累你。而且一天吃一顿饭，应该不会饿死人的。”张诚说：“你的身体本来就瘦弱，怎么能砍那么多柴呢？”第二天，吃过早饭后，张诚便偷偷地进了山，来到哥哥打柴的地方。哥哥看见他，大吃一惊。问：“你要干什么？”张诚说：“我帮你砍柴。”哥哥又问：“谁让你来的？”他说：“我自己来的。” 哥哥说：“不要说你不能砍柴，纵使能砍柴，我还是不能让你做。”于是急促地催赶张诚回家。张诚不听，手脚并用折断树枝帮助哥哥，他边做边说：“明天我要带把斧子来。”哥哥上前阻止他，发现他手指已被划破了，鞋子也被扎穿。于是伤心地说：“你不赶快

回去，我就用斧子砍死自己。”张诚这才回家。哥哥送他到半路，才返回山上继续打柴。砍柴回家后，他又跑到私塾嘱咐老师说：“我弟弟年纪小，老师应该严加管教（不要让他出门），因为山中老虎豺狼很凶恶。”老师说：“不知道他中午前到什么地方去了，我已责罚过他了。”张讷回来后对张诚说：“不听我的话，被老师责罚了吧？”张诚笑着说：“没有的事。”第二天，张诚又带着斧头上山去打柴。哥哥惊讶地说：“我本来就对你说不要来，你怎么又来了？”张诚默不作声，只是急急忙忙砍柴，汗水流到脸上也不稍微休息。估计将砍满一担柴时，他不跟哥哥打招呼就下山了。老师又要责打他，他就把实情告诉老师。老师赞叹他善良，便不再禁止他帮哥哥打柴。哥哥多次阻止他，他始终不听。

一天，张诚和几个人在山中打柴。突然来了只老虎，众人都吓得趴在地上，老虎最终把张诚给叼走了。老虎嘴里叼着个人，跑起来自然要比平常慢，被张讷追上了。张讷用斧头尽力砍去，砍中了老虎的后腿。老虎感到疼痛狂奔而去，张讷不能追赶上，哭着回来了。众人安慰他，他哭得越发悲伤，说：“我的弟弟，不同于一般人的弟弟，况且（他）是为我死的，我怎么还能活着呢！”（张讷）用斧子砍自己的脖子。大家赶紧抢救他，斧子已在脖子上砍进一寸左右的刀口，鲜血像泉水般涌出，他已头晕目眩，眼看着就要死了。众人惊骇，撕下他的衣服包扎伤口，一起扶他回了家。他继母哭着骂他说：“你害死我的儿子，想砍自己的颈子来搪塞吗？”张讷呻吟着说：“母亲您不必烦恼。弟弟死了，我一定不会活下去的。”他躺在床上，疼痛难忍，夜里也睡不着，只是日夜靠着墙哭泣。他父亲担心他也会死，经常到他的床前略微喂点东西给他吃，牛氏则动辄骂个不停。张讷就不吃饭，三天就病死了。

（2008 年山东卷）

知识拓展（治）

汉末纷乱，曹操挟天子以令诸侯，以义治（治理）天下，以求文武并用，垂拱而治（与“乱”相对，特指国家治理得好，安定太平）。中原定，操率军南下，孙权、刘备等共治（对付）之。是时，操风疾作，久治（医治）不愈。

112　聊斋志异·郭生

阅读提示

➢　语言建构与运用

1. 加点字为文段中重、难点字词。
2. 下加_____为需要断句的文句。
3. 下加_____为需要翻译的文句。

刚六岁时，正赶上母亲病重，就知道长时间跪在祖庙前，祈求长达十多天而不倦怠。渐渐长大后，跟随私塾先生接受学业，天资聪慧，超出同辈人，对于书籍无所不读。然而，他的父亲因为正直诚信而被同宗族的人所怨恨，招致诉讼，十多年而冤屈得不到洗雪，最终愤懑而死。先生心中满含悲痛，接着向官府控诉，又过了十多年，才得到公正合理的解决，然而先生的精神气力、雄心壮志也就已经消耗大半了。不得已，就通过缴纳钱财补授官职，得以担任通判松江水利船政。松江靠近大海，过去设立的海上巡逻船，名叫乌船。以前，通判负责监督修造乌船，公差们大多从中侵吞牟利。那些乌船遇到风浪就损坏了。先生亲自检查试验，其中弊端才得以消除。在这之前，有远道而来的小商贩到松江，松江奸诈之人夺取他们的货物，还欠下货款不还。先生到任后，惩罚了其中特别狡诈的几个人，商贩们都感恩戴德，感激涕零。松江河道狭窄，容易造成淤塞。淤塞后船只就不能通行，田地也就无法得到灌溉。冬天河水干涸，就要雇工清除淤塞，开通河道，费用都由老百姓支付，花费数目巨大。官吏们只是粗略地修筑一下，就虚耗了其中的大半费用。只有先生认为，为了牟取自己个人的一点点私利，就夺取了千千万万老百姓用血汗换来的财富，从心里觉得不忍。于是，先生就亲自丈量河道的深度和宽度，不允许施工有丝毫差错。老百姓都称道欢舞，认为这是几十年来没有过的事，于是就在河边立碑来记下这件事。靠近海边没有职业的百姓大多通行于海上来经商追逐利润，屡禁不止。先生接受委任前往巡察，海船上运载的除军队、官府按人发给士兵、夫役的食粮外，违法贩运货物的船只达到一百多艘。先生想到，这些贫穷的人没有做什么严重违法作乱的事，只是因为无知和贪利而违反法纪就要被杀头。如果对上级作详细汇报，那么虽然自己有缴获贼寇的名声，但是因违法被处死的人却不能复活了。于是就暗中向布政使辰大人请求，恳请他宽恕这些人，辰大人体察先生发自肺腑的爱民诚心，深为感动，并对他非常赞赏。准备提议给他升迁除授官职，可是先生就在这一年患病，于当年六月十八日在松江府的官署里去世了，年仅五十八岁。当初先生年轻时，身怀奇才，想要在天下人面前建功立业。对他有所了解的官吏和有声望、有地位的知识分子，都估计他会被朝廷重用。但因遭遇家中多种变故，不能实现自己建功立业的志向。等到他出仕做官，级别又很低，只是在众多普通人之间奔走，因受抑制而忧愁郁闷。等到他被地方长官了解，差不多可以施展自己的才能时，可是竟然死了。难道真的是命中注定吗？即使这样，把许曾裕的施政功绩与当世那些地位显赫、凭其权力足以有所作为的官员相比，难道比他们少吗？唉，真是让人感到悲伤啊！

（2012 年安徽卷）

知识拓展（贼）

曹操虽托名汉相，其实汉贼（敌人）也。孙权乃阴令部属为贼（刺客）使于操，未果。权思虑兴国之事，以为国内淫侈之俗日增，是天下之大贼（害，祸害）也，匡之。百姓不解，仍有盗贼（强盗）。权使人捕而诛之。

114 全祖望集·姚敬恒先生事略

阅读提示

> 语言建构与运用

1. 加点字为文段中重、难点字词。
2. 下加____为需要断句的文句。
3. 下加____为需要翻译的文句。

> 文化传承与理解

1. 孤：少而无父称“孤”。鳏寡孤独：老而无妻曰鳏，老而无夫曰寡，老而无子曰独，幼而无父曰孤。

2. 右姓：古代以右为上，汉魏以后因称世家大族为“右姓”。

3. 缧绁：捆绑犯人的黑绳索，借指监狱、囚禁。缧绁之厄，用以指牢狱之灾厄。

正 文

《李二曲集》中别辑前代讲学诸君，有出于农工商贾之中者，共为一卷，以勉学者，以予近所闻，近日应潜斋高弟有曰凌嘉印、沈文刚、姚敬恒，皆拔起孤露①之中，能成儒者。凌、沈之名尤重，见于沈端恪公所为传，而敬恒躬行，与鼎足，顾未有知之者。

敬恒，讳宏任，别字思诚，杭之钱塘人也。姚氏，故杭之右姓。敬恒少孤，其母贤妇也。敬恒不应科举，隐于市廛②，稍营十一之息以养家。其母一日见敬恒贸丝，银色下劣，愠甚，曰：“汝亦为此恶行乎？吾无望矣。”敬恒皇恐长跪谢愿得改行乃受业于应先生潜斋每日朗诵《大学》一过潜斋雅爱之。一言一行，服膺师说，洎然自晦，凡事必归于厚。沈甸华之卒也，潜斋不食二日，敬恒问曰：“朋友之丧而若此，无乃过欤？”潜斋喟然叹曰：“为其无以为丧也。”敬恒曰：“请为先生任之。”殡葬皆出其手。潜斋不肯轻受人物，惟于敬恒之馈不辞，曰：“吾知其非不义中来也。”然敬恒不敢多有所将，每时③其乏而致之，终其身无倦。潜斋之殁，敬恒执丧如古师弟子之礼。姚江黄先生晦木于人鲜可其意者，独见敬恒而许之，曰：“是独行传中人物也。”

尝游于闽，闽督姚公盛延之，访以海上事④。敬恒对曰：“游魂⑤不日底定矣。但闽中民力已竭，公当何以培之？”闽督肃然颔之，然敬恒以学道故，所营十一之息无甚增益而勤施，渐不可支，遂以此落其家。

晚年以非罪陷缧绁。宪使阅囚入狱，敬恒方朗诵《大学》，宪使异之，入其室，见其案上皆程、张之书也，呼与坐而语之，大惊，即日释之。然敬恒卒以贫死。其平生但事躬行，不著书，故鲜知者。予既附志于《潜斋墓表》中，复摭拾其事以传之，以配凌、沈二君，且以待后世有二曲其人者。惜访其母姓，竟不可得。

（节选自《全祖望集汇校集注》）

【注】① 孤露：父亡无所荫庇。② 市廛（chán）：店铺集中的地方。③ 时：通“伺”。④ 海上事：清政府平定台湾之事。⑤游魂：指当时据守台湾的郑氏政权。

思　考

1. 下列对本文主人公的解读，不正确的一项是（　　）。

A. 姚敬恒品学兼优，只因他是商贾而非士大夫，以致名声未彰

B. 姚敬恒轻财重义，经常用他的经商所得接济他人

C. 姚敬恒识见高远，提醒闽督姚公应以培养民力为当务之急

D. 姚敬恒临难不惧，虽蒙冤入狱，仍诵读经典，泰然自若

答案：A

解析：A 项中“只因他是商贾而非士大夫，以致名声未彰”错，根据最后一段中“其平生但事躬行，不著书，故鲜知者”可知他名声未彰不是因为他是商贾。

2. 下列对本文的理解与分析，不正确的一项是（　　）。

A. 应潜斋安贫乐道，在生活拮据时也不轻易接受他人的馈赠

B.《李二曲集》中那些出身商贾却恪守儒家规范的人，全祖望对此深表赞同

C. 作者借助黄晦木的评价来强化对姚敬恒人格与节操的肯定

D. 本文主要以传神的语言描写来刻画人物形象，这与《烛之武退秦师》的写法相同

答案：D

解析：本文主要选取人物的几个生活片段来表现人物的性格，并不是主要采用传神的语言描写。

参考译文

《李二曲集》中另外编辑了前代讲学的很多人，有的出身于农工商贾，一共写成一卷，来劝勉学习的人。根据我最近所听到的，近来应潜斋的高徒有叫凌嘉印、沈文则、姚敬恒的，都是从父亲离世、无所荫庇的人中选拔出来的，能成为儒学大家。凌、沈二人的名声更响，在沈端恪所写的传记中能见到，而姚敬恒亲身践行，和他们（凌、沈二人）并列，不过没有了解他的人。

姚敬恒，讳字宏任，别字思诚，杭州钱塘人。姚家，是杭州的大姓。姚敬恒年少时死了

父亲，他母亲有贤德，姚敬恒不去应考科举，隐藏在市井之中，曾经经营小生意收取十分之一的利息来养家。他母亲一天看见他卖蚕丝，银白色蚕丝色泽低劣，非常生气。说：“你也做这种恶行吗？我没什么指望了。”姚敬恒非常恐慌，长跪在地上向母亲道歉，请求改正自己的行为，于是拜应潜斋先生为师，每天朗诵《大学》一遍，应潜斋先生向来喜欢他，一言一行，都服从老师的教诲，淡然自我领悟，凡事一定要从厚道出发。沈甸华先生去世，应潜斋两天不吃饭，姚敬恒问道：“朋友去世就这样，恐怕太过分了吧？”应潜斋长叹道：“是因为没办法为他办丧事啊。”姚敬恒说：“请允许我为先生做这件事。”殡葬都是他亲手安排。应潜斋不肯轻易接受他人财物，只有姚敬恒送的不推辞，说：“我知道他的钱财不是不义之财啊。”然而姚敬恒也不敢拿出更多，每次等到他钱物匮乏时才给他，一辈子也不厌倦。应潜斋死后，姚敬恒办丧事时执礼如同古代的老师弟子。姚江黄先生教诲别人很少有可意的，唯独看见姚敬恒，答应收他为徒，说：“他是独行传中那些节操高尚，不随俗沉浮的人物啊。”

姚敬恒曾经到福建一带游学，福建总督姚公盛情宴请他，询问他平定台湾的事情。姚敬恒回答道：“郑成功没多久就会平定台湾，但是福建兵力枯竭，您怎么来保护他？”福建总督肃然点头。然而因为学习学问的缘故，他经营的生意没什么增加收益，再加上经常施舍，渐渐入不敷出，因此家道中落。

晚年因为强加之罪被关押在牢狱，宪使看囚犯入狱，姚敬恒朗诵《大学》，宪使对他很吃惊，进入他的牢室，看见他几案上都是程、张的书籍，喊他跟他一块坐下说话，很是吃惊，当天就释放了他。然而姚敬恒最终因为贫穷而死。他生平做事，只在亲为，不写书，因此了解他的人很少。我在把志文附在了《潜斋墓表》中之后，又捡拾他的一些轶事为他作传，来跟凌嘉印、沈文则的传文相配，暂且等待以后有李二曲这样的人。可惜的是寻访他母亲的姓氏，竟然没有得到。

（2013年天津卷）

知识拓展（知）

梁惠王问政于孟子，曰：“本王处庭院之深，何以知（知道）民生疾苦？”孟子对曰：“知（主持，管理）政者，当兼听，当身体力行，方能知（智慧）明而无过。”

115　虞初广志·记丐侠

阅读提示

➢ 语言建构与运用

1. 加点字为文段中重、难点字词。
2. 下加____为需要断句的文句。

3. 下加____为需要翻译的文句。

➢ 文化传承与理解

1.《虞初广志》：明代志怪、传奇短篇小说集，由于选择较精，在明代甚为流行，屠隆、汤显祖、袁宏道等均有评语。

2. 资斧：利斧。后借作旅费，盘缠。

3. 上峰：旧时称上级长官。俗称军令如山，上级的命令就有如山峰一样，因此上峰有令即指执行上峰的命令。

正 文

来懋斋先生者，家况奇贫，性慷慨而有过人节。乡试后，捷举。意欲赴礼部试，而绌于资斧。乡人俗习，例凡临时乏资者，得招集亲友七八人各出一分于发起人，由发起人立约签字付资，毕事而次第发还之，谓之会。既而曰："孰如成一会而筹集之。"于是奔走于亲故之门者数日，始获七人之认可。然皆以情不能却，强应之而心实否之。届期先生黎明起，扫庭除，具旨酒与佳肴，以恭候之。讵知日既夕矣，无一亲故之足迹印于其庭者。

有群丐过其门，见先生家罗杯盘，必有所谓喜事者。遂麇集于户限外，争欲得杯盘狼藉之余沛。斯时也，先生饥火与愤火交绥，于是出谓群丐曰："予之肆筵以设席也，实以部试期迫，赴都乏资，意欲藉亲故之集会轮资，应眉急耳。奈亲故负我，今竟食言，以致吾之酒肴为虚设。虽然与其鱼馁而肉败孰若大家共一饱汝曹其就座吾将为东道主而畅饮焉。"群丐登堂歔，醲饷既良，已谓先生曰："吾侪小，蒙先生赐以酒食，固属非分之宠。今试一问，由此达京师需金几何？"先生曰："但使途无饥渴，而安抵都下足矣。"群丐应声起曰："是区区者，何难之有？吾侪愿尽力焉，沿途以行乞所得，供先生食。"往往逆旅主人嘉其义而奇其事，且厚有赠馈。既抵都，群丐各分道行乞，以所得资为先生应试费。试后果捷南宫[①]，得出为某邑宰，循例省亲回籍。群丐亦促之返焉。

甫抵里闬，亲故之问寒温表庆贺者，肩摩踵接。先生亦平淡视之。然越数日欲之官，群丐请从之任所。先生恐有所不歉，又恐背前日谊。方踌躇间，有黠者似已久窥其意曰："先生之作官，自作官；某等之行乞，自行乞。但使有效犬马处，则吾等愿藉之一毕余生。若其他世俗之累，决不敢为先生浼[②]，且自浼也。请勿作再三之虑，先生以为何如？"

抵任所后，各行丐于四方，惟昏暮时潜一入署问安而已。先生亦随时资给之，然往往不受。时邑多盗，群丐间作侦探，是以屡屡破获重要案件。至颁发赏格时，悬牌累月，迄无来领者。而先生以政声卓著，由上峰保升郡守矣。先生固儒者，不耐于酬酢之烦，又淡于利禄，遂以亲老乞终养。解组[③]后，欲为各丐谋治生业，竟皆避之他去。先生每为人言之，辄唏嘘泣下，引为憾事。然而丐则侠矣。

（节选自《虞初广志》，有删改）

【注】① 南宫：指“礼部”。② 浼：玷污。③ 解组：解下挂印的带子，指辞官。

思 考

下列对原文的理解和分析，不准确的一项是（　　）。

A. 来懋斋先生家况奇贫，为人却慷慨大方，有过人的节操。乡试中举后，打算赴礼部应试，可缺乏资用。他采用民间打会的方式向亲友筹集资金，但遭到背弃

B. 来懋斋先生把准备招待亲友的美酒佳肴拿给乞丐们享用。了解到先生的困境，乞丐们用行乞所得资助他，并护送其赴京应试。他们的义举受到赞扬，并因此常常获得馈赠

C. 来懋斋先生在群丐的帮助下到达京都，如愿考中，得以出任县令。回乡省亲时，对逢迎讨好的亲友只是以平常态度对待

D. 来懋斋先生任职期间，乞丐们给予他很多帮助，使先生政声卓著，升任郡守，而乞丐们不求任何回报。先生辞职归乡前，想给他们谋取职业，群丐都躲开了，先生引以为憾

答案：A

解析：原文中的“慷慨”是“性格豪爽”之意，因为来懋斋先生家境贫穷，也不能“大方”。

参考译文

来懋斋先生，家庭非常贫穷，但性情豪爽，有超过常人的节操。参加乡试后，获得成功。想去礼部参加考试，但是缺乏盘缠。当地的习俗，凡是临时缺乏财钱，能够召集七八个亲友各自拿出一份给发起人，发起人立契约签字后获得资助，事情结束后，按照约定的次序偿还，这就是“会”。不久，来懋斋先生说：“不如成一次会来筹集盘缠。”于是奔走于亲戚故友家好几天，才获得七人的认可。然而都是因为情面不能拒绝，勉强答应而内心实际不情愿。到了约定的日期，来懋斋先生黎明早起，打扫庭院台阶，准备好酒和佳肴，来恭候已答应来的亲故。哪里料想天已经到了傍晚，没有一个亲故踏进他的庭院。

有群乞丐经过先生的家门，看见家中摆满杯盘酒肴，料想必定有通常的喜事。于是都聚集在门槛外争着想得到剩余的菜肴。这时候，先生又饿又怒，于是出门对这些乞丐说：“我摆宴设席，实际因为部试期限快到了，赶赴京城缺乏盘缠，想凭借亲故集会轮资，解燃眉之急。奈何亲故辜负了我，今天失约，以致我的酒肴成为空摆设。既然这样，与其让鱼和肉坏掉，不如大家一起饱餐一顿。你们请就座，我作为东道主，大家畅饮一番吧。”乞丐们进入厅堂大吃一番，酒肴吃了很长时间，吃完后对先生说：“我们地位低，承蒙先生赐给酒食，本来就是受到了非分优厚待遇。现在试着问一问，从这里到达京师需要多少银两？”先生回答说：“只要能让我能够在路途不受到饥饿，安全到达京都就足够了。”乞丐们应声而起：“这是区区小事，有什么艰难？我们愿意为此尽力，用沿途乞讨得到的钱物，供给先生食用。”在去京城的路上，被乞讨的主人往往称赞群丐义举，并认为这件事很奇特，纷纷对他们予以馈赠。到京都后，乞丐们各自分道行乞，用所得到的财物作为先生的考试费用。考试后果然被礼部录取，

能够成为某一县邑县宰，按照规定回乡省亲。乞丐们也催促他要回去。

刚到达乡里，亲戚朋友问寒问暖表示庆贺的人很多，肩挨肩，脚跟脚。先生也只是平淡地看待。然而数日后将要去上任，乞丐们请求跟随到上任的治所。先生担心有所不妥，又唯恐背弃以前的情谊。正在犹豫的时候，其中有机灵的乞丐似乎早就了解到他的心意，说："先生去做官尽管去做官；我们去行乞还是去行乞。只要有效劳的时候，我们愿意帮助你一生。像其他世俗之事，绝不敢玷污先生，并玷污了自己。请不要再三考虑，先生认为如何？"

先生到任后，乞丐们各自行乞，只有在天黑时暗中派一人进入官署问安罢了。先生也随时资助他们，然而常常不接受。当时县邑多有贼盗，乞丐们暗中做侦探，因此先生多次破获重要案件。到颁发奖赏时，悬挂奖赏牌几个月也没有人认领。因而先生因为政绩显著，由上级保举升职为郡守。先生本来就是读书人，不胜官场酬酢的烦扰，淡泊名利，于是以父母年老为由请求辞职归养。辞职后，先生想为各个乞丐谋取生存的产业，他们最终都避开他离去。先生每次对他人谈起这些事，都会唏嘘流泪不止，以为遗憾之事。然而这些乞丐可以称得上是侠士了。

（2014年重庆卷）

知识拓展（族）

西楚霸王率兵入咸阳，火烧阿房宫，琼楼玉宇皆为尘土，名门望族（家族）不敢言，士大夫之族（类，辈）俯首称臣。秦人虽一统六国，然终为楚人族（灭族）。

116　朱先生筠行状

阅读提示

➢　语言建构与运用

1. 加点字为文段中重、难点字词。
2. 下加_____为需要断句的文句。
3. 下加_____为需要翻译的文句。

➢　文化传承与理解

1.《朱先生筠行状》：孙星衍所撰。孙星衍，字渊如，号伯渊，别署芳茂山人、微隐，清代著名藏书家、目录学家、书法家、经学家。少年时与杨芳灿、洪亮吉、黄景仁以文学见长，袁枚称他为"天下奇才"。

2. 训诂：即解释古代汉语典籍中的字句。训诂学是研究怎样正确地理解语言、解释语言，也就是讲清楚怎样注释的道理。

3.《说文解字》：简称《说文》，作者为东汉许慎。该书是中国第一部系统地分析汉字字形和考究字源的字书，也是世界上最早的字典之一。编著时首次对“六书”做出了具体的解释。

4. 载酒问字：既可以指一个人有学问，常有人登门求教，也可以指一个人拜师求学，勤学好问。

正　文

先生姓朱，讳筠，字竹君，顺天大兴人。九岁入都，十三岁通《五经》，有文名。先生少英异，至性过人，与弟文正公珪，俱擅文名，为钜公契赏。及丁父忧，服阕，不肯出仕，欲为名山大川之游。会文正公入觐，上询及先生，乃不敢引疾，谓弟曰：“汝败我雅兴矣。”

先生以为经学本于文字训诂，刊布许氏《说文》于安徽以教士。复奏请采录《永乐大典》逸书，上览奏，异之，乃命开四库全书馆，御制诗以纪其事。又以《十三经》文字传写讹舛。奏请仿汉熙平、唐开成故事，择儒臣校正，立石太学，奉谕缓办，因著《十三经文字同异》若干卷藏于家。于是皖、闽之士闻绪言余论，始知讲求根柢之学，四海好学能文者，俱慕从先生游。而戴征君震、王观察念孙诸人，深于经术训诂之学，未遇时皆在先生幕府，卒以撰述名于时，盖自先生发之。

先生刚肠疾恶。俗流不敢至其门，寒畯有一善，誉之如不容口。其在都，载酒问字者，车辙断衢路；所至之处，从游百数十人。既资深望重，则大言翰林以读书立品为职，不能趋谒势要。其督学安徽，旌表婺源故士江永、汪绂等，祠其主于乡贤，以助朴学之士。在福建，与弟珪相代，一时传为盛事，而闽士攀辕走送者，数百里不绝。其后文正主持文教，海内名流皆以暗中索拔，多先生所赏契者，故世称据经好古之士为“朱派”云。

先生穷年考古兼好金石文字谓可证佐经史为文仿迁固尤长于叙事书法参通六书有隋以前体格藏书万卷，坐客常满，谈辨倾倒一世。所至名山川，搜奇揽胜，都人士传诵吟咏，至今不辍。

（节选自《朱先生筠行状》）

先生为人坦无城府，内友于兄弟，外好交游，称述人善，惟恐不至，即有过辙掩覆之，后进之士，多因以得名。室中自辰至夕，未尝无客，与客饮酒谈笑穷日夜，而博闻强识不衰。时于其闲属文，其文才气奇横，于义理、事务、情态无不备，所欲言者无不尽。为学使时，遇教官诸生贤者，亲若同辈，劝人为学先识字，语意殷勤，去而人爱思之。所欲著书未就，有诗文集若干卷。

（节选自《朱竹君先生别传》）

思　考

下列对原文有关内容的概括和分析，不正确的一项是（　　）。

A. 朱筠才智过人，淡泊名利。他年少时即通晓《五经》，以善写文章著名，深得赏识；志趣超脱，不汲汲于仕途

B. 朱筠倾心学问，推进学术。他倡导整理文化典籍并身体力行；重视文字训诂之学，对当时学人产生深远影响

C. 朱筠兴趣广泛，豪爽好客。他爱好金石书法、藏书考古，喜游名山大川；家中坐客常满，饮酒论学终日不辍

D. 朱筠致力文教，奖掖后进。他督学地方，尊崇先贤，引领学风；对寒门才俊极口称善，待门下学子亲若同辈

答案：D

解析：D 项中“待门下学子亲若同辈”错误，原文是“遇教官诸生贤者，亲若同辈”，遇到那些贤能的教官和生员，跟他们说话谈论就好像同辈人一样。

参考译文

先生姓朱，名筠，字竹君，北京大兴人。九岁进入京城，十三岁通晓《五经》，以会写文章而出名。先生年少时才智超群，神采绝俗，天赋的卓绝品性超过一般人。和他的弟弟文正公朱珪，都以会写文章而出名，被王公大臣赏识。等到父亲死后回家守孝，守孝期满，不肯出仕，想游览名山大川。适逢文正公入宫拜见皇上，皇上询问到先生，先生才不敢以生病为理由引退，对他的弟弟说：“你败坏了我的雅兴啊。”

先生认为经学应以文字训诂为基础，（便）在安徽印刷发行许慎的《说文解字》来教育读书人。又上奏请采集抄录《永乐大典》散佚的书，皇上看到奏章，以之为异，于是命令开四库全书馆，并亲自写了诗来纪念这件事。又因为《十三经》文字传写有错误，上奏请求仿照汉朝熙平年间、唐朝开成年间先例，选择儒臣校正，在太学立石碑，又遵奉皇帝口谕暂缓办理，于是写了《十三经文字同异》若干卷收藏在家里。于是皖、闽的读书人听到这些已发未尽、识见广博的言论，才知道讲求根本的学问，天下好学能写文章的人，都仰慕跟随先生游学。而戴征君震、王观察念孙这些人，对于经术训诂之学研究很深，未起用时都在先生幕府，最后因为撰述文章在当时闻名，大概就是从先生这里开始的。

先生刚强痛恨坏人。庸俗的人不敢进他门，寒士有一点优点，他就赞不绝口。他在京城，带着酒向他问字的，车辙都把大路压断了；所到之处，跟随他游学的有数十上百人。在资历老、声望高以后，（他）大力倡导文人学士应把读书和培养品德作为本分，不能趋附巴结权贵。其在安徽督学，旌表婺源原来的读书人江永、汪绂等，在乡贤祠祭祀他们的灵位，来勉励质朴好学的士人。在福建，和弟弟朱珪相继任职，一时传为盛事，而福建攀着车辕挽留他跑着送他的士人，数百里不断绝。后来文正公主持科举，天下的名流都因此暗中请求提拔，大多是先生赞赏意气相投的，故世人称考据经书喜欢古代事物的士人是“朱派”。

先生常年考古，又喜欢金石文字，说这些可以证佐经史。写文章模仿司马迁、班固，尤其擅长叙事。书法领悟通晓六书，有隋以前的体制格局。藏书万卷，坐客常满，谈论言语令世人倾倒。所到名山大川，搜寻奇特的东西，欣赏美丽的景色，京城的人士传诵吟咏，至今不停止。

（《朱先生筠行状》）

先生为人坦荡没有城府，在家与兄弟友善，而在外喜好交游。称赞别人的好处，唯恐没有说到极致；若有过错，就总是掩饰。后进之士多因他的称许而得名。先生房中从早到晚不曾没有客人，整日整夜跟客人饮酒谈笑，博学强记的能力却不衰减。还时常在这期间写文章，他的文章才气新奇豪放，对于义理、事务、情态，无不具备，想要说的话无不穷尽。当学政时，遇到那些贤能的教官和生员，跟他们说话谈论就好像同辈人一样。劝别人为学要先从识字开始，语意诚恳殷勤，离去之后人们都爱戴思念他。他想要写的书都没有写成，有诗文集合若干卷。

（《朱竹君先生别传》）

（2014 年安徽卷）

知识拓展（走）

太史公牛马走（奔走之仆）司马迁再拜言：臣因李陵之祸，欲亡走（逃跑）之，至骊山，见山势巍峨，直走（延伸）咸阳，忽忆及荆轲刺秦时，秦王还柱而走（跑），叹历史无情。

117 茗柯文二编·周维城传

阅读提示

➢ 语言建构与运用

1. 加点字为文段中重、难点字词。
2. 下加_____为需要断句的文句。
3. 下加_____为需要翻译的文句。

➢ 文化传承与理解

1. 县志：记载一个县的历史、地理、风俗、人物、文教、物产等的专书，如《蓬溪县志》。
2. 店肆：中国古代各类商店建筑的泛称，又称店铺、铺席、店、铺、肆等。有临街商店和院落型商店两类建筑形式。中国古代建筑的基本布局是院落式，把院落临街的一面向外敞开做铺面房，即为临街商店；也有少量临街建门，穿过庭院后始进商店的，则为院落型商店。

正　文

嘉庆元年，余游富阳，知县恽侯请余修县志，未及属稿，而恽侯奉调，余去富阳。富阳高傅占，君子人也，为余言周维城事甚具，故为之传，以遗后之修志者。

周丰，字维城，其先绍兴人，徙杭州，世为贾，有资。父曰重章，火灾荡其家，流寓富阳。重章富家子，骤贫，抑郁无聊，益跅弛[①]不问生产，遂大困，寻死富阳。丰为儿时，当天寒，父中夜自外归，又无所得食，辄引父足怀中以卧。十余岁，父既卒，学贾。晨有老人过肆[②]，与之语，奇之，立许字以女。丰事母起坐行步尝先得其所欲饮食必亲视然后进。事虽剧，必时时至母所，视问辄去，去少顷，即又至，母脱[③]有不当意，或端坐不语。丰大惧，皇皇然若无所容，绕膝盘旋，呼“阿母”不已，声悲慕如婴儿。视母颜色怡，乃大喜，又久之，然后退。其子孙逮见者，言其寝将寐，必呼“阿母”，将寤又如之，殆不自觉也。……丰贾致富，有子三人，孙六人，年八十四卒。

丰于乡里，能行其德，有长者行。尝有与同贾者归，丰既资之，已而或检其装，有丰肆中物，以告丰。丰急令如故藏，诫勿言，其来，待之如初。

高傅占言曰：富阳人多称丰能施与好义，然丰尝曰：“吾愧吴翁、焦翁。”吴翁者，徽州人，贾于富阳。每岁尽，夜怀金走里巷，见贫家，嘿[④]置其户中，不使知也。焦翁者，江宁人，挟三百金之富阳贾。时江水暴发，焦急呼渔者，拯一人者与一金。凡数日得若干人，留肆中饮食之，俟水息，资遣之归，三百金立罄。二人者，今以问富阳人，不能知也。丰又尝言：“吾生平感妇翁知我。”

呜呼！市巷中固不乏士哉！

（节选自《茗柯文二编》）

【注】① 跅（tuò）弛：放荡，不守规矩。② 肆：店铺。③ 脱：偶尔。④ 嘿（mò）：悄悄地。

思　考

下列对文章的理解与分析，不正确的一项是（　　）。

A. 周维城祖上世代住在杭州从商，有了些资产，但到他父亲这一代，因遭火灾，家道衰落

B. 周维城自幼遭受磨难，但乐善好施，对父母富有孝心，是一位秉礼守义的商人

C. 文章结尾部分引用周维城感佩吴翁、焦翁的话，目的是使周维城的形象更加丰满

D. 文章最后一句表明，作者将关注的目光投向社会，感叹民间并不缺少仁义之士

答案：A

解析：从原文“其先绍兴人，徙杭州，世为贾”可以看出周维城祖上并非世代住在杭州，而是迁徙到杭州的，所以 A 项说法是错误的。

参考译文

嘉庆元年，我游历富阳县，知县恽侯请我编写县志。还没开始写，恽侯奉命调离，我离开了富阳。富阳人高傅占，对我叙述的关于周维城的事特别详细。因此为他做传，用来留给后来的修县志者作参考。

周丰，字维城，他的祖先是绍兴人，家有资财。父亲叫周重章，火灾烧得他倾家荡产，流亡寄寓在富阳。精神郁闷无所寄托，越发消沉灰心，不再置办产业谋生。于是极度贫困，不久死在富阳。周丰还是小孩时，有一天很冷，父亲半夜从外面归来，就把父亲的脚放到怀中来睡觉。十多岁，父亲已经死了，学习经商，早晨有位老人路过集市，和他谈话后，认为他品质非凡，立刻许诺把女儿嫁给他。周丰侍奉母亲，坐卧行走，都要先了解她的要求，饮食必定亲自看她吃过，自己才吃，事务虽然繁多，一定经常到母亲那里看望问候才离开。母亲有时候不顺心，端坐着不说话，周丰显得非常害怕。看母亲的脸色高兴了，才快乐起来，又过了好久放心后才退下。后来遇到他的子孙，说周丰每次就寝前，必定呼唤他的母亲，将要睡醒时，也是如此。他自己一点也没意识到。周丰做生意致富，生有子二人，孙六人，年纪八十四岁时死去。

周丰在乡里表现出很好的德行，有长者的风范。曾经跟他一起做生意的人回家，周丰已经资助了那个人，不久有人检查他的行装，发现有周丰商铺中的物品。把这件事告诉了周丰，周丰急忙让他像以前那样藏好，告诫他不要说出来，像以前那样对待那个人。

高傅占说：富阳人多称赞周丰能施财给别人。然而周丰曾经说：“我比不上吴翁、焦翁。”吴翁是徽州人，在富阳经商。每到年终时，夜里怀揣金子走到里巷，见到贫家，默不作声地把金子放到门里，不让贫家知道。焦翁是江宁人，挟带三百金到富阳做生意。当时江水暴发，焦翁呼喊渔夫，救一个人给一金。几天后救了若干人，并留在酒肆中，让他们饮食，等结束后送给钱财资助他们。这二人，现在问富阳人，却不知道了。周丰又曾经说：“我有生以来，感谢岳父了解我。”

唉，市巷中也是不缺乏有德之士呀！

（2010 年福建卷）

知识拓展（右）

李斯以功大，居众大臣之右（上）。其左右（近臣）皆因之骄纵。一日，李斯偕友游泰山，察路之左右（表方位，与“左”相对）涂鸦文字甚多。

118　镇海县志·贺钦传

阅读提示

➢　语言建构与运用

1. 加点字为文段中重、难点字词。
2. 下加_____为需要断句的文句。
3. 下加_____为需要翻译的文句。

➢　文化传承与理解

1.《镇海县志》：清代俞樾所纂的地方志，共 40 卷。卷首列镇海舆图 18 幅，正文详叙建置沿革、星野、疆域、形胜、风俗等 29 门，其中水利、户赋、兵制、海防、方言 5 门史料价值较高，可资考证清代东南沿海地区政治、经济、军事、文化等情况。

2. 言官：监官和谏官，古代并称台谏，通称言官。监官是代表君主监察各级官吏的官吏。谏官是对君主的过失直言规劝并使其改正的官吏。言官是古代封建官僚体系中的一个较重要的构成部分，他们主要负责监督与上谏。明朝建立了历史上最为完善的监察制度与组织机构，并由此形成了一个十分独特的言官群体。

正　文

贺钦字克恭，世家定海，父孟员，以戎籍隶辽之义州卫。钦少颖敏，习举子业辄鄙之曰："为学止于是耶？"取《近思录》读之，有省。成化二年以进士授户科给事中。因亢旱上章极谏，复以言官旷职召灾，自劾求退。会陈献章被征来京师，钦听其论学，叹曰："至性不显，真理犹霾，世即用我，而我奚以为用？"即日上疏解官去，执弟子礼事献章。既别，肖其像事之。其学专读《五经》《四书》、小学，期于反身实践，主敬以收放心。有来学者，辄辞之曰："己尚未治，何以治人？"既而从游者甚众，磨砻淬厉，成其器业。如是者十余年，虽不出户庭，而达官贵人闻风仰德者，莫不躬拜床下。

弘治改元，用阁臣荐，起为陕西右参议。玺书至而母适病死，乃上疏恳辞。正德四年，太监刘瑾括辽东田，东人震恐思乱。义州以守臣贪残变先发，聚从劫掠，顾相戒曰："毋惊贺黄门。"钦闻之，往谕曰："若等吾乡人也今不幸至此然吾窃为若等忧镇城兵不即至耶如之何"众初汹汹，至是知悔，罗拜而泣呼曰："吾父也，愿教之。"钦曰："惟不杀人，祸可恨。守臣激变，民则无辜，能止杀以待命，尚不失为良民也。良民何畏焉？"未几，有言镇城军果至者，众复噪曰："贺黄门无嫚语。"环跪钦里门。钦曰："吾固知有是也。城中扰攘至此，镇城焉得不发兵？兵虽至，尔等不杀人，必宥尔，无恐。"众散去，乱遂定。时又有边将诈诱杀为阵获者，上官按之不得实，一见钦即惭伏地曰："他人可欺，吾敢欺贺先生耶？"其至诚感人如此。

钦处家笃恩谊，正伦理，厚姻戚，睦宗党。冠婚丧祭一遵古礼，不根之言纤毫不入于耳，子姓必薰陶之以孝弟之义。日改月化，一乡人皆兴于善。里俗溺于异端，丧葬皆作佛事，啖酒肉，肆为奢僭，钦以身范之。晚更好《易》，究心象数，手不释卷，大臣荐引相属，终不起。少尝隐居医无闾山，因以医闾自号，人遂称为医闾先生。

（节选自清光绪五年《镇海县志》）

思 考

下列对原文有关内容的概括和分析，不正确的一项是（　　）。

A. 贺钦做官，进德修业，尊师重道，传道授业，都坚持用高标准要求自己

B. 贺钦处变不惊，机智策略地安抚变乱民众，化解矛盾，维护了社会安宁

C. 贺钦重视伦理道德，对家属亲戚、邻里乡党、民情风俗都有教化和影响

D. 贺钦晚年好《易》不愿做官，因年轻时曾隐居学医，大家称他医闾先生

答案：D

解析：据原文，贺钦曾隐居于医无闾山，因此用医闾自号，所以大家称他为医闾先生。

参考译文

贺钦，字克恭，世居定海，父亲孟员，依军籍隶属辽东的义州卫。贺钦年少时聪慧出色，学习举子业总是轻视它说："求学问只是局限于这个吗？"取来《近思录》阅读，得到省悟。成化二年成为进士，被授予户科给事中。由于大旱向皇帝上书大力进言，又认为自己作为言官旷废职守招致灾难，检举自己的过失请求辞职。适逢陈献章应召来到京城，贺钦听他的讲学，感叹说："卓绝的品性不显现，真理还埋藏不显，社会即使用我，但是我拿什么为社会所用呢？"当天就向皇帝上书解除官职离去，拿弟子对待老师的礼节来侍奉陈献章。离开陈献章后，又画了他的像来侍奉。贺钦所学专门攻读《五经》《四书》、小学，希望回到自己亲身实践上，（使）心有所主，恭敬谨慎，用以收敛浮躁放荡的内心。有人想拜他为师，他总是推辞说："我自己还没有治理好，如何治理别人？"不久，跟随他学习的人很多，相互磨炼激励，成就他们的才能学识。像这样的情况十多年，虽然足不出户，然而达官贵人闻讯敬佩他的德行的，没有不恭恭敬敬地拜在他的坐榻之下的。

弘治改元，因为阁臣推荐，起用（贺钦）为陕西右参议。任命书到来，他母亲恰好病故，于是上书恳请辞职。正德四年，太监刘瑾搜刮辽东田地，辽东百姓震惊害怕，进而思谋作乱。义州因为守臣贪婪残暴而先行发动叛乱，聚众抢劫掠夺，互相告诫说"不要惊动了贺黄门"。贺钦听到这个消息后，前往告诉他们说："你们是我的乡人，今天不幸走到这一步，但我暗自

替你们担忧，镇城军队不久就会到了，到时候怎么办呢？”大家开始气势汹汹，到这时知道后悔了。纷纷跪拜并流泪呼喊：“你就是我们的父母，愿意听你指教。”贺钦说：“只要不杀人，大祸可以解除。守臣激起变乱，可是百姓是无辜的，能停止杀掠而等待命令，还算得上安分守法的百姓。安分守法的老百姓有什么害怕的呢？”不久，有报告说镇城的军队果然到了，大家又叫喊起来：“贺黄门没有戏言。”环绕跪在贺钦的里门旁。贺钦说：“我知道一定会是这样的。城中骚乱到这样，镇城怎么会有不发兵的道理？兵虽然到了，你们没有杀人，自然会宽恕你们的，不用怕。”大家散去，骚乱于是平息。当时又有边关将领诈称诱杀的俘虏是在战场上抓获的，上司查验不出事实，将领一见到贺钦就马上惭愧地伏在地上说：“别人可以欺骗，我怎么敢欺骗贺先生呢？”贺钦以极诚的品行使人受到感化达到这样的程度。

贺钦治家重视恩德情谊，端正伦理纲常，厚待家属亲戚，友善邻里乡党。冠礼、婚嫁、丧事、祭祀一概遵循古有的礼节，没有根据的话语一丝一毫不入于耳，子女后辈一定要用孝悌的道理进行教育熏陶。日日改变，月月变化，一乡人都张扬善道。乡里风俗沉溺于异端，办理丧事都作佛事，吃酒肉，市井奢靡风气过度，贺钦以自己的行动来规范它。贺钦晚年更加喜好《易经》，穷尽心思于象数，手不释卷，大臣争相推举引荐，最终没有做官。年轻时曾隐居在医无闾山，所以用医闾自称，人们于是称他为医闾先生。

（2012 年四川卷）

知识拓展（卒）

韩信拜大将军，率卒（士兵）与项王战，夜袭之，卒（通“猝”，仓促，突然）起不意，项王难于应付，节节败退，后卒（死）于乌江，而卒（最终）成万世名。

119　清史稿·方苞传

阅读提示

➢　语言建构与运用

1. 加点字为文段中重、难点字词。
2. 下加____为需要断句的文句。
3. 下加____为需要翻译的文句。

➢　文化传承与理解

1.《清史稿》：北洋政府时期，经袁世凯批准，由赵尔巽担纲编纂的一部大型清朝史籍，因其未经总阅修订即匆忙付梓刊行，故曰“史稿”。编纂时间长达 15 年，最后成书 536 卷，800 余万字。《清史稿》为清史研究提供了大量有价值的史料。

2. 会试：明清两代每三年在京城举行的一次考试，因在春季举行，故又称春闱。考试由礼部主持，皇帝任命正、副总裁，各省的举人及国子监监生皆可应考，录取三百名为贡士，第一名叫会元。

3. 六部：即三省六部中的六部。三省为中书省、门下省、尚书省。尚书省下辖六部：吏部（管官吏的任免与考核等）、户部（管土地户口、赋税财政等）、礼部（管典礼、科举、学校等）、兵部（管军事）、刑部（管司法刑狱）、工部（管工程营造、屯田水利等）。各部长官称尚书，副职称侍郎，下有郎中、员外郎、主事等官职。三省自诞生后就不断被削弱，到明初完全废止。六部制从隋唐开始实行，一直延续到清末。

正　文

方苞字灵皋，江南桐城人。笃学修内行，治古文，自为诸生，已有声于时。康熙三十八年，举人。四十五年，会试中试，将应殿试，闻母病，归侍。五十年，副都御史赵申乔劾编修戴名世所著《南山集》《孑遗录》有悖逆语，辞连苞族祖孝标。名世与苞同县，亦工为古文，苞为序其集，并逮下狱。五十二年，狱成，名世坐斩。孝标已前死，戍其子登峄等。苞及诸与是狱有干连者，皆免罪入旗。圣祖夙知苞文学，大学士李光地亦荐苞，乃召苞直南书房。未几，改直蒙养斋，编校御制乐律、算法诸书。六十一年，命充武英殿修书总裁。

苞屡上疏言事，尝论：“常平仓谷例定存七粜三。南省卑湿，存粜多寡，应因地制宜，不必囿成例。年饥米贵，有司请于大吏，定值开粜，未奉檄不敢擅。自后各州县遇谷贵，应即令定值开粜，仍详报大吏。谷存仓有鼠耗，盘量有折减，移动有运费，粜籴守局有人工食用。春粜值有余，即留充诸费。廉能之吏，遇秋籴值贱，得谷较多，应令详明别贮，备歉岁发赈。”下部议行。又言民生日匮，请禁烧酒，禁种烟草，禁米谷出洋，并议令佐贰官督民树畜，士绅相度浚水道。又请矫积习，兴人才，谓：“上当以时延见廷臣，别邪正，示好恶。内九卿、外督抚，深信其忠诚无私意者，命各举所知。先试以事，破瞻徇，绳赃私，厚俸而久任著声绩者，赐金帛，进爵秩。尤以六部各有其职，必慎简卿贰，使训厉其僚属，以时进退之，则中材成处矜奋。”

乾隆初，疏谓：“救荒宜豫夏末秋初水旱丰歉十已见八九旧例报灾必待八九月后灾民朝不待夕上奏得旨动经旬月请自后遇水旱五六月即以实奏报。”下部议，以五六月报灾虑浮冒，不可行。

（节选自《清史稿·方苞传》）

思　考

下列对原文有关内容的概括和分析，不正确的一项是（　　）。

A. 方苞本来要参加殿试的，可是因为母亲生病，便回家侍奉，后来因替戴名世的书作序而受到牵连下狱

B. 关于国家粮仓存粮的问题，方苞认为应当因地制宜，遇到米价上涨，应及时开仓卖米，然后再上报

C. 在兴人才方面，方苞提出，皇上应定时在朝廷上接见大臣，当面奖善罚恶，提拔有才的臣子，对六部的官员应要奖赏

D. 方苞屡次上书言事，他的很多意见都被皇上采纳了，但是他要求五六月即报水旱之灾的建议并未被采纳实行

答案：C

解析：C 项错在原文中没有对六部官员奖赏的意思。

参考译文

方苞，字灵皋，是江南桐城人。知识渊博，修身谨行，攻读古文，从他还是诸生时，就已经闻名于时了。康熙三十八年，中举人。康熙四十五年时，会试考中，准备参加殿试，听说母亲病了，就回家侍奉。康熙五十年，副都御史赵申乔弹劾戴名世所著的《南山集》《孑遗录》里有大逆不道的话，弹劾的奏章里涉及方苞的族祖父方孝标。戴名世和方苞是一个县的人，也擅长古文，方苞曾为他的文集作序，因此一并被逮捕入狱。康熙五十二年，案件审结，戴名世判斩首。方孝标已经在此之前死了，就把他的儿子方登峄等人远戍边疆。方苞以及那些和这个案子有牵连的，都免除死罪，判入旗籍。康熙向来就知道方苞的文采学识，大学士李光地也举荐方苞，康熙就把方苞调到南书房值班。不久，改任蒙养斋，编校御制乐律、算法等书。康熙六十一年，命令他担任武英殿修书总裁。

方苞常常上书言事，曾说："常平仓的米谷按定例储存七成，卖出三成。南方各省地势低，多潮湿，存粮卖粮多少，应当因地制宜，不一定拘泥定例。年成不好，米价昂贵，有关部门请示上级，按既定价格卖米，没有上级命令，不敢擅自行动。从此之后，各州各县遇到粮价贵时，应当立即下令按既定价格卖米，然后再详细地汇报上级。粮食存在仓库里会因老鼠偷吃而消耗，数量会有减少，运送粮食要花运费，卖米买米看守粮仓要支付人工伙食费用。春天粮价高时卖粮，（多出来的钱）就留下来充当以上各种费用。廉洁有能力的官吏，在秋天买进的粮食价格低，得到的谷物多，应当让他们详细注明另外存放，以备荒年开仓赈灾。"皇上把方苞的意见交给有关部门商议实行。方苞又曾说老百姓生活日益匮乏，请求禁止酿酒，禁止种烟草，禁止粮食出洋，并且让州县的副职官员督促老百姓种植养殖，当地士绅帮忙疏浚河道。又请求改变积久的陋习，举荐人才，（上书）说："皇上应当按时接见大臣，分辨忠奸

好坏。那些忠诚无私的朝内九卿大臣、朝外封疆大吏，让他们各自举荐了解的人。先让那些人做事，破除照顾（亲近之人）和徇情之事，制裁贪赃枉法之徒，对那些任职很久有好名声政绩的，赐给他黄金布帛，加官晋爵。尤其是因为六部各有职责，必须谨慎选用长官和副职，让他们能教导好下属，按时进退，那么普通官员都会努力勤奋的。”

乾隆初年，上书说：“救荒工作应该预先准备。夏末秋初之时，是发大水还是干旱，已经能看到十分之八九了。按照旧有惯例，上报灾情必须等到八九月之后受灾百姓已朝不保夕之时，可官员上奏再得到救灾命令，动不动就要一个月。请求今后遇到水灾旱灾，五六月份就按实情上报。”皇上发到有关部门商议，因为害怕五六月份报灾会虚浮不真实，不能实行。

知识拓展（再）

两国交恶，甲国击乙国再（两次），皆败，察其故，士气不振也。士气决于鼓，一鼓作气，再（第二次）而衰，三而竭。用兵者不知其理，故败。

120　清史稿·陶澍传

阅读提示

➢　语言建构与运用

1. 加点字为文段中重、难点字词。
2. 下加_____为需要断句的文句。
3. 下加_____为需要翻译的文句。

➢　文化传承与理解

1. 道：“道”作为一种行政区划单位出现于汉朝，起初跟县同级。唐初分天下为十道，道仅为州县之上的一种监察区，但节度使掌握地方实权后，“道”日渐演变为对一个节度辖区的称呼。宋代地方监察区不使用“道”而改用“路”，字不同义相通。至明清时期，“道”成为省之下军区的通称，也有人把清朝的道与省、府、县相提并论，称之为四级地方行政机构。

2. 花翎：清官员、贵族冠饰。清制，武职五品以上，文职巡抚兼提督衔及派往西北两路大臣，因功受赏，以孔雀翎为冠饰，缀于冠后，称花翎。花翎有单眼、双眼、三眼之别，除贝子、固伦额驸因其爵位戴三眼花翎，镇国公、辅国公、和硕额驸戴双眼花翎外，品官须奉特赏始得戴用，一般为单眼花翎。

正　文

陶澍字云汀，湖南安化人。嘉庆七年进士，选庶吉士，授编修，迁御史、给事中。澍疏劾河工冒滥，及外省吏治积弊，巡南漕[1]，革陋规，请浚京口运河。二十四年，出为川东道。总督蒋攸铦荐其治行为四川第一。

道光三年，陶澍就擢巡抚。安徽库款，五次清查，未得要领。澍自为藩司时，钩核档案，分别应劾、应偿、应豁，于是三十余年之纠葛，豁然一清。濒江水灾，购米十万石，劝捐数十万金，赈务核实，灾民赖之无失所。又怀远新涨沙洲阻水，并开引河，导之入淮。淮水所经，劝民修堤束水，保障农田。各县设丰备仓于乡村，令民秋收后量力分捐，不经吏役，不减粜，不出易，不假贷，岁歉备赈，乐岁再捐，略如社仓法[2]而去其弊。

创辑《安徽通志》，旌表忠孝节烈以励风俗。

道光五年，调江苏。先是洪泽湖决，漕运梗阻，协办大学士英和陈海运策，而中外纷议挠之。澍毅然以身任亲赴上海筹雇商船体恤商艰群情踊跃。事竣，优诏褒美，赐花翎。

江苏频遭水患，由太湖水泄不畅。疏言："太湖尾闾在吴淞江及刘河、白茆河，而以吴淞江为最要。治吴淞以通海口为最要。"于是以海运节省银二十余万兴工，择贤任事，至八年工竣。澍自巡漕时，条奏利害，至是先浚徒阳河，将以次举刘河、白茆、练湖、孟渎诸工。后在总督任，与巡抚林则徐合力悉加疏浚，吴中称为数十年之利，语详则徐传。

晚年将推淮北之法于淮南，已病风痹[3]，未竟其施。后咸丰中乃卒行之。十九年，卒。遗疏上，优诏轸[4]惜，称其"实心任事，不避嫌怨"。

澍见义勇为，胸无城府。用人能尽其长，在江南治河、治漕、治盐，并赖王凤生、俞德源、姚莹、黄冕诸人之力。左宗棠、胡林翼皆识之未遇，结为婚姻，后俱为名臣。

（节选自《清史稿·陶澍传》）

【注】①漕：水道运粮。②社仓法：用义积谷备荒的方法。③风痹：手足麻木之症。④轸：痛。

思　考

下列对原文有关内容的分析和概括，不正确的一项是（　　）。

A. 陶澍调查了安徽的账务账目，解决了财务上的难题；他还鼓励老百姓修筑堤坝以防止水灾

B. 陶澍在担任安徽巡抚的时候，在各县乡村设置了丰备仓，命令老百姓在秋收后量力捐献，丰备仓中的粮食不得拿出去交易或借贷

C. 道光五年，在漕运受阻的时候，陶澍首先倡导了以海运代漕运

D. 陶澍除了有很强的办事能力外，还善于发现人才，善于利用人才

答案：C

解析：据原文，是由大学士英和首先提出的“海运”策。

参考译文

陶澍，字云汀，是湖南安化人。嘉庆七年进士，被选任庶吉士，被授予编修一职，后升任御史、给事中。陶澍弹劾治河的工人不合格且滥用，以及外省吏治的诸多积久相沿的弊病。视察南漕时，革除不好的陈规，招工疏浚京口运河。嘉庆二十四年，出任川东道台。总督蒋攸铦推荐陶澍的治理能力为四川第一。

道光三年，陶澍被提拔为巡抚。安徽公库款项，经过五次清查，都没有头绪。陶澍从任藩司开始，就核实档案，分别给他们弹劾的弹劾，赔偿的赔偿，豁免的豁免，于是三十多年的纠缠不清的事情，一下子就被厘清了。江边发生水灾，陶澍采购了十万石的粮食赈灾，仔细核对赈灾的细目，受灾民众依赖他而没有太大损失。怀远又初次出现涨水，水流被沙洲堵塞，陶澍一并将它们凿开，并引导水流入淮河。淮河流经的地方，陶澍告诫民众修筑堤坝贮存河水，用来保障农业用水。每个县都在乡村设立储备粮仓，命令民众秋收后量力捐出公粮，捐粮不经过官吏之手，粮食不能出售，不能与别的商品交换，也不能借贷给别人，收成不好以备赈灾，等到丰年再捐出粮食，此法大略像“社仓法”，但是去除了“社仓法”的弊端。

陶澍创作编辑了《安徽通志》一书，表彰忠臣孝子节妇烈女，以此来勉励人们崇尚好的风气和沿袭好的习俗。

道光五年，陶澍被调任到江苏任职。此前洪泽湖决堤，漕运不通，协办大学士英和上书提出海运策略，但是朝廷内外纷纷议论并阻挠他。陶澍毅然承担了这个重任，亲自去上海筹措雇用商船，他能体恤商家的艰难，所以得到了商人的热烈支持。海运开通之后，被皇帝重赏赐予花翎。

由于太湖水流不畅通，江苏多次遭遇水灾。陶澍上书说：“太湖下游在吴淞江和刘河、白茆河，其中吴淞江是最重要的。治理吴淞江又是以通海口为最重要。”于是把海运节省下来的二十余万的银两用于治理吴淞江，选择贤能之人来负责事务，到了道光八年竣工。陶澍当初巡视南漕时，就条分缕析陈述利害上奏皇帝，到这里就先疏通徒阳河，要依次发起疏浚刘河、白茆、练湖、孟渎这些工程。后来在总督任上，和巡抚林则徐戮力同心疏浚诸河，吴中人称他们做了利在数十年的好事，具体内容见《林则徐传》。

陶澍晚年的时候打算在淮南推行淮北的政策，后来患了风痹病，没有能实施这政策，后来咸丰年间才最终施行。道光十九年，逝世。临终奏表，皇帝下诏褒奖，称他“实心任事，不避嫌怨”。

陶澍见义勇为，内心坦荡，没有城府。用人能让他充分展示他的才能，在江南治理河水、漕运，管理盐铁贩卖，也依靠王凤生、俞德源、姚莹、黄冕这些人的帮助。和左宗棠、胡林翼在未显达时就认识了，与他们结为儿女亲家，他们后来全都成为一代名臣。

（2012年广东卷）

知识拓展（造）

太宗年间，魏徵造（到……去）民舍，察民生之疾苦。回宫中，造（制定）法令，兴水利，以利民生。

附录　文言实词索引表

续表